elevar las ciencias

Boston, Massachusetts   Chandler, Arizona
Glenview, Illinois   New York, New York

AUTORES

¡Eres un autor!

En este libro de ciencias, irás anotando y guardando tus respuestas y hallazgos personales. Este será tu propio libro de ciencias. Por eso eres uno de los autores principales de este libro.

✏️ En el espacio a continuación, escribe tu nombre, escuela, ciudad y estado. Luego, escribe una autobiografía breve que incluya tus intereses y logros.

Tu foto

TU NOMBRE

ESCUELA

CIUDAD, ESTADO

AUTOBIOGRAFÍA

La foto de portada muestra un geco diurno de color verde en una planta con flores.

Pearson Education, Inc. 330 Hudson Street, New York, NY 10013

Copyright © 2019 Pearson Education, Inc., or its affiliates. All Rights Reserved. Printed in the United States of America.

This publication is protected by copyright, and permission should be obtained from the publisher prior to any prohibited reproduction, storage in a retrieval system, or transmission in any form or by any means, electronic, mechanical, photocopying, recording, or otherwise. For information regarding permissions, request forms, and the appropriate contacts within the Pearson Education Global Rights & Permissions Department, please visit www.pearsoned.com/permissions/.

Attributions of third-party content appear on pages 468–469, which constitute an extension of this copyright page.

PEARSON and ALWAYS LEARNING are exclusive trademarks owned by Pearson Education, Inc. or its affiliates in the United States and/or other countries.

littleBits™ is a trademark of littleBits Electronics, Inc.

Unless otherwise indicated herein, any third-party trademarks that may appear in this work are the property of their respective owners and any references to third-party trademarks, logos, or other trade dress are for demonstrative or descriptive purposes only. Such references are not intended to imply any sponsorship, endorsement, authorization, or promotion of Pearson's products by the owners of such marks, or any relationship between the owner and Pearson Education, Inc., or its affiliates, authors, licensees or distributors.

ISBN-13: 978-0-328-96240-2
ISBN-10:   0-328-96240-6
                1   18

Autores del programa

ZIPPORAH MILLER, EdD
Coordinator for K-12 Science Programs, Anne Arundel County Public Schools

Dr. Zipporah Miller currently serves as the Senior Manager for Organizational Learning with the Anne Arundel County Public School System. Prior to that she served as the K-12 Coordinator for science in Anne Arundel County. She conducts national training to science stakeholders on the Next Generation Science Standards. Dr. Miller also served as the Associate Executive Director for Professional Development Programs and conferences at the National Science Teachers Association (NSTA) and served as a reviewer during the development of Next Generation Science Standards. Dr. Miller holds a doctor's degree from the University of Maryland College Park, a master's degree in school administration and supervision from Bowie State University and a bachelor's degree from Chadron State College.

MICHAEL J. PADILLA, PhD
Professor Emeritus, Eugene P. Moore School of Education, Clemson University, Clemson, South Carolina

Michael J. Padilla taught science in middle and secondary schools, has more than 30 years of experience educating middle-school science teachers, and served as one of the writers of the 1996 U.S. National Science Education Standards. In recent years Mike has focused on teaching science to English Language Learners. His extensive experience as Principal Investigator on numerous National Science Foundation and U.S. Department of Education grants resulted in more than $35 million in funding to improve science education. He served as president of the National Science Teachers Association, the world's largest science teaching organization, in 2005–6.

MICHAEL E. WYSESSION, PhD
Professor of Earth and Planetary Sciences, Washington University, St. Louis, Missouri

Author of more than 100 science and science education publications, Dr. Wysession was awarded the prestigious National Science Foundation Presidential Faculty Fellowship and Packard Foundation Fellowship for his research in geophysics, primarily focused on using seismic tomography to determine the forces driving plate tectonics. Dr. Wysession is also a leader in geoscience literacy and education; he is the chair of the Earth Science Literacy Initiative, the author of several popular video lectures on geology in the Great Courses series, and a lead writer of the Next Generation Science Standards*.

---

*Next Generation Science Standards is a registered trademark of Achieve. Neither Achieve nor the lead states and partners that developed the Next Generation Science Standards were involved in the production of this product, and do not endorse it. NGSS Lead States. 2013. Next Generation Science Standards: For States, By States. Washington, DC: The National Academies Press.

REVISORES

Asesores del programa

Carol Baker
Science Curriculum
Dr. Carol K. Baker is superintendent for Lyons Elementary K-8 School District in Lyons, Illinois. Prior to this, she was Director of Curriculum for Science and Music in Oak Lawn, Illinois. Before this she taught Physics and Earth Science for 18 years. In the recent past, Dr. Baker also wrote assessment questions for ACT (EXPLORE and PLAN), was elected president of the Illinois Science Teachers Association from 2011–2013, and served as a member of the Museum of Science and Industry (Chicago) advisory. She is a writer of the Next Generation Science Standards. Dr. Baker received her B.S. in Physics and a science teaching certification. She completed her master's of Educational Administration (K-12) and earned her doctorate in Educational Leadership.

Jim Cummins
ELL
Dr. Cummins's research focuses on literacy development in multilingual schools and the role technology plays in learning across the curriculum. Elevate Science incorporates research-based principles for integrating language with the teaching of academic content based on Dr. Cummins's work.

Elfrieda Hiebert
Literacy
Dr. Hiebert, a former primary-school teacher, is President and CEO of TextProject, a non-profit aimed at providing open-access resources for instruction of beginning and struggling readers. She is also a research associate at the University of California Santa Cruz. Her research addresses how fluency, vocabulary, and knowledge can be fostered through appropriate texts, and her contributions have been recognized through awards such as the Oscar Causey Award for Outstanding Contributions to Reading Research (Literacy Research Association, 2015), Research to Practice award (American Educational Research Association, 2013), and the William S. Gray Citation of Merit Award for Outstanding Contributions to Reading Research (International Reading Association, 2008).

Revisores del contenido

Alex Blom, Ph.D.
Associate Professor
Department Of Physical Sciences
Alverno College
Milwaukee, Wisconsin

Joy Branlund, Ph.D.
Department of Physical Science
Southwestern Illinois College
Granite City, Illinois

Judy Calhoun
Associate Professor
Physical Sciences
Alverno College
Milwaukee, Wisconsin

Stefan Debbert
Associate Professor of Chemistry
Lawrence University
Appleton, Wisconsin

Diane Doser
Professor
Department of Geological Sciences
University of Texas at El Paso
El Paso, Texas

Rick Duhrkopf, Ph.D.
Department of Biology
Baylor University
Waco, Texas

Jennifer Liang
University of Minnesota Duluth
Duluth, Minnesota

Heather Mernitz, Ph.D.
Associate Professor of Physical Sciences
Alverno College
Milwaukee, Wisconsin

Joseph McCullough, Ph.D.
Cabrillo College
Aptos, California

Katie M. Nemeth, Ph.D.
Assistant Professor
College of Science and Engineering
University of Minnesota Duluth
Duluth, Minnesota

Maik Pertermann
Department of Geology
Western Wyoming Community College
Rock Springs, Wyoming

Scott Rochette
Department of the Earth Sciences
The College at Brockport
State University of New York
Brockport, New York

David Schuster
Washington University in St Louis
St. Louis, Missouri

Shannon Stevenson
Department of Biology
University of Minnesota Duluth
Duluth, Minnesota

Paul Stoddard, Ph.D.
Department of Geology and Environmental Geosciences
Northern Illinois University
DeKalb, Illinois

Nancy Taylor
American Public University
Charles Town, West Virginia

Maestros revisores

Jennifer Bennett, M.A.
Memorial Middle School
Tampa, Florida

Sonia Blackstone
Lake County Schools
Howey In the Hills, Florida

Teresa Bode
Roosevelt Elementary
Tampa, Florida

Tyler C. Britt, Ed.S.
Curriculum & Instructional
 Practice Coordinator
Raytown Quality Schools
Raytown, Missouri

A. Colleen Campos
Grandview High School
Aurora, Colorado

Ronald Davis
Riverview Elementary
Riverview, Florida

Coleen Doulk
Challenger School
Spring Hill, Florida

Mary D. Dube
Burnett Middle School
Seffner, Florida

Sandra Galpin
Adams Middle School
Tampa, Florida

Rhonda Graham
Science Supervisor
Pittsburgh Public Schools
Pittsburgh, Pennsylvania

Margaret Henry
Lebanon Junior High School
Lebanon, Ohio

Christina Hill
Beth Shields Middle School
Ruskin, Florida

Judy Johnis
Gorden Burnett Middle School
Seffner, Florida

Karen Y. Johnson
Beth Shields Middle School
Ruskin, Florida

Jane Kemp
Lockhart Elementary School
Tampa, Florida

Denise Kuhling
Adams Middle School
Tampa, Florida

Esther Leonard, M.Ed. and L.M.T.
Gifted and talented Implementation Specialist
San Antonio Independent School District
San Antonio, Texas

Kelly Maharaj
Challenger K–8 School of Science
 and Mathematics
Spring Hill, Florida

Kevin J. Maser, Ed.D.
H. Frank Carey Jr/Sr High School
Franklin Square, New York

Angie L. Matamoros, Ph.D.
ALM Science Consultant
Weston, Florida

Corey Mayle
Brogden Middle School
Durham, North Carolina

Keith McCarthy
George Washington Middle School
Wayne, New Jersey

Yolanda O. Peña
John F. Kennedy Junior High School
West Valley City, Utah

Kathleen M. Poe
Jacksonville Beach Elementary School
Jacksonville Beach, Florida

Wendy Rauld
Monroe Middle School
Tampa, Florida

Anne Rice
Woodland Middle School
Gurnee, Illinois

Pat (Patricia) Shane, Ph.D.
STEM & ELA Education Consultant
Chapel Hill, North Carolina

Diana Shelton
Burnett Middle School
Seffner, Florida

Nakia Sturrup
Jennings Middle School
Seffner, Florida

Melissa Triebwasser
Walden Lake Elementary
Plant City, Florida

Michele Bubley Wiehagen
Science Coach
Miles Elementary School
Tampa, Florida

Pauline Wilcox
Instructional Science Coach
Fox Chapel Middle School
Spring Hill, Florida

Revisores de seguridad

Douglas Mandt, M.S.
Science Education Consultant
Edgewood, Washington

Juliana Textley, Ph.D.
Author, NSTA books on school science safety
Adjunct Professor
Lesley University
Cambridge, Massachusetts

TEMA 1
El sistema celular 1

Pregunta esencial ¿De qué manera la estructura de las células determina su función?

Misión ARRANQUE Exposición de células 2

MS-LS1-1, MS-LS1-2, MS-LS1-3

LECCIÓN 1 Estructura y función de las células 4
  Conexión con la lectura Determinar las ideas centrales 6
  Matemáticas ▶ Herramientas
    Representar relaciones cuantitativas 11
  Ciencia extraordinaria Ver las células a través de una "lente térmica" 13

LECCIÓN 2 Las estructuras celulares 14
  Conexión con la lectura Integrar con elementos visuales 21
  Misión CONTROL Make a Cell Model 23

LECCIÓN 3 Obtener y eliminar materiales 24
  Matemáticas ▶ Herramientas Analizar relaciones proporcionales .. 27
  Conexión con la lectura Integrar con elementos visuales 28
  Misión CONTROL Put Your Cells in Motion 31

LECCIÓN 4 La división celular 32
  Matemáticas ▶ Herramientas Analizar relaciones cuantitativas 35
  Conexión con la lectura Resumir el texto 37

LECCIÓN 5 La fotosíntesis 40
  Conexión con la lectura Resumir el texto 42
  Matemáticas ▶ Herramientas Representar relaciones 47
  tu Ingeniero STEM Una hoja artificial 49

LECCIÓN 6 La respiración celular 50
  Conexión con la lectura Interpretar información 53
  Matemáticas ▶ Herramientas Analizar relaciones cuantitativas 54
  Misión CONTROL Accounting for Atoms; The Importance of Cells 57
  Estudio de caso La poderosa rata topo 58

Repaso y evaluación 60
  Evaluación basada en la evidencia 62
  Misión HALLAZGOS Reflect on Your Museum Exhibit 63
  tu Demuestras Diseñar y construir un microscopio 64

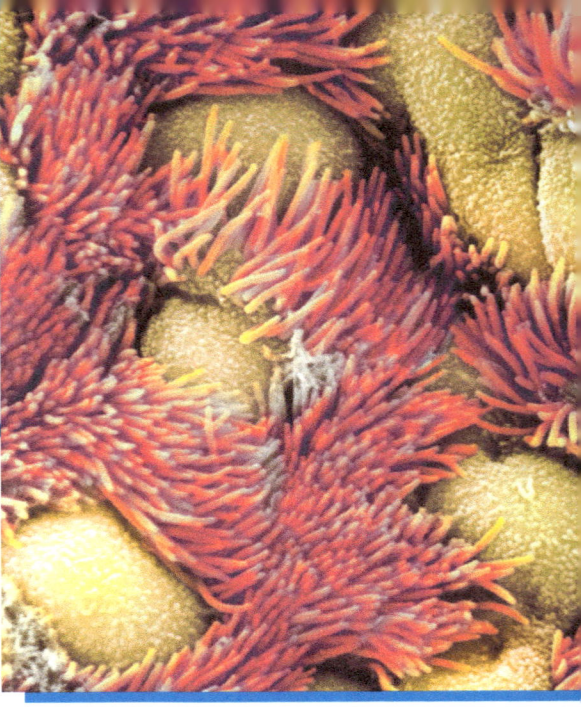

Ve a PearsonRealize.com para acceder a tu curso digital.

▶ **VIDEO**
  • Illustrator

👆 **INTERACTIVITY**
  • Through a Microscope • Functions of All Cells • A Strange Specimen • Structure Function Junction • Build a Cell • Specialized Cells • Cell Transport • Entering and Leaving the Cell • A Cell Divides • How Does a Broken Bone Heal? • The Cell Cycle • Making Food for Cells • From Sunlight to Sugar • Making Energy for Cells

📱 **VIRTUAL LAB**

✓ **ASSESSMENT**

📖 **eTEXT**

📱 **APP**

El Texto en línea está disponible en español:

uConnect What Can You See?

uInvestigate
  • Observing Cells
  • Comparing Cells
  • Egg-speriment with a Cell
  • Modeling Mitosis
  • Energy From the Sun
  • Exhaling Carbon Dioxide

uDemonstrate
Design and Build a Microscope

vi

TEMA 2 Los sistemas del cuerpo humano 68

Pregunta esencial ¿Cómo interactúan los sistemas en el cuerpo humano?

Misión ARRANQUE Plan de máximo rendimiento 70

MS-LS1-3, MS-LS1-8

LECCIÓN 1 La organización del cuerpo 72
  Matemáticas ▶ Herramientas
    Identificar expresiones equivalentes 74
  Conexión con la lectura Respaldar la afirmación del autor 77
  tu Ingeniero STEM Piel artificial 81

LECCIÓN 2 Sistemas que interactúan 82
  Conexión con la lectura Citar evidencia textual 84
  Misión CONTROL Training Systems 91
  Estudio de caso Agentes infecciosos 92

LECCIÓN 3 El suministro de energía 94
  Conexión con la lectura Escribir argumentos 95
  Matemáticas ▶ Herramientas
    Analizar relaciones proporcionales 98
  Misión CONTROL Training Table 104
  Profesiones Nutricionista 105

LECCIÓN 4 El manejo de los materiales 106
  Matemáticas ▶ Herramientas
    Representar relaciones cuantitativas 110
  Conexión con la lectura Obtener evidencia 111
  Misión CONTROL Heart Beat, Health Beat 117

LECCIÓN 5 El control de los procesos 118
  Conexión con la lectura Integrar con elementos visuales 126
  Misión CONTROL Why Practice Makes Perfect 127

Repaso y evaluación 128
  Evaluación basada en la evidencia 130
  Misión HALLAZGOS Reflect on Peak Performance Plan 131
  tu Demuestras Investigación de la reacción 132

Ve a PearsonRealize.com para acceder a tu curso digital.

VIDEO
• Nutritionist

INTERACTIVITY
• Human Body Systems • Interacting Systems • Balancing Act
• Communication and Homeostasis
• Joints • A Variety of Symptoms
• Bits and Pieces • Investigating Cells and Homeostasis • A Day in the Life of a Cell • Body Highways and Byways
• Testing a Training Plan • Circulatory System • Body Systems Revisited
• Humans vs. Computers • Flex Your Reflexes

VIRTUAL LAB

ASSESSMENT

eTEXT

APP

El Texto en línea está disponible en español:

HANDS-ON LABS

uConnect How is Your Body Organized?

uInvestigate
• Observing Cells and Tissues
• Parts Working Together
• Measuring Calories
• Body Systems Working Together
• Parts of the Nervous System

uDemonstrate
Reaction Research

vii

TEMA 3

La reproducción y el crecimiento 136

Pregunta esencial ¿Qué factores influyen sobre el crecimiento de los individuos y en su capacidad de reproducción?

Misión ARRANQUE Construcción sin destrucción 138

MS-LS1-4, MS-LS1-5, MS-LS3-2

LECCIÓN 1 Los patrones de reproducción 140
   Matemáticas ▶ Herramientas Resumir distribuciones 143
   Conexión con la lectura Citar evidencia textual 148

LECCIÓN 2 Las estructuras reproductoras de las plantas 150
   Conexión con la lectura Citar evidencia textual 155
   Misión CONTROL Protect the Plants 158
   tu Ingeniero STEM Jardinería en el espacio................. 159

LECCIÓN 3 El comportamiento reproductivo
               de los animales 160
   Conexión con la lectura Resumir el texto 162
   Matemáticas ▶ Herramientas Hacer inferencias
     comparativas 165
   Misión CONTROL The Mating Game 168
   Ciencia extraordinaria Aves artistas 169

LECCIÓN 4 Factores que influyen en el crecimiento 170
   Conexión con la lectura Analizar la estructura del texto 173
   Matemáticas ▶ Herramientas Representar relaciones
     cuantitativas 178
   Misión CONTROL Make Your Construction Case 179
   Estudio de caso Aguas más cálidas, menos peces 180

Repaso y evaluación 182
   Evaluación basada en la evidencia 184
   Misión HALLAZGOS Reflect on Your Basketball Court Plans 185
   tu Demuestras Limpio y verde 186

Ve a PearsonRealize.com para acceder a tu curso digital.

▶ **VIDEO**
• Zookeeper

👆 **INTERACTIVITY**
• Inheritance of Traits • Animal Reproduction • Twin Studies • Designer Flowers • Plants and Pollinators • They're Acting Like Animals • Fireflies • See How They Grow • Breeding Bigger Bovines • Growing Crops

📱 **VIRTUAL LAB**

✅ **ASSESSMENT**

📖 **eTEXT**

📱 **APP**

El Texto en línea está disponible en español:

HANDS-ON LABS

uConnect To Care or Not to Care

uInvestigate
• Is It All in the Genes?
• Modeling Flowers
• Behavior Cycles
• Watching Roots Grow

uDemonstrate
Clean and Green

TEMA 4 — Los ecosistemas 190

Pregunta esencial ¿Cómo es el ciclo de la materia y la energía en un ecosistema?

Misión ARRANQUE Misterio en el estanque Pleasant 192

MS_LS2-1, MS-LS2-3

LECCIÓN 1 Los seres vivos y el medio ambiente 194
- Conexión con la lectura   Citar evidencia textual 197
- Matemáticas ▶ Herramientas   Representar relaciones 198
- *Misión CONTROL*   Suspicious Activities 201
- Estudio de caso   El caso del chipe celeste que desaparece 202

LECCIÓN 2 El flujo de energía en los ecosistemas 204
- Conexión con la lectura   Integrar con elementos visuales 210
- Matemáticas ▶ Herramientas
  Analizar relaciones proporcionales 211
- *Misión CONTROL*   Nutrients and Aquatic Organisms 212
- *tu Ingeniero STEM*   Comer petróleo 213

LECCIÓN 3 Los ciclos de la materia 214
- Conexión con la lectura   Determinar las ideas centrales 218
- Matemáticas ▶ Herramientas   Analizar relaciones 221
- *Misión CONTROL*   Matter and Energy in a Pond 222
- Ciencia extraordinaria   ¡Antojo de plástico! 223

Repaso y evaluación 224
- Evaluación basada en la evidencia 226
- *Misión HALLAZGOS*   Reflections on a Pond 227
- *tu Demuestras*   Los últimos restos 228

Ve a PearsonRealize.com para acceder a tu curso digital.

▶ **VIDEO**
- Environmental Engineer

👆 **INTERACTIVITY**
- There's No Place Like Home
- An Ecological Mystery
- Factors Affecting Growth
- Energy Roles and Flows
- Living Things in an Ecosystem
- A Changing Ecosystem
- Cleaning an Oil Spill
- Cycles of Matter
- Earth's Recyclables

📱 **VIRTUAL LAB**
- Chesapeake Bay Ecosystem Crisis

✅ **ASSESSMENT**

📖 **eTEXT**

📱 **APP**

El Texto en línea está disponible en español:

uConnect Every Breath You Take

uInvestigate
- Elbow Room
- Observing Decomposition
- Following Water

uDemonstrate
Last Remains

ix

TEMA 5
Poblaciones, comunidades y ecosistemas 232

Pregunta esencial ¿Cómo influyen unos sobre otros los seres vivos y los objetos inertes?

Misión ARRANQUE Cruzar o no cruzar 234

MS-LS2-1, MS-LS2-2, MS-LS2-3, MS-LS2-4, MS-LS2-5

LECCIÓN 1 Las interacciones en los ecosistemas 236
- Matemáticas ▶ Herramientas Elaborar gráficas 241
- Conexión con la lectura Determinar las ideas centrales 242
- **Misión CONTROL** Research Animal Crossings 245

LECCIÓN 2 Los ecosistemas dinámicos y resilientes 246
- Conexión con la lectura Escribir argumentos 248
- **Misión CONTROL** Community Opinions 252
- Profesiones Biólogo de campo 253

LECCIÓN 3 La biodiversidad 254
- Conexión con la lectura Citar evidencia textual 256
- Matemáticas ▶ Herramientas Usar razones 260
- **Misión CONTROL** Design and Model a Crossing 265
- Estudio de caso El elefante confiable 266

LECCIÓN 4 Los servicios de los ecosistemas 268
- Matemáticas ▶ Herramientas
  Graficar relaciones proporcionales 271
- Conexión con la lectura Escribir argumentos 274
- **tu Ingeniero STEM** De los buldóceres a los biomas 277

Repaso y evaluación 278
- Evaluación basada en la evidencia 280
- **Misión HALLAZGOS** Reflect on Your Animal Crossing 281
- **tuDemuestras** Cambios en un ecosistema 282

 Ve a PearsonRealize.com para acceder a tu curso digital.

▶ **VIDEO**
- Field Biologist

👆 **INTERACTIVITY**
- Symbiotic Relationships
- Life on a Reef
- Shared Interactions
- Succession in an Ecosystem
- A Butterfly Mystery
- Biodiversity in the Amazon
- Human Impacts on Biodiversity
- Maintaining Healthy Ecosystems
- Preventing Soil Erosion
- Walk This Way

📱 **VIRTUAL LAB**

✅ **ASSESSMENT**

📖 **eTEXT**

📱 **APP**

El Texto en línea está disponible en español:

HANDS-ON LABS

uConnect How Communities Change

uInvestigate
- Competition and Predation
- Primary or Secondary
- Modeling Keystone Species
- Ecosystem Impacts

uDemonstrate
Changes in Ecosystems

x

TEMA 6
La distribución de los recursos naturales....286

Pregunta esencial ¿De qué manera la distribución de los recursos naturales es el resultado de los procesos geológicos?

Misión ARRANQUE Predecir el éxito o el fracaso....... 288

MS-ESS3-1, MS-ESS3-3, MS-ESS3-4

LECCIÓN 1 Los recursos de energía no renovables 290
- Matemáticas ▶ Herramientas Analizar relaciones 296
- Conexión con la lectura Citar evidencia textual 297
- Misión CONTROL Surviving on Fossil Fuels 299

LECCIÓN 2 Los recursos de energía renovables 300
- Matemáticas ▶ Herramientas
  Representar relaciones cuantitativas 304
- Conexión con la lectura Obtener evidencia 305
- Misión CONTROL Renewable Energy 306
- tú Ingeniero STEM Micro central hidroeléctrica 307

LECCIÓN 3 Los recursos minerales 308
- Conexión con la lectura Determinar el significado 310
- Misión CONTROL Surviving on Minerals 315
- Estudio de caso El fiasco del fósforo 316

LECCIÓN 4 Los recursos de agua 318
- Matemáticas ▶ Herramientas
  Hacer inferencias comparativas 320
- Conexión con la lectura Respaldar la afirmación del autor 322
- Misión CONTROL Surviving on Water 324
- Todo está conectado La pseudociencia de la radiestesia 325

Repaso y evaluación 326
- Evaluación basada en la evidencia 328
- Misión HALLAZGOS Reflect on Boomtowns 329
- tú Demuestras Perforar o no perforar 330

Ve a PearsonRealize.com para acceder a tu curso digital.

▶ **VIDEO**
- Geophysicist

👆 **INTERACTIVITY**
- Distribution of Fossil Fuels
- Using Renewable Resources
- Biogas Farming
- Distribution of Minerals
- Distribution of Water Resources
- Wetland Restoration
- Water Worth

📱 **VIRTUAL LAB**

✓ **ASSESSMENT**

📖 **eTEXT**

📱 **APP**

El Texto en línea está disponible en español:

uConnect What's in a Piece of Coal?

uInvestigate
- Fossil Fuels
- The Power of Wind
- Cool Crystals
- An Artesian Well

uDemonstrate
To Drill or Not to Drill

xi

TEMA 7
Impacto de los seres humanos en el medio ambiente 334

Pregunta esencial ¿De qué manera afecta la actividad humana a los sistemas de la Tierra?

Misión ARRANQUE Los residuos contraatacan 336

MS-ESS3-4

LECCIÓN 1 El crecimiento de la población 338
  Matemáticas ▶ Herramientas
    Hacer inferencias comparativas 341
  Conexión con la lectura Determinar conclusiones 343
  Misión CONTROL More Trash, Less Space 345

LECCIÓN 2 La contaminación del aire 346
  Conexión con la lectura Citar evidencia textual 350
  Matemáticas ▶ Herramientas Analizar relaciones cuantitativas 352
  Misión CONTROL Trash vs. Water 354
  Global a local
    Trabajar juntos para reducir la contaminación
    del aire 355

LECCIÓN 3 El impacto en la tierra 356
  Matemáticas ▶ Herramientas Analizar relaciones
    proporcionales 361
  Conexión con la lectura Citar evidencia textual 363
  Misión CONTROL Life of a Landfill 367
  Estudio de caso Nada se desecha 368

LECCIÓN 4 La contaminación del agua 370
  Conexión con la lectura Obtener evidencia 373
  Matemáticas ▶ Herramientas
    Analizar relaciones proporcionales 375
  Misión CONTROL Reducing Waste 378
  tu Ingeniero STEM De las aguas residuales al agua corriente 379

Repaso y evaluación 380
  Evaluación basada en la evidencia 382
  Misión HALLAZGOS Reflect on Trash Backlash 383
  tu Demuestras Una idea arrasadora 384

 Ve a PearsonRealize.com para acceder a tu curso digital.

 **VIDEO**
  • Water Engineer

 **INTERACTIVITY**
  • Modern Life • Human Population Growth • Sources of Resources
  • Damage From the Skies • Sources and Solutions of Air Pollution
  • Farming Lessons • Ride the Light Rail
  • Water Cycle Interrupted • Mutation Mystery • Wetland Restoration
  • Research Water Pollution

VIRTUAL LAB

ASSESSMENT

eTEXT

APP

El Texto en línea está disponible en español:

u**Connect** Finding a Solution for Your Pollution

u**Investigate**
  • Doubling Time
  • It's All in the Air
  • Mining Matters
  • Getting Clean

u**Demonstrate**
Washing Away

xii

TEMA 8 Ondas y radiación electromagnética 388

Pregunta esencial ¿Cuáles son las propiedades de las ondas mecánicas y electromagnéticas?

Misión ARRANQUE Diseño para detener un robo 390

MS-PS4-1, MS-PS4-2, MS-PS4-3

LECCIÓN 1 Las propiedades de las ondas 392
- Conexión con la lectura Integrar información 395
- Matemáticas ▶ Herramientas
   Usar relaciones proporcionales 398
- **Misión CONTROL** Light Behavior 399
- Estudio de caso Luz y sonido en el estadio de béisbol 400

LECCIÓN 2 Las interacciones entre las ondas 402
- Conexión con la lectura Integrar información 405
- **Misión CONTROL** Virtual Optics 410
- **tú Ingeniero STEM** ¡Sonrían! 411

LECCIÓN 3 Las ondas sonoras 412
- Matemáticas ▶ Herramientas Razonar cuantitativamente 418
- Conexión con la lectura Integrar con elementos visuales 420

LECCIÓN 4 Las ondas electromagnéticas 422
- Conexión con la lectura Interpretar información 426
- Matemáticas ▶ Herramientas Hacer inferencias comparativas 427
- **Misión CONTROL** Optical Demonstration 430
- Profesiones Diseñador de iluminación 431

LECCIÓN 5 La luz 432
- Conexión con la lectura Evaluar los medios 435
- **Misión CONTROL** An Optimum Optical Solution 441

Repaso y evaluación 442
- Evaluación basada en la evidencia 444
- **Misión HALLAZGOS** Reflect on Your Demonstration 445
- **tú Demuestras** Cómo hacer olas 446

Ve a PearsonRealize.com para acceder a tu curso digital.

▶ **VIDEO**
- Lighting Designer

INTERACTIVITY
- Modeling Waves • Making Waves
- Describe the Properties of Waves
- Model Wave Interactions • Use Models to Describe Wave Behavior
- Reflection, Transmission, and Absorption of Sound Waves
- Sound • Doppler Effect • Build an Electromagnetic Wave • Models of Light • Describe Electromagnetic Waves • Describe the Behavior of Light • Blinded by the Light • Predict the Behavior of Light Rays

VIRTUAL LAB

ASSESSMENT

eTEXT

APP

El Texto en línea está disponible en español:

HANDS-ON LABS

uConnect What Are Waves?

uInvestigate
- Waves and Their Characteristics • Wave Behavior • Understanding Sound • Build a Wave • Light Interacting with Matter

uDemonstrate Making Waves

xiii

TEMA 9 La electricidad y el magnetismo 450

Pregunta esencial ¿Qué factores afectan la intensidad de las fuerzas eléctrica y magnética?

Misión ARRANQUE Light as a Feather? 452

MS-PS2-3, MS-PS2-5, MS-PS3-2

LECCIÓN 1 La fuerza eléctrica 454
Conexión con la lectura Integrar con elementos visuales 458
Misión CONTROL Apply Electrical Forces 462
Extraordinary Science Los abejorros y las flores eléctricas 463

LECCIÓN 2 La fuerza magnética 464
Conexión con la lectura Verificar 470
Misión CONTROL Tracking Levitation 471

LECCIÓN 3 La fuerza electromagnética 472
Conexión con la lectura Citar evidencia textual 473
Matemáticas ▶ Herramientas Hacer inferencias comparativas 476
Misión CONTROL Building an Electromagnet 478
  El electromagnetismo en acción 479

LECCIÓN 4 Interacciones eléctricas y magnéticas 480
Conexión con la lectura Obtener evidencia 484
Matemáticas ▶ Herramientas
Comprender conceptos de razón 488
Misión CONTROL Electrifying Levitation 489
Estudio de caso El Maxwell X-57 490

Repaso y evaluación 492
Evaluación basada en la evidencia 494
Misión HALLAZGOS Reflect on Your Levitating Device 495
tuDemuestras Detective planetario 496

Ve a PearsonRealize.com para acceder a tu curso digital.

▶ **VIDEO**
• Electrical Engineer

👆 **INTERACTIVITY**
• Theremin • Electric Currents
• Charged Interactions • Interactions of Magnetic Fields • Model Magnetic Forces • Electricity and Magnetism • Electromagnetism • Electromagnetic Evidence • Electric Motors
• Generators • Electricity, Magnets, and Motion

📱 **VIRTUAL LAB**

✅ **ASSESSMENT**

📖 **eTEXT**

📱 **APP**

El Texto en línea está disponible en español:

uConnect Magnetic Poles

uInvestigate
• Detecting Charges
• Detecting Fake Coins
• Electric Currents and Magnetism
• Electric, Magnetic Motion

uDemonstrate
Planetary Detective

El aparato de Golgi Cuando las proteínas abandonan el RE, pasan al aparato de Golgi, una estructura que se parece a bolsas y tubos achatados. Considerado como el depósito de la célula, el aparato de Golgi recibe las proteínas y otros materiales recién formados del RE, los empaqueta y los distribuye a otras partes de la célula o hacia el exterior de la célula.

Las mitocondrias En el citoplasma flotan unas estructuras con forma de bastón. Vuelve a mirar la **Imagen 2**. Las ==mitocondrias== convierten la energía almacenada en los alimentos en energía que la célula puede usar para vivir y llevar a cabo sus funciones. Son la "central de energía" de la célula.

Los cloroplastos El ==cloroplasto== es un orgánulo de las células vegetales y otros organismos que absorbe energía de la luz solar y la convierte en una forma de energía que las células pueden usar para producir alimentos. La función del cloroplasto es producir alimentos en forma de azúcares para la célula. Las células vegetales de las hojas de las plantas generalmente contienen muchos cloroplastos verdes. Las células animales no tienen cloroplastos porque los animales comen alimentos en lugar de producir su propio alimento a partir de la luz solar.

INTERACTIVITY

Aprende a construir una célula.

REVISAR LA LECTURA **Determinar conclusiones** Supón que hay sequía y una planta no puede obtener suficiente agua. ¿Qué sucede con el citoplasma y los orgánulos en las células vegetales?

....

....

¡Represéntalo!

La sustancia de la vida

Se suele llamar a la Tierra el planeta de agua, porque el agua cubre el 75 por ciento de su superficie. El citoplasma, un fluido similar a un gel, tiene aproximadamente un 80 por ciento de agua. El citoplasma tiene tres funciones importantes: da forma a la célula, aloja a los otros orgánulos de la célula y almacena sustancias químicas que la célula necesita.

Desarrollar modelos ¿Qué podrías usar para representar el citoplasma? ¿Qué usarías para representar cada orgánulo? Enumera los objetos que usarías.

....

....

....

....

Los orgánulos vistos de cerca

Imagen 4 Los microscopios avanzados capaces de aumentar considerablemente las imágenes permiten a los científicos ver los orgánulos con mucho detalle. Las imágenes reales no tienen colores. Todas estas imágenes han sido coloreadas para ayudarte a ver los detalles.

1. **Interpretar diagramas** Completa el espacio en blanco debajo de cada imagen con el nombre del orgánulo.

2. **Clasificar** Para cada orgánulo, escribe en el círculo pequeño una A si se puede hallar solo en células animales, V si se puede hallar solo en células vegetales y AV si se puede hallar en ambos tipos de células.

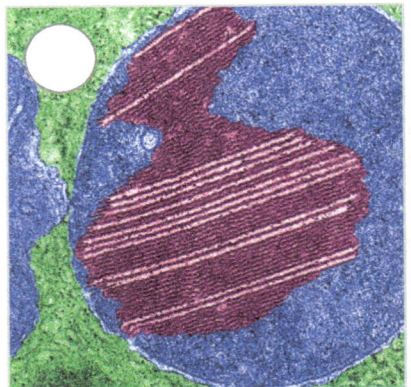

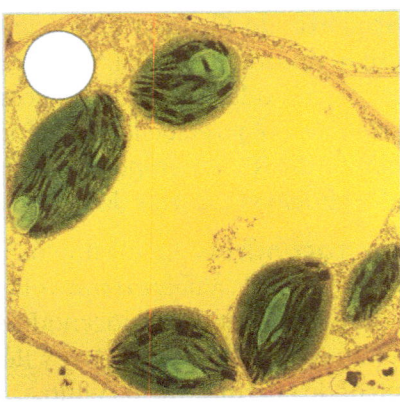

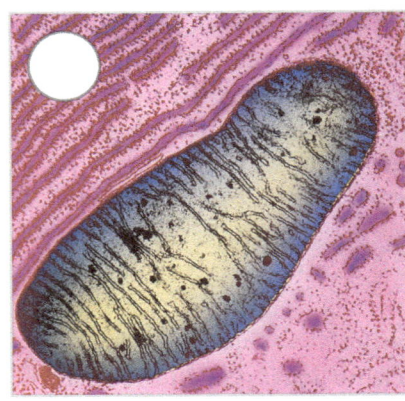

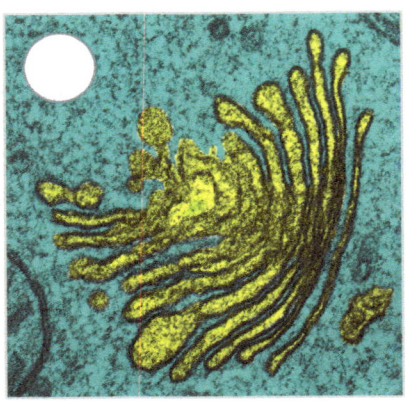

VIDEO
Recorre las principales estructuras de una célula.

Los lisosomas Puedes considerar a los lisosomas como los centros de reciclaje de una célula. Observa la célula animal en la **Imagen 2**. ¿Ves los orgánulos pequeños y redondos? Esos se llaman lisosomas. Los lisosomas contienen sustancias que descomponen las partículas grandes de alimento en partículas más pequeñas. Los lisosomas también descomponen partes de células viejas y liberan los materiales para que puedan ser usados nuevamente.

Las vacuolas Las células vegetales tienen una o más bolsas grandes llenas de agua que flotan en el citoplasma junto a los otros orgánulos que se muestran en la **Imagen 4**. En algunas células animales, estos sacos son mucho más pequeños. Esta estructura es una <mark>vacuola</mark>, un orgánulo en forma de bolsa que almacena agua, alimentos y otros materiales necesarios para la célula. Además, las vacuolas almacenan desechos hasta que son eliminados. En algunas plantas, las vacuolas también realizan la digestión que los lisosomas llevan a cabo en las células animales.

REVISAR LA LECTURA Integrar con elementos visuales Usa la **Imagen 2** para describir las diferencias principales entre los lisosomas y las vacuolas.

....

....

Las células trabajan juntas

Un organismo unicelular debe realizar todas las funciones para la supervivencia, el crecimiento y la reproducción del organismo. Una bacteria es un ejemplo de un organismo unicelular que realiza todas las funciones que preservan la vida. Cuando la única célula que conforma la bacteria muere, todo el organismo muere. En un organismo multicelular, hay muchos tipos diferentes de células con distintas funciones, y a menudo son muy diferentes entre sí.

Células especializadas
Los organismos multicelulares son más complejos que los organismos unicelulares. Como son más complejos, están compuestos por diferentes tipos de células que llevan a cabo diferentes funciones. Un tipo de célula hace una clase de trabajo, mientras que otros tipos de células hacen otros trabajos. Por ejemplo, los glóbulos rojos son células especializadas en llevar el oxígeno a las células de todo el cuerpo. Sin embargo, no podrían viajar a través de tu cuerpo sin las células especializadas del corazón, las cuales las envían hasta otras células que necesitan oxígeno. Así como las células especializadas tienen diferentes funciones, también tienen diferentes estructuras. La **Imagen 5** muestra células especializadas de plantas y animales. Cada tipo de célula tiene una forma distinta. Por ejemplo, una célula nerviosa tiene extensiones delgadas como hilos que llegan a otras células. Estas estructuras ayudan a las células nerviosas a transmitir información de una parte a otra de tu cuerpo. La forma de la célula nerviosa no ayudaría a un glóbulo rojo a cumplir su función.

INTERACTIVITY

Investiga las funciones de las diferentes células especializadas.

Conexión con la lectura

Integrar con elementos visuales

¿Qué ilustración de la **Imagen 5** muestra evidencia de que las células transmiten información unas a otras? ¿A qué te recuerda?

....
....
....
....

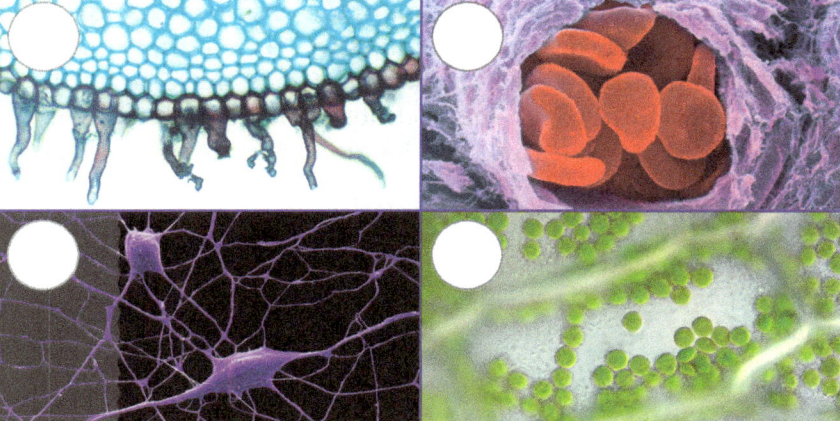

Funciones de las células especializadas

| 1. Células animales que se doblan y se pueden meter en espacios estrechos. | 2. Células animales que transmiten información a otras células. | 3. Células de las raíces de las plantas que absorben el agua y los minerales del suelo. | 4. Células vegetales que producen alimentos. |

La célula correcta para hacer el trabajo

Imagen 5 Las diferentes células realizan distintas funciones.

1. **Sacar conclusiones** ✏️ Empareja cada función con una célula. Escribe el número de la función en la imagen correspondiente.

2. **Considerar limitaciones** Recuerda la célula animal de la **Imagen 2**. ¿Por qué ese modelo no es una representación verdadera de los diferentes tipos de células animales?

....
....
....
....

Niveles de organización

Imagen 6 Los organismos, como este jugador de fútbol, están organizados en niveles de complejidad creciente. Rotula los niveles de organización comenzando por el más simple hasta llegar al más complejo. Luego, encierra en un círculo el sistema de órganos.

Comprender el sentido

Piensa en una vez en que hayas trabajado en equipo. En tu cuaderno de ciencias, describe las destrezas especiales de los miembros de tu equipo que les permitieron trabajar juntos para resolver un problema o superar un desafío.

Las células conforman un organismo Un grupo de células similares que trabajan juntas para desempeñar una función específica se llama tejido. Por ejemplo, tu estómago está formado principalmente por células musculares que forman el tejido de los músculos. El tejido muscular ayuda a tu estómago a procesar los alimentos durante la digestión. Tu estómago también tiene glándulas que producen ácido estomacal. Las glándulas son otro tipo de tejido. El estómago es un órgano formado por diferentes tipos de tejidos que funcionan en conjunto. Un grupo de órganos que interactúan para realizar una función importante conforman un sistema de órganos. Tu estómago es parte de tu sistema digestivo, el cual transforma alimentos en sustancias útiles. La **Imagen 6** muestra cómo tu cuerpo compone estructuras complejas desde los átomos a las moléculas y luego a las células, a los tejidos, a los órganos y a los sistemas de órganos.

REVISAR LA LECTURA Determinar las ideas centrales ¿Podría sobrevivir por sí sola una parte de un organismo multicelular? Explica tu respuesta.

....

....

....

22   El sistema celular

☑ LECCIÓN 2: Revisión

MS-LS1-2

1. **Interpretar fotos** ¿Qué es la estructura amarilla y qué función cumple en una célula?

   ....
   ....
   ....

2. **Explicar fenómenos** ¿Por qué las células tienen tantos orgánulos y estructuras diferentes?

   ....
   ....
   ....
   ....

3. **Comparar y contrastar** ¿Cuáles son las diferencias principales entre las paredes celulares y las membranas celulares?

   ....
   ....
   ....
   ....
   ....

4. **Aplicar conceptos** ¿Hay más tejidos o más órganos en tu cuerpo? Explica tu razonamiento.

   ....
   ....
   ....

5. **Determinar diferencias** ¿Cuáles son tres diferencias que existen entre las células vegetales y las células animales?

   ....
   ....
   ....
   ....
   ....

Misión CONTROL

En esta lección aprendiste sobre las diferentes estructuras de las células vegetales y animales y cómo funcionan.

Desarrollar modelos ¿De qué manera un modelo puede ayudar a los visitantes de la exposición a entender las estructuras celulares y sus funciones?

....
....
....
....
....

HANDS-ON LAB

Make A Cell Model

Conéctate en línea para descargar la hoja de trabajo de este laboratorio. Diseña y construye un modelo de una célula vegetal.

23

LECCIÓN 3
Obtener y eliminar materiales

Pregunta guía
- ¿Cuál es la función principal de la membrana celular en el funcionamiento de una célula?

Conexiones

Lectura Integrar con elementos visuales

Matemáticas Analizar relaciones proporcionales

MS-LS1-2

Vocabulario
permeabilidad selectiva
difusión
ósmosis
endocitosis
exocitosis

Vocabulario académico
mantener

VOCABULARY APP
Practica el vocabulario en un aparato móvil.

Misión CONEXIÓN
Considera cómo puedes ilustrar con tu exposición los procesos que llevan materiales a la célula y extraen otros materiales de la célula.

¡Conéctalo!

 Encierra en un círculo el lugar de la foto donde crees que el olor que expulsó el zorrillo será más fuerte.

Plantear una hipótesis ¿Cómo crees que es posible detectar el olor del zorrillo desde el interior de tu casa o desde un carro en movimiento?

....
....
....

24 El sistema celular

Transportar materiales dentro y fuera de las células

INTERACTIVITY

Comenta cómo los objetos entran y salen de un área.

Una tarde, decides ir a dar un paseo cerca de tu casa. Ves algo que se mueve por el césped. Mira la **Imagen 1**: ¿es un gato blanco y negro? A medida que te acercas puedes verlo mejor. El animal se eriza y levanta la cola. ¡Es un zorrillo! Rápidamente das media vuelta y vas para otro lado. Sabes bien que si te rocía un zorrillo las personas podrán detectar el olor a la distancia. Las moléculas del olor viajarán por el aire y serán inhaladas por cualquiera que esté cerca de ti.

Las células dependen del movimiento de los gases, los líquidos y las partículas a su alrededor para obtener nutrientes y otras sustancias necesarias. Para vivir y funcionar bien, las células deben dejar entrar ciertos materiales y eliminar otros. El oxígeno, el agua y las partículas de alimento deben poder entrar a la célula y los desechos deben poder salir. El mismo mecanismo que hace que los materiales entren y salgan de una célula es el que permite que esas moléculas de olor a zorrillo (la composición química del olor) ingrese en las células especializadas de tu nariz que perciben el olor.

Defensa apestosa

Imagen 1 Cuando un zorrillo se siente amenazado, ¡ten cuidado! Recibir un baño de olor a zorrillo es una experiencia muy desagradable y el olor viaja rápido a través del aire por el proceso de difusión. La difusión también transporta moléculas importantes hasta las células de todos los organismos vivos.

25

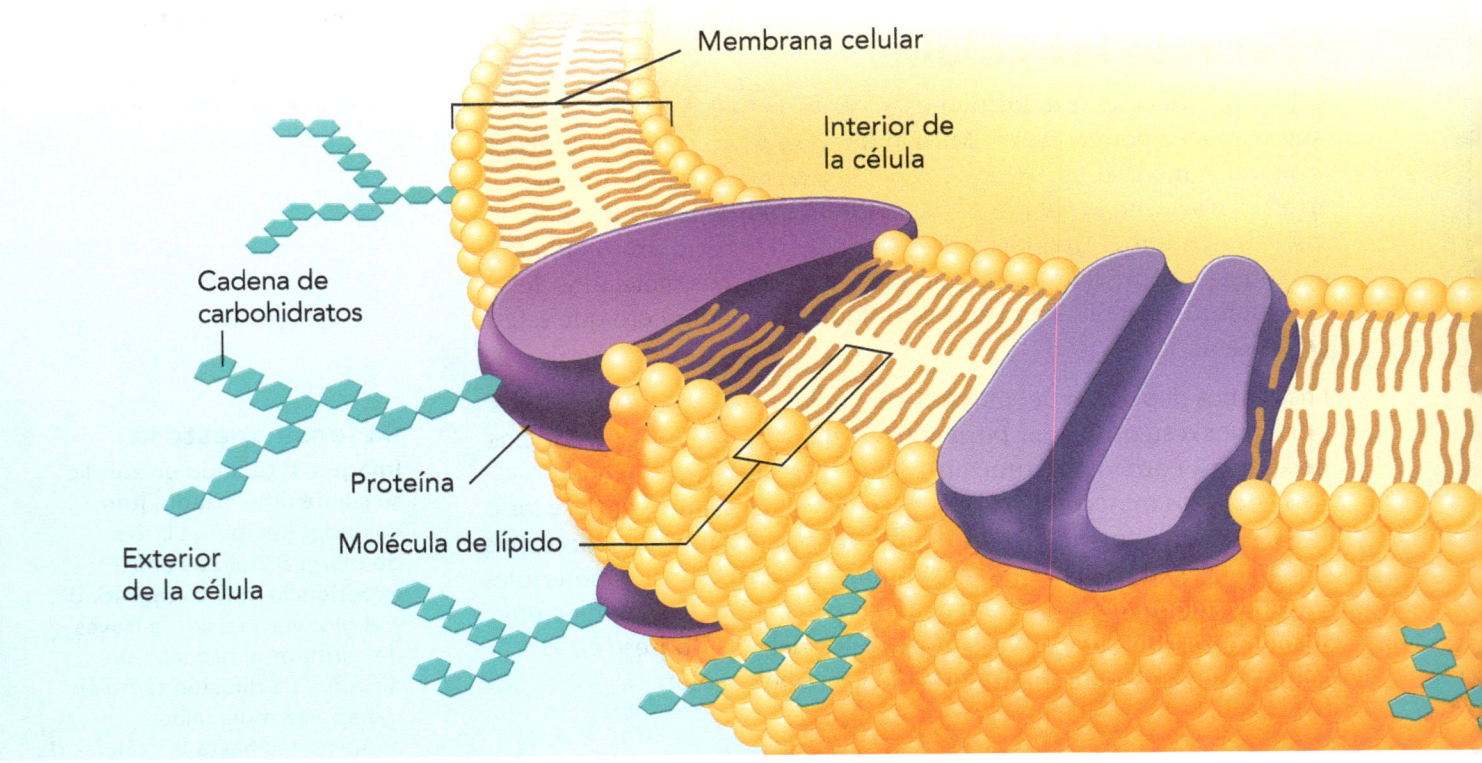

Membrana celular
Interior de la célula
Cadena de carbohidratos
Proteína
Molécula de lípido
Exterior de la célula

Una barrera selectiva

Imagen 2 Los carbohidratos, las proteínas y los lípidos son moléculas importantes que forman parte de la estructura de la membrana celular. Ayudan a que los materiales puedan entrar y salir de la célula a través de la membrana celular.

Hacer modelos ¿De qué modo la membrana celular se parece a un guardia de seguridad?

....
....
....
....
....
....

La función de la membrana celular

Toda célula está rodeada por una membrana celular que deja entrar y salir ciertas sustancias. Este movimiento permite a la célula mantener la homeostasis (un ambiente interno estable) y obtener todas las sustancias químicas que necesita para vivir. La membrana celular no es rígida sino flexible. En la **Imagen 2** puedes ver que hay diferentes tipos de moléculas que ayudan en el transporte de materiales a través de la membrana celular.

Una membrana permeable permite que los líquidos y los gases la atraviesen. Algunos materiales pasan libremente a través de la membrana celular. Otros pasan con menos libertad o no pueden pasar. La membrana celular tiene **permeabilidad selectiva**, es decir, algunas sustancias pueden atravesar la membrana y otras no. Las sustancias que entran y salen de una célula lo hacen mediante uno de estos dos procesos: transporte pasivo o transporte activo.

Transporte pasivo

El paso de materiales a través de la membrana celular a veces no requiere energía. Otras veces, la célula tiene que usar su propia energía. Considera esta analogía: si viertes agua de un balde por una rampa, el agua baja por ella fácilmente, sin ningún esfuerzo de tu parte. Tu rol es pasivo. Ahora imagina que debes hacer que esa misma agua suba por la rampa. Deberás usar tu propia energía para mover el agua. El movimiento de materiales disueltos a través de la membrana celular sin usar la energía de la célula se llama transporte pasivo.

La difusión Las moléculas están siempre en movimiento. Cuando se mueven, chocan entre sí. Cuando están concentradas, es decir, muy juntas en un lugar, las moléculas chocan con más frecuencia. Los choques hacen que las moléculas se alejen unas de otras. Con el tiempo, después de chocarse y alejarse varias veces, las moléculas terminan distribuidas en forma más pareja y están menos concentradas. La **difusión** es el proceso por el cual las moléculas se mueven desde un área de mayor concentración hacia un área de menor concentración. Considera una de las células que revisten tus pulmones. La célula está en contacto con el aire que respiras. El aire que está fuera de la célula tiene una mayor concentración de oxígeno. ¿Qué ocurre? El oxígeno se mueve fácilmente hacia el interior de la célula. La difusión de oxígeno hacia el interior de la célula no requiere que la célula use nada de su energía. La difusión es una forma de transporte pasivo. En la **Imagen 3** se muestra cómo los insectos usan espiráculos en lugar de pulmones para dejar entrar el oxígeno, que pasará luego a sus células mediante la difusión.

REVISAR LA LECTURA **Escribir un texto informativo** ¿Por qué es importante que una célula tenga permeabilidad selectiva?

....

....

....

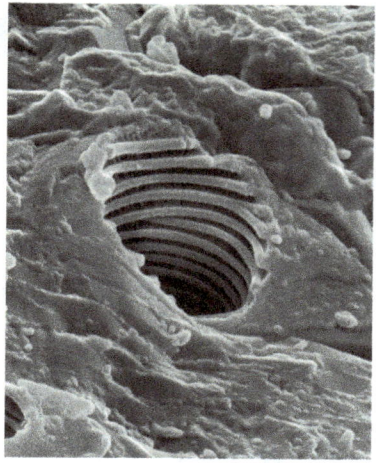

Sin pulmones
Imagen 3 Los espiráculos son orificios en el exoesqueleto, o cobertura exterior dura, de los insectos, que permiten el ingreso del oxígeno y su difusión hacia el interior de las células del insecto. Los espiráculos se conectan con conductos de aire que llegan a todas las partes del insecto.

Relacionar estructura y función
Encierra en un círculo la parte donde el aire puede entrar al interior del cuerpo del insecto.

Matemáticas ▸ Herramientas

Respirar sin pulmones

Los insectos más grandes de los que se tienen noticias son libélulas gigantes que vivieron hace 300 millones de años. Estas libélulas tenían una envergadura de ¡67 cm! Hoy en día, la libélula más grande tiene una envergadura de unos 20 cm. Las libélulas gigantes existieron en una época en que el nivel de oxígeno en la atmósfera era de alrededor de 35 por ciento, comparado con el 21 por ciento actual. Usa esta información para responder las siguientes preguntas.

1. Analizar relaciones proporcionales ¿Cuál es la diferencia en porcentaje entre el tamaño de la libélula gigante y el de la libélula moderna?

....

2. Inferir Vuelve a mirar los espiráculos de la **Imagen 3**. ¿Cuál crees que sea la relación entre los espiráculos, el tamaño del insecto y los niveles de oxígeno en el aire?

....

....

....

¡Represéntalo!

No más pasas

Imagen 4 Las pasas son uvas deshidratadas, es decir, uvas a las que se les ha sacado la mayor parte del agua. Las células de las pasas están muertas pero son muy ricas en azúcares. Si colocas las pasas en un recipiente con agua, sus células absorberán agua por el proceso de difusión.

Desarrollar modelos ✏️ Usa la célula de uva que se muestra a continuación como referencia. En los círculos vacíos, dibuja primero una célula de pasa y luego dibuja cómo se vería la célula después de colocarla en un recipiente con agua toda la noche.

 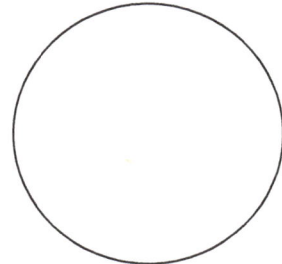 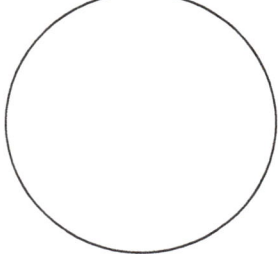

Conexión con la lectura

Integrar con elementos visuales ✏️ El Gran Lago Salado, en Utah, es tan salado que se forman grandes cristales de sal fuera del agua. Imagina que te sumerges en el lago. Dibuja un diagrama a continuación para mostrar el paso del agua por ósmosis entre el agua del lago y las células de tu cuerpo.

Ósmosis Al igual que el oxígeno, el agua pasa fácilmente dentro y fuera de la célula a través de la membrana celular. La <mark>ósmosis</mark> es la difusión de las moléculas de agua a través de una membrana con permeabilidad selectiva. Muchos procesos celulares dependen de la ósmosis para obtener el agua que necesitan para funcionar. Sin agua suficiente, la mayoría de las células moriría. Como no requiere energía de la célula, la ósmosis es una forma de transporte pasivo.

La ósmosis puede tener efectos importantes en las células y en los organismos. Las pasas de la **Imagen 4** que fueron sumergidas en agua son de color más claro y de aspecto más relleno debido a un saludable flujo de agua tanto dentro como fuera de sus células. En ciertas condiciones, la ósmosis puede hacer que el agua salga de las células más rápido de lo que entra. Cuando eso sucede, el citoplasma se encoge y la membrana celular se aleja de la pared celular. Si las condiciones no cambian, las células pueden morir.

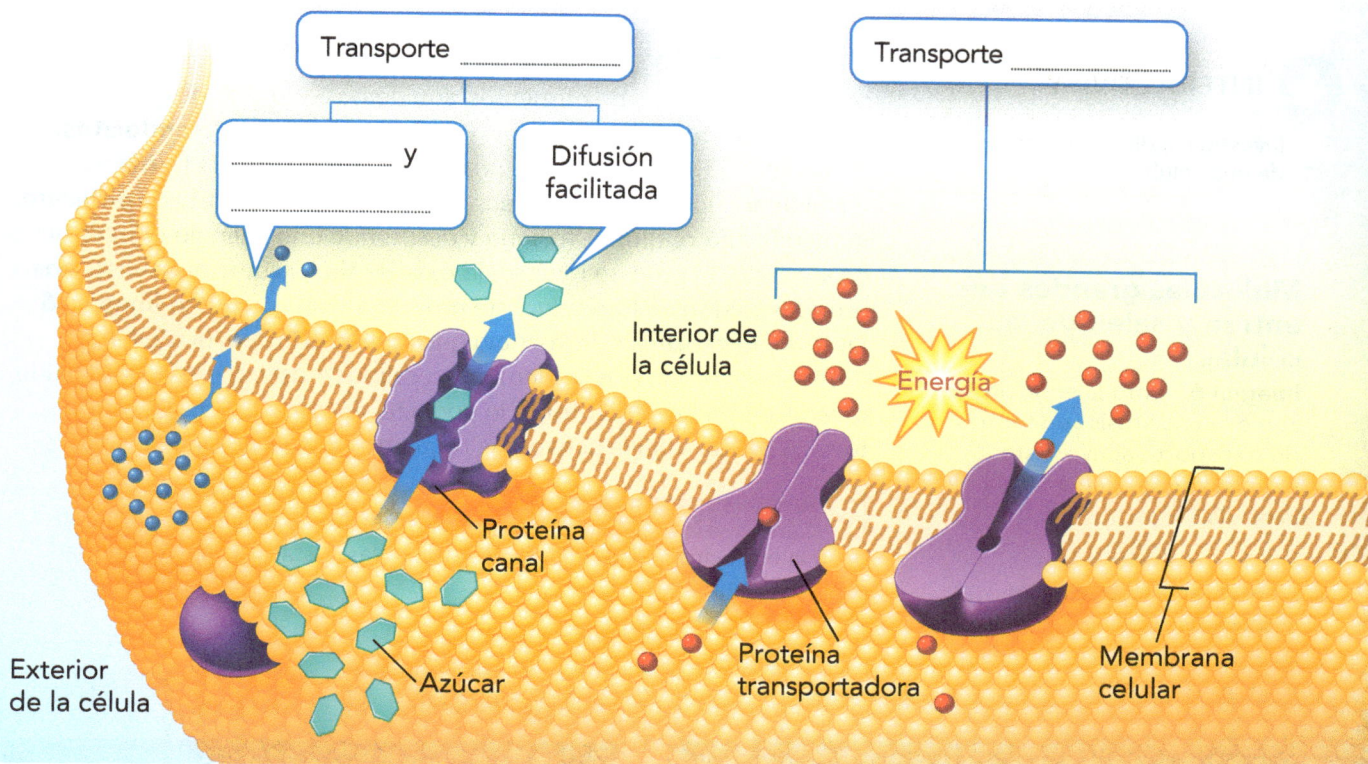

Difusión facilitada El oxígeno, el dióxido de carbono y el agua pasan libremente por difusión a través de la membrana celular. Algunas moléculas, como el azúcar, no puede atravesar la membrana tan fácilmente. En un proceso llamado difusión facilitada, unas proteínas en la membrana celular forman canales por los que pueden pasar los azúcares. La palabra *facilitar* significa "hacer más fácil". Como se muestra en la **Imagen 5**, estas proteínas forman un paso para que los azúcares ingresen a la célula por difusión. Las proteínas funcionan como lo hace una tubería que conduce el agua de lluvia desde el tejado de una casa hasta el suelo. La difusión facilitada no usa la energía de la célula y es una forma de transporte pasivo.

Transporte activo Durante la difusión, las moléculas se mueven al azar en todas direcciones. Unas pocas moléculas se mueven por azar desde áreas de baja concentración hacia áreas de alta concentración, pero la mayoría de las moléculas se mueven hacia áreas de menor concentración. En muchos casos, las células necesitan que la concentración de una molécula dentro de ellas sea más alta que la concentración que hay fuera de ellas. Para poder <mark>mantener</mark> esta diferencia en la concentración de moléculas, las células usan el transporte activo. Las células proveen la energía necesaria para hacer este trabajo, así como tú usarías energía si tuvieras que pedalear en tu bicicleta cuesta arriba. El transporte activo es el movimiento de materiales a través de una membrana usando energía de la célula. Como en el caso de la difusión facilitada, unas proteínas dentro de la membrana celular juegan un papel clave en el transporte activo. Usando la energía de la célula, las proteínas transportadoras "recogen" moléculas específicas que pasan cerca de ella y las llevan al interior a través de la membrana. El calcio, el potasio y el sodio son algunas sustancias que son llevadas dentro y fuera de la célula mediante el transporte activo.

Cruzar la membrana celular
Imagen 5 Las moléculas entran y salen de una célula mediante el transporte pasivo o activo.

Interpretar diagramas Completa los rótulos con las palabras que faltan.

Vocabulario académico
Mantener significa conservar algo en su estado actual. ¿Cuándo has tenido que mantener algo?

....
....
....

uInvestigate Haz un modelo de la forma en que el agua entra y sale de una célula.

29

INTERACTIVITY
Investiga la difusión a través de una célula.

Moléculas grandes que entran y salen de las células

Imagen 6 Tanto la endocitosis como la exocitosis son formas de transporte activo. Estos procesos requieren energía de la célula.

Interpretar diagramas Completa los espacios en blanco con el rótulo correspondiente a cada uno de los siguientes procesos.

El pasaje de partículas grandes
Algunas partículas, como las partículas de alimentos, son demasiado grandes para atravesar la membrana celular. En un proceso llamado **endocitosis**, la membrana celular absorbe partículas cambiando de forma y envolviendo las partículas. Una vez envuelta la partícula de alimento, la membrana celular se fusiona y desprende una vacuola al interior de la célula. El proceso inverso, la **exocitosis**, permite que partículas grandes salgan de la célula. Este proceso se muestra en la **Imagen 6**. Durante la exocitosis, la vacuola que envuelve las partículas de alimento se funde con la membrana celular y así expulsa el contenido al exterior de la célula. Tanto la endocitosis como la exocitosis son formas de transporte activo que requieren de energía de la célula.

REVISAR LA LECTURA Sacar conclusiones ¿Por qué las células no usan la endocitosis para transportar todas las sustancias a través de la membrana celular?

....

....

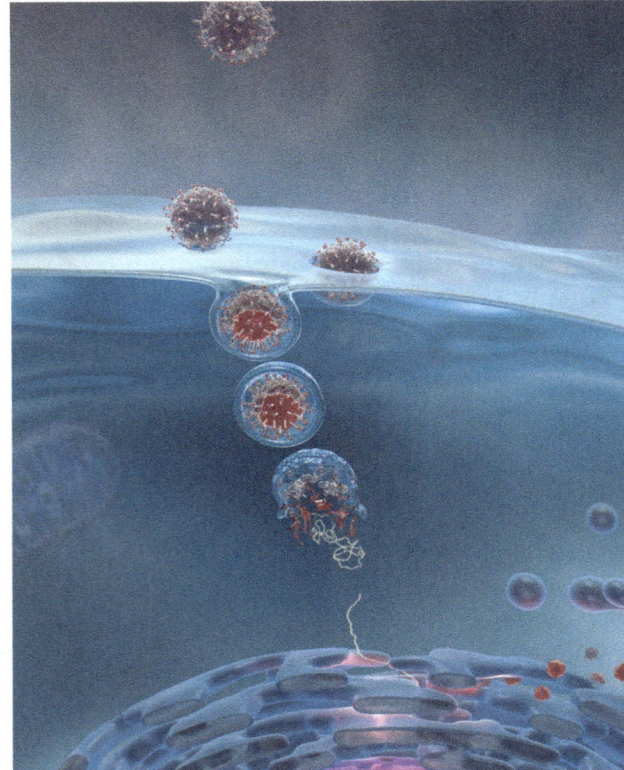

Moléculas grandes que entran en la célula
Las partículas grandes de alimento están cerca de la célula. Para absorber el alimento hacia el interior de la célula, la membrana se pliega sobre sí misma para envolver a la partícula y luego llevarla al interior del citoplasma.

....

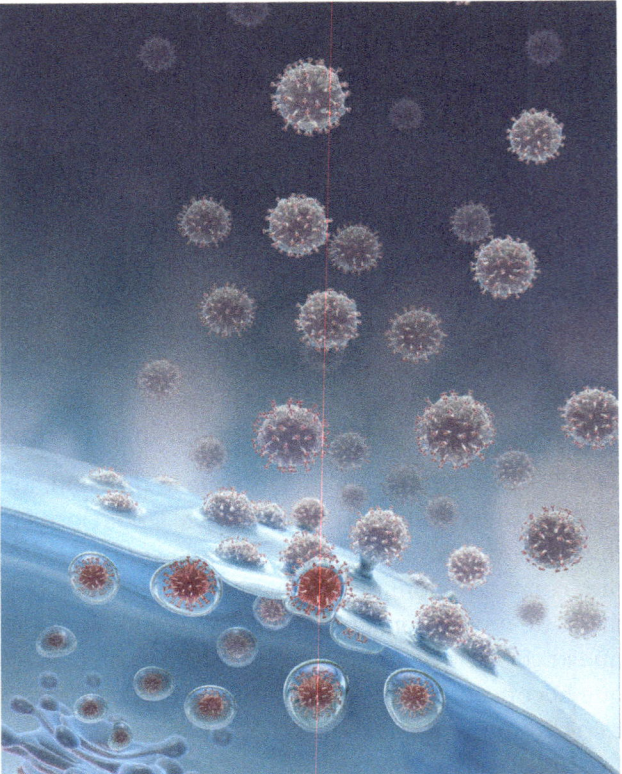

Moléculas grandes que salen de la célula
Las vacuolas que llevan grandes partículas de desecho se acercan a la membrana celular. Las vacuolas se funden con la membrana para expulsar los desechos al exterior de la célula.

....

✓ LECCIÓN 3: Revisión

MS-LS1-2

1. **Explicar fenómenos** ¿Por qué las células necesitan mantener la homeostasis?

   ....
   ....

2. **Determinar diferencias** ¿En qué se diferencia la difusión facilitada de la difusión?

   ....
   ....
   ....
   ....
   ....

3. **Elaborar explicaciones** ¿Qué le ocurriría a una célula si se la colocara en un medio ambiente extremadamente salado?

   ....
   ....
   ....
   ....
   ....

4. **Comparar y contrastar** ✏ Completa el diagrama de Venn con los siguientes términos: exocitosis, difusión, endocitosis, ósmosis.

   Hacia dentro | Hacia fuera

5. **Aplicar el razonamiento científico** ¿Cómo podrían ingresar a una célula bacterias que causan enfermedades sin dañar la membrana celular?

   ....
   ....
   ....
   ....
   ....

Misión CONTROL

En esta lección aprendiste sobre la membrana celular y cómo las células absorben las sustancias que necesitan para funcionar. También aprendiste cómo las células eliminan los desechos a través de procesos celulares.

Relacionar estructura y función Considera qué estructuras de la membrana celular ayudan a la célula a absorber y expulsar materiales. ¿Cuál es la mejor manera de representar esta información en tu animación?

....
....
....

INTERACTIVITY

Put Your Cells in Motion

Conéctate en línea para planear una animación que muestre las maneras en que los materiales entran y salen de la célula. Luego, crea tu animación para la exposición.

31

LECCIÓN 4 La división celular

Preguntas guía
- ¿Cuáles son las cuatro funciones de la división celular?
- ¿Qué estructuras de la célula la ayudan a reproducirse?

Conexiones
Lectura Resumir el texto

Matemáticas Analizar relaciones cuantitativas

MS-LS1-2

Vocabulario
ciclo celular
interfase
replicación
mitosis
citocinesis

Vocabulario académico
secuencia

 **VOCABULARY APP**
Practica el vocabulario en un aparato móvil.

Misión CONEXIÓN

Piensa en la función que desempeña la división celular en una célula sana que funciona correctamente y considera cómo puedes incluir esta información en tu exposición.

✏️ Usando la imagen de rayos X como guía, haz un círculo para mostrar dónde está el hueso roto del ciclista.

Elaborar explicaciones ¿De dónde obtendrá el ciclista las nuevas células para reparar el hueso roto?

....
....

Las funciones de la división celular

¡El ciclista de la **Imagen 1** sí que se cayó! Afortunadamente, tenía puesto el casco y solo sufrió la fractura de un brazo y un raspón en el codo. Su cuerpo comenzará de inmediato a reparar el hueso, los músculos y la piel. ¿De dónde sacará su cuerpo tantas nuevas células para reparar el daño? Recuerda que las células solo pueden ser producidas por otras células. Las nuevas células se generarán a partir de células existentes que se dividen en dos, una y otra vez, hasta que haya suficientes células sanas para restablecer el funcionamiento. De la misma manera, la división celular puede reemplazar células envejecidas o células que enferman y mueren.

La división celular también permite que un organismo aumente su tamaño. Un pequeño óvulo fecundado se divide en dos células, esas dos, en cuatro, y así sucesivamente, hasta que esa única célula inicial se transforma en un organismo multicelular. Otra función de la división celular es la reproducción. Muchos organismos unicelulares, como las levaduras, se reproducen simplemente por división celular. Otros organismos se reproducen cuando la división celular genera el crecimiento de nuevas estructuras. Por ejemplo, una planta de fresas puede generar nuevos tallos y raíces. Estas estructuras luego se separan de la planta progenitora y se convierten en una planta aparte. La mayoría de los organismos se reproducen cuando se unen células especiales, una por cada progenitor, y forman una nueva célula. Luego, esta nueva célula pasa por muchas divisiones y crece hasta transformarse en un nuevo organismo.

REVISAR LA LECTURA **Determinar las ideas centrales** ¿Cuáles son las cuatro funciones de la división celular?

INTERACTIVITY

Piensa en qué lugar de tu cuerpo crees que está ocurriendo la división celular.

Reflexiona Piensa en alguna ocasión en que te lastimaste. En tu Cuaderno de ciencias, describe la apariencia de tu herida y lo que sentiste cuando ocurrió y luego describe cómo fue cambiando la herida a medida que sanaba.

La división celular al rescate

Imagen 1 Ni bien te fracturas un hueso, tu cuerpo se pone a trabajar en su reparación. Se producen muchas células nuevas para limpiar el desorden y producir nuevos tejidos.

33

Fases del ciclo celular

Imagen 2 Esta serie de diagramas representa un ciclo celular completo.

Interpretar diagramas ¿Qué ocurre con la información genética de la célula durante el ciclo celular?

....

....

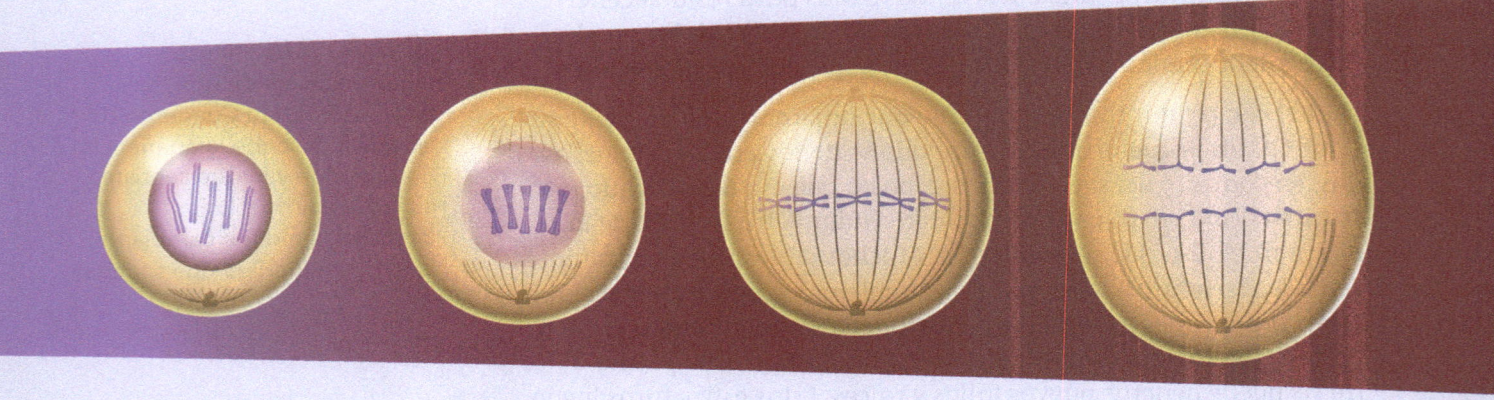

Interfase   Profase   Metafase   Anafase

HANDS-ON LAB

Investigate Haz un modelo de cómo se divide una célula.

Vocabulario académico
La división celular sigue una cuidadosa secuencia de sucesos. Describe la secuencia de sucesos de un día de escuela típico.

....

....

....

....

....

El ciclo celular

La mayor parte del tiempo, las células cumplen sus funciones normales, pero todo cambia cuando a la célula le llega la señal de dividirse. A partir de ahí, la célula debe llevar a cabo varias tareas para estar lista para la gran división en dos "células hijas". La **Imagen 2** resume esas tareas.

Primero, la célula debe crecer en tamaño y duplicar su contenido. Esta fase se llama interfase. Luego, la célula debe dividir su contenido de modo que las dos células hijas tengan contenidos aproximadamente iguales. Esta segunda fase se llama mitosis y tiene varias etapas.

Finalmente, el citoplasma de la célula se divide físicamente en dos en una fase llamada citocinesis. La **secuencia** regular de sucesos en la que la célula crece, se prepara para la división y se divide para formar dos células hijas se llama **ciclo celular**. Una vez que se completa la división, cada célula hija comienza el ciclo nuevamente.

INTERACTIVITY

Explora el ciclo celular y entérate de por qué los seres vivos atraviesan el ciclo celular.

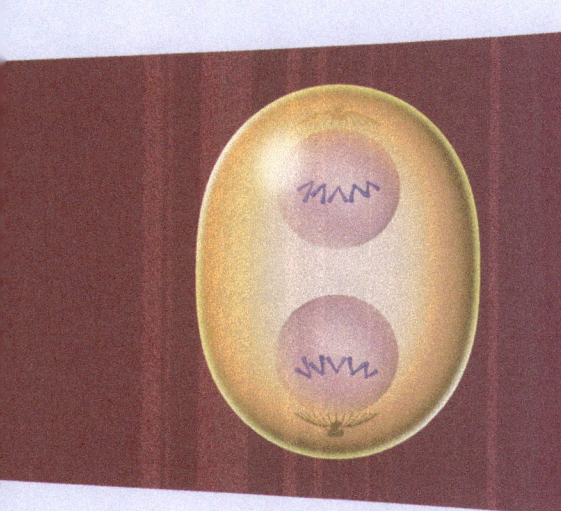

Telofase

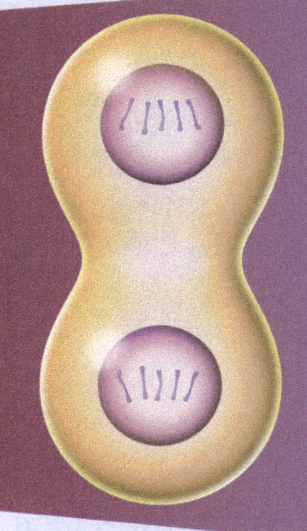

Citocinesis

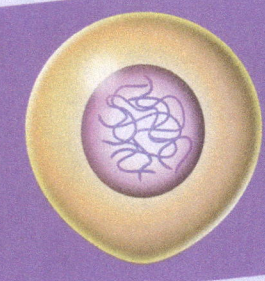

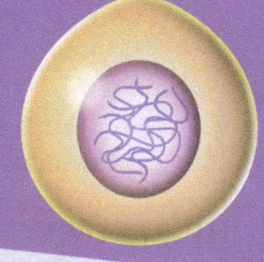

Comienzo de la interfase

Matemáticas ▸ Herramientas

Células que se dividen

Cada división celular produce dos células hijas. Puedes ver en el diagrama que, después de una división, la célula se ha transformado en dos.

✏️ Completa los dos últimos recuadros para mostrar los resultados de dos divisiones celulares más.

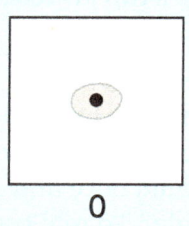 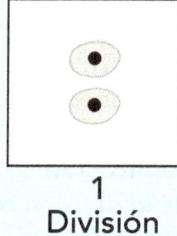 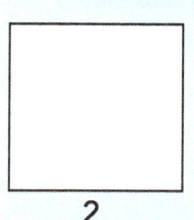 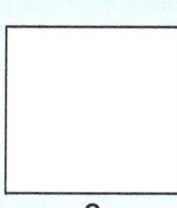

| 0 Divisiones | 1 División | 2 Divisiones | 3 Divisiones |

1. **Analizar relaciones cuantitativas** ¿Cómo aumenta el número de células con cada nueva división de las células?

   ....

2. **Calcular** ¿Cuántas células habría después de cinco divisiones?

   ....

3. **Plantear una hipótesis** ¿Crees que todas las células humanas se dividen al mismo ritmo a lo largo de la vida? Explica tu razonamiento.

   ....

35

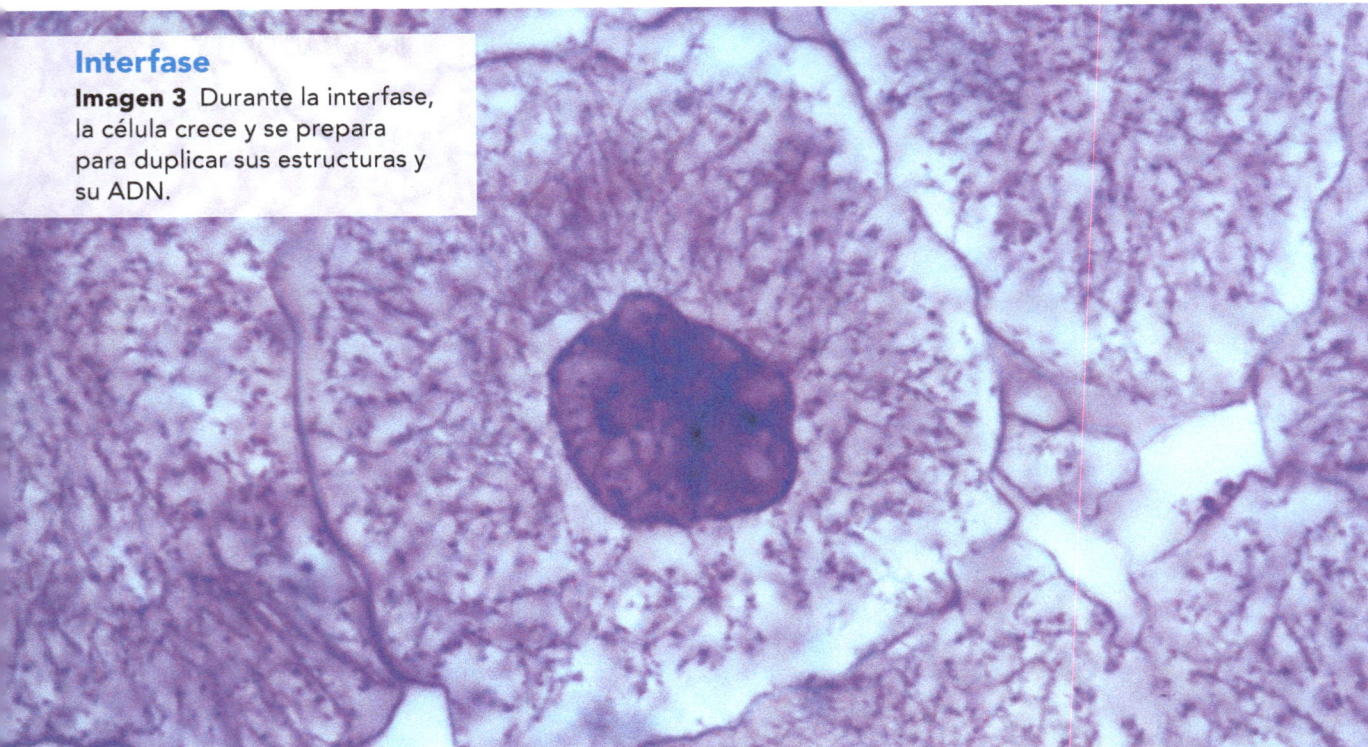

Interfase
Imagen 3 Durante la interfase, la célula crece y se prepara para duplicar sus estructuras y su ADN.

> **INTERACTIVITY**
> Descubre cómo se cura un hueso luego de fracturarse.

> **VIDEO**
> Aprende más sobre cómo la división celular permite a los seres vivos crecer.

Etapa 1: Interfase La primera etapa del ciclo celular es la **interfase**, antes de que comience la división celular. Durante la interfase, la célula crece, hace una copia de su ADN y se prepara para dividirse en dos células hijas. La **Imagen 3** muestra una célula en etapa de interfase vista con un microscopio óptico.

Crecimiento Al comienzo de la interfase, una célula alcanza su tamaño máximo y produce los orgánulos que ambas células hijas necesitarán. Por ejemplo, las células de las plantas producen más cloroplastos. Todos los tipos de células producen más ribosomas y mitocondrias. Las células además producen más enzimas, sustancias que aceleran las reacciones químicas de los seres vivos.

Replicación Recuerda que la cromatina en el núcleo contiene toda la información genética que la célula necesita para llevar a cabo sus funciones. Esa información está en una sustancia química compleja llamada ADN (ácido desoxirribonucleico). En un proceso llamado **replicación**, la célula hace una copia del ADN de su núcleo antes de la división celular. La replicación del ADN hace que se formen estructuras filamentosas llamadas cromosomas. Cada cromosoma dentro del núcleo de la célula contiene dos conjuntos idénticos de ADN, llamados cromátidas.

Preparándose para la división Una vez que el ADN se ha replicado, comienza la preparación para la división celular. La célula produce estructuras que la ayudarán a dividirse en dos células nuevas. En las células animales, pero no en las vegetales, se duplica un par de centríolos. Los centríolos luego ayudarán a dividir el ADN entre las células hijas. Hacia el final de la interfase, la célula está lista para dividirse.

36 El sistema celular

Etapa 2: Mitosis
Cuando termina la interfase, comienza la segunda etapa del ciclo celular. Durante la **mitosis**, el núcleo de la célula se divide en dos núcleos, cada uno con un conjunto de ADN para cada célula hija. Los científicos dividen la mitosis en cuatro partes, o fases: profase, metafase, anafase y telofase.

Durante la profase, el ADN se condensa en cromosomas separados. Recuerda que los cromosomas se formaron durante la replicación. Las dos cromátidas que forman el cromosoma son copias exactas de ADN idéntico. La membrana nuclear que rodea al ADN comienza a romperse. En la metafase, los cromosomas se alinean a lo largo del centro de la célula. Las cromátidas que irán hacia cada célula hija están alineadas de ese lado de la célula. Luego, en la anafase, unas fibras conectadas a los centríolos separan las cromátidas a cada lado de la célula. La fase final de la mitosis es la telofase. Durante la telofase, las cromátidas son arrastradas hacia los extremos opuestos de la célula. La membrana nuclear se vuelve a formar alrededor de cada ADN para crear dos nuevos núcleos. Cada núcleo contiene una copia idéntica, completa, de ADN. Pon a prueba tus conocimientos sobre las fases de la mitosis en la **Imagen 4**.

REVISAR LA LECTURA **Resumir el texto** ¿Cuáles son los tres pasos que una célula tiene que cumplir para estar lista para la división celular?

....

....

Conexión con la lectura

Resumir el texto
A medida que lees, subraya cada fase de la mitosis. Escribe una breve descripción de cada fase de la mitosis.

....
....
....
....
....
....
....
....
....
....

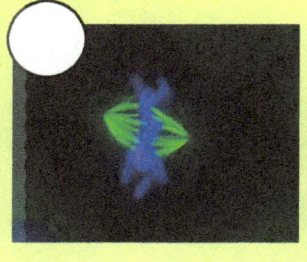
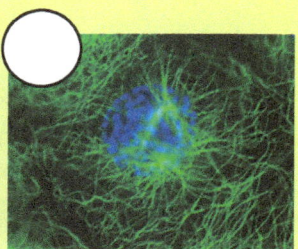

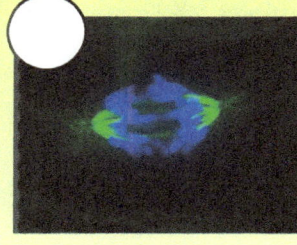
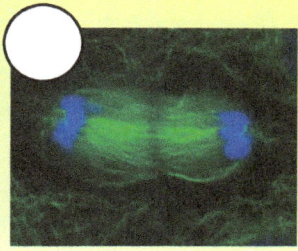

Revuelto de mitosis
Imagen 4 Estas células en proceso de división fueron marcadas con un colorante que brilla bajo una luz fluorescente. El colorante permite ver fácilmente el ADN, teñido de azul, y las fibras, teñidas de verde. Las imágenes están en el orden incorrecto.

Identificar Rotula cada fase de la mitosis en el espacio en blanco. Luego, escribe los números del 1 al 4 en los círculos para mostrar el orden correcto de las fases de la mitosis.

INTERACTIVITY

Aplica el ciclo celular a las células animales y vegetales.

Etapa 3: Citocinesis La etapa final del ciclo celular se llama **citocinesis**. Esta etapa completa el proceso de división celular. Durante la citocinesis, el citoplasma de la célula se divide y los orgánulos se distribuyen a las dos células hijas nuevas. A menudo la citocinesis comienza casi al mismo tiempo que la telofase. Cuando la citocinesis se completa, cada célula hija tiene el mismo número de cromosomas que la célula progenitora. A continuación, cada célula inicia la interfase y el ciclo celular empieza otra vez.

La citocinesis en las células animales Durante la citocinesis en células animales, la membrana celular se comprime en la parte central de la célula. El citoplasma se separa en dos células. Cada célula hija obtiene la mitad de los orgánulos de la célula progenitora.

La citocinesis en las células vegetales La citocinesis es un poco diferente en el caso de las células vegetales. La pared rígida de una célula vegetal no puede comprimirse como lo hace una membrana celular. En su lugar, se forma una estructura llamada placa celular a lo largo del centro de la célula, como se muestra en la **Imagen 5**. La placa celular comienza a formar nuevas membranas celulares entre las dos células hijas. Luego, se forman nuevas paredes celulares alrededor de las membranas celulares.

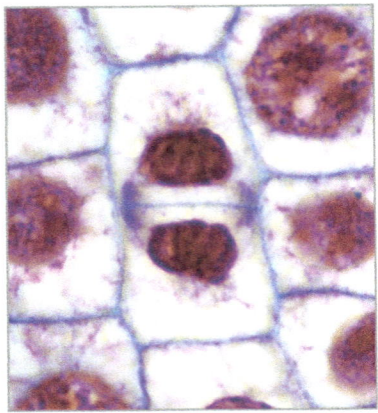

Citocinesis en las plantas

Imagen 5 Una de estas células vegetales se está dividiendo.

Identificar 🖊 Halla la célula que se está dividiendo. Coloca una X en cada célula hija y traza una línea en la placa celular.

✅ **REVISAR LA LECTURA** **Determinar conclusiones** ¿Qué sucedería si no ocurriera la citocinesis?

....
....

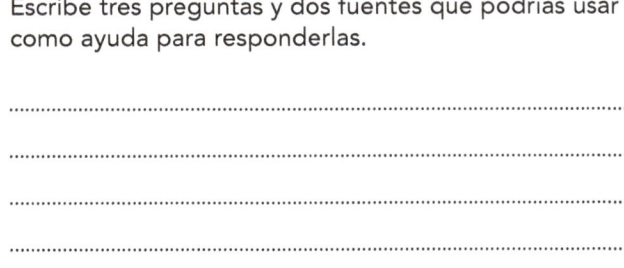

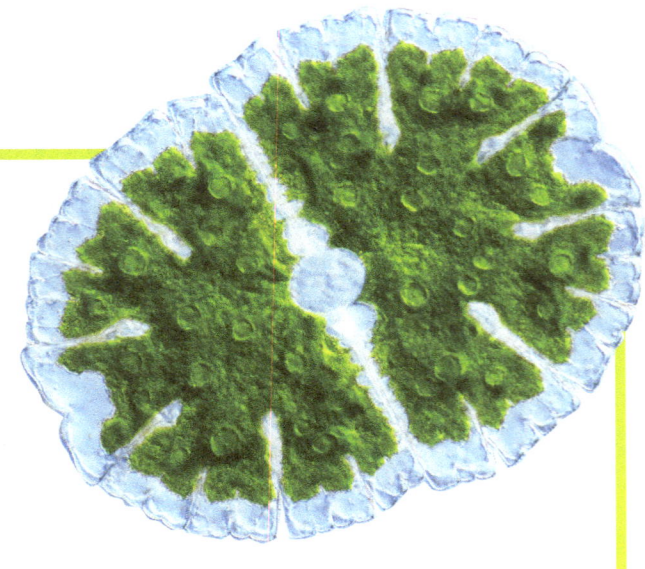

¿Un organismo de dos células?

Dos estudiantes que están examinando una muestra de agua de un lago encuentran un organismo extraño.

Desarrollar preguntas ¿Qué tipo de preguntas te harías si vieras el organismo que se muestra aquí? Escribe tres preguntas y dos fuentes que podrías usar como ayuda para responderlas.

....
....
....
....

El sistema celular

✅ LECCIÓN 4: Revisión

MS-LS1-2

1. **Explicar** ¿Por qué es importante que las células de tu cuerpo pasen por el ciclo celular?

   ....
   ....
   ....
   ....

2. **Elaborar explicaciones** ¿Cómo lleva a cabo una célula vegetal la citocinesis?

   ....
   ....
   ....
   ....
   ....
   ....

3. **Aplicar conceptos** Cuando miras células en el microscopio, ¿cómo puedes reconocer que las células se están dividiendo?

   ....
   ....
   ....
   ....

4. **Explicar fenómenos** ¿Por qué la célula necesita replicar su ADN durante la interfase?

   ....
   ....
   ....
   ....

5. **Sacar conclusiones** Si un organismo unicelular no puede llevar a cabo la división celular, ¿qué ocurrirá con ese organismo?

   ....
   ....
   ....

6. **Interpretar fotos** ¿Qué está ocurriendo en esta parte del ciclo celular?

   ....
   ....
   ....

7. **Plantear una hipótesis** ¿Qué le ocurriría a una célula que no replicara su ADN antes de la división celular?

   ....
   ....
   ....

8. **Desarrollar modelos** ✏️ ¿Qué ocurre durante la citocinesis? Usa el espacio en blanco para dibujar y rotular un diagrama de una célula animal que está en la etapa de citocinesis.

39

LECCIÓN 5 La fotosíntesis

Preguntas guía
- ¿De qué manera las plantas y otros organismos usan la fotosíntesis para producir comida, es decir, alimentos?
- ¿Qué papel juegan la luz, el dióxido de carbono, el agua y la clorofila en la fotosíntesis?
- ¿Qué papel juega la fotosíntesis en el ciclo de los materiales y la energía que circulan por los ecosistemas?

Conexiones
Lectura Resumir el texto
Matemáticas Representar relaciones

MS-LS1-6, MS-LS1-7, MS-LS2-3

Vocabulario
fotosíntesis
autótrofo
heterótrofo
clorofila

Vocabulario académico
ecuación

VOCABULARY APP
Practica el vocabulario en un aparato móvil.

Piensa en los factores que afectan la fotosíntesis y lo que puede estar ocurriendo en el invernadero.

¡Conéctalo!

Escribe en los recuadros la fuente directa de energía para cada organismo.

Hacer una inferencia ¿Cuál de los organismos que se muestran no come otro organismo para obtener comida?

....

Aplicar el razonamiento científico ¿Qué crees que ocurriría a cada especie si el agua se volviera demasiado turbia para que penetrara la luz solar?

....
....
....

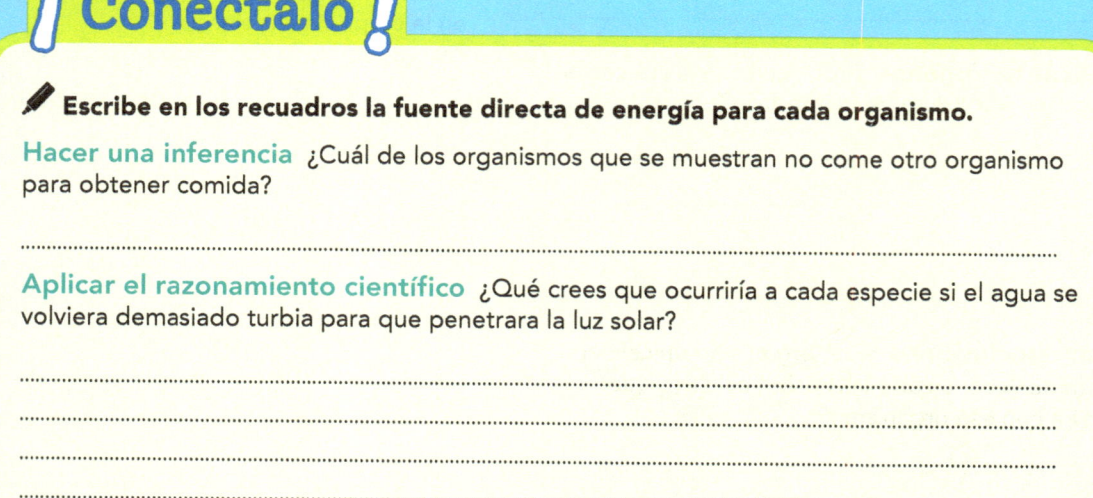

Los seres vivos y la energía

En la costa de Alaska, los erizos de mar pastorean sobre los lechos de algas kelp bajo el agua. Una nutria comienza su cacería para el almuerzo. La nutria traerá los erizos de mar hasta la superficie para alimentarse de ellos.

Tanto los erizos de mar como la nutria de la **Imagen 1** usan el alimento que comen para obtener energía. Todos los seres vivos necesitan energía. Todas las células de todos los organismos necesitan energía para llevar a cabo sus funciones, como producir proteínas y transportar sustancias hacia dentro y fuera de la célula. La energía que usan los seres vivos proviene de su medio ambiente, al igual que las materias primas que las células usan para funcionar. La carne del erizo de mar da energía a las células de la nutria, así como las algas kelp dan energía a las células del erizo de mar. ¿De dónde viene la energía de las algas kelp? Las plantas y determinados organismos, como las algas y algunas bacterias, obtienen su energía de manera diferente. Estos organismos usan la energía de la luz solar para producir su propio alimento.

INTERACTIVITY

Identifica qué elementos se consideran alimentos.

Energía para vivir
Imagen 1 Todos los seres vivos necesitan energía para sobrevivir.

algas kelp

nutria

erizos de mar

Conexión con la lectura

Resumir el texto
Con tus propias palabras, resume la idea principal del pasaje de esta página.

....
....
....
....
....
....

La energía del Sol Las células capturan la energía de la luz solar y la usan para producir alimentos mediante un proceso llamado **fotosíntesis**. El término fotosíntesis viene de las palabras en griego *photos*, que significa "luz", y *syntithenai*, que significa "juntar". Las plantas y otros organismos fotosintéticos unen sus moléculas en formas útiles usando la fotosíntesis.

Casi todos los seres vivos obtienen energía directa o indirectamente de la energía del Sol. Esta energía se captura de la luz solar durante la fotosíntesis. En la **Imagen 2**, la hoja obtiene la energía directamente del Sol porque los árboles producen sus propios alimentos durante la fotosíntesis. Cuando comes una manzana, obtienes la energía solar que estaba almacenada en la manzana. De manera similar, un mosquito que te pica obtiene la energía almacenada en tu sangre. El mosquito y tú reciben energía solar indirectamente de la energía que el manzano obtuvo a través de la fotosíntesis.

Una cadena de energía
Imagen 2 La energía de la luz solar pasa de un organismo a otro.

Explicar fenómenos
Dibuja flechas que muestren cómo fluye la energía solar.

42 El sistema celular

Producir y obtener alimentos Las plantas producen sus propios alimentos a través del proceso de fotosíntesis. Los **autótrofos**, o productores, pueden crear su propia comida en forma de glucosa, un azúcar que da energía. Las plantas y algas, así como algunas bacterias y algunos hongos, son autótrofos. Los organismos que no pueden producir su propio alimento, como el erizo de mar o la nutria, son consumidores, o **heterótrofos**. Muchos heterótrofos obtienen alimento comiendo otros organismos. Algunos heterótrofos, como los hongos, absorben su alimento de otros organismos.

Reflexiona ¿Por qué es importante la luz solar en tu vida? En tu cuaderno de ciencias, describe algunos de los efectos positivos y negativos de la luz solar.

REVISAR LA LECTURA Resumir el texto ¿Cuál es la diferencia entre los heterótrofos y los autótrofos?

....
....
....

¡Represéntalo!

Rastrear la energía hasta su fuente
Imagen 3 Un zorro atrapa y se come un conejo que depende de las hojas de las plantas para obtener alimento.

Desarrollar modelos ✏️ Haz un diagrama que muestre cómo llega la energía del Sol al zorro. En tu diagrama, rotula cada organismo como heterótrofo o autótrofo.

43

> **INTERACTIVITY**
>
> Describe los ciclos de la materia y la energía que tienen lugar durante la fotosíntesis.

HANDS-ON LAB

> **uInvestigate** Explora por qué una etapa de la fotosíntesis puede ocurrir en la oscuridad.

La fotosíntesis

Existen estructuras específicas que permiten que las plantas verdes y las algas usen la energía solar. La fotosíntesis es una reacción química que se produce en las plantas y ocurre mayormente en los cloroplastos, como se muestra en la **Imagen 4**. Cuando las plantas utilizan la energía solar durante la fotosíntesis para convertir el dióxido de carbono y el agua en azúcares, el oxígeno es un subproducto. Dado que la fotosíntesis es una reacción química, la disponibilidad de factores puede afectar el ritmo del cambio químico. La luz solar, el agua y el dióxido de carbono son todos factores necesarios para la fotosíntesis.

Etapa 1: Atrapar la energía solar
Los cloroplastos, orgánulos verdes de las células vegetales, usan la clorofila para absorber la luz solar durante la primera etapa de la fotosíntesis. El color verde proviene de los pigmentos, compuestos químicos que absorben luz. El pigmento fotosintético verde que se encuentra en los cloroplastos de plantas, algas y algunas bacterias es la **clorofila**.

Imagina las celdas solares de una calculadora que funciona con energía solar. La clorofila funciona de manera similar. Las celdas solares absorben la energía luminosa y la convierten en energía utilizable para que pueda hacer funcionar la calculadora. La clorofila captura la energía luminosa que el cloroplasto usa para crear oxígeno y azúcar (**Imagen 4**).

Durante la etapa 1, la luz solar separa las moléculas de agua de los cloroplastos en hidrógeno y oxígeno. El hidrógeno se combina con otros átomos durante la etapa 2 y el oxígeno se libera al medio ambiente como producto residual. Un producto es la sustancia que se forma después de que tiene lugar una reacción. Parte del oxígeno sale de la hoja a través de las aberturas en su superficie inferior. Casi todo el oxígeno de la atmósfera terrestre es producido por seres vivos a través del proceso de fotosíntesis.

Fotosíntesis del azúcar
Imagen 4 Como se muestra en el diagrama, la fotosíntesis tiene lugar en los cloroplastos. Dentro de cada cloroplasto, hay estructuras especializadas que contienen la clorofila.

Interpretar información ✏️
Rotula cada flecha del diagrama para indicar si el agua, el dióxido de carbono, el azúcar o el oxígeno entran o salen.

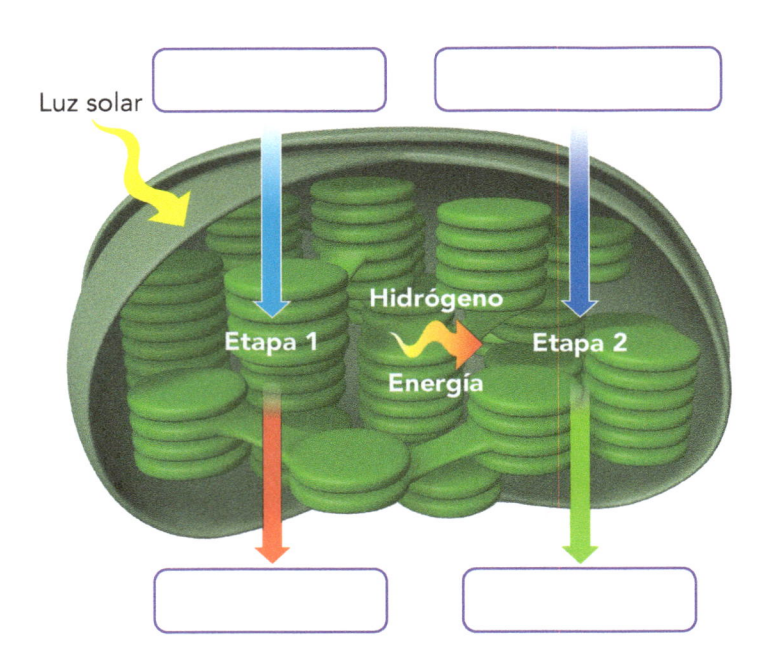

Luz solar

Etapa 1 — Hidrógeno — Energía — Etapa 2

44   El sistema celular

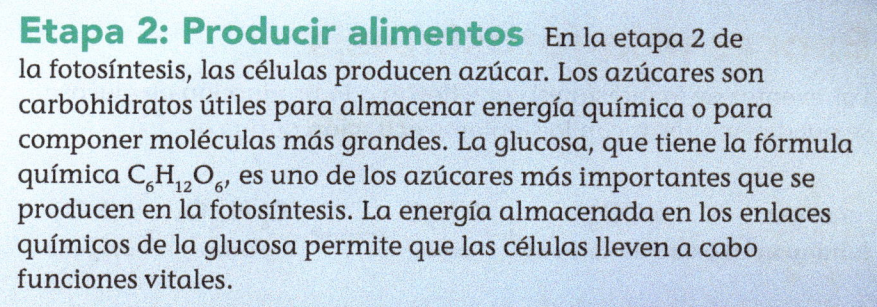

Etapa 2: Producir alimentos En la etapa 2 de la fotosíntesis, las células producen azúcar. Los azúcares son carbohidratos útiles para almacenar energía química o para componer moléculas más grandes. La glucosa, que tiene la fórmula química $C_6H_{12}O_6$, es uno de los azúcares más importantes que se producen en la fotosíntesis. La energía almacenada en los enlaces químicos de la glucosa permite que las células lleven a cabo funciones vitales.

La producción de glucosa se muestra en la **Imagen 5**. El hidrógeno (H) que provino de la separación de moléculas de agua en la etapa 1 es un reactante, la sustancia que atraviesa un cambio durante una reacción. El otro reactante es el dióxido de carbono (CO_2) del aire. El dióxido de carbono ingresa a la planta a través de las pequeñas aberturas en la superficie inferior de cada hoja y se mueve hacia los cloroplastos. Gracias a la energía capturada en la etapa 1, el hidrógeno y el dióxido de carbono atraviesan una serie de reacciones para producir glucosa.

☑ **REVISAR LA LECTURA** **Integrar con elementos visuales** 🖊 En la imagen, escribe una M en los círculos de las tres materias primas de la fotosíntesis y una P en los círculos de los dos productos.

Energía luminosa

Oxígeno

Dióxido de carbono

Glucosa

Panorama general de la fotosíntesis
Imagen 5 Esta es una vista de la fotosíntesis desde afuera de la planta. Las células vegetales también descomponen glucosa para liberar la energía que necesitan para crecer y reproducirse. Algunas moléculas de glucosa forman otros compuestos, como la celulosa para las paredes celulares, o se almacenan en las células para uso posterior. Cuando comes alimentos que provienen de plantas, como semillas de girasol, papas o zanahorias, estás comiendo esa energía almacenada.

Agua

INTERACTIVITY
Determina qué factores influyen en la fotosíntesis de las plantas modernas y antiguas.

Vocabulario académico

¿En qué se parece una ecuación química a una ecuación matemática? ¿Cómo representan las ecuaciones un fenómeno natural?

....
....
....
....
....
....
....
....

Expresar la fotosíntesis

Los eventos de la fotosíntesis que llevan a la producción de glucosa se pueden expresar con la siguiente **ecuación** química:

$$\text{energía luminosa} + 6\,CO_2 + 6\,H_2O \longrightarrow C_6H_{12}O_6 + 6\,O_2$$

(dióxido de carbono + agua → glucosa + oxígeno)

Observa que hay seis moléculas de dióxido de carbono y seis moléculas de agua en la ecuación que está a la izquierda de la flecha. Estos compuestos son materias primas. Hay una molécula de glucosa y seis moléculas de oxígeno a la izquierda de la flecha. Estos compuestos son productos. La flecha, que significa "produce", apunta desde las materias primas hacia los productos. La energía no es una materia prima, pero está escrita a la izquierda de la ecuación para mostrar que se utiliza en la reacción.

Las células vegetales usan como alimento una parte de la glucosa producida en la fotosíntesis. Las células descomponen moléculas de azúcar en un proceso llamado respiración celular. La energía liberada a partir de la glucosa puede ser usada para llevar a cabo las funciones de una planta (**Imagen 6**), como el crecimiento y la creación de semillas. Algunas moléculas de glucosa son transformadas en otros compuestos, como por ejemplo celulosa para paredes celulares. Otras moléculas de glucosa son almacenadas en las células para ser usadas más tarde. Cuando comes alimento que proviene de plantas, como las papas o las zanahorias, estás comiendo la energía almacenada por la planta.

REVISAR LA LECTURA **Determinar ideas centrales** ¿Qué ocurre con la glucosa y el oxígeno que son producidos por las plantas durante la fotosíntesis?

....
....
....

La fotosíntesis es la clave

Imagen 6 Las plantas verdes usan los azúcares producidos en la fotosíntesis de muchas formas.

Interpretar diagramas ✏️
Rotula las hojas, las raíces y las semillas del diagrama. Luego, completa los recuadros con algunas de las formas en que las plantas usan los productos de la fotosíntesis.

46 El sistema celular

La importancia de las células vegetales

Las células vegetales fueron el primer tipo de célula en ser descubierto con un microscopio. Sus paredes celulares parecían pequeñas cajas. Como sus paredes celulares son rígidas, las células vegetales no explotan como un globo cuanto tienen demasiada agua. La capacidad de contener agua en exceso es una razón por la que las plantas de marismas son tan importantes (**Imagen 7**). Durante las tormentas con abundante lluvia, como los huracanes, las plantas de marismas absorben agua como una esponja. Por esta razón se considera que las marismas son un control natural de las inundaciones.

Las plantas y las algas que viven en el agua absorben un sexto de toda la energía del Sol que llega a la Tierra. Tal vez no pienses en las plantas del océano cuando escuchas la palabra "planta", pero ellas desempeñan un papel importante en el reciclaje de oxígeno en la Tierra. De hecho, 85 por ciento del oxígeno de la atmósfera de la Tierra —el aire que respiramos— proviene no de los árboles que nos rodean, sino de las plantas del océano.

Plantas de marismas

Imagen 7 Se considera que las marismas, como la que se ve en la imagen, son un control natural de las inundaciones.

Aplicar el razonamiento científico ¿De qué manera las marismas controlan las inundaciones?

....

....

....

Matemáticas · Herramientas

Todo está en el equilibrio

La ecuación de la fotosíntesis indica que 6 moléculas de CO_2 y 6 moléculas de H_2O se combinan para formar 1 molécula de $C_6H_{12}O_6$ y 6 moléculas de O_2. Por cada 6 moléculas de dióxido de carbono, la reacción produce 1 molécula de glucosa.

1. **Representar relaciones** Escribe una ecuación usando dos variables para representar cuántas moléculas de glucosa producen 6 moléculas de CO_2. Usa x para el número de moléculas de glucosa e y para el número de moléculas de CO_2.

   ....

2. **Analizar relaciones** Calcula cuántas moléculas de glucosa producen 6, 12, 18 y 24 moléculas de CO_2. Marca estos puntos en la gráfica. ¿Cuál es la relación entre las dos variables??

   ....

   ....

Relación de proporción

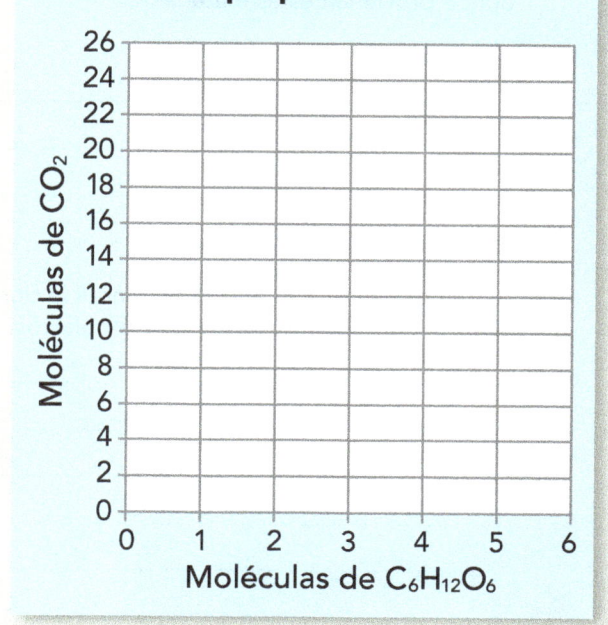

(Gráfica: Moléculas de CO_2 (eje y, de 0 a 26) vs. Moléculas de $C_6H_{12}O_6$ (eje x, de 0 a 6))

☑ LECCIÓN 5: Revisión

MS-LS1-6, MS-LS1-7, MS-LS2-3

1. **Analizar sistemas** ¿De dónde obtiene una planta la energía necesaria para realizar la reacción química en la fotosíntesis?

2. **Hacer generalizaciones** ¿Cómo sabes que un organismo es heterótrofo? Nombra tres heterótrofos.

3. **Elaborar explicaciones** ¿Por qué la mayoría de las plantas son verdes?

4. **Identificar** ¿Cuáles son las materias primas, o reactantes, para la Etapa 2 de la fotosíntesis, y de dónde provienen estas materias?

5. **Aplicar conceptos** ¿De qué manera la clorofila ayuda al funcionamiento de los cloroplastos?

6. **Predecir** La concentración de dióxido de carbono en la atmósfera ha estado aumentando gradualmente durante muchos años. ¿De qué manera este aumento podría afectar la fotosíntesis?

7. **Explicar fenómenos** ¿Cuáles son los papeles de la luz, el dióxido de carbono y el agua en la producción de alimento y oxígeno?

8. **Aplicar el razonamiento científico** ¿Crees que una planta produce menos oxígeno en un día soleado o en un día nublado? Explica tu respuesta.

48 El sistema celular

tú, Ingeniero — Diseño sustentable — **STEM**

littleBits

MS-LS1-6, MS-LS2-3

UNA hoja ARTIFICIAL

▶ **VIDEO**
Examina cómo funcionan las diferentes partes de una hoja artificial.

¿Cómo puedes hacer que la fotosíntesis sea más eficiente? ¡Tú eres el ingeniero o la ingeniera! Los profesores Daniel Nocera y Pamela Silver de la Universidad de Harvard nos muestran cómo.

El reto: Crear una manera más eficiente de hacer circular el carbono a través de la fotosíntesis.

Las plantas realizan la fotosíntesis y eliminan dióxido de carbono del aire. En presencia de la energía luminosa, la convierten en azúcares como alimento o para su almacenamiento. Este proceso ayuda al carbono a circular por un ecosistema. Sin embargo, la fotosíntesis no es muy eficiente. Solo se usa 1 por ciento de la luz solar que llega a una hoja durante el proceso de la fotosíntesis.

La fotosíntesis artificial consiste en el mismo proceso que el de las plantas ya que usa energía solar, agua y dióxido de carbono. La diferencia está en el agregado de bacterias biodiseñadas. Una vez que el agua se divide en oxígeno e hidrógeno, las bacterias se alimentan de hidrógeno y dióxido de carbono y los convierten en combustibles líquidos. Este proceso de producción de combustible es diez veces más eficiente que la fotosíntesis.

Una ventaja extra es que el proceso usa dióxido de carbono puro del aire, lo cual no produce gases de efecto invernadero adicionales. Los investigadores actualmente están explorando la producción de combustible mediante el uso de "hojas artificiales". Algún día, ¡este combustible podría ser una alternativa para los combustibles fósiles!

Luz

Esta "hoja artificial" captura energía solar y produce combustible de una manera 10 veces más eficiente que la fotosíntesis vegetal.

RETO DE DISEÑO

¿Puedes construir un modelo de un árbol que tenga hojas artificiales y realice una fotosíntesis artificial? ¡Ve al Cuaderno de diseño de ingeniería para averiguarlo!

LECCIÓN 6
La respiración celular

Preguntas guía
- ¿De qué manera la respiración celular descompone los alimentos para producir energía y dióxido de carbono?
- ¿De qué manera las células pueden liberar energía sin usar oxígeno?
- ¿De qué manera se conservan la materia y la energía durante la respiración celular?

Conexiones
Lectura Interpretar información
Matemáticas Analizar relaciones cuantitativas

MS-LS1-7

Vocabulario
respiración celular
fermentación

Vocabulario académico
producir
fuente

VOCABULARY APP
Practica el vocabulario en un aparato móvil.

Misión CONEXIÓN
Piensa en cómo el hecho de entender el proceso de la respiración celular puede ayudar a explicar lo que está ocurriendo en el invernadero.

¡Conéctalo!

✏️ Traza flechas en la Imagen 1 para mostrar el flujo de energía del alimento a los ciclistas, y luego al medio ambiente en forma de calor y movimiento.

Crear una gráfica ✏️ Haz una línea en la gráfica que muestre cómo puede cambiar el nivel de energía de los ciclistas a lo largo del tiempo a medida que comienzan a andar, paran para comer una merienda, vuelven a andar y terminan su viaje en bicicleta.

La energía de los ciclistas en el tiempo

Energía: Alta / Baja
Tiempo: Comienzan a andar, Merienda, Vuelven a andar, Terminan de andar

50 El sistema celular

La energía y la respiración celular

Un amigo y tú montaron en bicicleta toda la mañana. Todavía queda por delante la parte más empinada del camino. ¡Necesitarán mucha energía para llegar arriba! El alimento que se muestra en la **Imagen 1** proveerá parte de esa energía.

Las plantas y los animales descomponen los alimentos en pequeñas moléculas utilizables, como la glucosa. La energía almacenada en esas moléculas se libera de modo que la célula pueda realizar funciones. La **respiración celular** es el proceso por el cual el oxígeno y la glucosa atraviesan una serie de reacciones químicas complejas dentro de las células y liberan energía. Todos los seres vivos necesitan energía. Por tanto, todos los seres vivos realizan respiración celular.

Usar energía Un calentador de agua almacena agua caliente. Para lavarte las manos, abres el grifo y extraes el agua caliente necesaria. Tu cuerpo almacena y usa la energía de manera similar. Cuando comes, sumas energía a tu cuerpo al almacenar glucosa, grasas y otras sustancias. Cuando las células necesitan energía, la "extraen" al descomponer los compuestos ricos en energía mediante la respiración celular.

Respiración Las personas suelen usar la palabra *respiración* para referirse al movimiento del aire que entra y sale de los pulmones. En las ciencias de la vida, esta palabra tiene también otro significado. Respiramos cuando ingresa aire a nuestros pulmones. Las células usan ese oxígeno en la respiración celular. Al exhalar, se eliminan del cuerpo los desechos de ese proceso.

HANDS-ON LAB

Investiga cómo la levadura lleva a cabo la respiración celular.

Alimento que da energía

Imagen 1 ¡Montar en bicicleta requiere mucha energía! Tu cuerpo usa la respiración celular para obtener energía del alimento que comes, como la mezcla de frutos secos.

HANDS-ON LAB

uInvestigate Examina un producto de la respiración celular.

Vocabulario académico

¿Cómo se pueden usar los términos *producir* y *fuente* para describir la economía de una nación?

....
....
....
....

Proceso de respiración celular
Al igual que la fotosíntesis, la respiración celular es un proceso de dos etapas. La **Imagen 2** muestra el proceso cuando el combustible es la glucosa. La etapa 1 ocurre en el citoplasma de la célula, donde la glucosa se descompone en moléculas más pequeñas. El oxígeno no interviene en esta etapa, y solo se libera una pequeña cantidad de energía. La etapa 2 ocurre en una mitocondria e interviene el oxígeno. Las moléculas pequeñas producidas en la primera etapa se descomponen aun más. Esta etapa libera una gran cantidad de energía que la célula puede usar para todas sus actividades.

Ecuación de la respiración celular
Las materias primas para la respiración celular son la glucosa y el oxígeno. Los heterótrofos obtienen glucosa al consumir alimentos. Los autótrofos llevan a cabo la fotosíntesis para **producir** su propia glucosa. El aire es la **fuente** de oxígeno. Los productos de la respiración celular son el dióxido de carbono y el agua. Aunque la respiración ocurre en una serie de pasos complejos, el proceso completo se puede resumir con la siguiente ecuación:

$$\underset{\text{glucosa}}{C_6H_{12}O_6} + \underset{\text{oxígeno}}{6\,O_2} \longrightarrow \underset{\text{dióxido de carbono}}{6\,CO_2} + \underset{\text{agua}}{6\,H_2O} + \text{energía}$$

Liberar energía
Imagen 2 La respiración celular ocurre en dos etapas.

Integrar información ✏️
Completa los términos en los espacios provistos.

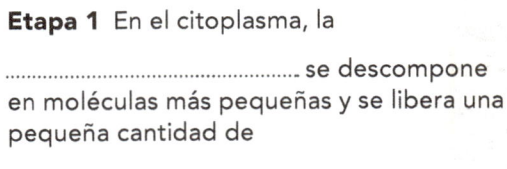

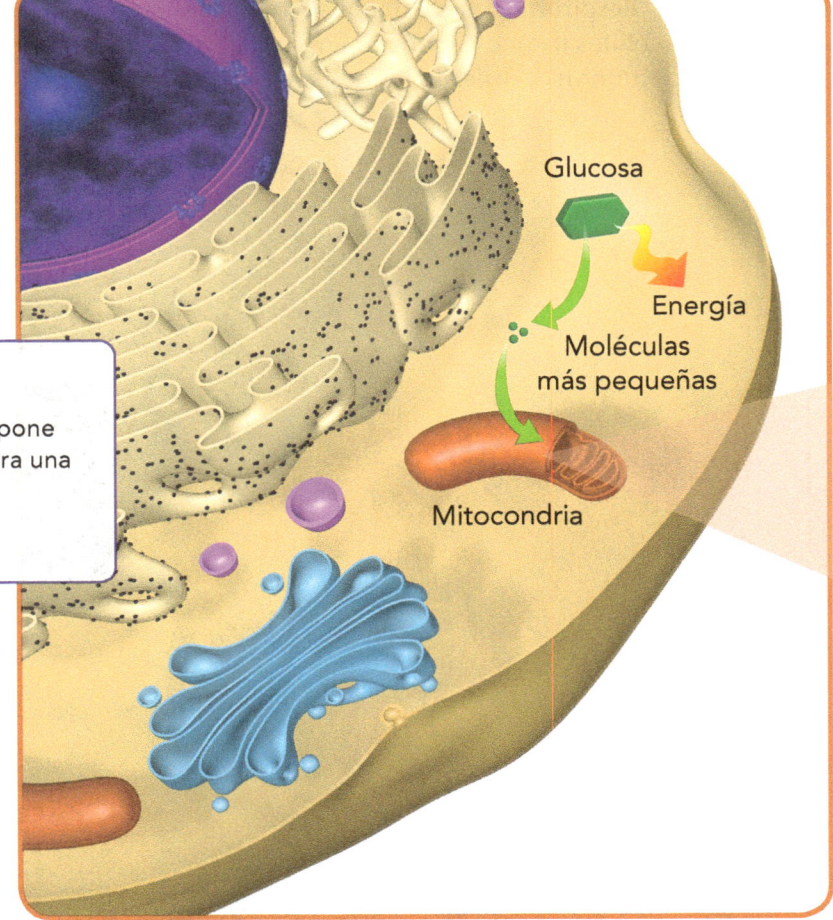

Etapa 1 En el citoplasma, la .... se descompone en moléculas más pequeñas y se libera una pequeña cantidad de ....

52 El sistema celular

El papel de las mitocondrias Puede que sea un orgánulo pequeño pero la mitocondria es conocida como la central energética de la célula. La función de la mitocondria es crear grandes cantidades de energía. En la **Imagen 2**, observa cómo está estructurada la mitocondria. Los pliegues dentro del orgánulo crean más superficie. Reacciones químicas ocurren en estos pliegues. Debido al aumento de esta superficie, pueden ocurrir muchas más reacciones químicas. Por turnos, se crea más energía. Las células que necesitan mucha energía pueden tener miles de mitocondrias. Si una célula necesita más energía para sobrevivir, puede crear más mitocondrias.

No todos los organismos usan glucosa y oxígeno para realizar la respiración celular. Algunos organismos dependen de una forma de respiración celular que usa fructosa en lugar de glucosa para crear energía. En el caso de esta reacción química, no necesitan oxígeno para descomponer la fructosa.

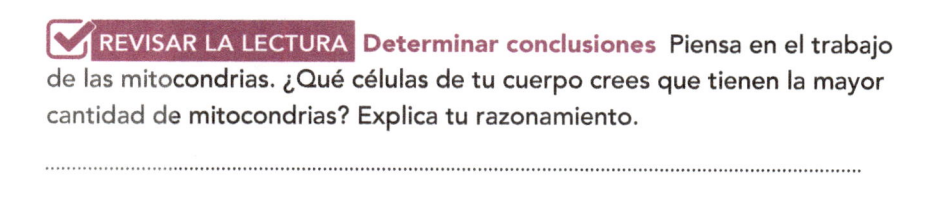

REVISAR LA LECTURA **Determinar conclusiones** Piensa en el trabajo de las mitocondrias. ¿Qué células de tu cuerpo crees que tienen la mayor cantidad de mitocondrias? Explica tu razonamiento.

....

....

INTERACTIVITY

Explora qué sucede cuando el cuerpo descompone la glucosa.

Conexión con la lectura

Interpretar información
En la **Imagen 2**, encierra en un círculo los pliegues de la mitocondria que aumentan la superficie del orgánulo.

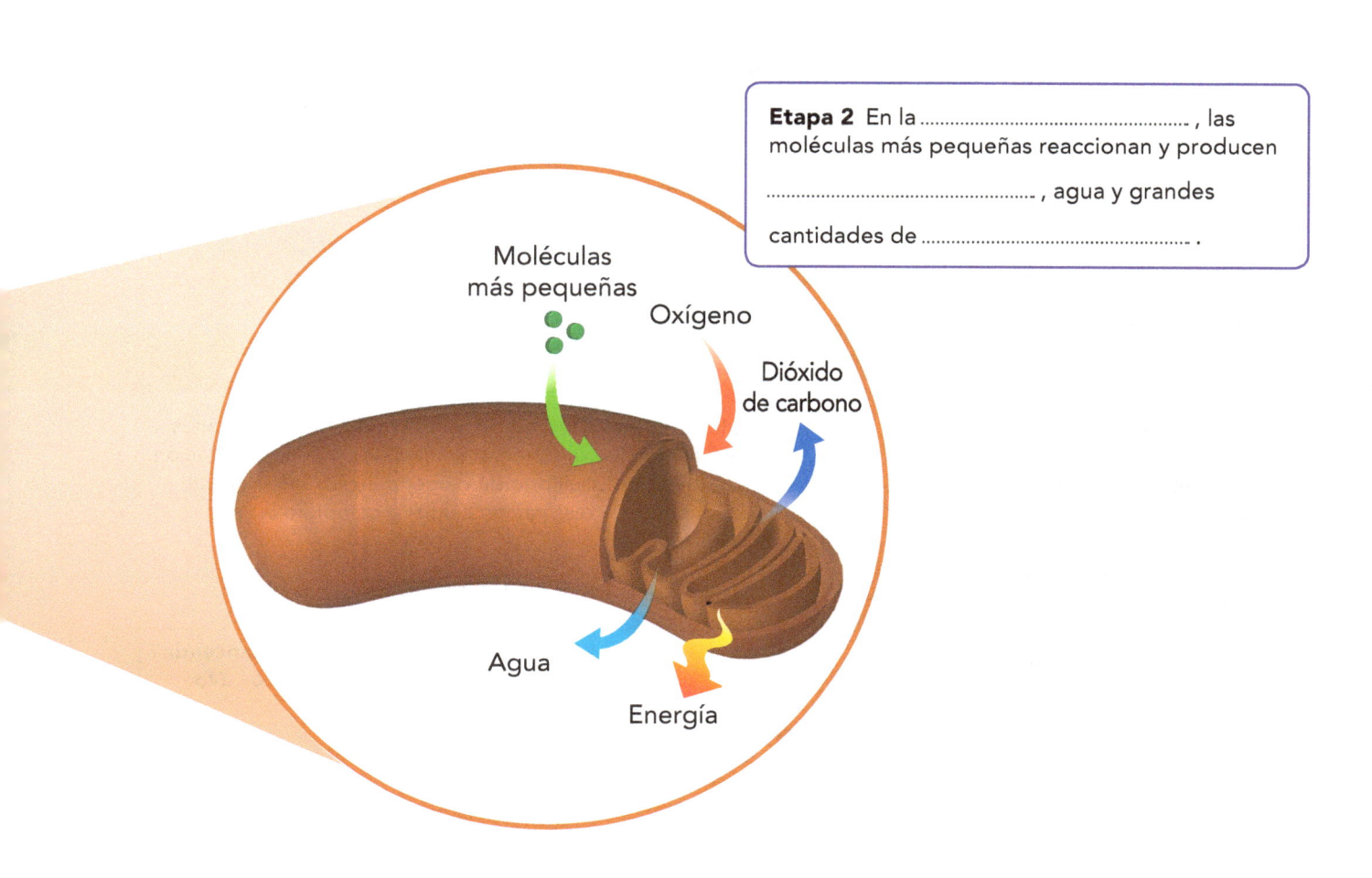

Etapa 2 En la ...., las moléculas más pequeñas reaccionan y producen ...., agua y grandes cantidades de ....

Moléculas más pequeñas
Oxígeno
Dióxido de carbono
Agua
Energía

53

Procesos relacionados

Imagen 3 El dióxido de carbono y el oxígeno circulan mediante la respiración celular y la fotosíntesis.

Relacionar estructura y función 🖊 Rotula el diagrama para completar cada proceso.

Comparar dos procesos de energía

Si piensas que la ecuación de la respiración celular es la opuesta de la ecuación de la fotosíntesis, ¡tienes razón! La fotosíntesis y la respiración celular se pueden pensar como procesos opuestos. Los dos procesos forman un ciclo, y mantienen relativamente estables los niveles de moléculas de oxígeno y dióxido de carbono en la atmósfera terrestre. Como puedes ver en la **Imagen 3**, ambos gases circulan por los seres vivos repetidamente. La energía que se libera en la respiración celular se usa o se pierde en forma de calor. En este ciclo no se crea ni se destruye energía ni materia.

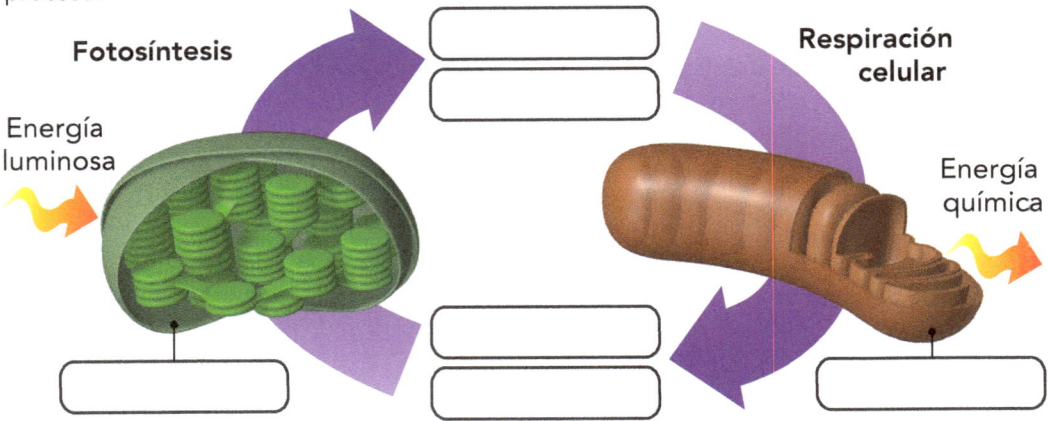

Fotosíntesis — Energía luminosa

Respiración celular — Energía química

✅ **REVISAR LA LECTURA** **Interpretar información** Observa la **Imagen 3**. ¿Por qué la fotosíntesis y la respiración celular son reacciones químicas opuestas?

....

....

Matemáticas ▸ Herramientas

Conservación de la materia en el equilibrio

En una reacción química, la materia no se crea ni se destruye. Por esta razón, todas las ecuaciones químicas son balanceadas, es decir, equilibradas. Encontrarás el mismo número de cada tipo de átomo a ambos lados de la ecuación de la respiración celular.

Analizar relaciones cuantitativas 🖊 Haz los cálculos matemáticos que prueben que la ecuación de la respiración celular tiene un equilibrio de oxígeno y carbono. Repasa la ecuación de la respiración celular y completa la siguiente tabla.

$$C_6H_{12}O_6 + 6\,O_2 \longrightarrow 6\,CO_2 + 6\,H_2O$$

	Átomos a la izquierda	Átomos a la derecha	¿Está balanceada? Sí o No
Oxígeno (O)			
Carbono (C)			

54 El sistema celular

La fermentación

La levadura, las bacterias y tus propios músculos pueden liberar energía a partir de los alimentos, sin oxígeno. La liberación de energía a partir de los alimentos sin usar oxígeno se llama **fermentación**. La fermentación es muy útil en medio ambientes con oxígeno limitado, como los intestinos. Sin embargo, la fermentación libera mucha menos energía que la respiración celular con oxígeno.

Fermentación alcohólica

Cuando comes una rebanada de pan, estás comiendo un producto de la fermentación. La fermentación alcohólica ocurre en las células vivas de levadura (hongos unicelulares) y otros organismos unicelulares. Este tipo de fermentación produce alcohol, dióxido de carbono y una pequeña cantidad de energía. Los panaderos usan estos productos de la fermentación. El dióxido de carbono crea burbujas de gas en la masa de pan y la masa crece.

Fermentación láctica

¿Alguna vez corriste lo más rápido que podías, como el corredor de la **Imagen 4**? Aunque comenzaste a respirar más rápido, tus células musculares usaron todo el oxígeno disponible antes de que fuera repuesto. Sin suficiente oxígeno, ocurre la fermentación. Tu cuerpo provee energía a las células musculares al descomponer glucosa sin usar oxígeno. Un producto de la fermentación en los músculos es un compuesto llamado ácido láctico. Un error común consiste en creer que el ácido láctico "se acumula en los músculos" y provoca o un "ardor muscular" o hasta un dolor prolongado. Sin embargo, el ácido láctico impulsa los músculos y se va dentro de la hora posterior al ejercicio físico. En realidad, el dolor lo provocan la actividad y la producción de ácido láctico y otros compuestos. Durante el ejercicio y la actividad física intensa, tu cuerpo necesita ATP, una sustancia que las células usan como fuente de energía cuando la demanda de energía es alta. Cuando las células usan ATP, producen un protón. A medida que los protones se acumulan, el área cercana se vuelve ácida. Los nervios cercanos a los músculos sienten esta acidez como un ardor, pero esta sensación no está relacionada con el ácido láctico.

REVISAR LA LECTURA Determinar las ideas centrales ¿En qué se diferencia la fermentación que hace que la masa crezca de la fermentación en los músculos?

....

....

de pie

trotando

corriendo

Poco oxígeno

Imagen 4 Cuando haces ejercicio liviano, la respiración y la circulación sanguínea pueden proveer suficiente oxígeno para la respiración celular. Al correr rápido, las células tienen poco oxígeno y recurren a la fermentación láctica para obtener energía.

Interpretar diagramas Rotula la fuente de energía de las células musculares en cada actividad. ¿Es oxígeno o ácido láctico?

La respiración y la fermentación en las bacterias

Imagen 5 Existen bacterias adaptadas para comer casi todo y vivir en cualquier lado. Las bacterias usan todos los procesos disponibles para obtener energía a partir de los alimentos.

1. **Sintetizar información** ✏️
Lee las leyendas de las imágenes. Escribe "FL" para fermentación láctica, "FA" para fermentación alcohólica o "RC" para respiración celular en el círculo provisto para cada imagen.

2. **Elaborar argumentos**
Debajo de cada descripción, justifica con evidencia cómo clasificaste el proceso.

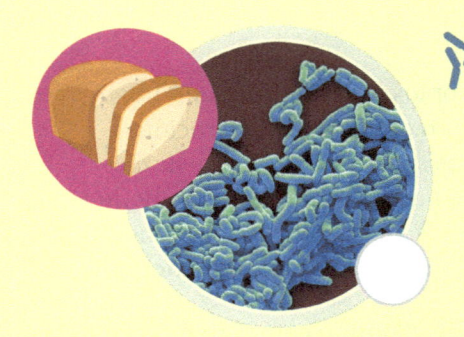

Estas bacterias viven en ambientes sin oxígeno. En realidad, ¡el oxígeno las envenenaría! A veces, estas bacterias se usan en las fábricas para producir pan.

....
....
....

El yogur lo hacen las bacterias a partir del azúcar de la leche. El ácido láctico que se produce en esta reacción da gusto ácido al yogur.

....
....
....

Esta bacteria puede causar inflamación de garganta y hacerte sentir muy mal. Requiere oxígeno para obtener energía de su alimento, las células de tu cuerpo.

....
....
....

¡Planéalo!

Viaje espacial de larga distancia Muchos científicos e ingenieros están trabajando para lograr la meta de enviar astronautas a Marte. Se estima que el viaje duraría 9 meses para ir y otros 9 para volver. Es muy caro llevar oxígeno suficiente para que dure todo el viaje. Los astronautas también necesitan suficiente comida, y también es necesario encontrar la manera de eliminar el exceso de dióxido de carbono creado por la respiración celular.

Implementar una solución Presenta un plan para los astronautas. Explica por qué el cultivar alimentos durante el vuelo espacial ayudaría a regular los niveles de oxígeno y dióxido de carbono. Haz una lista de los suministros que necesitarían los astronautas.

....
....
....
....
....

☑ LECCIÓN 6: Revisión

MS-LS1-7

1. **Identificar** ¿En qué parte de la célula tiene lugar la respiración celular?

   ....

2. **Definir** ¿Cuáles son dos ejemplos de productos útiles de la fermentación?

   ....
   ....
   ....

3. **Interpretar información** ✏️ En el espacio de abajo, haz un diagrama rotulado que muestre la relación entre la fotosíntesis y la respiración celular.

4. **Elaborar explicaciones** ¿Tanto las plantas como los animales usan la respiración celular? Explica tu respuesta.

   ....
   ....
   ....

5. **Aplicar conceptos** ¿Cómo obtienen energía los heterótrofos? Explica tu respuesta.

   ....
   ....
   ....
   ....
   ....

6. **Explicar fenómenos** Un compañero de clase dice que durante la fotosíntesis y la respiración celular se pueden crear energía y materia. ¿Es así? Explica tu respuesta.

   ....
   ....
   ....
   ....
   ....

Misión CONTROL

En esta lección, aprendiste acerca del proceso de respiración celular, en el cual las células de un organismo usan el azúcar y el oxígeno para producir energía y dióxido de carbono.

Analizar sistemas ¿Por qué la respiración celular es importante para el funcionamiento de una célula saludable?

....
....
....

HANDS-ON LAB
Accounting for Atoms

INTERACTIVITY
The Importance of Cells

Conéctate en línea para explorar la importancia de la estructura celular y de un funcionamiento celular saludable.

Haz el Laboratorio práctico para investigar cómo la materia se conserva en los procesos de fotosíntesis y respiración celular.

Mantener el equilibrio Unas estructuras en tu oído interno captan la posición de tu cabeza. Envían esa información a tu cerebro, que interpreta esas señales. Si tu cerebro interpreta que estás perdiendo el equilibrio, entonces envía mensajes a tus músculos para que se muevan de modo que te ayuden a mantener la estabilidad. En la **Imagen 7** se muestra el ciclo por el que pasa el cuerpo para mantener el equilibrio.

Satisfacer las necesidades de energía Cuando las células de tu cuerpo necesitan más energía, las hormonas del sistema endocrino envían señales al sistema nervioso para hacerte sentir hambre. Después de comer, otras hormonas envían señales a tu cerebro para que te sientas satisfecho.

Mantener el equilibrio del agua Todas las reacciones químicas que te mantienen con vida ocurren en el medio acuoso de tus células. Si tu cuerpo necesita más agua, tu sistema nervioso hace que sientas sed. Tus sentidos, tus músculos y tu esqueleto te llevan a una fuente de agua. Cuando tomaste suficiente agua, tu sistema nervioso hace que termine la sensación de sed. Poco después, el agua pasa desde tu sistema digestivo a tu sistema circulatorio, y de ahí a tus células. ¡Recuperaste el equilibrio del agua!

INTERACTIVITY

Explica cómo interactúan los sistemas corporales para mantener la homeostasis.

Mantener la homeostasis

Imagen 7 Las interacciones entre tus oídos, tu cerebro y tu sistema muscular forman el ciclo del equilibrio.

Hacer una secuencia
Completa los pasos que faltan para crear un diagrama del ciclo de la sed.

REVISAR LA LECTURA

Interpretar información
¿Qué papel juega el sistema nervioso en el mantenimiento de la homeostasis? Explica tu respuesta.

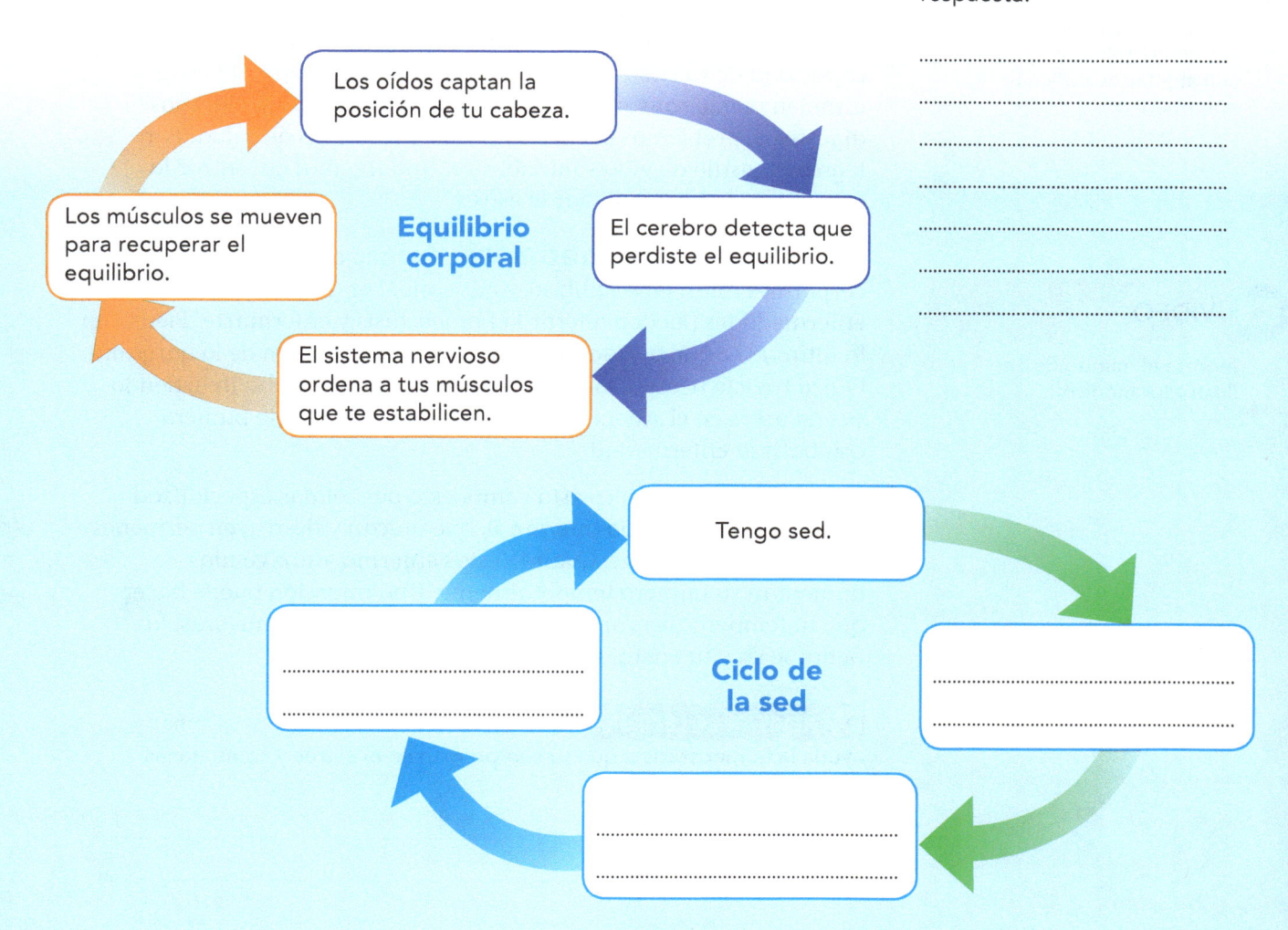

....
....
....
....
....
....
....

Equilibrio corporal
- Los oídos captan la posición de tu cabeza.
- El cerebro detecta que perdiste el equilibrio.
- El sistema nervioso ordena a tus músculos que te estabilicen.
- Los músculos se mueven para recuperar el equilibrio.

Ciclo de la sed
- Tengo sed.

Defensa contra las enfermedades

Imagen 8 La célula verde es una célula inmunológica. Envuelve las bacterias anaranjadas y azules y las destruye.

Aplicar conceptos ¿Cómo crees que el estrés puede afectar al sistema inmunológico?

....
....
....
....
....

INTERACTIVITY

Analiza los síntomas para ver qué sistemas corporales son afectados por una enfermedad.

VIDEO

Ingresa al mundo de un ilustrador médico.

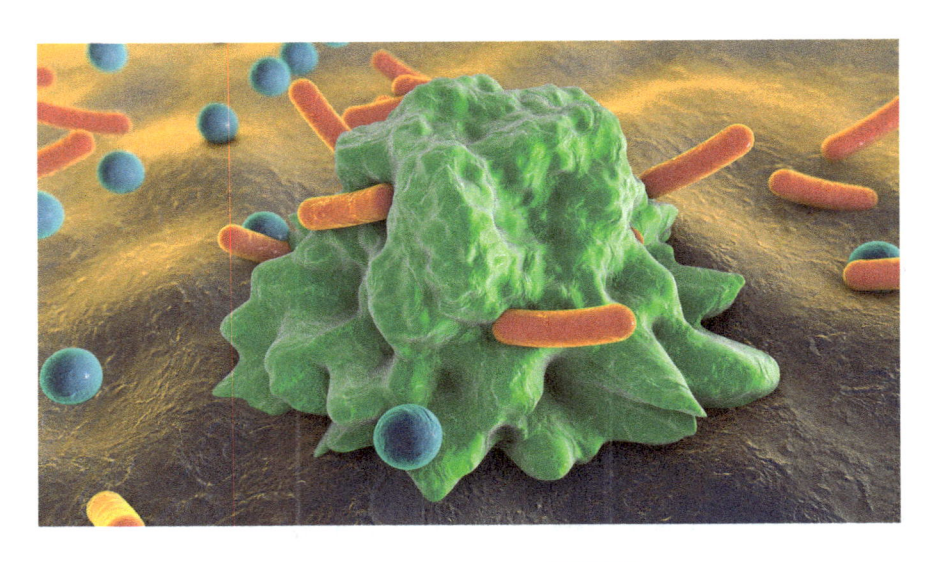

Manejar el estrés En general, el **estrés** es la reacción del cuerpo de una persona a sucesos potencialmente amenazantes, difíciles o peligrosos. Cada persona experimenta el estrés de manera diferente. Una persona puede disfrutar el desafío de una prueba de matemáticas mientras que otra puede paralizarse de miedo.

Cierta cantidad de estrés es inevitable. Si el estrés termina pronto, el cuerpo vuelve a su estado normal, de salud. Sin embargo, demasiado estrés durante un período muy prolongado puede dañar tu salud. El estrés prolongado puede alterar la homeostasis y disminuir la capacidad de tu cuerpo de combatir las enfermedades. El estrés también puede causar depresión, dolores de cabeza, problemas digestivos, problemas cardíacos y otros problemas de salud. Para lograr un estilo de vida saludable, es fundamental encontrar la manera de reducir y aliviar el estrés.

Combatir enfermedades Cuando tus sistemas corporales están en equilibrio, estás sano. Los gérmenes que causan enfermedades pueden alterar la homeostasis y enfermarte. Piensa en la última vez que tuviste un resfriado o una infección de la garganta. Quizá tuviste fiebre y menos energía. Tu cuerpo estaba invirtiendo sus recursos en el sistema inmunológico para que este pudiera combatir la enfermedad.

El sistema inmunológico está compuesto por células especializadas, como la que se ve en la **Imagen 8**, que atacan y destruyen gérmenes como virus y bacterias. Cuando estás enfermo, estas células aumentan su número temporalmente. Una infección puede hacer que tu temperatura corporal se eleve. A medida que mejoras, la fiebre se va y tu energía vuelve.

✓ **REVISAR LA LECTURA** **Determinar las ideas centrales** ¿Cómo ayuda la homeostasis a que tu cuerpo maneje el estrés y combata las enfermedades?

....
....
....

Los sistemas del cuerpo humano

LECCIÓN 2: Revisión

MS-LS1-3

1. **Definir** ¿Qué es una hormona?

2. **Analizar sistemas** ¿Cuáles son cuatro condiciones del cuerpo relacionadas con el mantenimiento de la homeostasis?

3. **Comparar y contrastar** ¿En qué se parecen las señales químicas y las señales eléctricas? ¿En qué se diferencian?

4. **Causa y efecto** Explica cómo el enfermarse puede afectar la capacidad del cuerpo para mantener la homeostasis.

5. **Aplicar conceptos** Escoge un material que los sistemas corporales mueven dentro del cuerpo. Describe qué sistemas participan y cómo trabajan juntos.

6. **Sacar conclusiones** Explica cómo interactúa el sistema circulatorio con otros sistemas corporales para mantener la homeostasis.

7. **Desarrollar modelos** Comienza con la oración "Siento hambre". En el espacio en blanco, haz un diagrama de un ciclo para mostrar cómo respondería tu cuerpo a esta situación.

Misión CONTROL

En esta lección, aprendiste acerca de cómo los sistemas del cuerpo interactúan para llevar a cabo funciones necesarias para el crecimiento y la supervivencia. Además, exploraste cómo interactúan los sistemas del cuerpo para mantener la homeostasis.

Aplicar conceptos ¿Por qué es importante comprender cómo interactúan los diferentes sistemas del cuerpo al diseñar un plan de entrenamiento?

INTERACTIVITY

Training Systems

Conéctate en línea para identificar los sistemas del cuerpo y sus funciones, y usar esa información para comenzar un plan de entrenamiento.

Estudio de caso

MS-LS1-3

AGENTES
infecciosos

Tu sistema inmunológico trabaja constantemente para luchar contra las infecciones. La mayoría de las veces, los ganglios y vasos linfáticos y los glóbulos blancos que son parte de tu sistema inmunológico pueden atacar a los virus y bacterias invasores para luchar contra la infección. Pero algunos agentes infecciosos son más difíciles de conquistar que otros...

Los profesionales de la medicina y los pacientes necesitan tomar precauciones de seguridad, como lavarse las manos, para prevenir la propagación de enfermedades.

Esta bacteria es la responsable de la infección de garganta.

Existen miles de seres vivos y partículas inertes que causan infecciones. Entre los seres vivos se encuentran las bacterias, los hongos, los gusanos y unos organismos unicelulares llamados protistas. Una bacteria es la responsable de la infección de la garganta. La tiña es causada por un hongo. La disentería puede deberse a una infección bacteriana o a amebas. La buena noticia acerca de tener una infección producida por uno de estos organismos es que, en la mayoría de los casos, las infecciones que causan se pueden curar con tratamiento médico. Existen también varias maneras en que nos podemos proteger de las infecciones. Por ejemplo, puedes reducir las posibilidades de contraer o propagar una infección si te lavas las manos y evitas tocar tu cara si tus manos no están limpias.

Los virus, que son partículas inertes, también pueden causar infecciones. Pueden causar enfermedades como el VIH, el resfriado común y la varicela. Los virus solo pueden tratarse con algunos medicamentos. Son difíciles de tratar porque usan células vivas para hacer copias de sí mismos. Estas células se dañan o destruyen cuando se liberan las nuevas partículas del virus. Las partículas del virus luego infectan otras células. Según el tipo de infección, las personas pueden mejorarse con el tiempo. A veces una infección viral es tan grave que los síntomas nunca se van y las condiciones empeoran.

Es posible que hayas escuchado hablar del virus del Zika o de la bacteria *Vibrio vulnificus*, que se alimenta de carne. Cada uno de estos causa síntomas graves en las personas, quienes a menudo requieren ser hospitalizadas. Lee sobre algunas de estas infecciones en la tabla.

Agente infeccioso	Tipo de organismo	Causa/Transmisión	Síntomas	Tratamiento
Zika	Virus	Picaduras de mosquitos o transmisión por medio de personas infectadas.	Fiebre, sarpullido, dolor en las articulaciones	No hay un medicamento específico o una vacuna para el Zika.
Naegleria fowleri (ataca el cerebro)	Ameba	La infección ocurre más frecuentemente al bucear, practicar esquí acuático u otros deportes acuáticos cuando el agua ingresa por la nariz.	Dolor de cabeza, fiebre, rigidez en el cuello, pérdida del apetito, ataques epilépticos, coma	Algunas drogas matan al *N. fowleri* en los tubos de ensayo. Pero incluso cuando son tratados con estas drogas, muy pocos pacientes sobreviven.
Vibrio vulnificus (ataca la carne)	Bacteria	Libera toxinas que hacen que el sistema inmunológico libere glóbulos blancos que destruyen la carne del individuo.	Transpiración, fiebre y escalofríos con manchas rojas con forma de ampollas en el cuerpo	O bien se debe amputar el tejido afectado o se deben administrar antibióticos.

Usa el texto y la tabla para responder las siguientes preguntas.

1. **Determinar diferencias** ¿En qué se diferencian los virus de otros agentes infecciosos, como las bacterias y los hongos?

   ....
   ....
   ....

2. **Elaborar argumentos** ¿Crees que la ciencia y la medicina podrán alguna vez descubrir una cura para el Zika? ¿Por qué?

   ....
   ....
   ....
   ....

3. **Resolver problemas** ¿Cuáles son algunos pasos que puedes seguir para protegerte de una enfermedad infecciosa?

   ....
   ....
   ....

LECCIÓN 3
El suministro de energía

Preguntas guía
- ¿Cuáles son los nutrientes importantes que tu cuerpo necesita para llevar a cabo sus procesos?
- ¿Cómo se convierten los alimentos en materiales que tu cuerpo pueda usar?
- ¿Cómo procesan los sistemas de tu cuerpo los alimentos que comes?

Vocabulario
digestión
nutrientes
carbohidratos
peristalsis
saliva
enzima

Vocabulario académico
absorción
eliminación

VOCABULARY APP
Practica el vocabulario en un aparato móvil.

Conexiones
Lectura Escribir argumentos
Matemáticas Analizar relaciones proporcionales

MS-LS1-3

Misión CONEXIÓN
Considera cómo los alimentos que comes te pueden ayudar a lograr una salud óptima.

¡Conéctalo!

✏️ Encierra en un círculo el alimento que debería elegir la corredora para obtener la mayor cantidad de energía para la carrera.

Hacer observaciones Piensa en tus actividades diarias. ¿Cuáles requieren la mayor cantidad de energía? ¿Qué ocurriría si no comieras lo suficiente?

....
....

Hacer generalizaciones ¿Por qué es importante lo que eliges para comer?

....
....
....

Alimento y energía

¿Qué hiciste hasta ahora el día de hoy? Te despertaste, te vestiste, desayunaste y viniste a la escuela. Más tarde, probablemente tengas lecciones de karate, baile o básquetbol. Tal vez corras una carrera como las personas de la **Imagen 1**. Todas estas actividades requieren energía. En realidad, tus células requieren energía para todos los procesos que ocurren en tu cuerpo, tales como respirar, pensar y crecer.

Los seres vivos obtienen energía de los alimentos. Las plantas producen su propio alimento. Los animales y los descomponedores obtienen su alimento al comer otros organismos y descomponerlos. La **digestión** es el proceso mediante el cual tu cuerpo descompone los alimentos en pequeñas moléculas de nutrientes.

Los **nutrientes** son las sustancias de los alimentos que proporcionan el material que necesitan las células de un organismo para sus funciones vitales. Algunos nutrientes se descomponen y se usan para obtener energía. Otros nutrientes se usan para reparar células dañadas o para ayudarte a crecer. Tu cuerpo necesita los nutrientes para llevar a cabo todas las funciones. Por eso, necesitas siempre de los alimentos para satisfacer las demandas de tu cuerpo.

INTERACTIVITY

Aprende cómo se energizan nuestros cuerpos.

Conexión con la lectura

Escribir argumentos Un compañero dice que una manzana y una magdalena, aproximadamente del mismo tamaño, te dan la misma cantidad de energía. ¿Estás de acuerdo con esta afirmación o no? Explica tu respuesta.

....
....
....
....
....

Para correr se necesita energía

Imagen 1 Todo lo que haces en el día requiere energía. Las células de tu cuerpo necesitan un constante suministro de energía para seguir funcionando.

95

Cuánta dulzura

Imagen 2 Nuestros cuerpos pueden digerir carbohidratos simples con mucha rapidez para que nos den una inyección de energía.

Formar una opinión

✏️ Encierra en un círculo un carbohidrato simple que consideres un bocadillo saludable. Luego, explica por qué crees que esa opción es mejor que otras.

....
....
....
....
....
....

Vocabulario académico

La palabra base de *absorción* es *absorber*. ¿Qué más puede absorber materiales? ¿Cómo te ayuda esto a comprender el término *absorción*?

HANDS-ON LAB

Investigate Descubre cómo se miden las calorías en distintos alimentos.

Los nutrientes principales El propósito de la digestión es la **absorción** de seis nutrientes que obtienes de los alimentos: carbohidratos, proteínas, grasas, vitaminas, minerales y agua.

Los carbohidratos Un **carbohidrato** es un compuesto orgánico rico en energía, como el azúcar o el almidón, formado por los elementos carbono, hidrógeno y oxígeno. Pueden descomponerse rápidamente y el cuerpo puede usar la energía liberada durante este proceso. La energía se mide en calorías. Los alimentos con altas calorías te pueden dar más energía que los alimentos con bajas calorías.

Un carbohidrato puede ser simple o complejo, dependiendo del tamaño de sus moléculas. Los carbohidratos simples, como los que se muestran en la **Imagen 2**, son moléculas más pequeñas y tienen sabor dulce. Los carbohidratos complejos, como las fibras, son moléculas más grandes. Los alimentos integrales, como el arroz integral, se consideran fuentes saludables de carbohidratos complejos. Tienen gran cantidad de fibras y nutrientes.

Las proteínas Tu cuerpo necesita proteínas para crecer y repararse. Las proteínas están formadas por componentes más pequeños llamados aminoácidos. Las legumbres, la carne de res, el pollo, los huevos, el pescado y los frutos secos son todos fuentes de proteínas.

Las grasas Mientras que los carbohidratos dan energía rápidamente, las grasas son una fuente de energía concentrada; además, el cuerpo usa las grasas para el almacenamiento de energía a largo plazo. Hay dos tipos principales: grasa saturada y grasa no saturada. Las grasas saturadas suelen provenir de productos animales, como la grasa de cerdo. A temperatura ambiente son sólidas. Las grasas no saturadas suelen provenir de productos vegetales y son aceites, como el aceite de oliva. A temperatura ambiente son líquidas. Las personas deberían controlar la ingesta de grasas saturadas porque están asociadas con los problemas coronarios y otras enfermedades.

Las vitaminas Las vitaminas son nutrientes que ayudan a tu cuerpo con las reacciones químicas. No proveen energía ni material de construcción, pero sin ellas, tu cuerpo no podría funcionar. Tu cuerpo puede generar pequeñas cantidades de algunas vitaminas, como las vitaminas D y K, pero la mayoría deben ingerirse a través de la dieta. Las vitaminas pueden ser liposolubles o hidrosolubles. Las vitaminas liposolubles, como la A y la K, se almacenan en los tejidos adiposos del cuerpo y se liberan cuando son necesarias. Las vitaminas hidrosolubles, como la vitamina C, se disuelven en el agua y no se almacenan en grandes cantidades. Los cítricos, como las naranjas, tienen mucha vitamina C.

Los minerales Los minerales son nutrientes que el cuerpo no genera, pero que son necesarios para llevar a cabo procesos químicos. El calcio para los huesos y el hierro para la sangre son dos ejemplos de minerales que se ingieren a través de la dieta. El calcio es común en los productos lácteos, como la leche y el queso. El hierro se encuentra en la carne y las verduras de hoja, como la espinaca.

El agua De los seis nutrientes que necesitas, el agua es el más importante. Mientras que el cuerpo humano puede estar algunas semanas sin alimentos, solo podría sobrevivir algunos días sin agua. El tiempo de supervivencia sin agua depende tanto de las condiciones ambientales como del nivel de actividad. Por ejemplo, una persona caminando por el desierto bajo un sol abrasador necesita más agua que alguien en un ambiente más fresco. Obtienes agua de muchos de los alimentos que comes, pero aun así es necesario beber agua todos los días.

REVISAR LA LECTURA **Citar evidencia textual** Subraya algunas fuentes recomendadas de cada uno de los principales nutrientes que tu cuerpo necesita.

> **INTERACTIVITY**
> Descubre cómo el sistema digestivo descompone los alimentos en partes.

Reflexiona Considera los diferentes tipos de alimentos que comes todos los días. ¿Son todos igual de nutritivos?

¡Planéalo!

Los nutricionistas recomiendan que la gente lleve una dieta que equilibre los principales nutrientes y a la vez limite los carbohidratos simples, las grasas saturadas y las comidas con mucha sal.

Aplicar conceptos Describe una cena que te gustaría comer y que incluya todos los nutrientes principales, pero que tenga pocos de los nutrientes que debes limitar.

....

....

....

....

....

El proceso digestivo

La digestión se puede clasificar en dos tipos principales: mecánica y química. La digestión mecánica incluye la descomposición física y el movimiento de los alimentos. La digestión química, como el nombre sugiere, incluye la descomposición química de los alimentos.

La digestión mecánica
La boca y el estómago son los lugares principales donde ocurre la digestión mecánica. El movimiento de los alimentos a través del esófago y los intestinos también es parte de la digestión mecánica. Las contracciones progresivas de músculo liso que mueven el alimento por el esófago hacia el estómago se denominan **peristalsis**.

Matemáticas · Herramientas

Control de la ingesta de sodio

El sodio es un mineral que nuestros cuerpos necesitan para funcionar. Ayuda al funcionamiento de los sistemas muscular y nervioso y nos mantiene hidratados. Sin embargo, en ciertas personas, demasiada sal puede ocasionar presión arterial alta, lo cual pone a las personas en riesgo de sufrir enfermedades coronarias, derrames cerebrales y otras enfermedades.

Información nutricional

Tamaño de la porción 1 oz (28g/Aprox. 15 papas fritas)

Cantidad por porción		
Calorías 160	Calorías de las grasas 90	
		% del valor diario*
Grasas totales 10g		16%
Grasas saturadas 1.5g		8%
Grasas trans 0g		
Colesterol 0mg		0%
Sodio 170mg		7%
Potasio 350mg		0%
Total de carbohidratos 15g		5%
Fibra alimentaria 1g		5%
Azúcares menos de 1g		
Proteínas 2g		
Vitamina A 0%	•	Vitamina C 10%
Calcio 0%	•	Hierro 2%
Vitamina E 6%	•	Tiamina 4%
Niacina 6%	•	Vitamina B_6 10%

1. **Analizar relaciones proporcionales** De acuerdo a la información nutricional de estas papas fritas, una porción tiene 170 mg de sodio, es decir, 7% del valor recomendado para un adulto promedio. Según esta información, ¿cuántos miligramos de sodio debería consumir un adulto promedio por día? Muestra tu trabajo.

2. **Calcular** ¿Cuántas porciones de papas fritas necesitarías para llegar a la cantidad máxima de sodio que deberías consumir por día? Muestra tu trabajo.

3. **Aplicar conceptos matemáticos** La Asociación Americana del Corazón recomienda que los adultos consuman no más de 1500 mg de sodio por día para una salud óptima del corazón. ¿Cómo cambiaría esto el porcentaje del valor diario recomendado? ¿Cuántas porciones de papas fritas se necesitarían para alcanzar este nuevo valor diario máximo?

Los sistemas del cuerpo humano

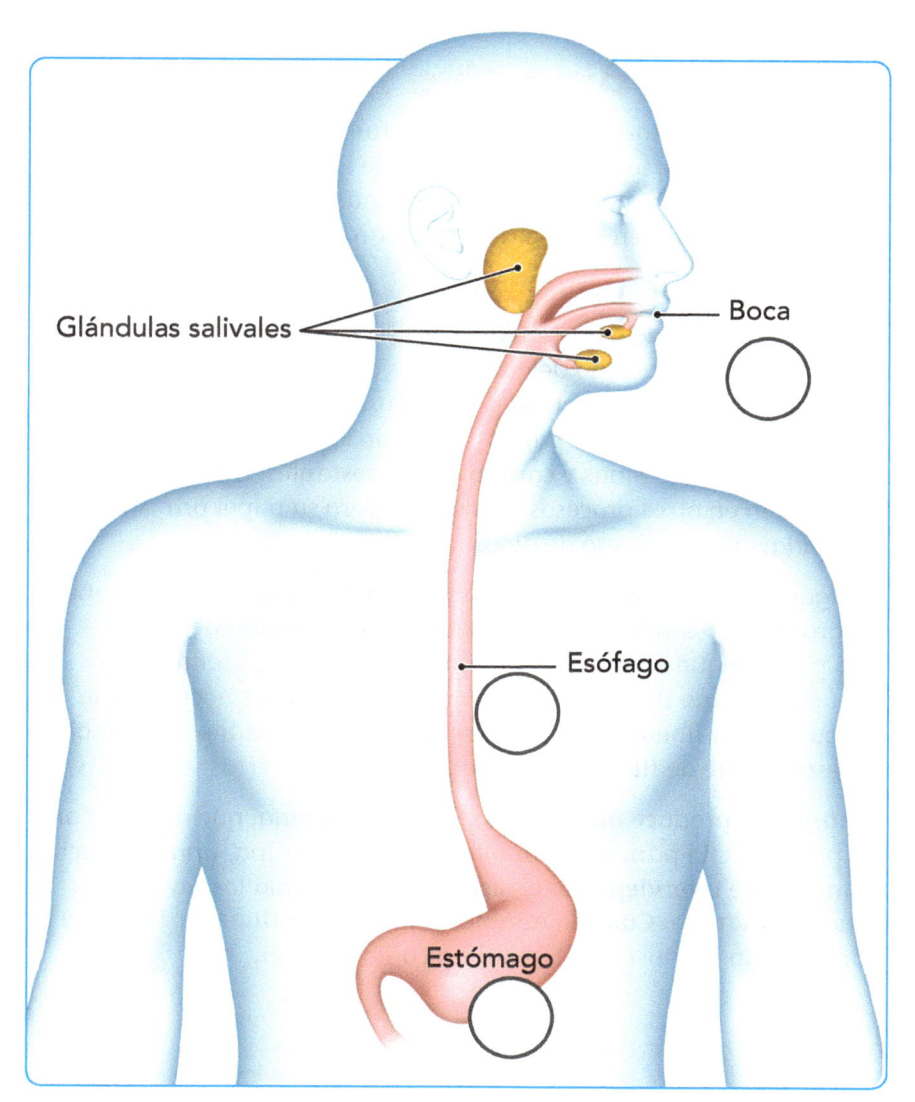

Sistema digestivo superior

Imagen 3 El sistema digestivo superior incluye la boca, el esófago y el estómago.

Sintetizar información

✏️ Para cada parte del sistema digestivo, escribe una M si hay digestión mecánica y una Q si hay digestión química.

Glándulas salivales — Boca — Esófago — Estómago

La digestión química Como se muestra en la **Imagen 3**, la digestión química empieza en la boca. Desde unas glándulas de la boca se libera un fluido llamado **saliva**, que juega un papel muy importante tanto en la digestión mecánica como la química. Tu saliva contiene sustancias químicas. Algunas de estas sustancias se llaman enzimas. Las **enzimas** son proteínas que aceleran las reacciones químicas del cuerpo. Las enzimas hacen que los alimentos se descompongan más rápido. Esto actúa específicamente en el almidón de los carbohidratos. La saliva también humedece la comida para que sea más fácil de tragar. La digestión química continúa en el estómago, donde otras enzimas y el ácido clorhídrico continúan la descomposición de los alimentos. Luego, el material parcialmente digerido pasa al intestino delgado, donde tiene lugar la mayor parte de la digestión química.

✅ **REVISAR LA LECTURA** **Determinar las ideas centrales** ¿Qué papel juegan las enzimas en el proceso de digestión? Explica tu respuesta.

....

....

....

> **INTERACTIVITY**
>
> Investiga cómo la digestión ayuda a las células a mantener la homeostasis.

El sistema digestivo inferior

Cuando la comida deja el estómago, ya fue descompuesta en pequeñas partes y se liberaron algunos de los nutrientes. La mayoría de los carbohidratos y las proteínas ya fueron digeridos, pero las grasas siguen siendo moléculas grandes.

El intestino delgado, el hígado y el páncreas

La mayor parte de la digestión química y la absorción de nutrientes tiene lugar en el intestino delgado. Otros órganos, como el hígado y el páncreas, que se muestran en la **Imagen 5**, secretan enzimas hacia el intestino delgado para ayudar con la descomposición de las grasas y las proteínas y carbohidratos restantes. Estos órganos intervienen en otros procesos del cuerpo, pero su papel principal es el de ayudar con el proceso de digestión.

El hígado produce una enzima llamada bilis. La bilis descompone las grasas en pequeñas gotas de grasa en el intestino delgado. Esto permite que la grasa se digiera. La bilis se almacena en otro pequeño órgano llamado vesícula biliar. Cuando es necesario, la vesícula biliar libera bilis en el intestino delgado. El hígado también es responsable de filtrar la sangre y almacenar ciertas vitaminas.

El páncreas produce una enzima llamada tripsina, que descompone las proteínas. El páncreas también produce insulina, una sustancia química que interviene en un sistema que controla los niveles de azúcar en sangre. Cuando una persona sufre de diabetes tipo 1, el páncreas no produce tanta insulina como debería.

¿Tienes vegetales?

Imagen 4 La fibra es una parte importante de una dieta saludable. Los vegetales son una excelente fuente de fibras. Dado que el cuerpo humano no puede descomponer las fibras, estas pasan por el sistema digestivo prácticamente sin sufrir cambios.

Aplicar conceptos ¿Por qué es importante consumir muchas fibras?

....
....
....

El sistema digestivo inferior

Imagen 5 La mayor parte de la digestión química tiene lugar en el intestino delgado.

Interpretar diagramas ¿Por qué es necesario que la vesícula biliar esté cerca del hígado?

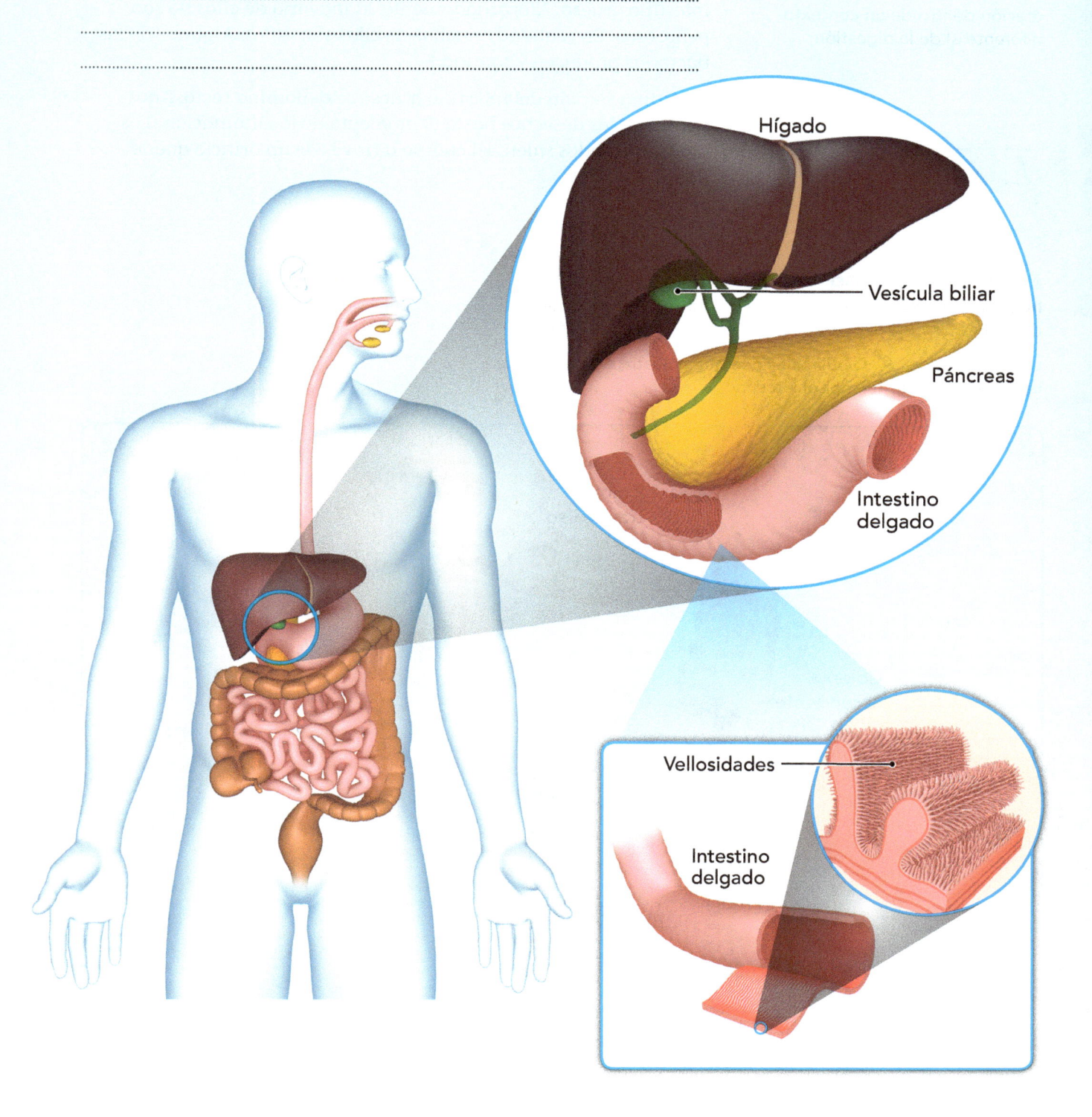

....

....

....

Hígado

Vesícula biliar

Páncreas

Intestino delgado

Vellosidades

Intestino delgado

101

Vocabulario académico

Usa la palabra *eliminación* en una oración dentro de un contexto diferente al de la digestión.

....
....
....
....

El intestino grueso Como se muestra en la **Imagen 6,** la última etapa de la digestión ocurre en el intestino grueso. En realidad, el intestino grueso es más corto que el intestino delgado: 1.5 m versus 6–8 m. En el intestino grueso se reabsorbe el agua de los alimentos y los desechos se compactan y preparan para su **eliminación** del cuerpo. Hay muchas bacterias presentes en el intestino grueso. Afortunadamente, la mayoría de ellas no son peligrosas. En realidad, muchas de ellas son útiles. Algunas de las bacterias producen vitamina K.

La última sección del intestino grueso se denomina recto. Aquí se reúnen los desechos hasta el momento de la eliminación. Los desechos sólidos salen del cuerpo a través de un orificio que se llama ano.

El intestino grueso

Imagen 6 El intestino grueso es la última sección del sistema digestivo.

Usar modelos Dibuja una línea que muestre el camino que recorren los desechos por el intestino grueso.

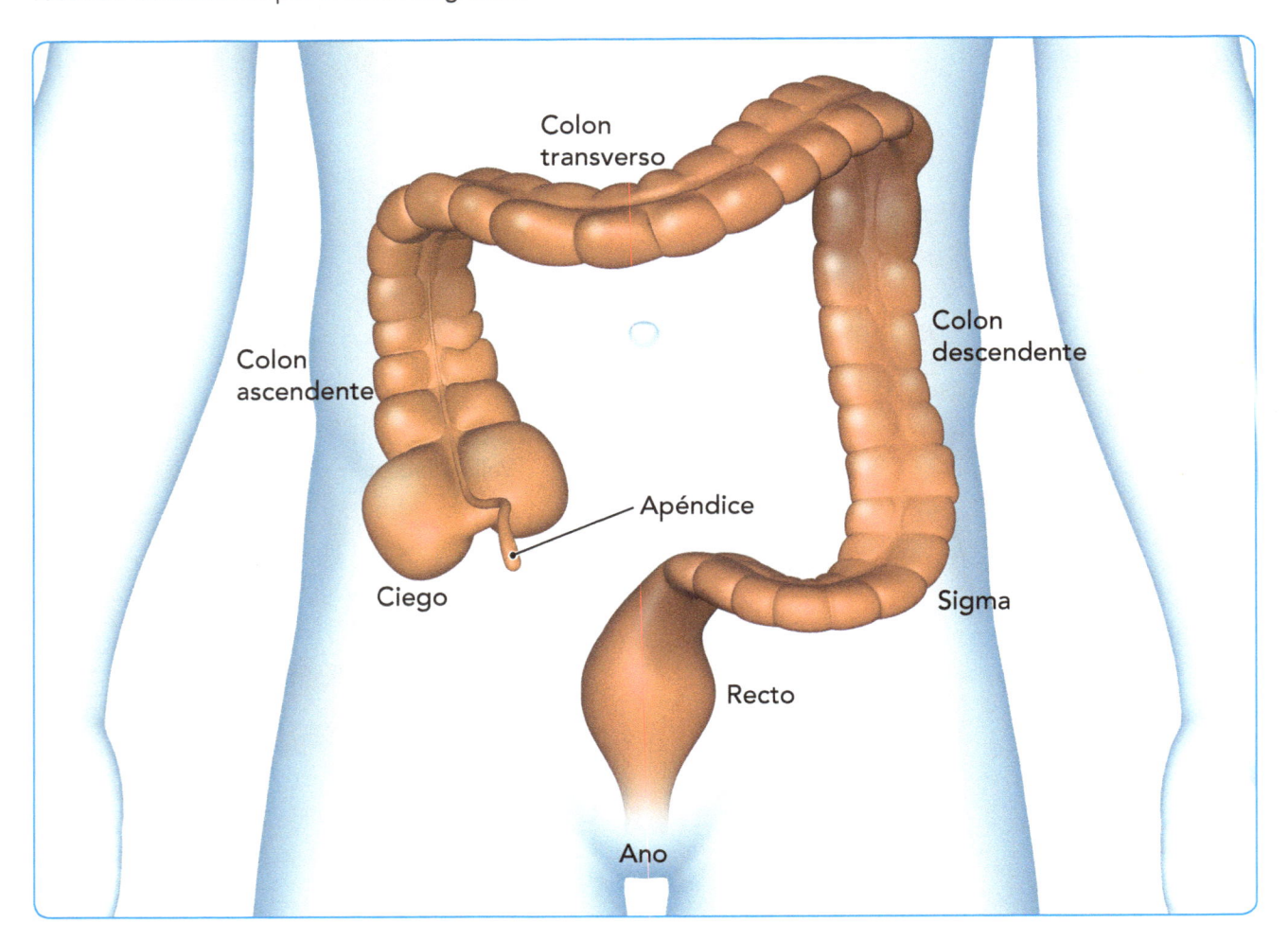

102 Los sistemas del cuerpo humano

El sistema digestivo humano

Imagen 7 Al igual que todos los sistemas corporales, el sistema digestivo depende de muchos órganos que trabajan en conjunto.

Analizar sistemas Encierra en un círculo los nombres de los órganos que proveen sustancias químicas para que tu cuerpo lleve a cabo la digestión química. Luego, ordena en una secuencia del 1 al 6 el camino que recorren los alimentos por el cuerpo.

- Boca
- Glándula salival
- Epiglotis
- Esófago
- Vesícula biliar
- Páncreas
- Hígado
- Estómago
- Intestino delgado
- Intestino grueso
- Recto

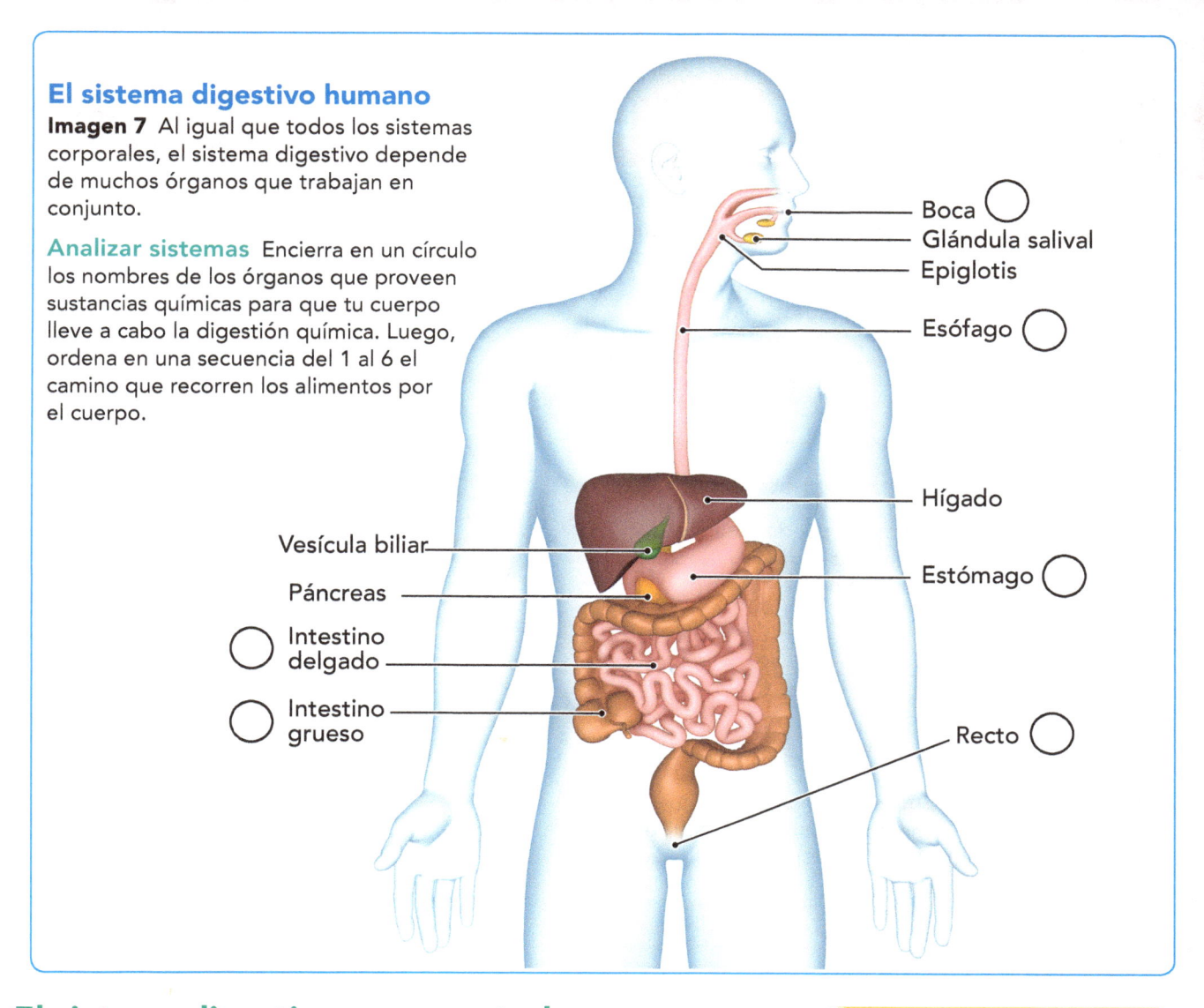

El sistema digestivo como un todo Has leído acerca de las funciones de los diferentes órganos que forman el sistema digestivo, que se muestran en la **Imagen 7**. Es importante saber que el sistema digestivo está relacionado con muchos otros sistemas del cuerpo humano. Por ejemplo, después de que los nutrientes se absorben en el intestino delgado, son transportados por el cuerpo en la sangre. El bombeo del corazón y el resto del sistema circulatorio se aseguran de que todas tus células reciban los nutrientes que necesitan.

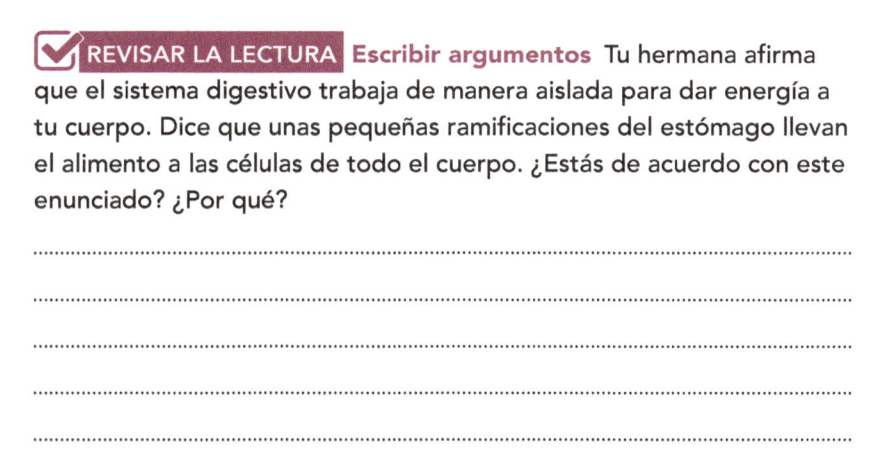

INTERACTIVITY

Averigua cómo es un día en la vida de una célula.

REVISAR LA LECTURA Escribir argumentos Tu hermana afirma que el sistema digestivo trabaja de manera aislada para dar energía a tu cuerpo. Dice que unas pequeñas ramificaciones del estómago llevan el alimento a las células de todo el cuerpo. ¿Estás de acuerdo con este enunciado? ¿Por qué?

....
....
....
....
....

LECCIÓN 3: Revisión

MS-LS1-3

1. **Identificar** Comenzando en la boca, los alimentos siguen un camino a través del sistema digestivo. Describe cómo interviene la boca tanto en la digestión mecánica como la digestión química.

   ....
   ....
   ....
   ....

2. **Citar evidencia** ¿Cómo se pueden usar las etiquetas de los alimentos para determinar cuán rico en nutrientes es un alimento?

   ....
   ....
   ....
   ....

3. **Formar una opinión** Si estás analizando los nutrientes de un alimento, ¿cómo decidirías si el alimento es saludable o no? Respalda tu afirmación.

   ....
   ....
   ....
   ....
   ....

4. **Distinguir relaciones** ¿Cómo ayuda la liberación de energía y nutrientes durante la digestión al resto de los sistemas corporales?

   ....
   ....
   ....
   ....
   ....

5. **Comparar y contrastar** Tanto el hígado como el páncreas son responsables de producir enzimas que ayudan en la digestión. ¿Qué otras funciones lleva a cabo cada uno durante la digestión?

   ....
   ....
   ....
   ....
   ....
   ....
   ....

Misión CONTROL

En esta lección, aprendiste acerca de los nutrientes que son importantes para mantener un cuerpo sano. También aprendiste acerca del sistema digestivo y cómo apoya a otros sistemas del cuerpo.

Evaluar Considera cómo tus necesidades alimenticias pueden diferir de las de otra persona y cómo necesitarías modificar tu dieta según las actividades diarias. ¿Por qué es importante comer una variedad de alimentos?

....
....
....
....
....

INTERACTIVITY

Training Table

Conéctate en línea para investigar acerca de los nutrientes ideales para diferentes atletas.

Los sistemas del cuerpo humano

MS-LS1-3

PROFESIONES
Nutricionista

No hay *delivery*
EN EL ESPACIO

Los nutricionistas y los dietistas promueven hábitos saludables de alimentación y desarrollan planes nutricionales según las necesidades alimenticias o médicas de un individuo. Pero, ¿y si tu cliente es un astronauta?

El espacio es un ambiente de microgravedad, lo cual significa que los astronautas experimentan algo cercano a la ausencia de peso. Si bien flotar parece divertido, tiene serias consecuencias para el cuerpo humano. La microgravedad afecta la masa muscular, la densidad de los huesos y la salud cardiovascular. También tiene un impacto sobre la manera en que el cuerpo digiere los alimentos y procesa vitaminas y minerales esenciales.

En la NASA, los nutricionistas trabajan con los técnicos alimenticios para desarrollar comidas que contrarresten los efectos nocivos de vivir en el espacio. Nutrientes como el hierro se agregan a las comidas para compensar la pérdida de masa muscular y ósea. El reto para los nutricionistas consiste en crear comidas que se puedan preparar y consumir en un ambiente de microgravedad.

▶ VIDEO
Averigua cómo un nutricionista nos ayuda hacer elecciones saludables en cuanto a la alimentación.

MI PROFESIÓN
Escribe "nutricionista" o "dietista" en un buscador en línea para aprender más acerca de estas profesiones.

La comida para el espacio suele estar empaquetada en bolsas individuales, parecidas al pollo que está comiendo la astronauta.

105

LECCIÓN 4
El manejo de los materiales

Preguntas guía
- ¿Cómo se transportan los materiales en el cuerpo?
- ¿Cómo interactúa el sistema respiratorio con otros sistemas para intercambiar gases?
- ¿Cómo interactúa el sistema excretor con otros sistemas para eliminar desechos del cuerpo?

Conexiones
Lectura Obtener evidencia

Matemáticas Representar relaciones cuantitativas

MS-LS1-3

Vocabulario
sistema circulatorio
arteria
capilar
vena
linfa
bronquios
alvéolos
excreción
nefrona

Vocabulario académico
contraer

VOCABULARY APP
Practica el vocabulario en un aparato móvil.

Misión CONEXIÓN
Piensa en por qué se necesitan los sistemas circulatorio y excretor para mantener el cuerpo en óptima forma.

¡Conéctalo!

✏️ **Dibuja una flecha que muestre en qué dirección están llevando el alimento las hormigas.**

Formar una opinión ¿En qué crees que se parecen las acciones del cuerpo humano al sistema que usan las hormigas para transportar alimento?

....
....
....
....

106 Los sistemas del cuerpo humano

El sistema circulatorio

Las hormigas, como las de la **Imagen 1**, son famosas por cooperar para transportar alimento a sus colonias. Tu cuerpo tiene un sistema similar que transporta nutrientes y otros recursos de sustentación vital. Se llama **sistema circulatorio** e incluye el sistema cardiovascular y el sistema linfático. Además de traer nutrientes y oxígeno a las células, el sistema circulatorio también elimina desechos y ayuda a combatir enfermedades e infecciones.

La estructura principal del sistema circulatorio es el corazón. Este órgano, del tamaño de un puño, debe bombear continuamente sangre por todo el cuerpo. El corazón es un músculo que se **contrae** y se relaja constantemente para hacer este trabajo. Tu corazón late aproximadamente 100,000 veces por día. La sangre se mueve del corazón a los pulmones y vuelve al corazón antes de ser transportada al resto del cuerpo. La sangre que se mueve a través de los vasos permite el intercambio de gases y lleva nutrientes a todas las células. Por esta razón, se suele llamar a la sangre el "río de la vida".

HANDS-ON LAB

Explora la conexión entre tu corazón y tu respiración.

Vocabulario académico
¿Qué sinónimos de la palabra *contraer* puedes nombrar?

....
....
....
....

Transportar materiales
Imagen 1 Así como el sistema circulatorio mueve materiales en tu cuerpo, estas hormigas transportan alimento hacia su colonia.

> **INTERACTIVITY**
>
> Explora los caminos que forman el sistema circulatorio del cuerpo.

Escríbelo Rastrea el viaje de una molécula de oxígeno desde el momento en que ingresa a tu cuerpo hasta que llega a un músculo de la punta de tu dedo. Describe cada paso del proceso.

El sistema cardiovascular La parte del sistema circulatorio que bombea sangre por todo el cuerpo es el sistema cardiovascular. En este sistema, el corazón usa los diferentes vasos sanguíneos para bombear sangre a través del cuerpo. Comienza del lado derecho de la **Imagen 2**.

La sangre viaja desde los pulmones hasta la aurícula izquierda y baja al ventrículo izquierdo. Luego lleva nutrientes y oxígeno a las células del cuerpo, donde recoge desechos, como el dióxido de carbono. La sangre vuelve por la aurícula derecha. Baja al ventrículo derecho y sale hacia los pulmones, donde se intercambian gases. Luego, el proceso vuelve a empezar.

Este proceso continuo de bombear sangre es un sistema de circulación doble, como se muestra en la **Imagen 3**. En la primera vuelta, la sangre viaja del corazón a los pulmones y luego vuelve al corazón. En la segunda vuelta, la sangre oxigenada se mueve del corazón al cuerpo y la sangre desoxigenada vuelve al corazón.

Unas células especiales llamadas glóbulos rojos juegan un papel clave en el transporte de oxígeno por el cuerpo. Toman el oxígeno de los pulmones y lo llevan a las células de todo el cuerpo. Además, los glóbulos rojos absorben el dióxido de carbono del cuerpo y lo transportan hacia los pulmones, desde donde se elimina del cuerpo.

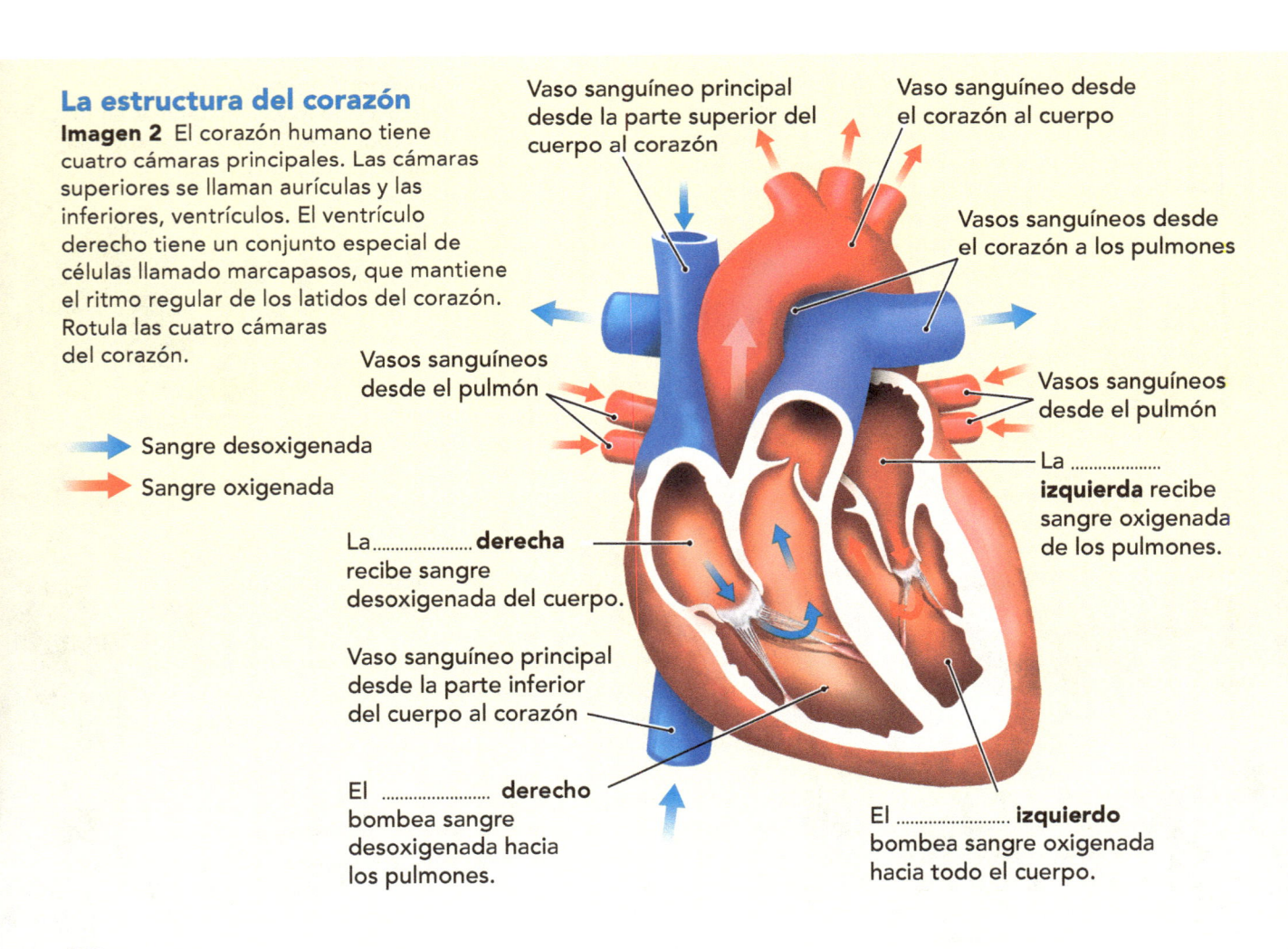

La estructura del corazón

Imagen 2 El corazón humano tiene cuatro cámaras principales. Las cámaras superiores se llaman aurículas y las inferiores, ventrículos. El ventrículo derecho tiene un conjunto especial de células llamado marcapasos, que mantiene el ritmo regular de los latidos del corazón. Rotula las cuatro cámaras del corazón.

→ Sangre desoxigenada
→ Sangre oxigenada

Vaso sanguíneo principal desde la parte superior del cuerpo al corazón

Vaso sanguíneo desde el corazón al cuerpo

Vasos sanguíneos desde el corazón a los pulmones

Vasos sanguíneos desde el pulmón

Vasos sanguíneos desde el pulmón

La .... **izquierda** recibe sangre oxigenada de los pulmones.

La .... **derecha** recibe sangre desoxigenada del cuerpo.

Vaso sanguíneo principal desde la parte inferior del cuerpo al corazón

El .... **derecho** bombea sangre desoxigenada hacia los pulmones.

El .... **izquierdo** bombea sangre oxigenada hacia todo el cuerpo.

108 Los sistemas del cuerpo humano

Sistema de circulación doble

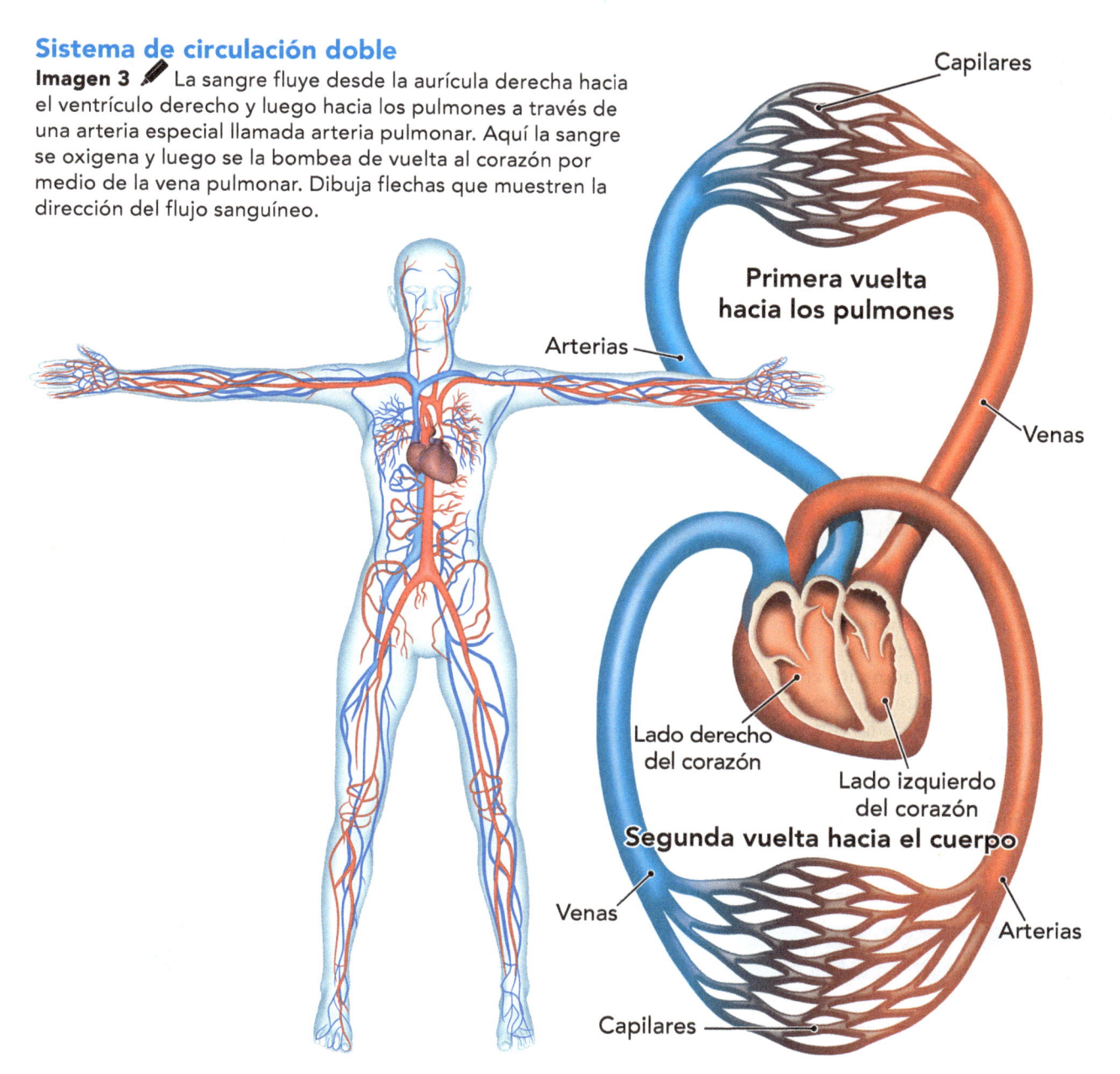

Imagen 3 🖊 La sangre fluye desde la aurícula derecha hacia el ventrículo derecho y luego hacia los pulmones a través de una arteria especial llamada arteria pulmonar. Aquí la sangre se oxigena y luego se la bombea de vuelta al corazón por medio de la vena pulmonar. Dibuja flechas que muestren la dirección del flujo sanguíneo.

- Capilares
- Primera vuelta hacia los pulmones
- Arterias
- Venas
- Lado derecho del corazón
- Lado izquierdo del corazón
- Segunda vuelta hacia el cuerpo
- Venas
- Arterias
- Capilares

El transporte a través del sistema circulatorio

Ya sabes que la función principal del sistema circulatorio consiste en mover materiales, como los nutrientes y el oxígeno, a todas las células del cuerpo. Esto es posible gracias a una serie de vasos.

Los vasos sanguíneos Tu corazón está conectado con el resto de tu cuerpo a través de un sistema de vasos, los cuales se ilustran en la **Imagen 3**. No todos los vasos del cuerpo son iguales. Tienen diferentes estructuras y funciones. Una ==arteria== transporta la sangre que sale del corazón. Es un vaso muscular y de paredes gruesas. Por otro lado, una ==vena== transporta sangre al corazón. Tiene paredes más delgadas que las arterias. Un ==capilar== es un vaso sanguíneo diminuto donde se intercambian sustancias entre la sangre y las células del cuerpo. Se podría decir que los capilares conectan venas y arterias.

> **REVISAR LA LECTURA**
>
> **Resumir el texto** ¿Cuáles son los tres tipos principales de vasos sanguíneos y qué funciones cumplen?
>
> ....
> ....
> ....
> ....
> ....

La difusión El oxígeno y otros materiales se mueven a través de los capilares por difusión. En la difusión, los materiales se mueven de un área de mayor concentración a otra de menor concentración. Por ejemplo, la sangre contiene más glucosa que las células. Como resultado, la glucosa se difunde desde la sangre hacia las células del cuerpo.

La presión arterial La fuerza con la que se contraen los ventrículos del corazón es lo que crea la presión arterial. Esta acción de bombeo es lo que sientes cuando eres consciente de tus latidos o pulso. La acción de bombeo de los ventrículos es lo suficientemente fuerte para empujar la sangre por el cuerpo. Sin la presión arterial, la sangre no podría alcanzar todas las partes del cuerpo.

Matemáticas ▸ Herramientas

El ejercicio y el ritmo de flujo sanguíneo

Tu corazón bombea más sangre por el cuerpo cuando haces ejercicio. Sin embargo, el ritmo de flujo sanguíneo no aumenta en todas partes del cuerpo. La tabla muestra cómo cambia el ritmo de flujo sanguíneo para diferentes partes del cuerpo durante el ejercicio intenso.

Representar relaciones cuantitativas
Dibuja una gráfica de barras que represente los datos de la tabla. Muestra la diferencia entre el ritmo de flujo sanguíneo mientras el cuerpo reposa y mientras se ejercita intensamente.

Parte del cuerpo	Ritmo de flujo sanguíneo, cm^3/min	
	En reposo	Ejercicio intenso
Cerebro	750	750
Músculo cardíaco	250	750
Riñones	1,100	600
Músculo esquelético	1,200	12,500
Piel	500	1,800

Ritmos de flujo sanguíneo a diferentes partes del cuerpo

(Gráfica de barras en blanco con eje Y "Ritmo de flujo sanguíneo (cm^3/minuto)" de 0 a 13,000 y eje X "Parte del cuerpo": Cerebro, Músculo cardíaco, Riñones, Músculo esquelético, Piel. Leyenda: En reposo / Ejercicio intenso)

110 Los sistemas del cuerpo humano

El sistema linfático

Imagen 4 El sistema linfático es parte del sistema circulatorio. Su función principal consiste en devolver componentes de la sangre al sistema circulatorio. En el diagrama, rotula los ganglios linfáticos y los vasos linfáticos.

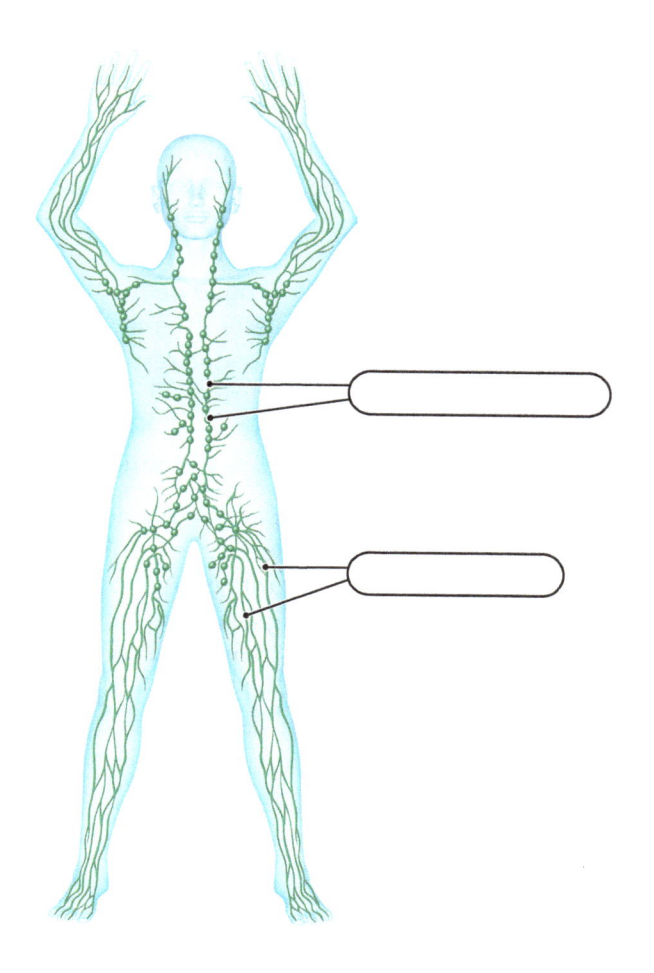

El sistema linfático

Además de glóbulos rojos, la sangre también contiene glóbulos blancos, plaquetas y plasma. Los glóbulos blancos combaten enfermedades. Las plaquetas ayudan a coagular heridas. El plasma es la parte líquida de la sangre. Cuando estos componentes de la sangre se mueven por el sistema cardiovascular, el fluido se desplaza hacia los tejidos circundantes. De aquí necesita volver al torrente sanguíneo. Este trabajo lo hace el otro componente del sistema circulatorio: el sistema linfático. Como se muestra en la **Imagen 4**, el sistema linfático es una red de vasos que devuelve fluido al torrente sanguíneo.

Una vez que el fluido está dentro del sistema linfático, se lo denomina **linfa** y está formado por agua, glóbulos blancos y materiales disueltos como la glucosa. La linfa fluye a través de vasos llamados vasos linfáticos. Los vasos se conectan con pequeñas prominencias de tejido llamadas ganglios linfáticos, que filtran la linfa y atrapan las bacterias y otros microorganismos que causan enfermedades.

REVISAR LA LECTURA **Determinar las ideas centrales** El sistema linfático ayuda a eliminar del cuerpo bacterias y otros microorganismos. ¿Crees que esto es importante?

....
....

Conexión con la lectura

Obtener evidencia Resume la evidencia de esta página que respalde el enunciado que dice que los sistemas corporales trabajan en conjunto para mantener sano el cuerpo.

....
....
....
....
....
....
....
....

INTERACTIVITY

Investiga cómo los sistemas circulatorio y respiratorio responden a los cambios en el medio ambiente.

El sistema respiratorio

Inspira profundamente. Ahora espira. Acabas de usar tu sistema respiratorio, que se muestra junto con los sistemas circulatorio y digestivo en la **Imagen 5**. El trabajo del sistema respiratorio consiste en traer aire con oxígeno al cuerpo y eliminar el dióxido de carbono y el agua de tu cuerpo. Los pulmones son los órganos principales de este sistema. Otras estructuras incluyen la nariz, que humedece el aire que respiras, la tráquea, los **bronquios** (los dos conductos que dirigen el aire hacia los pulmones) y los **alvéolos** (sacos diminutos de tejido pulmonar donde se intercambian los gases entre el aire y la sangre).

El término *respiración* puede referirse a dos procesos que, aunque están relacionados, no son lo mismo. *La respiración celular* es el proceso mediante el cual las células descomponen la glucosa para producir energía. La respiración celular requiere oxígeno y produce dióxido de carbono como desecho. La *respiración* es el intercambio de gases entre el interior y el exterior del cuerpo. Los gases que se intercambian son el oxígeno y el dióxido de carbono. La respiración celular no sería posible sin la respiración.

Sistemas que trabajan en conjunto

Imagen 5 Tanto la respiración celular como la respiración requieren que los sistemas del cuerpo trabajen en conjunto. Encierra en un círculo el sistema del cuerpo responsable del intercambio de gases. Completa los rótulos.

Formar una opinión ¿De qué modo tener un sistema respiratorio fuerte ayuda al sistema circulatorio?

....
....
....
....
....
....
....

Sistema ....
Este sistema lleva ....,
con ....,
al cuerpo.

Sistema .... Este sistema provee la glucosa que se usa en la ....

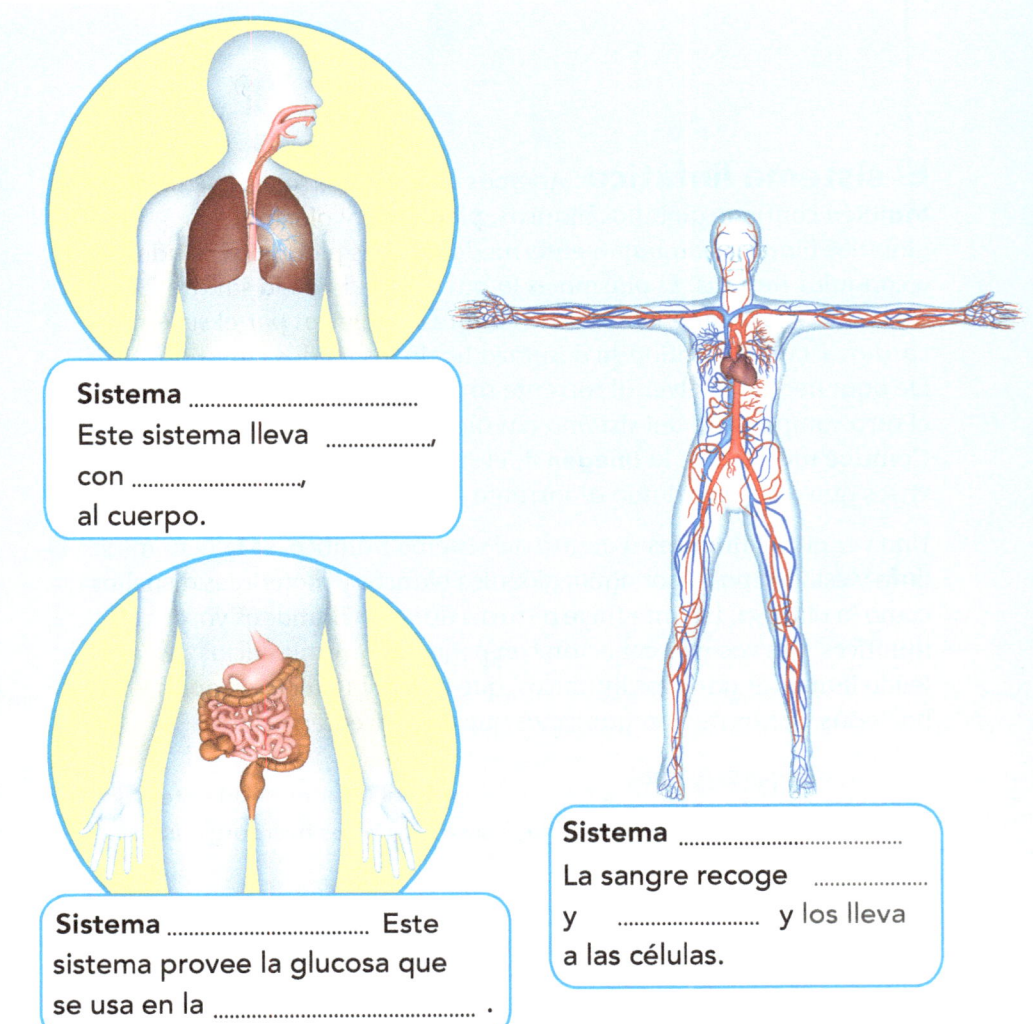

Sistema ....
La sangre recoge ....
y .... y los lleva
a las células.

112 Los sistemas del cuerpo humano

Sistemas que trabajan en conjunto

Imagen 6 ✏️ Completa los rótulos del diagrama de la derecha. En cada diagrama de abajo, dibuja una flecha debajo del diafragma que muestre la dirección en que se mueven los pulmones y el diafragma cuando respiramos.

Aplicar conceptos La neumonía es una infección que afecta los pulmones y provoca que los alvéolos se llenen de fluido. ¿Cómo crees que esta enfermedad afecta la respiración?

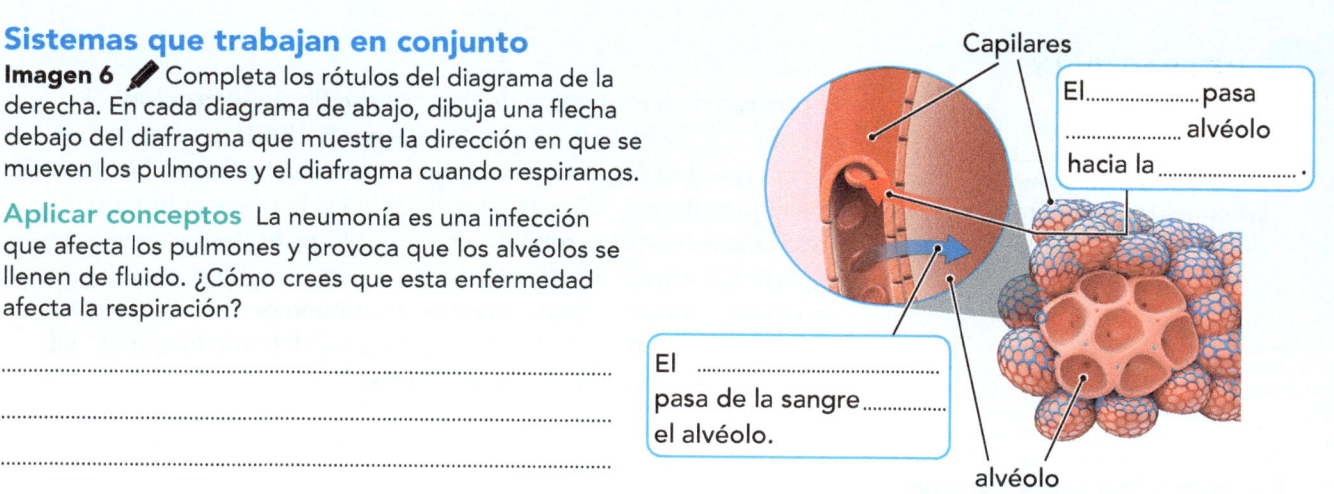

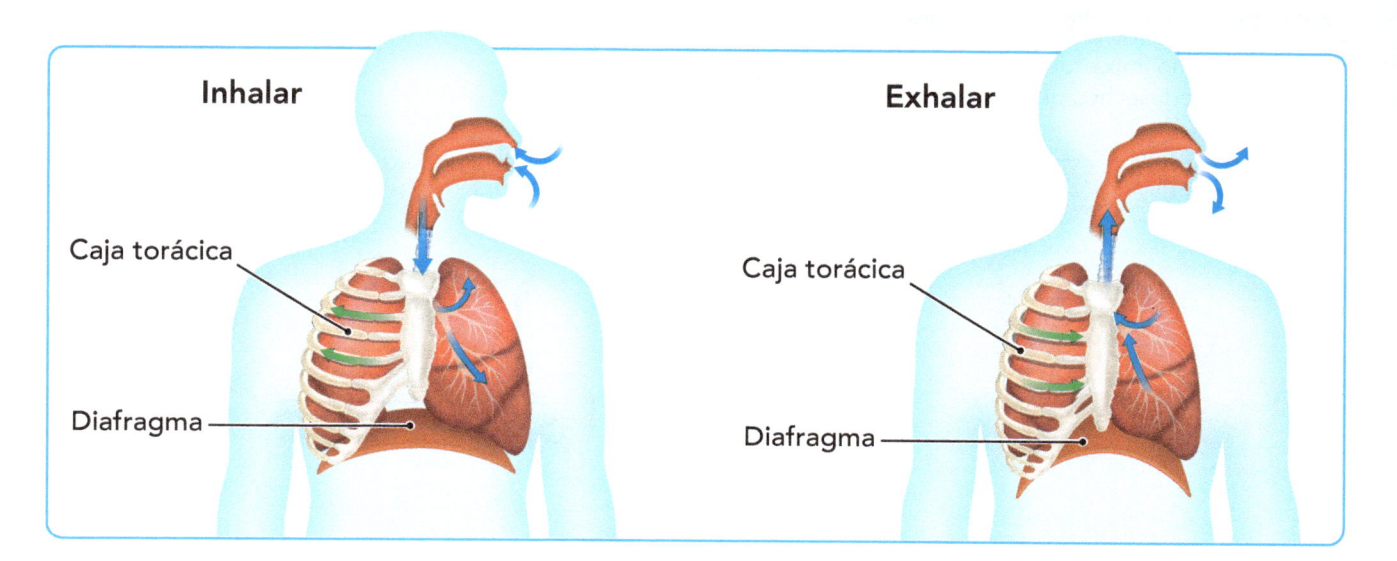

....
....
....
....

Capilares

El .... pasa .... alvéolo hacia la ....

El ....
pasa de la sangre ....
el alvéolo.

alvéolo

Inhalar

Caja torácica

Diafragma

Exhalar

Caja torácica

Diafragma

El proceso de respiración
Cuando inhalas, los músculos intercostales y el diafragma se contraen como se muestra en la **Imagen 6**. El pecho se mueve hacia arriba y hacia afuera mientras se expande. La presión dentro de los pulmones disminuye y el aire entra. Cuando exhalas, ocurre lo contrario. Los músculos se relajan y el pecho baja. La presión dentro de los pulmones aumenta y el aire es expulsado.

El proceso de intercambio de gases
Los gases se mueven entre los alvéolos y la sangre. Cuando el aire entra en los alvéolos, el oxígeno pasa por las paredes de los capilares hacia la sangre. Al mismo tiempo, el dióxido de carbono y el agua pasan de la sangre a los alvéolos. Este intercambio continuo mantiene las concentraciones de gases correctas dentro de la sangre.

✅ **REVISAR LA LECTURA** **Obtener evidencia** ¿Cómo se interconecta el sistema respiratorio con otros sistemas corporales?

....
....
....

INTERACTIVITY
Investiga cómo los sistemas del cuerpo humano trabajan en conjunto para mantener la homeostasis durante la actividad física prolongada.

Sistema excretor

El proceso de eliminación de desechos se llama **excreción**. El sistema excretor, ilustrado en la **Imagen 7**, elimina los desechos del cuerpo. Los órganos principales de este sistema son los riñones, la vejiga urinaria, la uretra, los pulmones, la piel y el hígado. Todos estos órganos trabajan en conjunto para deshacerse de los desechos. Cuando las células llevan a cabo sus diferentes funciones, producen desechos. Estos incluyen el dióxido de carbono, exceso de agua y otros materiales. Estos desechos deben eliminarse del cuerpo para mantener la homeostasis.

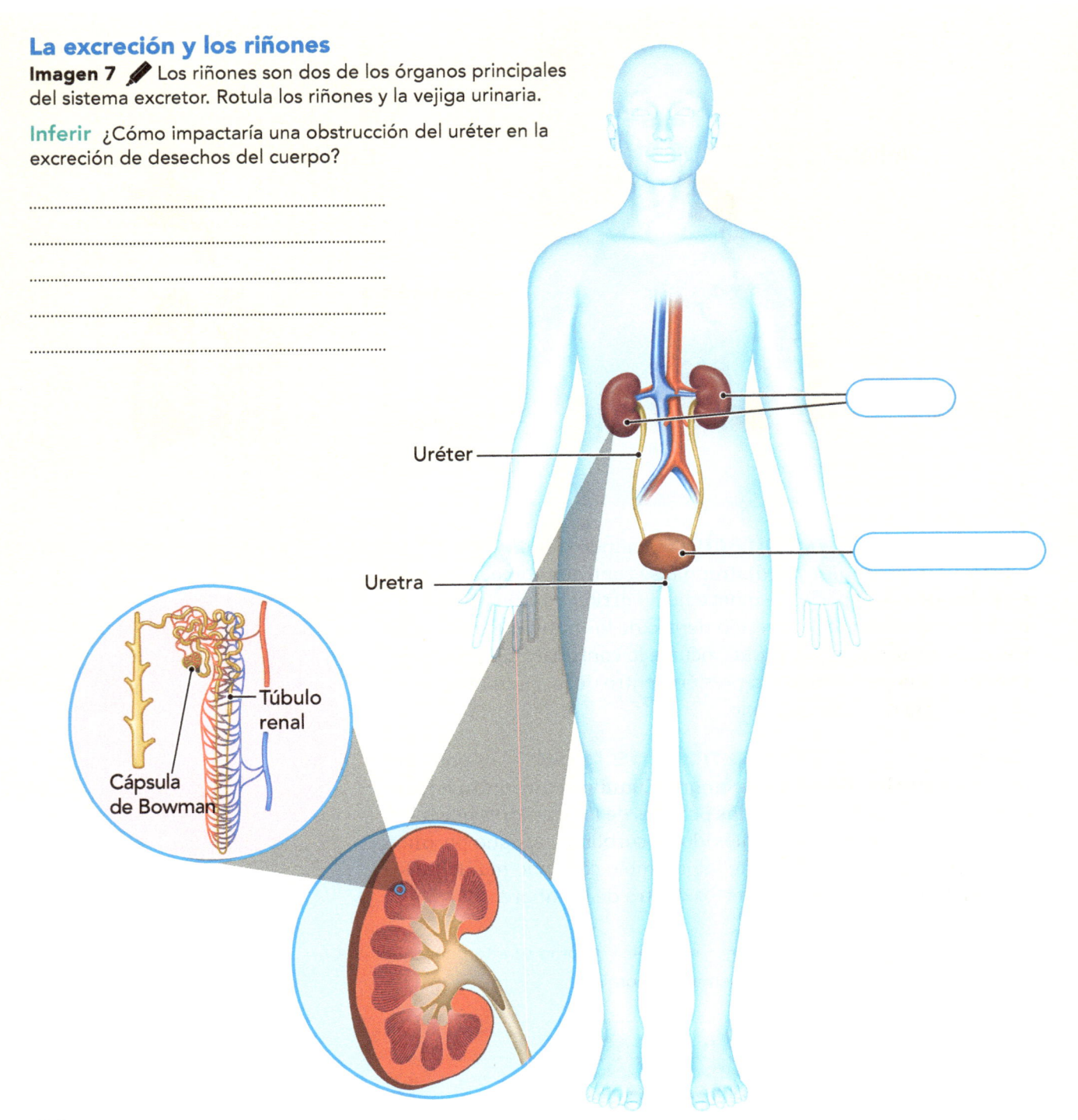

La excreción y los riñones

Imagen 7 Los riñones son dos de los órganos principales del sistema excretor. Rotula los riñones y la vejiga urinaria.

Inferir ¿Cómo impactaría una obstrucción del uréter en la excreción de desechos del cuerpo?

....
....
....
....
....

Uréter

Uretra

Túbulo renal

Cápsula de Bowman

114   Los sistemas del cuerpo humano

Comparar tipos de reproducción Ambos métodos de reproducción tienen ventajas y desventajas. Los organismos que se reproducen asexualmente no tienen que encontrar pareja. Además, producen muchos descendientes y de una forma bastante rápida. La desventaja es que todos los descendientes tienen exactamente la misma composición genética que su progenitor. Esto puede ser un problema si se producen cambios en el medio ambiente. Si un individuo no puede tolerar el cambio, es muy probable que el resto de los descendientes idénticos a él tampoco puedan tolerarlo.

Los organismos que se reproducen sexualmente pasan sus genes a la descendencia con una gran variación genética. Esta variación puede aumentar sus posibilidades de sobrevivir a un ambiente cambiante. Es posible que hayan recibido un gen de uno de los progenitores que los ayude a adaptarse a los cambios en el medio ambiente. Una potencial desventaja de la reproducción sexual es que el organismo necesita encontrar una pareja. Esto a veces puede ser un problema para algunos animales, como los osos polares, que viven en regiones remotas.

> **VIDEO**
> Compara la reproducción asexual y la reproducción sexual.

REVISAR LA LECTURA Citar evidencia textual ¿Puedes mencionar algunas ventajas que tienen los licaones por reproducirse sexualmente?

....

....

....

Matemáticas › Herramientas

La reproducción sexual

La gestación es el período comprendido entre la fertilización y el nacimiento. Los datos de la tabla se basan en las observaciones hechas en cientos de hembras preñadas de cada especie.

Animal	Rango de gestación (días)	Mediana del tiempo de gestación (días)	Mediana del primer cuartil (días)	Mediana del último cuartil (días)
Hámster	16–23	20	17	22
Zorro rojo	49–55	52	50	53
Jerbo	22–26	24	23	25
Leopardo	91–95	93	92	94

1. **Distinguir relaciones** ¿Cuál es la relación entre el tamaño del animal y el tiempo que tardan las crías en desarrollarse?

   ....

   ....

2. **Resumir distribuciones** Elige dos especies de la tabla y dibuja un diagrama de cajas para cada una.

143

La herencia de los rasgos

Imagen 3 El color del pelaje, como el color del cabello de los seres humanos, depende de qué genes se heredan de los padres.

> **VIDEO**
> Explora la relación entre herencia y alelos.

Vocabulario académico
Describe una situación en la que hayas sido dominante.

....
....
....
....
....

Los rasgos heredados

Cuando el espermatozoide y el óvulo se unen, se mezcla la información genética de la madre y el padre. La **herencia** es el proceso mediante el cual la descendencia recibe los genes de sus progenitores. Los genes están ubicados en los cromosomas y describen los factores que controlan un rasgo. Cada rasgo está descrito por un par de genes, uno de la madre y uno del padre. A veces, los genes del par son iguales. Otras veces, los genes del par son diferentes.

Por ejemplo, imagina que un ratón de pelaje blanco y un ratón de pelaje café tienen descendencia. Los genes del color del pelaje de cada progenitor son diferentes. Como se muestra en la **Imagen 3**, algunos de los descendientes pueden tener pelaje café, otros pueden tener pelaje blanco y otros pueden tener una combinación de colores. El color del pelaje de cada descendiente depende de cómo se combinen los genes que heredó.

Un **alelo** es una forma diferente del mismo gen. Se recibe un alelo de cada progenitor, y la combinación de alelos determina qué rasgos tendrá el descendiente. En el caso más simple, los alelos son o dominantes o recesivos. Si un descendiente hereda un alelo **dominante** de cualquiera de sus progenitores, ese rasgo siempre se expresará, o manifestará, en el descendiente. Pero si el descendiente hereda un alelo recesivo de cada progenitor, se expresará el rasgo recesivo. Esta relación hace posible que los progenitores que tienen dos alelos dominantes puedan pasar alelos recesivos a sus descendientes. Por ejemplo, dos personas de ojos color café pueden tener un hijo de ojos azules. Sin embargo, la mayoría de los rasgos genéticos no siguen estos patrones simples de herencia dominante y recesiva.

144 La reproducción y el crecimiento

Dominancia incompleta A veces aparecen formas intermedias de un rasgo dominante. Eso produce mezclas de color o de tamaño. Puede haber dominancia incompleta cuando se heredan un alelo dominante y un alelo recesivo. La descendencia tendrá una mezcla de estos dos alelos. Por ejemplo, en algunas especies de ovejas, la lana gris es el resultado de un alelo dominante de lana blanca y un alelo recesivo de lana negra. También hay dominancia incompleta en el color de los pétalos de algunas especies de plantas. En la **Imagen 4** se muestra que el color de los pétalos puede ser el resultado de la mezcla de dos colores.

Codominancia A diferencia de la dominancia incompleta, que muestra la mezcla de rasgos, la codominancia hace que ambos alelos se expresen al mismo tiempo. En las vacas, los caballos y los perros, hay un patrón de color llamado ruano. Este patrón de color surge cuando se hereda un alelo dominante de pelo blanco y un alelo dominante de pelo de un color puro. La descendencia tiene pelos de ambos colores intercalados, lo que da al color puro un aspecto más tenue o moteado.

Dominancia incompleta
Imagen 4 Encierra en un círculo las flores que demuestran la dominancia incompleta en el color de los pétalos.

¡Represéntalo!

Aplicar conceptos Dibuja los progenitores de esta flor en el recuadro. Supón que el color de la flor está determinado por codominancia.

145

		Grupo sanguíneo del padre				
		A	B	AB	O	
Grupo sanguíneo de la madre	A	A o O	A, B, AB o O	A, B o AB	A o O	El grupo sanguíneo del hijo debe ser
	B	A, B, AB o O	B o O	A, B o AB	B o O	
	AB	A, B o AB	A, B o AB	A, B o AB	A o B	
	O	A o O	B o O	A o B	O	

Grupos sanguíneos de los seres humanos

Imagen 5 Un gen con alelos múltiples se expresa como uno de cuatro grupos sanguíneos: A, B, AB y O.

Los alelos múltiples

Cada descendiente hereda un alelo de cada progenitor, es decir, un total de dos alelos. Sin embargo, a veces un rasgo tiene más de dos alelos. Por ejemplo, hay tres alelos que determinan el grupo sanguíneo: A, B y O. Los grupos sanguíneos A y B son codominantes y el O es recesivo. Como puedes ver en la **Imagen 5**, recibes dos de los alelos múltiples de cada padre, pero cada combinación posible de alelos da por resultado uno de los cuatro grupos sanguíneos diferentes. Los alelos múltiples no solo se pueden encontrar en los grupos sanguíneos. En la **Imagen 6** se muestra que el color del pelaje de algunos conejos es también el resultado de alelos múltiples.

Alelos múltiples

Imagen 6 Estos conejos pertenecen todos a la misma camada.

Citar evidencia ¿Qué evidencia en la fotografía demuestra que el color del pelaje de estos conejos es el resultado de alelos múltiples?

....
....
....
....

La herencia poligénica

Algunos rasgos están controlados por más de un gen. En la herencia poligénica, estos genes diferentes se expresan juntos para producir ese rasgo. La altura en los seres humanos es un ejemplo de esto. Si la madre mide 5 pies con 2 pulgadas y el padre mide 6 pies, podrías suponer que todos sus hijos medirán 5 pies con 7 pulgadas. Sin embargo, puede haber una gran variedad de alturas en los hijos. Esto se debe a que hay múltiples genes que actúan juntos para determinar ese rasgo.

REVISAR LA LECTURA Distinguir relaciones ¿Cómo influyen los alelos sobre los rasgos heredados? Explica con un ejemplo de dominancia incompleta.

....
....
....

La reproducción y el crecimiento

Los genes y el medio ambiente

¿Qué clase de cosas has aprendido en tu vida? Quizás sabes pintar. Quizás sabes andar en uniciclo. O quizás sabes cómo resolver problemas complejos de matemáticas. Cualesquiera sean tus habilidades, estas son rasgos adquiridos que son el resultado de comportamientos aprendidos.

Rasgos adquiridos Los rasgos que heredaste pueden ser modificados por tu experiencia. Por ejemplo, los seres humanos nacen con dientes, cuerdas vocales y lengua, los cuales nos permiten hablar. El idioma que aprendes a usar depende de tu entorno. No naciste sabiendo hablar un idioma en particular, pero sí naciste con la capacidad de aprender idiomas, ya sea un idioma hablado o de señas. La capacidad de hablar un idioma es un rasgo heredado. Sin embargo, el idioma o los idiomas que hables son rasgos adquiridos.

La combinación de rasgos heredados y rasgos adquiridos ayuda a muchos organismos a sobrevivir en su medio ambiente. La ardilla zorro de la **Imagen 7** ha heredado rasgos de sus progenitores que la ayudan a sobrevivir en su medio ambiente. Además, la ardilla adquirió comportamientos que la ayudan a sobrevivir y que aprendió de sus padres y de interactuar con su medio ambiente.

> **INTERACTIVITY**
> Descubre cómo aprendemos sobre los genes y los rasgos al estudiar a los gemelos.

> **HANDS-ON LAB**
> **uInvestigate** Explora los rasgos de un organismo imaginario.

Rasgos adquiridos
Imagen 7 Esta ardilla zorro tiene rasgos que heredó y rasgos que adquirió mediante el aprendizaje.

1. **Relacionar el texto con elementos visuales** Menciona dos rasgos heredados y dos rasgos adquiridos de la ardilla zorro.
....
....
....
....

2. **Sintetizar información** ¿Cómo usa la ardilla zorro sus rasgos para sobrevivir?
....
....
....
....

Interacciones con el medio ambiente

Imagen 8 Es importante que te protejas del sol cuando estás todo el día al aire libre.

Implementar una solución Menciona tres comportamientos adquiridos que las personas aprendieron para protegerse de la luz ultravioleta.

....
....
....
....

Conexión con la lectura

Citar evidencia textual Subraya dos oraciones que expliquen en qué se diferencian los cambios en los genes de las células del cuerpo y los cambios en los genes de las células sexuales.

Factores ambientales Los organismos interactúan con el medio ambiente de manera regular. En la **Imagen 8** se muestran varias formas en las que interactúas con el medio ambiente. Puedes pasar tiempo con tus amigos, respirar aire fresco, hacer ejercicio y disfrutar de un día de sol. Lamentablemente, algunas de estas interacciones pueden modificar la manera en que se expresa un gen. La expresión de los genes determina cómo aparecen los rasgos heredados. El medio ambiente puede alterar la expresión de los genes de muchas maneras.

Ciertas sustancias químicas en el humo del tabaco o la exposición a la peligrosa radiación ultravioleta (UV) del sol pueden alterar la manera en que se comportan algunos genes. Esas alteraciones afectan el funcionamiento normal de un organismo y pueden producir rasgos diferentes a los que se hubieran expresado normalmente. Aunque no ocurre en todos los casos, esos cambios pueden causar cáncer y otras enfermedades.

No todos los cambios en los genes provocados por factores ambientales se pasan a la descendencia. Por ejemplo, demasiada exposición a la radiación UV puede dañar el ADN de las células de la piel hasta el punto de causar cáncer. Sin embargo, esos genes dañados no se transmiten a la siguiente generación. Para que los genes que fueron alterados por el medio ambiente se transmitan a la descendencia, esa alteración tiene que producirse en las células sexuales —óvulo o espermatozoide— que formen al descendiente. Como es probable que los genes que sufrieron los cambios estén en las células del cuerpo, es decir, en cualquier célula menos las sexuales, los genes dañados no pasarán al descendiente y solo afectarán al individuo que los posee.

☑ LECCIÓN 1: Revisión

MS-LS3-2

1. **Distinguir relaciones** ¿Qué significa la herencia en términos de reproducción?

   ....
   ....
   ....

2. **Determinar diferencias** 🖊 Indica si cada uno de los rasgos de la siguiente tabla se adquiere del medio ambiente o se hereda.

Rasgo	Adquirido	Heredado
Pelaje café de un conejo		
Longitud de la trompa de un elefante		
Un corte de pelo en puntas		
Un caballo con sobrepeso		
El patrón de las plumas de un loro		

3. **Explicar fenómenos** ¿Qué sucede si un descendiente hereda un alelo dominante de uno de sus progenitores?

   ....
   ....
   ....

4. **Elaborar explicaciones** ¿Qué beneficio podría tener un organismo si en él se expresan rasgos codominantes o dominantes incompletos?

   ....
   ....
   ....
   ....
   ....
   ....

5. **Respaldar tu explicación** ¿En qué se diferencian la reproducción asexual y la reproducción sexual?

   ....
   ....
   ....
   ....
   ....
   ....

6. **Aplicar conceptos** Una especie de mariposa tiene alelos para el color de las alas, que pueden ser azules o anaranjadas. Pero cuando se reprodujeron una mariposa azul y una anaranjada, las alas de la descendencia eran azules y anaranjadas. Explica el proceso mediante el cual se expresó el color de las alas.

   ....
   ....
   ....
   ....

7. **Sintetizar información** El color del cabello humano es un rasgo que tiene una variación muy grande. ¿Qué patrón de herencia puede explicar el color del cabello en los seres humanos? Explica tu respuesta.

   ....
   ....
   ....
   ....
   ....

149

LECCIÓN 2
Las estructuras reproductoras de las plantas

Preguntas guía
- ¿Cómo se reproducen las plantas?
- ¿Cómo se convierten las semillas en plantas nuevas?
- ¿Qué estructuras especializadas de las plantas afectan la probabilidad de éxito de la reproducción?

Conexión

Lectura Citar evidencia textual

MS-LS1-4

Vocabulario
cigoto
polinización
conos
óvulo
fruto
germinación

Vocabulario académico
dispersar

VOCABULARY APP
Practica el vocabulario en un aparato móvil.

Misión CONEXIÓN
Considera qué impacto tendría la construcción de una cancha de básquetbol sobre las plantas locales.

¡Conéctalo!

✏️ Encierra en un círculo las frutas que se muestran en la imagen.

Explicar ¿En qué parte de las frutas están las semillas y cuál es su propósito?
....
....

150 La reproducción y el crecimiento

La reproducción de las plantas

¿Alguna vez intentaste evadir una abeja que volaba por el jardín? ¿Alguna vez te tomaste el tiempo de apreciar el perfume agradable y los hermosos colores de una rosa? ¿Alguna vez desafiaste a un amigo a ver quién podía escupir más lejos una semilla de sandía? Si hiciste alguna de estas cosas, ya conoces algunos de los métodos por los que se reproducen las plantas.

Cuando una semilla, como las de las frutas y los vegetales de la **Imagen 1**, se planta en un suelo saludable y recibe abundante agua y luz solar, puede crecer y convertirse en una planta adulta. Sin embargo, esta es solo una parte del proceso de reproducción de las plantas. Deben ocurrir muchas cosas en la vida de una planta antes de que pueda producir una semilla que se pueda convertir en una planta. Aunque algunos se sorprendan, en las plantas, al igual que en los animales, la reproducción requiere que un espermatozoide fertilice un óvulo para dar comienzo a un nuevo organismo.

Para asegurar una reproducción exitosa, las plantas fueron evolucionando con el tiempo y desarrollaron estructuras especializadas. Diferentes tipos de plantas tienen diferentes estructuras y métodos para reproducirse, pero el objetivo es el mismo: producir nuevas generaciones de vida.

> **INTERACTIVITY**
>
> Explora la relación entre las semillas y los alimentos que comemos.

Encuentra la fruta

Imagen 1 Las frutas podrán no parecerse, pero crecen de la misma manera. Dentro de la semilla hay una planta parcialmente desarrollada.

Ciclos de vida de la planta

Imagen 2 ✏️ Completa los diagramas. Identifica la fase del esporofito y del gametofito en cada diagrama.

El ciclo de vida del musgo

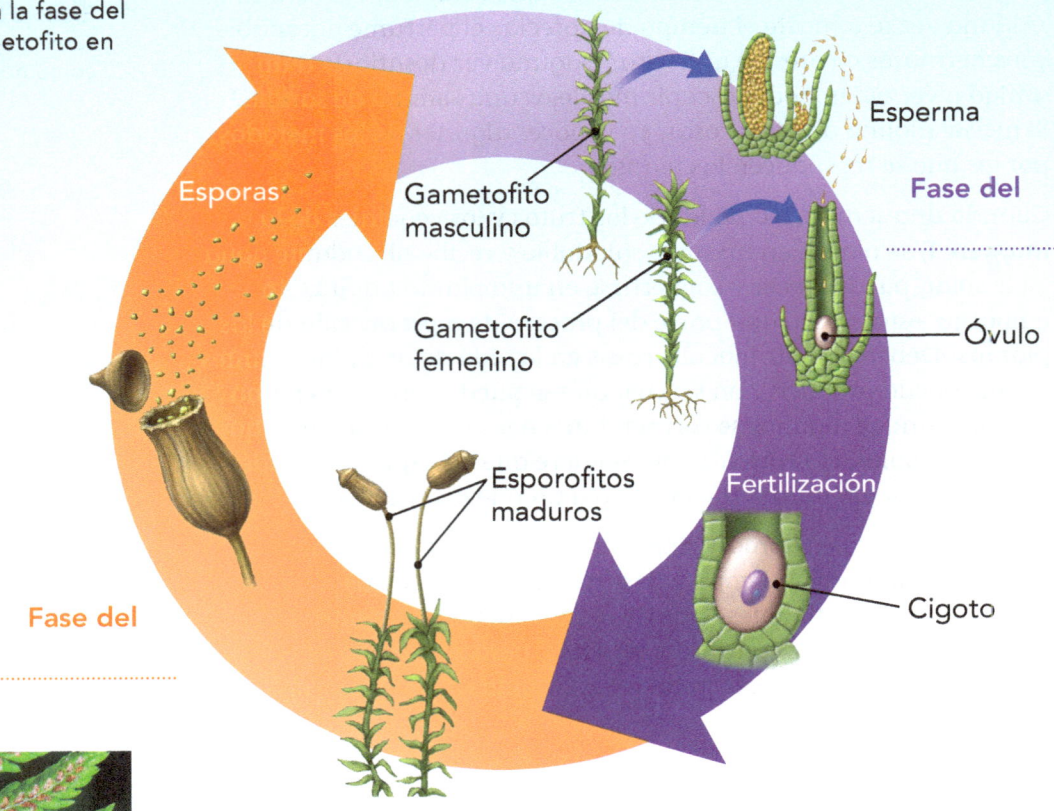

- Esporas
- Gametofito masculino
- Gametofito femenino
- Esperma
- Óvulo
- Fertilización
- Cigoto
- Esporofitos maduros
- Fase del ....
- Fase del ....

Producción de esporas

Imagen 3 Los esporofitos del helecho son las partes de la planta que se pueden reconocer.

Identificar ¿Cuál es el propósito de la fase del esporofito?

....
....
....
....

Ciclos de vida de la planta

Las plantas tienen ciclos de vida complejos que incluyen dos fases diferentes: el esporofito y el gametofito. Durante la fase del esporofito, la planta produce las esporas que con el tiempo se convertirán en gametofitos. Durante la fase del gametofito, los gametofitos masculinos y femeninos producen las células sexuales que luego intervienen en el proceso de fertilización, que ocurre cuando un espermatozoide se une con un óvulo para producir un nuevo organismo.

Las plantas no vasculares y las plantas vasculares sin semilla

El musgo y otras plantas no vasculares producen esporofitos que parecen pequeños árboles o flores. Los esporofitos liberan esporas que se convierten en gametofitos masculinos y femeninos. Estos gametofitos producen los espermatozoides y los óvulos que se necesitan para obtener un **cigoto**, es decir, un óvulo fertilizado, que se convierte en un nuevo esporofito, como se muestra en la **Imagen 2**.

Las fases del ciclo de vida de las plantas vasculares sin semilla, como los helechos, son similares a las de las plantas no vasculares en algunos aspectos. Los esporofitos producen esporas que se convierten en gametofitos. Sin embargo, los gametofitos del helecho tienen estructuras tanto masculinas como femeninas que producen células sexuales. Cuando un espermatozoide fertiliza un óvulo, comienza a desarrollarse un nuevo esporofito.

152 La reproducción y el crecimiento

El ciclo de vida de una angiosperma

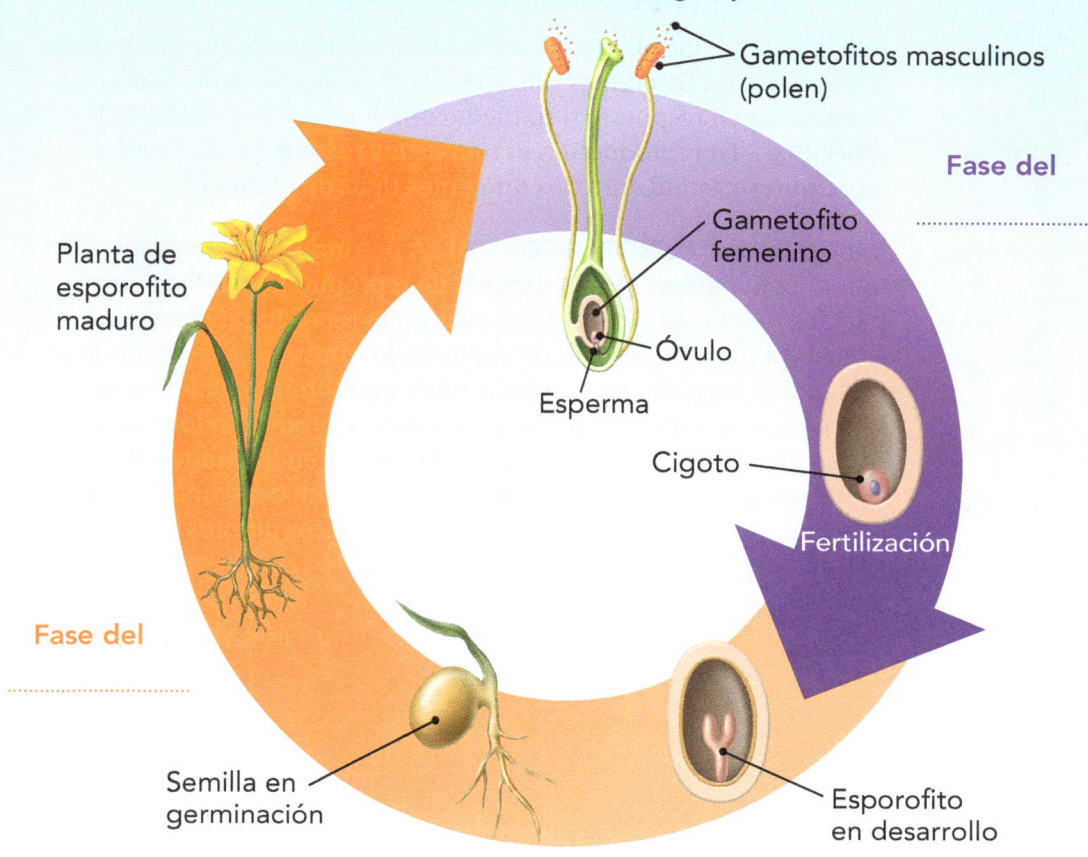

- Gametofitos masculinos (polen)
- Gametofito femenino
- Óvulo
- Esperma
- Cigoto
- Fertilización
- Esporofito en desarrollo
- Semilla en germinación
- Planta de esporofito maduro

Fase del ....

Fase del ....

Otras plantas vasculares Los otros dos tipos de plantas vasculares son las gimnospermas y las angiospermas. A diferencia del helecho y el musgo, los gametofitos de la gimnosperma y la angiosperma se desarrollan dentro de estructuras que están dentro de un esporofito más grande. En las gimnospermas, se desarrollan dentro de conos, y en las angiospermas, como la que se muestra en la **Imagen 2**, se desarrollan dentro de flores.

En estos tipos de plantas, el gametofito masculino se llama polen. El polen contiene células que maduran y se convierten en espermatozoides. Para que ocurra la reproducción, el polen debe viajar hacia el gametofito femenino y así fertilizar los óvulos. Este proceso de transferencia de polen desde estructuras reproductoras masculinas hacia estructuras reproductoras femeninas se llama **polinización**. En estas plantas, la polinización debe ocurrir antes que la fertilización.

☑ **REVISAR LA LECTURA Determinar las ideas centrales** ¿Cómo forman un ciclo las fases de esporofito y gametofito?

....
....
....
....

153

INTERACTIVITY

Explora cómo las estructuras de las plantas favorecen la reproducción asexual y la sexual.

Las estructuras reproductoras

Con el tiempo, las plantas desarrollaron estructuras que las ayudan a reproducirse. Diferentes tipos de plantas desarrollaron diferentes estructuras en respuesta a su medio ambiente y a sus necesidades específicas. La reproducción es una de las razones por las cuales hay tanta variedad entre los diferentes tipos de plantas.

La reproducción asexual A pesar de que la reproducción sexual es la manera predominante de reproducción de las plantas, muchas plantas también experimentan la reproducción asexual. Nuevas plantas pueden crecer a partir de raíces, hojas o tallos de una planta reproductora. Si las condiciones son favorables, una sola planta se puede propagar rápidamente produciendo muchas copias exactas de sí misma. Como se muestra en la **Imagen 4**, los científicos pueden aprovechar la capacidad que tiene una planta de reproducirse asexualmente para hacer crecer plantas con características favorables.

REVISAR LA LECTURA Resumir el texto ¿Cuál es la ventaja de la reproducción asexual?

....
....

Injerto de manzano

Imagen 4 Los injertos son una manera en que los seres humanos pueden reproducir las plantas. Se corta parte del tallo de una planta y se lo une a otra planta. Estos manzanos fueron injertados para garantizar que las características deseadas del árbol original se mantuvieran en futuros árboles.

Aplicar conceptos ¿El injerto es una forma de reproducción sexual o asexual?

....

Conos masculinos y femeninos

Imagen 5 Los conos masculinos, como los que se ven a la derecha, contienen polen. Los conos femeninos, como los que se ven abajo, se abren cuando el clima es cálido y seco y se cierran con el frío y la humedad.

Aplicar el razonamiento científico ¿Cómo crees que la capacidad del cono de abrirse y cerrarse favorece la reproducción?

....
....
....
....

Las gimnospermas Árboles como los pinos, las secuoyas, los abetos, los cedros y las cicutas se consideran gimnospermas. Muchas plantas gimnospermas tienen raíces profundas y hojas que parecen agujas. Sin embargo, todas tienen conos y semillas que no están protegidas. Estas dos características las separan de otras plantas vasculares.

Las estructuras de la **Imagen 5** son **conos**, las estructuras reproductoras de las gimnospermas. Los conos masculinos contienen polen, mientras que los conos femeninos tienen un **óvulo**, la estructura que contiene la célula reproductora femenina. El cono femenino también produce una sustancia pegajosa en la parte de afuera del cono, necesaria para la polinización. El polen del cono masculino es lo suficientemente liviano para que lo lleve el viento. Cuando el viento sopla, el polen puede caer sobre el pegajoso cono femenino. Cuando esto ocurre, la célula reproductora puede ser fertilizada. El óvulo se cierra y el cigoto se desarrolla dentro de la semilla hasta convertirse en un embrión de planta. Las semillas pueden permanecer en el cono femenino durante unos años, hasta que maduran.

Las semillas de las gimnospermas están "desnudas", es decir, están desprotegidas. Una vez que el cono femenino madura, se abren las escamas y las semillas quedan expuestas. Cuando el viento sopla, las semillas expuestas se vuelan del cono y el viento las esparce.

Conexión con la lectura

Citar evidencia textual
¿Qué detalle del texto te ayudó a entender qué son las gimnospermas?

....
....
....
....
....
....
....

Diagrama de la flor

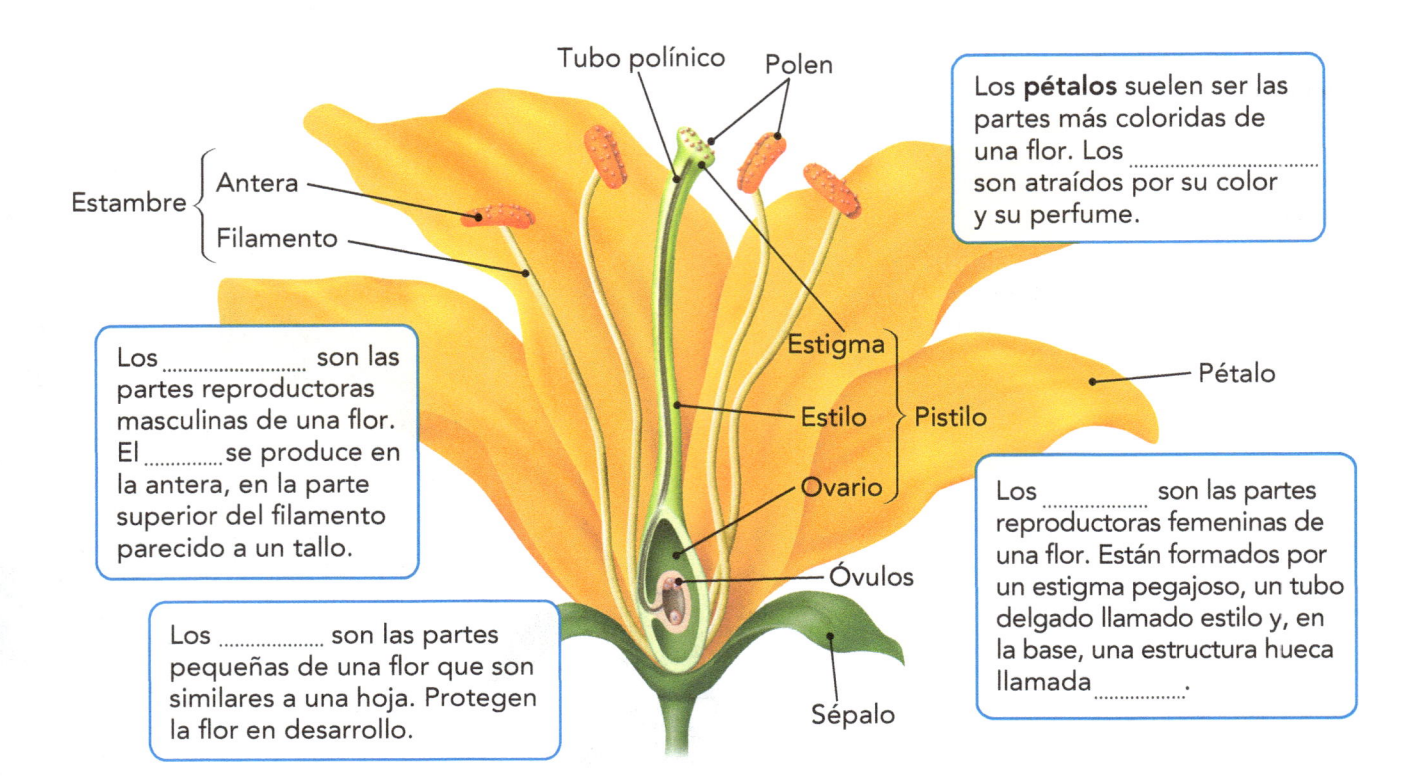

Tubo polínico — **Polen**

Estambre { Antera, Filamento }

Los **pétalos** suelen ser las partes más coloridas de una flor. Los .... son atraídos por su color y su perfume.

Los .... son las partes reproductoras masculinas de una flor. El .... se produce en la antera, en la parte superior del filamento parecido a un tallo.

Pistilo { Estigma, Estilo, Ovario }

Pétalo

Óvulos

Sépalo

Los .... son las partes reproductoras femeninas de una flor. Están formados por un estigma pegajoso, un tubo delgado llamado estilo y, en la base, una estructura hueca llamada ....

Los .... son las partes pequeñas de una flor que son similares a una hoja. Protegen la flor en desarrollo.

Las partes de una flor y sus funciones

Imagen 6 Las flores contienen las estructuras reproductoras de las angiospermas. Completa el diagrama con las palabras que faltan.

Relacionar estructura y función ¿Cuál es el propósito de los pétalos de una flor? ¿Por qué es importante su función?

....
....
....
....
....
....

HANDS-ON LAB

uInvestigate Demuestra cómo las estructuras de las flores se relacionan con la reproducción exitosa.

Las angiospermas Las angiospermas comparten dos características importantes. Todas producen flores y frutos que contienen semillas. El ciclo de vida de la angiosperma comienza cuando se forma el polen en las anteras de la flor. Estas estructuras se encuentran al final de los estambres, que son la estructura reproductora masculina. La estructura reproductora femenina es el pistilo y tiene tres partes: el estigma, el estilo y el ovario. Cuando cae polen en el estigma, puede ocurrir la polinización, que a su vez puede conducir a la fertilización.

Algunas angiospermas son polinizadas por el viento, pero la mayoría dependen de animales llamados polinizadores, como las abejas y los colibríes. Cuando un organismo ingresa a una flor para obtener alimento, se cubre de polen. Parte de ese polen puede caer en el estigma de la flor cuando el animal se va. El polen también puede caer en el estigma de la siguiente flor que el animal visita. Si el polen cae en el estigma de una planta similar, puede ocurrir la fertilización. Un espermatozoide se une con una célula que está dentro del óvulo que hay en el ovario, ubicado en la base de la flor. Luego, el cigoto comienza a convertirse en el embrión de la semilla. Otras partes del óvulo se convierten en el resto de la semilla.

Hay estructuras adicionales que ayudan a una planta floral a reproducirse con éxito. Los pétalos, coloridos y generalmente con un agradable aroma, rodean los órganos reproductores de la planta y atraen a los polinizadores. Los sépalos verdes protegen la flor que está creciendo. La flor es lo que desarrolla el **fruto**, es decir, el ovario maduro y otras estructuras de una angiosperma que encierran una o más semillas.

156 La reproducción y el crecimiento

La dispersión de las semillas Los frutos son el medio por el cual las semillas de una angiosperma se **dispersan**. Por lo general, el aroma y el color del fruto atraen animales hacia la planta. Los animales comen el fruto y luego las semillas del fruto pasan por el sistema digestivo del animal. Cuando el animal se mueve, las semillas se depositan en diferentes áreas del excremento del animal, es decir, sus desechos. Estos desechos tienen el beneficio agregado de proporcionar nutrientes y humedad a la semilla.

En otros casos, las semillas se dispersan al caer al agua o si se las lleva el viento. Las semillas con púas se adhieren al pelaje o la ropa y así se transportan. Otras son eyectadas por las vainas de semillas y se desparraman en diferentes direcciones. Las semillas que se dispersan lejos de la planta reproductora tienen más posibilidades de sobrevivir. La distancia evita que la nueva planta tenga que competir con la planta reproductora para obtener luz, agua y nutrientes. Cuando una semilla cae en un lugar donde las condiciones son apropiadas, puede ocurrir la germinación. La **germinación** sucede cuando el embrión brota de la semilla.

REVISAR LA LECTURA **Citar evidencia textual** ¿Cómo te ayudan los ejemplos del texto sobre la dispersión de las semillas a entender el papel de la dispersión de las semillas en la reproducción de las plantas?

....

....

....

Vocabulario académico
Usa la palabra *dispersó* en una oración con otro contexto que no sea el de semillas y plantas.

....

....

....

....

INTERACTIVITY
Explora la relación entre las plantas y los polinizadores.

¡Represéntalo!

De la flor al fruto
Las partes masculinas y femeninas de una flor hacen posible la reproducción. Contienen estructuras que forman el óvulo y el esperma que se unirán para crear el cigoto.

Usar un modelo Dibuja una secuencia de imágenes que muestre los pasos necesarios para que una planta floral se reproduzca y forme una nueva plántula.

☑ LECCIÓN 2: Revisión

MS-LS1-4

1. **Definir** ¿Qué es un fruto?

2. **Sacar conclusiones** ¿Por qué las flores tienen pétalos con colores brillantes y aromas atractivos?

3. **Determinar diferencias** ¿En qué se diferencia la dispersión de las semillas en las angiospermas de la dispersión de las semillas en las gimnospermas?

4. **Comparar y contrastar** ¿En qué se parecen la reproducción sexual y la reproducción asexual de las plantas? ¿En qué se diferencian?

5. **Explicar** Comenta cómo se producen y dispersan las semillas en las gimnospermas.

Misión CONTROL

En esta lección, aprendiste acerca de las estructuras de las plantas que favorecen la reproducción exitosa.

Aplicar conceptos ¿En qué ayudaría el saber cómo se reproducen las plantas locales para la planificación y el diseño de la cancha de básquetbol?

INTERACTIVITY

Protect the Plants

Conéctate en línea para evaluar el impacto del proyecto de construcción sobre las plantas.

158 La reproducción y el crecimiento

tú, Ingeniero — Diseño sustentable — STEM

littleBits™

MS-LS1-4

Jardinería en el espacio

VIDEO
Aprende más acerca del cultivo de plantas en el espacio.

¿Sabes cómo cultivar plantas en el espacio? ¡Tú eres el ingeniero o la ingeniera! Los ingenieros y astronautas de la NASA nos muestran cómo.

El reto: Cultivar plantas en viajes espaciales largos.

Fenómeno Las misiones espaciales del futuro tardarán meses, años, y con el tiempo múltiples vidas en llegar a sus destinos lejanos. Estas misiones dependerán del cultivo de plantas en el espacio como fuente de alimento para los astronautas, un método para reciclar dióxido de carbono y convertirlo en oxígeno respirable, y potencialmente como parte del proceso que recicla, filtra y purifica el agua.

Las estructuras de las plantas y sus funciones están adaptadas a la vida en la Tierra. Las hojas crecen en dirección a la luz solar y las raíces crecen hacia abajo, debido a la gravedad. En el espacio, sin luz solar y con muy poca gravedad, las plantas no crecen fácilmente. Como el agua flota sin gravedad, regar las plantas tampoco es fácil. Los astronautas cultivan algunas plantas directamente dentro del agua. Otras plantas crecen en un material esponjoso parecido a la arcilla que permite que el agua llegue a todas las raíces.

Los ingenieros de la NASA diseñaron unas cámaras de cultivo de plantas que se usaron en la Estación Espacial Internacional (ISS por sus siglas en inglés) para investigar los efectos del espacio en el crecimiento de las plantas. Los sistemas usan luces de LED y tienen múltiples sensores que registran datos de temperatura, humedad y niveles de oxígeno.

Esta no es una foto tomada desde arriba. ¡Estas plantas crecen hacia el costado!

El sistema Veggie se instaló en 2014. Permite que los astronautas cultiven su propio alimento a bordo de la ISS.

RETO DE DISEÑO ¿Puedes diseñar y construir un modelo de cámara de cultivo lunar para plantas? ¡Ve al Cuaderno de diseño de ingeniería para averiguarlo!

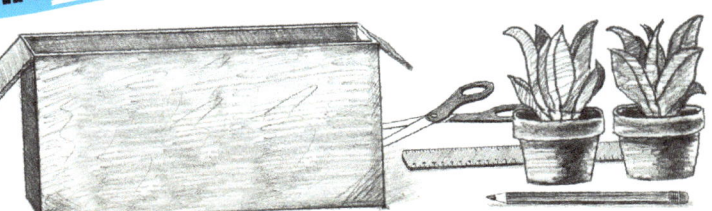

LECCIÓN

3 El comportamiento reproductivo de los animales

Preguntas guía
- ¿Por qué los animales se comportan de determinadas maneras?
- ¿Cuáles son algunas de las maneras en que los animales se reproducen?
- ¿Cómo puede el comportamiento de los animales aumentar las posibilidades de reproducción?

Vocabulario
comportamiento
instinto
sistema de apareamiento
feromona
migración

Vocabulario académico
típicamente

VOCABULARY APP

Practica el vocabulario en un aparato móvil.

Conexiones
Lectura Resumir el texto
Matemáticas Hacer inferencias comparativas

MS-LS1-4

Misión CONEXIÓN
Piensa en cómo la construcción de tu cancha de básquetbol podría tener un impacto sobre las zonas de reproducción de los animales.

¡Conéctalo!

✏️ Encierra en un círculo el miembro más vulnerable de la manada de elefantes.

Hacer observaciones ¿Qué observas en cuanto al lugar donde están los elefantes jóvenes en relación con los elefantes mayores?
....
....

Elaborar explicaciones ¿Por qué crees que los elefantes viajan así?
....
....

160 La reproducción y el crecimiento

El comportamiento de los animales

¿Alguna vez notaste lo ocupados que están los animales? La mayoría está constantemente buscando alimento o tratando de evitar a otros animales que los ven como alimento. Además, muchos también pasan mucho tiempo buscando pareja y cuidando a sus crías. Todas estas acciones son ejemplos del comportamiento de los animales. La manera en la que un organismo reacciona frente a un cambio en sus condiciones internas o en su medio ambiente externo se denomina **comportamiento**. Al igual que las estructuras del cuerpo, el comportamiento de los animales es una adaptación que evolucionó a lo largo de muchísimo tiempo.

Algunos comportamientos se aprenden mientras que otros se saben sin que se los enseñen. Un **instinto** es una respuesta innata a un estímulo y que un animal ejecuta correctamente en el primer intento. Por ejemplo, cuando nacen las tortugas de mar, saben por instinto que deben ir al océano. Otros comportamientos son aprendidos. Aprender es el proceso que conduce a cambios de comportamiento basados en la práctica o la experiencia.

El objetivo de la mayoría de los comportamientos de los animales consiste en ayudarlos a sobrevivir o reproducirse (**Imagen 1**). Cuando un animal busca alimento o se esconde de un depredador, está haciendo algo que le permite seguir vivo. Cuando los animales buscan pareja y construyen nidos para sus crías, se están comportando de una manera que les permite reproducirse.

HANDS-ON LAB

Considera cómo los animales se pueden comunicar sin palabras.

El comportamiento de los elefantes

Imagen 1 Los elefantes adultos se quedan cerca del bebé para protegerlo. Muchos animales arriesgan instintivamente su propia seguridad para proteger a los más jóvenes del peligro.

> **INTERACTIVITY**
>
> Averigua más acerca del comportamiento de los animales.

Conexión con la lectura

Resumir el texto Después de leer cada sección del texto, haz un breve resumen de las ideas clave de esa sección para un miembro de tu familia o un compañero, o haz una grabación de audio para ti mismo. Más tarde, escucha la grabación o reprodúcela para que otro la escuche. Clarifica las ideas que puedan ser confusas.

Comportamientos de apareamiento

Cuando los animales se aparean, un animal macho fertiliza los óvulos del animal hembra con sus espermatozoides. El óvulo fertilizado se convierte, con el tiempo, en un nuevo organismo. Este proceso contribuye en gran parte a asegurar la supervivencia continua de las especies. Los científicos creen que el impulso de reproducción de los animales evolucionó con el paso del tiempo para asegurar el éxito de las especies y de sus propios genes individuales.

Los patrones de comportamiento relacionados con la manera en que los animales se reproducen se llaman ==sistemas de apareamiento== y varían de una especie a otra. Algunas especies son monógamas. Eso significa que solo se aparean con un solo organismo durante un período determinado, que puede durar desde una temporada hasta toda su vida. En otras especies, como los babuinos, el macho tiene múltiples hembras a la vez. Hay otras especies en las que la hembra tiene múltiples machos. Las abejas usan este sistema de apareamiento. Incluso en otras especies, tanto los machos como las hembras tienen múltiples parejas durante un período de sus vidas. Los científicos creen que los diferentes sistemas de apareamiento evolucionaron con el tiempo para satisfacer las necesidades de cada especie en particular.

¡Represéntalo!

Los términos que se definen a continuación se usan para describir los diferentes sistemas de apareamiento que se observan en las especies animales.

monogamia: una hembra se aparea con un macho
poliginia: un macho se aparea con múltiples hembras
poliandria: una hembra se aparea con múltiples machos
poliginandria: las hembras se aparean con múltiples machos y los machos se aparean con múltiples hembras

Desarrollar modelos ✏ Usa la información anterior y los símbolos de macho y hembra, que se muestran a la derecha, para representar los cuatro sistemas de apareamiento en el espacio de abajo. La monogamia ya está representada.

Hembra   Macho

♂—♀

Monogamia

162 La reproducción y el crecimiento

El comportamiento de cortejo

Imagen 2 Este pavo real macho muestra su intrincado plumaje para atraer hembras con las que espera aparearse.

Predecir ¿Cómo crees que las plumas del pavo real lo ayudan a atraer parejas?

....
....
....
....
....
....
....

Imagina una morsa macho nadando en el agua congelada y emitiendo una serie de silbidos y repiqueteos. Un grupo de hembras mira desde un bloque de hielo flotante. Una de ellas se une al macho en el agua y se sumergen juntos en un ritual parecido a un baile. Este comportamiento de cortejo es una actividad que prepara para el apareamiento a los machos y las hembras de una misma especie. Estos comportamientos son maneras que los animales tienen de llamar la atención de potenciales parejas.

Comunicación Los animales se comunican de muchas maneras, con sonidos, aromas y movimientos corporales. Por lo general, el objetivo de la comunicación es la reproducción.

Una manera de comunicarse que tienen los animales es el sonido. Probablemente hayas oído cantar a los pájaros afuera. Los pájaros cantan por muchas razones, pero una de las razones por las que cantan es para atraer parejas. Muchos animales también usan aromas químicos para enviar mensajes. El tipo de sustancia química que produce un animal y que afecta el comportamiento de otro animal de la misma especie se denomina **feromona**. En muchas especies de polillas, por ejemplo, las hembras liberan en el aire una feromona que es señal para los machos de que están listas para aparearse.

Competencia Los animales compiten por recursos, como el alimento y el agua. También compiten por conseguir una pareja, lo cual puede manifestarse con agresión. La agresión es un comportamiento amenazador que un animal usa para intimidar o controlar a otro. Otro comportamiento competitivo que se suele observar en los animales consiste en establecer y mantener un territorio. Un territorio es un área ocupada y defendida por un animal o grupo de animales. Un animal que defiende su territorio ahuyentará a otros animales que puedan competir con él por una pareja.

Reflexiona Mientras aprendes acerca del comportamiento animal relacionado con la reproducción, observa durante un tiempo a los animales que se encuentran cerca de tu vecindario y tu escuela. Escribe tus notas y observaciones en tu cuaderno de ciencias. Explica qué tipo de comportamiento crees que estás observando y por qué.

Estrategias reproductivas

Diferentes especies animales tienen diferentes maneras de cuidar a sus crías. Algunas especies no tienen contacto alguno con sus crías, mientras que otras pasan muchos años cuidándolas. Por ejemplo, la mayoría de las larvas anfibias, es decir, los renacuajos, se convierten en adultos sin ayuda parental. De manera similar, las crías de la mayoría de los reptiles, como las serpientes, son independientes desde el momento en que salen del huevo. Las crías que no reciben cuidado parental deben poder cuidarse a sí mismas desde el momento en que nacen. Por lo general, los animales que no cuidan a sus crías liberan muchos huevos a la vez. Aunque muchos no sobreviven, la enorme cantidad de crías potenciales asegura que al menos algunas sobrevivirán.

La inversión parental

Las crías de la mayoría de las aves y de todos los mamíferos están **típicamente** desde semanas hasta años bajo el cuidado y la protección parental. La mayoría de las especies de aves ponen los huevos en nidos construidos por uno de los progenitores o ambos. Luego, uno o ambos progenitores se sientan sobre los huevos para mantenerlos abrigados hasta que nacen las crías. Después de nacer, uno o ambos progenitores alimentan y protegen a las crías hasta que estas pueden cuidarse a sí mismas. Las crías de mamíferos, como el bebé chimpancé de la **Imagen 3**, suelen estar bastante indefensos durante mucho tiempo después de nacer. Después de nacer, los mamíferos se alimentan con leche del cuerpo de la madre. Uno o ambos progenitores puede continuar con el cuidado de las crías hasta que estas se vuelven independientes. Típicamente, los animales que proveen cuidado parental solo tienen pocas crías por vez. Algunos solo tienen una. Los científicos creen que estos animales se esfuerzan más por cuidar a sus crías porque tienen menos crías o ninguna cría para ocupar su lugar.

Vocabulario académico
¿Cuáles son algunos sinónimos, es decir, palabras o frases con significado similar, del término *típicamente*?

....
....
....

Comportamiento parental
Imagen 3 Esta chimpancé hembra lleva a su bebé sobre la espalda hasta que tiene edad suficiente para cuidarse solo.

Distinguir relaciones
¿Cuáles son las ventajas y desventajas del comportamiento de esta mamá chimpancé?

Matemáticas · Herramientas

Curvas de supervivencia

Para mostrar cómo cambia la probabilidad de muerte con la edad para diferentes especies, los científicos usan unas gráficas llamadas curvas de supervivencia. En una curva de supervivencia de tipo I, los individuos tienen altas probabilidades de vivir una vida completa. En una curva de supervivencia de tipo III, los individuos tienen altas probabilidades de morir jóvenes. En una curva de supervivencia de tipo II, las probabilidades de morir permanecen constantes.

Hacer inferencias comparativas ¿Qué puedes inferir acerca del papel que juega el cuidado parental para las tres especies representadas en la gráfica?

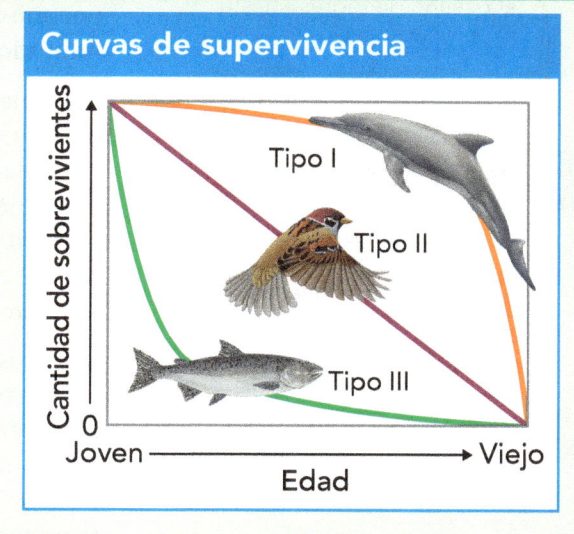

....
....
....
....
....

Curvas de supervivencia

Estrategias de fertilización Para los animales que se reproducen sexualmente, un nuevo organismo comienza cuando un espermatozoide y un óvulo se unen en el proceso de fertilización. La fertilización puede ocurrir de dos maneras: externa o interna. La **fertilización externa** ocurre cuando los óvulos son fertilizados fuera del cuerpo de la hembra; la **fertilización interna** ocurre cuando los óvulos son fertilizados dentro del cuerpo de la hembra.

Los peces machos de la **Imagen 4** están fertilizando los huevos de las hembras al liberar su esperma dentro de una nube de óvulos que acaba de liberar la hembra. Los óvulos fertilizados se desarrollarán fuera del cuerpo de la hembra. No todos los óvulos serán fertilizados, pero la gran cantidad de crías potenciales significa que muchos sí.

Cuando la fertilización ocurre internamente, el animal macho libera el esperma directamente dentro del cuerpo de la hembra, donde están los óvulos. Los óvulos fertilizados pueden desarrollarse dentro o fuera del cuerpo de la madre. Muchos animales, como las aves y los reptiles, ponen huevos dentro de los que se desarrollan las crías hasta que nacen. Para otros, incluidos los mamíferos, las crías se desarrollan dentro del cuerpo de la madre hasta que están listas para nacer.

☑ **REVISAR LA LECTURA Determinar las ideas centrales** ¿En qué se parecen y en qué se diferencian la fertilización interna y la externa?

....
....
....

La fertilización externa
Imagen 4 Los peces machos liberan una nube de esperma sobre los óvulos.

Hacer observaciones ¿Qué es lo que hace que la imagen sea un ejemplo de fertilización externa?

....
....

HANDS-ON LAB

uInvestigate Explora cómo migra el salmón desde el océano de regreso hasta el río donde nació.

INTERACTIVITY

Considera el impacto de la contaminación lumínica sobre el comportamiento de apareamiento de los animales.

La cooperación En algunos casos, los animales aumentan sus probabilidades de sobrevivir y reproducirse cuando viven y trabajan juntos. Por ejemplo, algunos peces forman cardúmenes y algunos insectos viven en grupos grandes. Los mamíferos con pezuñas, como los bisontes y los caballos salvajes, suelen formar manadas. Vivir en grupo ayuda a estos animales a seguir vivos.

Un beneficio de vivir en grupos grandes es que es una manera efectiva de proteger a los animales jóvenes de los depredadores. Los elefantes como los de la **Imagen 1** protegen a las crías del grupo formando un círculo defensivo alrededor de ellas. Al trabajar en conjunto, una hembra adulta ayuda a proteger a las crías de las otras hembras. A su vez, los otros miembros del grupo protegen a sus crías también.

Otras especies de animales que viven en grupo pueden asumir responsabilidades parentales hacia animales que no son sus crías (**Imagen 5**). Por ejemplo, hay abejas obreras en las colmenas cuya única función es la de proveer alimento y protección a las larvas de abejas. Pueden no ser los progenitores de esas crías, pero aun así trabajan arduamente para cuidar a los jóvenes de la colmena.

REVISAR LA LECTURA **Resumir el texto** ¿Cómo ayuda la cooperación a los animales que tienen crías?

....
....
....
....

Trabajar en conjunto

Imagen 5 Las orcas viven en grupo. Todos los miembros adultos del grupo cuidan las crías. De manera similar, algunas arañas viven en un nido y trabajan juntas para criar a las arañas jóvenes.

Integrar información

¿Cuál es el beneficio de la responsabilidad compartida al cuidar crías? Explica tu respuesta.

....
....
....
....
....
....
....

166 La reproducción y el crecimiento

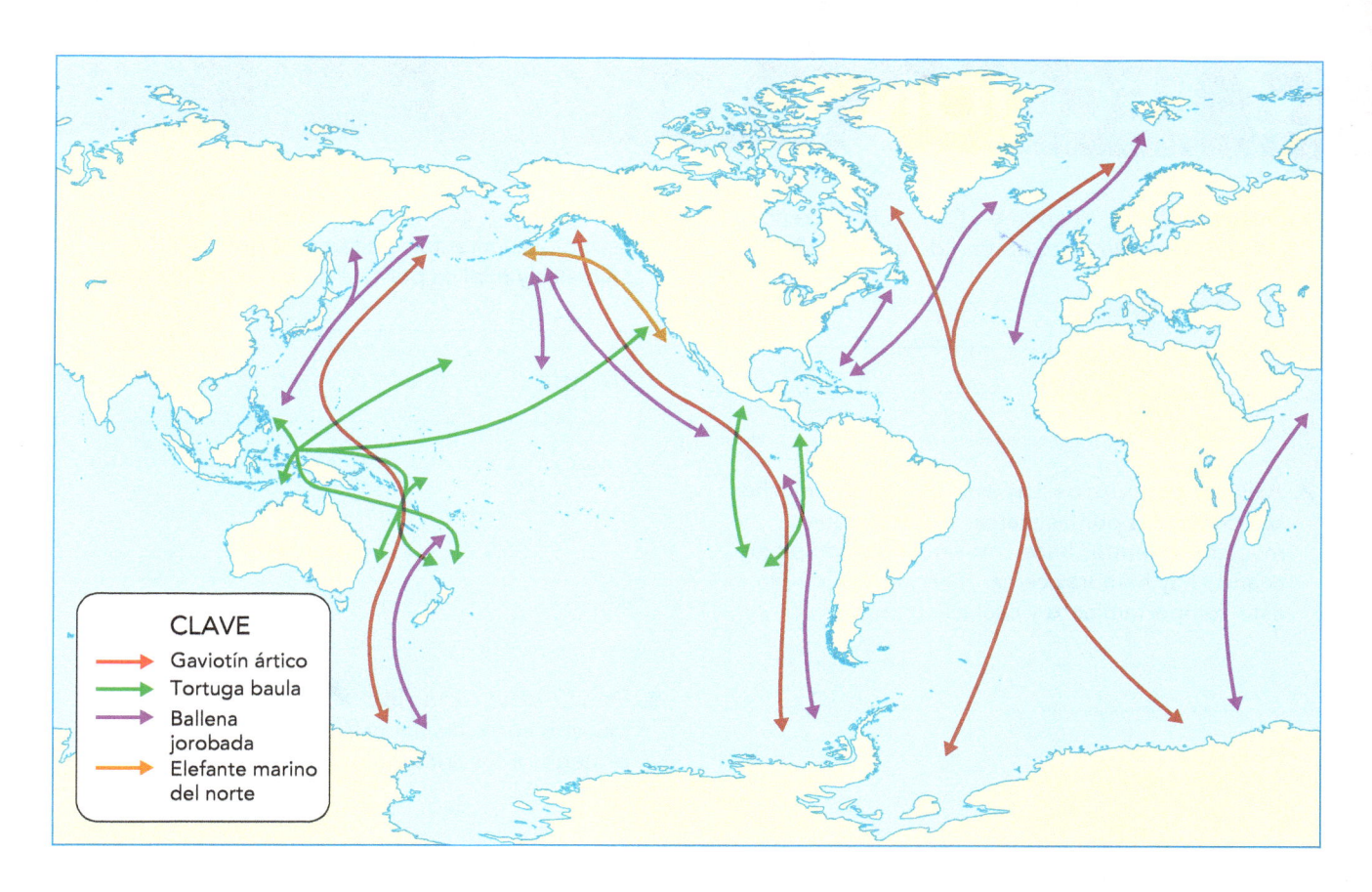

CLAVE
- Gaviotín ártico
- Tortuga baula
- Ballena jorobada
- Elefante marino del norte

El comportamiento migratorio

Muchos animales pasan toda su vida dentro un área relativamente pequeña. Sin embargo, hay muchos otros que migran. La **migración** es el viaje estacional y regular, de ida y vuelta, que hace un animal de un lugar a otro. Los animales migran por diferentes razones. Algunos migran hacia un área que provee mucho alimento u ofrece un clima más agradable durante una estación rigurosa. Otros, como los animales cuyas rutas migratorias se muestran en la **Imagen 6**, migran hacia un medio ambiente más adecuado para la reproducción. En algunos casos, grandes grupos de animales de la misma especie se reúnen en el mismo lugar al mismo tiempo para poder aparearse. También pueden quedarse en ese lugar para comenzar el proceso de cría de su descendencia. Al migrar todos los años, estos animales aumentan sus probabilidades de encontrar pareja y producir descendencia en condiciones que serán favorables para su supervivencia.

El comportamiento animal relacionado con el apareamiento y la cría de la descendencia suele estar relacionado con los ciclos de la Tierra. Los osos polares, por ejemplo, se aparean en la primavera y dan a luz en el invierno. Otros animales se reproducen con mayor o menor frecuencia, pero casi todos siguen algún ciclo predecible. Al seguir estos patrones se aseguran de que las crías nazcan cuando tengan las mejores probabilidades de supervivencia.

Las rutas migratorias

Imagen 6 Muchos animales viajan miles de millas todos los años para aparearse y criar descendencia.

Usar modelos Una amiga atravesó los Estados Unidos en carro desde la costa oeste hasta la costa este. En el mapa, dibuja una flecha que muestre el viaje. ¿Cómo se compara el viaje de tu amiga con los viajes de los animales representados en el mapa?

....
....
....
....

☑ LECCIÓN 3: Revisión

MS-LS-4

1. **Determinar diferencias** ¿Cuál es la diferencia entre comportamiento aprendido e instinto?

   ....
   ....
   ....
   ....

2. **Aplicar conceptos** Las aves del paraíso machos son conocidas por las marcas brillantes que muestran mientras hacen movimientos complejos cuando hay hembras cerca. ¿De qué es ejemplo este comportamiento y cuál es el propósito?

   ....
   ....
   ....
   ....

3. **Explicar fenómenos** Describe cómo los animales usan las feromonas para atraer potenciales parejas.

   ....
   ....
   ....
   ....
   ....

4. **Comparar y contrastar** Describe dos estrategias parentales diferentes que usan los animales y explica por qué ambas son efectivas.

   ....
   ....
   ....
   ....
   ....
   ....
   ....
   ....

5. **Desarrollar modelos** 🖊 Haz un dibujo que muestre cómo los animales que cooperan pueden proteger a sus crías de los depredadores.

Misión CONTROL

En esta lección, aprendiste cómo el comportamiento de los animales puede ayudarlos a encontrar pareja. También aprendiste cómo el comportamiento parental puede afectar las probabilidades de supervivencia de las crías.

Explicar fenómenos Considera las diferentes maneras en que un ave macho puede atraer a una hembra. Supón que el ave macho pertenece a una especie que no despliega plumas coloridas como lo hace el pavo real. ¿Qué tipos de comportamiento podría usar el ave macho para atraer a las hembras?

....
....
....

👆 INTERACTIVITY

The Mating Game

Conéctate en línea para explorar diferentes técnicas y comportamientos que aplican los animales para aumentar sus probabilidades de éxito en la reproducción.

168 La reproducción y el crecimiento

CIENCIA EXTRAORDINARIA

MS-LS1-4

Aves artistas

En comparación con otras aves machos, el ave de emparrado no es muy atractiva. No tiene las plumas brillantes del cardenal ni el plumaje elegante del pavo real. Sin embargo, lo que al ave de emparrado le falta de color, lo compensa con destrezas de ingeniería y decoración.

El ave de emparrado despliega uno de los comportamientos de cortejo más complejos observados en aves. Para atraer una pareja, el macho construye una elaborada estructura de ramas, llamada emparrado. Una vez que completa el emparrado, el macho junta flores coloridas y bayas para decorarlo. Los machos compiten para construir el emparrado más espléndido y reunir las colecciones más hermosas con la esperanza de impresionar a las hembras.

Cuando una hembra viene a inspeccionar el emparrado y la colección, el macho canta y se pavonea dentro del emparrado. Si a la hembra le agradan las destrezas decorativas del macho, se aparean. La hembra luego se va a construir otro nido y cuidar a las crías sola.

MI DESCUBRIMIENTO

¿Qué otras especies animales despliegan un comportamiento extraordinario para el cortejo? Investiga para descubrir más.

Los machos de ave de emparrado pasan años haciendo sus emparrados.

El ave de emparrado vive en la isla de Nueva Guinea, en el océano Pacífico.

LECCIÓN 4
Factores que influyen en el crecimiento

Preguntas guía
- ¿Cómo influyen los factores ambientales y genéticos en el crecimiento de un organismo?
- ¿Qué estimula el crecimiento de las plantas?
- ¿Qué factores controlan el crecimiento de las plantas y los animales?

Conexiones
Lectura Analizar la estructura del texto

Matemáticas Representar relaciones cuantitativas

MS-LS1-5

Vocabulario
hormona
auxina
tropismo
fotoperiodicidad
latencia
metamorfosis

Vocabulario académico
estímulos
esencial

VOCABULARY APP
Practica el vocabulario en un aparato móvil.

Misión CONEXIÓN
Practica cómo comunicar tu presentación de los planes de construcción al consejo escolar.

¡Conéctalo!

Las enredaderas son plantas que pueden usar otras estructuras, como los árboles, para sostenerse. Encierra en un círculo la enredadera de la imagen y dibuja una flecha que muestre la dirección de su crecimiento.

Analizar propiedades ¿Cómo crees que la enredadera pudo trepar por el árbol?

....

....

Elaborar explicaciones ¿Por qué crees que la enredadera usó el árbol para crecer?

....

....

El crecimiento y el desarrollo de los organismos

Los seres vivos de la Tierra crecen y se desarrollan desde el comienzo de sus vidas. Sin embargo, la manera de crecer y desarrollarse, así como el tamaño que alcanzan, varían de una especie a otra.

Varios factores influyen en cómo crecen los organismos. Algunos de estos factores están determinados por sus características genéticas y son parte de su ciclo de vida normal. Otros factores ocurren fuera del organismo y pueden estar relacionados con el acceso a los recursos necesarios, las condiciones del medio ambiente y las repuestas a otros **estímulos**.

Para aumentar las probabilidades de supervivencia, las plantas y los animales fueron cambiando con el tiempo. Estos cambios son el resultado de adaptarse a los estímulos del medio ambiente. Las enredaderas evolucionaron para crecer alrededor de árboles más grandes y otras estructuras para poder acceder a la luz solar y ganar espacio para crecer más.

INTERACTIVITY

Explora las condiciones que requieren los seres vivos para crecer y desarrollarse.

Vocabulario académico

Por lo general, los perros ladran cuando alguien hace sonar el timbre o golpea a la puerta. ¿Cuáles son los estímulos en esta situación?

....
....
....

El crecimiento de las plantas
Imagen 1 Estas enredaderas evolucionaron y se adaptaron a crecer hacia arriba y alrededor de otros árboles.

HANDS-ON LAB

uInvestigate Observa cómo los factores ambientales como la contaminación afectan el crecimiento de las plantas.

El crecimiento y las respuestas de las plantas

Si alguna vez plantaste un jardín, probablemente viste cómo las plantas crecen con el tiempo. Al igual que en todos los seres vivos, el crecimiento de las plantas está controlado por respuestas a estímulos. En el caso de las plantas, estas respuestas están controladas por **hormonas**, sustancias químicas que afectan el crecimiento y el desarrollo. Una hormona importante de las plantas es la **auxina**. Esta acelera el ritmo de crecimiento de las células vegetales y controla la respuesta de las plantas a la luz.

Los tropismos
En los animales, una respuesta típica a un estímulo consiste en acercarse o alejarse de él. Sin embargo, las plantas no pueden moverse igual que los animales, por eso suelen responder creciendo en dirección al estímulo o en dirección opuesta. La respuesta de crecimiento de una planta acercándose o alejándose del estímulo se llama **tropismo**. El tacto, la gravedad y la luz son tres estímulos que provocan los tropismos en las plantas.

Los tallos de algunas plantas, como las enredaderas de la **Imagen 1**, muestran una respuesta al tacto llamada tigmotropismo. A medida que la enredadera crece, se enrosca alrededor de todo objeto que toca. Este es un ejemplo de tigmotropismo positivo, porque la enredadera crece acercándose al estímulo. Las plantas también saben en qué dirección crecer, porque responden a la gravedad. Esta respuesta se llama gravitropismo. Las raíces muestran gravitropismo positivo si crecen hacia abajo. Por el contrario, los tallos muestran gravitropismo negativo (**Imagen 2**). La respuesta de las plantas a la luz se llama fototropismo. Hojas, tallos y flores crecen en dirección a la luz.

Cómo responden las plantas
Imagen 2 Las plantas responden de diferentes maneras a los estímulos del medio ambiente.

Gravitropismo negativo
Los tallos de las plantas responden al estímulo de la gravedad creciendo hacia arriba, en dirección opuesta a la gravedad.

Fototropismo positivo
Cuando los tallos y las hojas crecen en dirección a la fuente de luz, muestran fototropismo positivo.

Patrones ✏️ Dibuja un círculo en el lugar de la imagen de arriba donde estaría el Sol.

172 La reproducción y el crecimiento

Cambios estacionales Dependiendo de dónde vivas, habrás notado que las flores florecen en la primavera y las hojas de los árboles cambian de color en el otoño. La causa de estos cambios son las condiciones cambiantes causadas por las estaciones.

Para muchas plantas, la cantidad de oscuridad que experimentan determina cuándo florecen. La respuesta de la planta a los cambios estacionales en la duración de la noche y el día se denomina ==fotoperiodicidad==. Como se muestra en la **Imagen 2**, las plantas responden de manera diferente a la duración de las noches. Otras plantas no se ven afectadas en absoluto por la duración del día y la noche.

¿Alguna vez te preguntaste por qué algunos árboles pierden sus hojas en el otoño? A medida que se acerca el invierno, muchas plantas se preparan para entrar en un estado de ==latencia==. La latencia es el período de tiempo durante el cual se detiene el crecimiento o la actividad de un organismo. La latencia permite que las plantas sobrevivan en temperaturas muy bajas y frente a la falta de agua líquida. En muchos árboles, el primer cambio visible es que las hojas comienzan a cambiar de color. El clima más fresco y los días más cortos hacen que las hojas dejen de producir clorofila. A medida que la clorofila se descompone, los pigmentos amarillos y anaranjados se hacen visibles. El resultado de esto son los colores brillantes de las hojas en el otoño, como las que se muestran en la **Imagen 2**. Durante las semanas siguientes, el azúcar y el agua salen de las hojas del árbol. Cuando las hojas caen al suelo, el árbol está listo para el invierno.

Conexión con la lectura

Analizar la estructura del texto

La estructura de un texto describe cómo está organizado el texto. Los encabezados de sección te pueden dar indicios de cómo está organizado el texto. ¿Qué observas acerca de la estructura del texto de esta página?

....
....
....
....
....
....
....
....

Fotoperiodicidad Los lirios, a la izquierda, florecen cuando los días se alargan y las noches se acortan. Los crisantemos, arriba, florecen cuando la duración del día y de la noche alcanza una relación determinada.

Latencia Algunas especies de árboles entran en estado de latencia todos los inviernos.

Analizar beneficios ¿Por qué crees que algunos árboles evolucionaron para entrar en estado de latencia durante los meses de invierno?

....
....
....

Enfermedades de las plantas

Imagen 3 Los insectos, los gusanos y otras pestes pueden causar enfermedades en las plantas y tener un impacto en su crecimiento.

Hacer observaciones
Encierra en un círculo las partes enfermas de la planta.

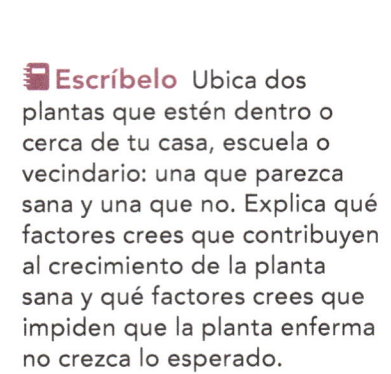

📕 Escríbelo Ubica dos plantas que estén dentro o cerca de tu casa, escuela o vecindario: una que parezca sana y una que no. Explica qué factores crees que contribuyen al crecimiento de la planta sana y qué factores crees que impiden que la planta enferma no crezca lo esperado.

Las condiciones ambientales En condiciones ideales, una planta alcanza un tamaño máximo determinado que es normal para su especie. Sin embargo, en algunos casos, las plantas no obtienen la cantidad suficiente de un recurso que necesitan y, por tanto, no crecen tanto como lo harían normalmente. La falta de luz, por ejemplo, puede impedir que una planta alcance su tamaño máximo o puede debilitar su estructura.

Para crecer, además de la luz solar, las plantas necesitan agua y un suelo rico en nutrientes. El suelo contiene los nutrientes que una planta necesita para llevar a cabo sus procesos vitales. Un suelo con pocos nutrientes puede ser el resultado de un área con superpoblación de plantas. La competencia por los nutrientes del suelo puede significar que pocas plantas recibirán los nutrientes que necesitan. De manera similar, si una planta no recibe suficiente agua, no crece hasta llegar a un tamaño saludable. Las enfermedades como la que se ve en la **Imagen 3** también pueden tener un impacto en el crecimiento de una planta.

¡Planéalo!

Las necesidades de agua y el crecimiento de las plantas

Planear la investigación 🖊 Quieres averiguar cómo la cantidad de agua que das a las plantas afecta su crecimiento. A continuación, describe un plan para una investigación que te ayude a responder a esta pregunta.

....
....
....
....
....
....
....

La reproducción y el crecimiento

El crecimiento de los animales

Al igual que las plantas, los animales comienzan a crecer y desarrollarse desde el comienzo de sus vidas. Su crecimiento, así como el de las plantas, se ve afectado tanto por estímulos externos como internos, a los cuales responden constantemente.

El desarrollo del embrión
Después de la fertilización, la descendencia de los animales se desarrolla de diferentes maneras. Las crías en crecimiento, los embriones, pueden desarrollarse fuera o dentro del cuerpo de la madre.

Una manera de desarrollarse que tienen los embriones es dentro de un huevo que se pone fuera del cuerpo del progenitor. La mayoría de los invertebrados ponen huevos. Muchos peces, reptiles y aves, también. Los contenidos del huevo proveen los nutrientes que necesita el embrión en desarrollo. Los huevos de los vertebrados terrestres, como los reptiles y las aves, se llaman huevos amnióticos. Cuando están dentro del cuerpo del progenitor, los huevos amnióticos se cubren con membranas y una cáscara dura.

En otros casos, el embrión se desarrolla dentro de un huevo que se mantiene, es decir, se retiene dentro del cuerpo del progenitor. El embrión en desarrollo recibe sus nutrientes de la yema del huevo, al igual que las crías de los animales que ponen huevos. El huevo se rompe antes o después de ser liberado del cuerpo del progenitor. Este tipo de desarrollo se encuentra en algunas especies de peces, anfibios y reptiles.

En los mamíferos placentarios, entre los que están los elefantes, los lobos y los seres humanos, el embrión se desarrolla dentro del cuerpo de la madre. La madre provee al embrión todo lo que necesita para su desarrollo. Como se muestra en la **Imagen 4**, los nutrientes y gases **esenciales** se intercambian entre el embrión y la madre a través de un órgano llamado placenta. El embrión se desarrolla dentro del cuerpo de su madre hasta que los sistemas de su cuerpo pueden funcionar por sí mismos.

INTERACTIVITY
Observa cómo crecen y se desarrollan los animales con el paso del tiempo.

INTERACTIVITY
Averigua cómo se crían vacas para que sean cada vez más grandes.

Vocabulario académico
¿Qué significa cuando alguien describe algo como esencial? Usa *esencial* en una oración.

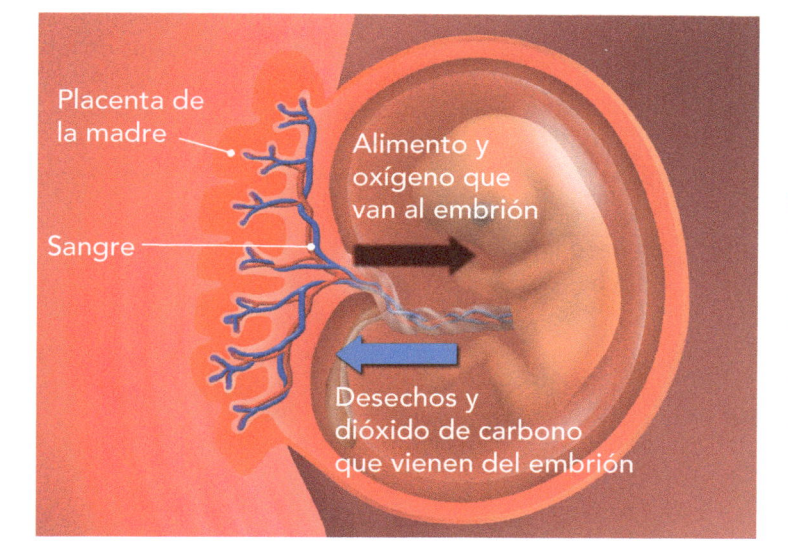

Desarrollo del mamífero placentario
Imagen 4 Los embriones de los mamíferos placentarios se desarrollan dentro del cuerpo de su madre.

Sacar conclusiones ¿Cuáles serían algunas de las ventajas de este tipo de desarrollo embrionario en comparación con el huevo amniótico que se pone fuera del cuerpo de la madre?

- Placenta de la madre
- Sangre
- Alimento y oxígeno que van al embrión
- Desechos y dióxido de carbono que vienen del embrión

Ciclos de vida

Imagen 5 Diferentes animales atraviesan diferentes ciclos de vida. A diferencia de ti, estos dos animales experimentan metamorfosis.

Hacer una secuencia Agrega flechas al diagrama para mostrar en qué orden ocurren estos estados.

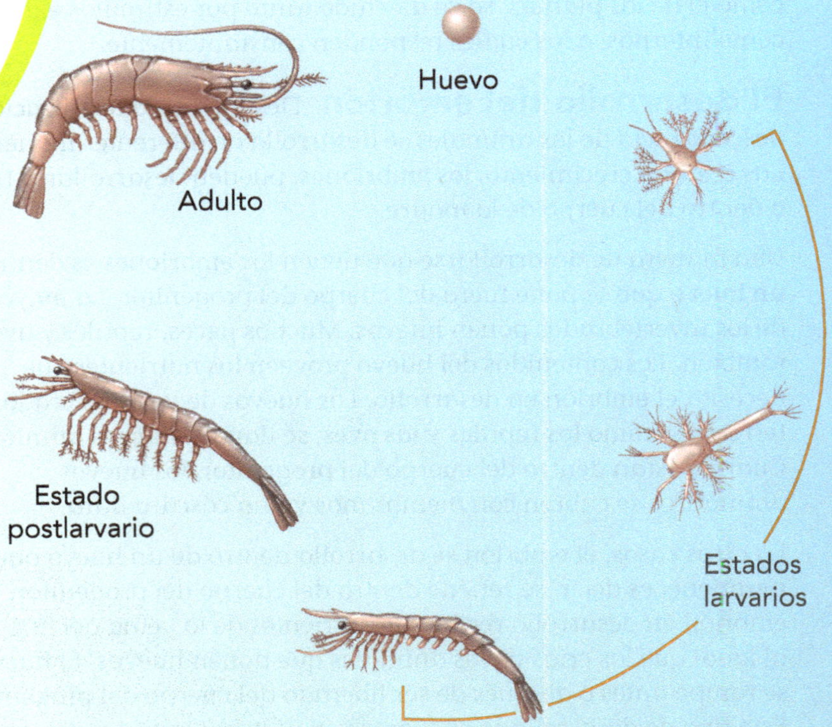

Adulto

Huevo

Estado postlarvario

Estados larvarios

Los cangrejos de río y otros crustáceos, como los cangrejos y los camarones, comienzan su vida como pequeñas larvas que nadan. Los cuerpos de estas larvas no se parecen a los cuerpos de los adultos. Con el tiempo, las larvas de los crustáceos se convierten en adultos.

Las ranas adultas se reproducen sexualmente.

Los huevos son fertilizados fuera del cuerpo de la hembra.

Las ranas comienzan su ciclo de vida como huevos fertilizados en el agua. Después de unos días, salen los renacuajos de los huevos y comienzan a nadar. Con el tiempo, los renacuajos se convierten en ranas adultas.

Se desarrollan las patas delanteras y se absorbe la cola.

Nace un renacuajo del huevo.

Se desarrollan las patas traseras.

176 La reproducción y el crecimiento

Comparar ciclos de vida Desde el momento en que nacen, muchos animales jóvenes, incluidos la mayoría de los vertebrados, parecen versiones pequeñas de los adultos. Otros animales atraviesan un proceso llamado **metamorfosis**, en otras palabras, grandes cambios corporales, a medida que crecen y se convierten en adultos (**Imagen 5**).

Factores externos e internos El crecimiento y el desarrollo de los animales están determinados tanto por factores internos como externos. Los factores internos incluyen características genéticas y hormonales que son parte de los procesos vitales de un organismo. Los factores externos, por otro lado, son las condiciones ambientales sobre las que un animal puede tener control o no.

Condiciones ambientales El acceso a los recursos y la exposición a enfermedades y parásitos también puede afectar el crecimiento y el desarrollo de los animales. Si los animales no reciben la nutrición que necesitan durante el desarrollo o si se enferman, tal vez no alcancen el tamaño normal de un adulto. El espacio es otro recurso que puede afectar el crecimiento de un animal. Por ejemplo, el crecimiento de algunas especies de peces, como el pez dorado de la **Imagen 6**, se ve afectado por el tamaño de la masa de agua donde viven. Si el espacio no es lo suficientemente grande, el animal no alcanzará el tamaño normal de un adulto.

> **INTERACTIVITY**
>
> Elabora una explicación con evidencia de los factores ambientales y genéticos que influyen en el crecimiento de los organismos.

✅ **REVISAR LA LECTURA** **Determinar el significado** ¿En qué se diferencia tu ciclo de vida del de los animales que experimentan metamorfosis?

....

....

....

Imagen 6 Si la pecera del pez dorado es demasiado pequeña, su crecimiento puede verse restringido.

Sacar conclusiones En condiciones ideales, un pez dorado crece hasta medir aproximadamente entre 10 y 20 cm de largo. Sin embargo, mucha gente piensa que los peces dorados son peces pequeños que solo llegan a medir unos pocos centímetros. ¿Qué conclusión puedes sacar de esta información?

....

....

....

....

....

> **INTERACTIVITY**
>
> Observa los efectos que tienen el agua y el alimento sobre el crecimiento y la producción de plantas de cultivo.

Los genes Los genes que hereda la descendencia de sus progenitores son un factor importante para su desarrollo y crecimiento. En tu propio salón de clases, probablemente puedas observar cómo varían las alturas de los estudiantes. Parte de estas diferencias se debe a los genes que tus compañeros heredaron de sus padres. En general, los niños crecen hasta alcanzar la misma altura de sus padres.

Las hormonas Otro factor interno que influye en el crecimiento y el desarrollo son las hormonas que los cuerpos de los animales producen naturalmente. Por ejemplo, los machos producen una mayor cantidad de testosterona que las hembras. En muchas especies animales, la producción de testosterona en los machos hace que los machos sean más grandes que las hembras.

Matemáticas › Herramientas

La desnutrición humana y la altura

En 1945, después de la Segunda Guerra Mundial, la península de Corea quedó dividida en dos naciones: Corea del Norte y Corea del Sur. Los dos países tenían diferentes formas de gobierno y sistemas económicos. La tabla de datos muestra las alturas promedio en ambos países entre 1930 y 1996.

1. **Representar relaciones cuantitativas** Usa los datos de la tabla para hacer una gráfica de barras a continuación.

2. **Sintetizar información** ¿A qué pueden deberse las diferencias de altura en estos dos países: a la genética, a las hormonas o a las condiciones ambientales? Explica por qué.

Años	Altura promedio de los norcoreanos (cm)	Altura promedio de los surcoreanos (cm)
1930–1939	159.4	158.9
1940–1949	160.6	161.1
1950–1959	161.8	163.1
1960–1969	162.7	165
1970–1979	163.5	166.7
1980–1989	164.5	167.8
1990–1996	165.2	168.4

Fuente: NCD Risk Factor Collaboration, 2017

Alturas de norcoreanos y surcoreanos (1950–1996)

178 La reproducción y el crecimiento

✓ LECCIÓN 4: Revisión

MS-LS1-5

1. **Distinguir relaciones** Describe tres tipos de estímulos que pueden causar tropismo en las plantas.

   ....
   ....
   ....
   ....
   ....

2. **Causa y efecto** ¿Qué hace que las plantas florezcan en diferentes estaciones?

   ....
   ....
   ....
   ....

3. **Explicar** ¿Por qué el suelo afecta el crecimiento de las plantas?

   ....
   ....
   ....

4. **Distinguir diferencias** ¿En qué se diferencian el desarrollo de las crías de los animales que ponen huevos y el de los animales placentarios?

   ....
   ....
   ....
   ....
   ....

5. **Desarrollar modelos** 🖊 Dibuja diagramas que muestren tres maneras diferentes en que los embriones se desarrollan. Incluye rótulos.

Misión CONTROL

En esta lección, aprendiste acerca de algunos de los factores que afectan el crecimiento y el desarrollo de plantas y animales. También aprendiste acerca de algunos de los diferentes estados que atraviesan los animales en su desarrollo.

Optimizar tu solución Considera el impacto ambiental de una nueva construcción cerca de un hábitat de vida silvestre. ¿En qué momento del año crees que la construcción tendría el menor impacto? Explica tu respuesta.

....
....
....

👆 INTERACTIVITY

Make Your Construction Case

Conéctate en línea para considerar los criterios y las restricciones de tu proyecto de construcción.

Estudio de caso

MS-LS1-5

Aguas más cálidas, MENOS PECES

Un aumento de unos grados en la temperatura no parece ser algo de qué preocuparse. Pero resulta que incluso pequeños aumentos en la temperatura del agua tienen un gran impacto.

El aumento de las temperaturas del agua está afectando el crecimiento de algunas especies de peces. El bacalao del Atlántico, que está acostumbrado al agua muy fría, se puede adaptar a temperaturas más altas. En realidad, las poblaciones de bacalao expuestas a aguas más cálidas que oscilan entre los 12 y los 15 grados Celsius (53.6 °F a 59.0 °F) tienden a beneficiarse. El bacalao aumenta su tamaño y se reproduce más. Sin embargo, en cuanto la temperatura del agua sobrepasa ese límite aunque sea por un solo grado Celsius, y llega a los 15.9 °C (60.6 °F), el crecimiento y el desarrollo del pez se ve afectado.

La relación temperatura–tamaño

En Noruega, todos los otoños desde hace más de un siglo, los científicos miden y registran el tamaño del bacalao. Estas mediciones anuales incluyeron hasta ahora más de 100,000 bacalaos. Recientemente, los científicos hicieron una observación clave. En cuanto la temperatura del hábitat del bacalao subió por encima de los 15 grados Celsius, el crecimiento del bacalao se vio atrofiado.

El agua es un disipador de calor; absorbe inmediatamente el calor de todo lo que la rodea. Los investigadores observaron que en los años con temperaturas de verano muy altas, las aguas de la superficie del océano también estaban mucho más cálidas de lo normal. Así, los peces jóvenes no crecieron tanto como podían. En un principio, esta pequeña diferencia podrá no parecer significativa. Sin embargo, hay que considerar una consecuencia: el tamaño determina el éxito de un individuo en la supervivencia y la reproducción. Los individuos más pequeños tienen, por lo general, menos crías.

Un bacalao puede llegar a tener un gran tamaño, hasta 1.2 metros, y pesar hasta 40 kilogramos. El bacalao más grande que se capturó era gigante, ¡porque pesaba más de 96 kg (211 lb)!

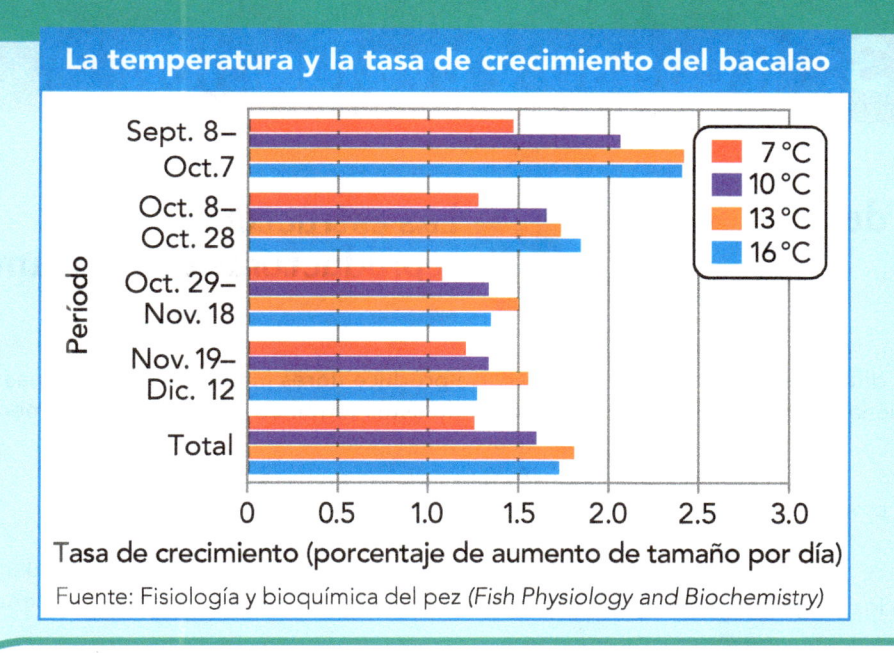

La temperatura y la tasa de crecimiento del bacalao

Gráfico de barras que muestra la tasa de crecimiento (porcentaje de aumento de tamaño por día) del bacalao a temperaturas de 7 °C, 10 °C, 13 °C y 16 °C, durante los períodos:
- Sept. 8 – Oct. 7
- Oct. 8 – Oct. 28
- Oct. 29 – Nov. 18
- Nov. 19 – Dic. 12
- Total

Eje x: Tasa de crecimiento (porcentaje de aumento de tamaño por día), de 0 a 3.0.
Eje y: Período.

Fuente: Fisiología y bioquímica del pez *(Fish Physiology and Biochemistry)*

Responde a las siguientes preguntas.

1. **Analizar datos** Observa la gráfica. ¿A qué temperatura el bacalao crece más lentamente? ¿Qué temperatura parece ser ideal para su crecimiento? Explica tu respuesta.

2. **Citar evidencia** ¿Cuál es la evidencia de que la temperatura del agua más cálida es un factor ambiental que ejerce influencia sobre el crecimiento de una especie?

3. **Aplicar el razonamiento científico** ¿Por qué algunos científicos se preocupan por la población de bacalao cuando la temperatura del aire aumenta? Explica tu respuesta.

4. **Conexión con la sociedad** Una de cada siete personas en la Tierra dependen del pescado como fuente de proteínas. ¿Qué pasaría si las aguas más cálidas tuvieran un efecto similar en otras poblaciones de peces?

181

TEMA 3: Repaso y evaluación

1. Los patrones de reproducción
MS-LS3-2

1. La reproducción asexual es diferente a la reproducción sexual, porque la descendencia de la reproducción asexual
   A. es idéntica al progenitor.
   B. contiene la mitad de los cromosomas del progenitor.
   C. no tiene material genético.
   D. tiene mayor variedad en los rasgos.

2. Las diferentes formas de un gen se llaman
   A. alelos.
   B. descendencia.
   C. recesivos.
   D. rasgos.

3. ¿Cuál de las opciones es un ejemplo de dominancia incompleta?
   A. los seres humanos con sangre tipo AB
   B. las flores con pétalos rojos
   C. los caballos con patrones de color ruano
   D. las ovejas con lana gris

4. La herencia .... se refiere a los rasgos que están controlados por más de un gen.

5. **Patrones** Explica por qué la reproducción sexual resulta en descendencia con mayor variación genética que la reproducción asexual.

   ....
   ....
   ....
   ....
   ....
   ....
   ....

2. Las estructuras reproductoras de las plantas
MS-LS1-4

6. El arce produce flores masculinas y femeninas. ¿Cuál de estos términos describe correctamente al arce?
   A. gimnosperma   B. angiosperma
   C. esporofito   D. no vascular

7. Tanto los helechos como los cedros dependen del .... para fertilizarse exitosamente.

8. **Relacionar estructura y función** ¿Qué dos estructuras especializadas del manzano incrementan sus probabilidades de reproducirse y tener descendencia que sobreviva? Explica tu respuesta.

   ....
   ....
   ....
   ....
   ....
   ....

9. **Elaborar argumentos** Las palmeras de coco son árboles tropicales que suelen crecer en la costa. El árbol produce un fruto con cáscara dura que puede flotar en el agua. ¿Cómo asegura esto la reproducción exitosa del árbol?

   ....
   ....
   ....
   ....
   ....
   ....

182 La reproducción y el crecimiento

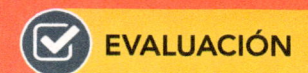

> **EVALUACIÓN**
>
> Contesta el Examen del tema para evaluar tu comprensión.

3 El comportamiento reproductivo de los animales

MS-LS1-4

10. ¿Qué son los sistemas de apareamiento?
    A. comportamientos amenazadores que los animales usan para controlar a otros
    B. patrones de comportamiento relacionados con la reproducción de los animales
    C. sustancias químicas liberadas por un animal que afectan el comportamiento de otro animal de la misma especie
    D. comportamientos relacionados con el movimiento de ida y vuelta que hace un animal de un lugar a otro

11. ¿Cuál de estos enunciados sobre estrategias de fertilización es verdadero?
    A. La fertilización interna ocurre principalmente en peces y anfibios.
    B. La fertilización interna resulta en huevos que se desarrollan fuera del cuerpo de la hembra.
    C. La fertilización externa es común entre los animales que viven en el agua.
    D. La fertilización externa ocurre en todos los animales terrestres.

12. La cooperación puede .... las probabilidades de un animal de sobrevivir para reproducirse.

13. **Aplicar el razonamiento científico** ¿Cómo se relaciona, por lo general, la cantidad de crías producidas por un animal con la cantidad de tiempo y energía que el animal invierte en el cuidado de las crías?

4 Factores que influyen en el crecimiento

MS-LS1-5

14. ¿Cuál de estas opciones no es un estímulo que puede desencadenar tropismos en las plantas?
    A. luz
    B. gravedad
    C. tacto
    D. temperatura

15. Un insecto como la mariposa atraviesa el proceso de .... a medida que crece y se convierte en adulto.

16. **Causa y efecto** Los robles entran en estado de latencia durante el invierno. Supón que un bosque de robles crece en un área que comienza a experimentar inviernos más cálidos debido al cambio climático. ¿Qué efecto crees que esto tendrá en los robles? Explica tu respuesta.

17. **Elaborar explicaciones** ¿Cómo afectan las condiciones ambientales el crecimiento de un animal?

☑ TEMA 3: Repaso y evaluación

MS-LS1-4, MS-LS1-5

Evaluación basada en la evidencia

Un equipo de investigadores investigó el efecto del cambio climático y las temperaturas más cálidas sobre los animales de las Montañas Rocosas de Colorado. Uno de los animales que estudiaron fue la marmota de vientre amarillo. Este roedor grande vive en pequeñas colonias y sobrevive a los crudos inviernos hibernando durante ocho meses. Para alimentarse, las marmotas buscan pastos y semillas, que solo crecen una vez que la nieve se derrite.

Debido a que el suelo se encuentra sin nieve durante tan poco tiempo en el año, la temporada de reproducción de las marmotas es muy corta. Comienza en cuanto salen de su hibernación. Poco tiempo después, la nieve se derrite y hay más alimento disponible para las marmotas.

Sin embargo, los investigadores descubrieron que las temperaturas en ascenso estaban perturbando los patrones de hibernación de las marmotas. Compilaron datos de la primera marmota vista al salir de su hibernación durante más de 20 años. Los datos están resumidos en la siguiente gráfica.

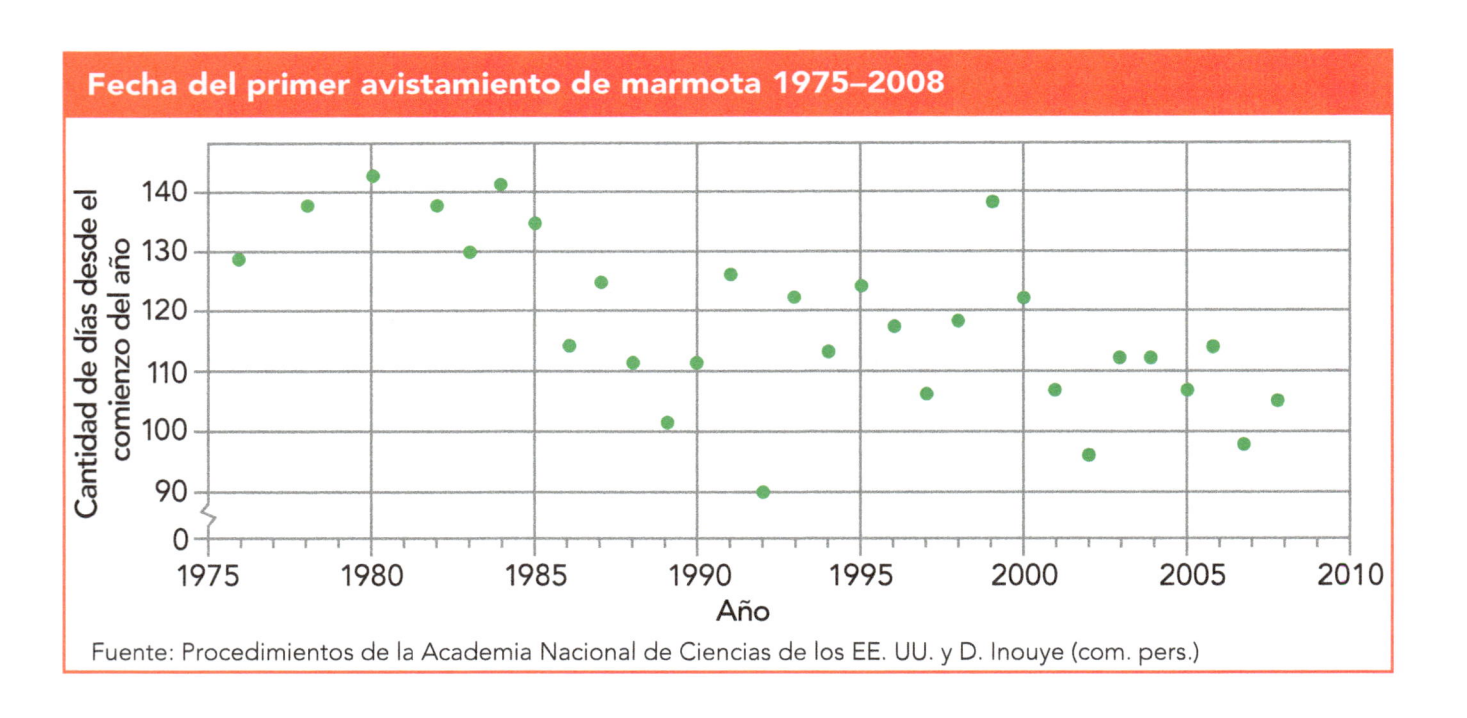

Fecha del primer avistamiento de marmota 1975–2008

Fuente: Procedimientos de la Academia Nacional de Ciencias de los EE. UU. y D. Inouye (com. pers.)

184 La reproducción y el crecimiento

1. **Analizar datos** ¿Qué tendencia muestran los datos de la gráfica?
   A. La primera marmota que sale de la hibernación se ve, por lo general, cada vez más temprano.
   B. La primera marmota que sale de la hibernación se vio más tarde cada año.
   C. La fecha en que la primera marmota salió de la hibernación fluctuó aleatoriamente.
   D. Hubo pocos cambios o ningún cambio en la fecha en que la primera marmota salió de la hibernación cada año.

2. **Participar en un debate** ¿Qué factor ambiental crees que influye en la fecha en que las marmotas salen de la hibernación? Apoya tu respuesta con detalles o datos de la investigación.

   ....
   ....
   ....
   ....
   ....
   ....
   ....
   ....

3. **Causa y efecto** ¿Cómo asegura el comportamiento de la marmota cuando sale de la hibernación que se reproducirá exitosamente?

   ....
   ....
   ....
   ....
   ....
   ....
   ....
   ....

4. **Elaborar explicaciones** Los investigadores hallaron que, si bien la temperatura del aire aumentaba cada vez más temprano en el año, la nieve no se derretía a un ritmo más rápido. Explica el efecto que tendrá una temporada de reproducción más temprana sobre el crecimiento de las marmotas jóvenes si la nieve se derrite siempre en el mismo momento del año.

   ....
   ....
   ....
   ....
   ....
   ....
   ....

Misión HALLAZGOS

¡Completa la Misión!

Fenómeno Finaliza y presenta tu plan de construcción usando la información que reuniste como evidencia para apoyar tus recomendaciones.

Aplicar conceptos ¿De qué manera tu ciudad puede asegurarse de que las plantas y los animales silvestres que viven allí tengan los recursos necesarios para crecer y reproducirse?

....
....
....
....
....

INTERACTIVITY

Reflect on Your Basketball Court Plans

tú Demuestras... Lab

MS-LS1-5

Limpio y verde

¿Cómo puedes evaluar las **afirmaciones** acerca de los **detergentes** para ropa que se promocionan como **seguros** para el medio ambiente?

Antecedentes

Fenómeno Muchas compañías promocionan productos, como jabones y detergentes, que no dañan el medio ambiente. El engaño verde, una frase que combina los términos *engaño*, un encubrimiento, y *verde*, que se relaciona con lo ecológico, se refiere a la práctica de afirmar que un producto es más seguro para el medio ambiente de lo que realmente es. Tú eres un botánico incipiente que está trabajando con un grupo ambientalista. Debes evaluar los efectos biológicos de los detergentes "naturales" que afirman ser más seguros para el medio ambiente que los detergentes comunes.

En esta investigación, diseñarás y llevarás a cabo un experimento para determinar los efectos de los detergentes para ropa "ecológicos" sobre el crecimiento de las plantas. Es probable que las semillas tarden varios días en germinar. Ten en cuenta que los factores que demuestran el crecimiento saludable de una planta incluyen la altura, el color y el aspecto general.

Materiales

(por grupo)

- 3 cajas de Petri de plástico con tapa
- tierra para macetas
- cilindro graduado
- 30 semillas de rabanitos
- cinta adhesiva
- agua corriente del día anterior
- regla métrica
- lápiz de cera
- solución de detergente "común"
- solución de detergente "ecológico"
- balanza

Seguridad

Asegúrate de seguir las guías de seguridad que te dio tu maestro. El Apéndice de seguridad de tu libro de texto te dará más información sobre los íconos de seguridad.

186 La reproducción y el crecimiento

Diseñar una investigación

☐ 1. En grupo, comenten cómo investigarán los efectos de los detergentes sobre el crecimiento de las plantas. Además, comenten qué tipos de datos necesitan reunir para determinar cómo los factores ambientales afectan el crecimiento de las plantas.

☐ 2. Trabajen en conjunto para identificar los factores que controlarán y las variables que cambiarán. Piensen en lo que una planta necesita normalmente del medio ambiente para vivir y crecer. Decidan qué medidas necesitarán tomar y qué observaciones necesitarán hacer y con qué frecuencia. Para tomar estas decisiones, consideren las siguientes preguntas:

- ¿Cuántos grupos diferentes de semillas usarán?
- ¿Cómo determinarán la cantidad de semillas para germinar en cada grupo?
- ¿Cómo determinarán si los brotes de cada grupo están sanos?
- ¿Qué observaciones cualitativas harán?

☐ 3. Escriban un procedimiento detallado para su experimento en el espacio provisto. Asegúrense de describir la organización de su investigación, las variables que medirán, una descripción de los datos que reunirán y cómo reunirán los datos. Antes de proceder, obtengan la aprobación de su maestro.

☐ 4. En el espacio provisto, elaboren una tabla de datos para organizar los datos que reunirán. Cuando hagan su tabla de datos, consideren las siguientes preguntas:

- ¿Cuántas semillas pondrán en cada caja de Petri?
- ¿Cuántas veces reunirán datos?
- ¿Reunirán datos a la misma hora todos los días, o en diferentes momentos?
- ¿Qué observaciones cualitativas registrarán?

☐ 5. Lleven a cabo su procedimiento para investigar el efecto del contaminante en el crecimiento de las plantas. Necesitarán hacer observaciones una vez por día durante varios días. Tomen las medidas todos los días y registren los datos que reúnan.

tú Demuestras... Lab

Procedimiento

Tabla de datos y observaciones

Analizar e interpretar datos

1. **Calcular** Identifica las variables dependientes que midieron en esta investigación. Calcula el porcentaje de semillas que germinaron por día en cada caja. Luego, calcula la longitud media de los brotes para cada día que reunieron datos. Haz este cálculo para las semillas de cada caja.

   ....
   ....
   ....
   ....

2. **Causa y efecto** Describe los patrones que veas en los datos sobre las plántulas cultivadas bajo las tres condiciones en las cajas de Petri. Resume los datos con una afirmación de causa y efecto acerca de los efectos de los detergentes en el crecimiento de las plantas.

   ....
   ....
   ....
   ....
   ....

3. **Hacer generalizaciones** Basándote en los resultados del experimento, ¿crees que la afirmación del fabricante es válida? ¿El producto no daña el medio ambiente? Explica tu respuesta.

   ....
   ....
   ....
   ....
   ....

4. **Comparar datos** Comparte tus resultados con los grupos que pusieron a prueba los otros detergentes "naturales". Busca semejanzas y diferencias en los datos. ¿Qué crees que podría justificar las diferencias?

   ....
   ....
   ....
   ....
   ....

TEMA 4

Los ecosistemas

LECCIÓN 1
Los seres vivos y el medio ambiente
túInvestigas Lab: Espacio vital

LECCIÓN 2
El flujo de energía en los ecosistemas
túInvestigas Lab: Observar la descomposición

tú.Ingeniero **STEM** Comer petróleo

LECCIÓN 3
Los ciclos de la materia
túInvestigas Lab: Seguir el agua

EXPECTATIVAS DE DESEMPEÑO DE NGSS
MS-LS2-1 Analizar e interpretar datos para aportar evidencia acerca de los efectos de la disponibilidad de recursos en organismos y poblaciones de organismos en un ecosistema.
MS-LS2-3 Desarrollar un modelo para describir el ciclo de la materia y el flujo de energía entre los elementos vivos e inertes de un ecosistema.

¿Cómo se adaptan estos manatíes a su medio ambiente?

HANDS-ON LAB

uConnect Explora cómo eres parte de un ciclo en la Tierra.

- VIDEO
- INTERACTIVITY
- VIRTUAL LAB
- ASSESSMENT
- eTEXT
- APP

El Texto en línea está disponible en español.

Pregunta esencial

¿Cómo es el ciclo de la materia y la energía en un ecosistema?

Los manatíes son mamíferos grandes que viajan por los estados del Sureste. Sus familiares vivos más cercanos son los elefantes, y sus ancestros vivían en tierra. ¿Qué puede ser necesario en el medio ambiente de un manatí para que sobreviva? Escribe tus ideas a continuación.

....
....
....
....
....

Misión ARRANQUE

¿Por qué las aguas del estanque Pleasant se vuelven verdes?

Fenómeno En 2016, la proliferación de algas hizo que masas de agua en Florida, Utah, California y en otros estados se pusieran verdes y lodosas. Esta proliferación puso en riesgo a las personas y a los ecosistemas. Los científicos que estudian los lagos y otras masas de agua en tierra firme, llamados limnólogos, trabajan para prever y prevenir futuras proliferaciones de algas. En esta actividad de la Misión basada en un problema, investigarás la proliferación de algas en un lago y determinarás su causa. En los laboratorios y las actividades digitales, aplicarás lo que aprendiste en cada lección, lo cual te ayudará a recoger evidencia para resolver el misterio. Con suficiente evidencia, podrás identificar lo que crees que es la causa de la proliferación de algas y presentar una solución en la actividad de Hallazgos.

INTERACTIVITY

Mystery at Pleasant Pond

MS-LS2-3 Desarrollar un modelo para describir el ciclo de la materia y el flujo de energía entre los elementos vivos e inertes de un ecosistema.
MS-LS2-1 Analizar e interpretar datos para aportar evidencia acerca de los efectos de la disponibilidad de recursos en organismos y poblaciones de organismos en un ecosistema.

NBC LEARN VIDEO

Después de ver el video de Misión: Arranque, el cual explora los efectos de la proliferación de un alga tóxica en el lago Erie, piensa en el impacto que el cortar el suministro de agua podría tener en tu comunidad. Escribe tus ideas a continuación.

....
....
....
....
....
....
....
....
....

Misión CONTROL

EN LECCIÓN 1

¿Cuáles son algunas posibles causas de la proliferación de algas en el estanque? Evalúa los datos para identificar explicaciones posibles de lo que sucede en el estanque.

INTERACTIVITY

Suspicious Activities

Misión CONTROL

EN LECCIÓN 2

¿Cómo afectan los nutrientes a los organismos en un ambiente acuático? Investiga cómo los factores inertes pueden afectar a los organismos de un estanque.

INTERACTIVITY

Nutrients and Aquatic Organisms

192 Los ecosistemas

La proliferación de algas puede perturbar seriamente un ecosistema al interferir en la habilidad de los organismos para encontrar alimento o funcionar apropiadamente.

Misión CONTROL

EN LECCIÓN 3

¿Cómo afectan los cambios en el medio ambiente a los ciclos de la materia y la energía? Explora la circulación de la materia y el flujo de la energía entre los organismos en un estanque.

👆 **INTERACTIVITY**

Matter and Energy in a Pond

Misión HALLAZGOS

¡Completa la Misión!

Escribe una noticia periodística que explique cuál piensas que es la causa de la proliferación de algas. Explica cómo ha afectado al ecosistema e incluye una propuesta para restaurar el estanque.

👆 **INTERACTIVITY**

Reflections on a Pond

LECCIÓN 1
Los seres vivos y el medio ambiente

Preguntas guía
- ¿Cómo afectan los cambios en la cantidad y disponibilidad de recursos a las poblaciones?
- ¿Cómo se relacionan el tamaño de la población y la disponibilidad de recursos?

Conexiones

Lectura Citar evidencia textual

Matemáticas Representar relaciones

MS-LS2-1

Vocabulario
- organismo
- hábitat
- factor biótico
- factor abiótico
- población
- comunidad
- ecosistema
- factor limitante

Vocabulario académico
- recursos
- densidad de población

📱 VOCABULARY APP
Practica el vocabulario en un aparato móvil.

Misión CONEXIÓN
Considera las numerosas maneras en las que interactúan los componentes vivos e inertes de un ecosistema, y cómo los cambios en estos componentes podrían afectar a un ecosistema, como un estanque.

¡Conéctalo!

✏️ **Encierra en un círculo y rotula algunos objetos inertes de este abrevadero.**

Elaborar explicaciones ¿Por qué estas cosas se consideran objetos inertes, y por qué los organismos las necesitan?

....
....
....

194 Los ecosistemas

Organismos y hábitats

En el abrevadero de la **Imagen 1**, animales como la jirafa paran a saciar su sed. Una jirafa es un **organismo**, es decir, un ser viviente. Diferentes tipos de organismos viven en diferentes entornos, o medio ambientes. Un organismo obtiene alimento, agua, refugio y otras cosas que necesita para vivir, crecer y reproducirse de su medio ambiente. A estos se les llama **recursos**. Un medio ambiente que provee las cosas que un organismo específico necesita para vivir, crecer y reproducirse es un **hábitat**.

En la naturaleza, cada organismo que vive en un hábitat en particular lo hace porque ese hábitat satisface las necesidades del organismo. Algunos organismos tienen la capacidad de trasladarse de un hábitat a otro cuando las condiciones cambian o nuevas necesidades surgen, pero la mayoría de los organismos se queda en el mismo hábitat toda su vida. Los seres vivos y los objetos inertes de un medio ambiente particular, así como las interacciones entre ellos, definen el hábitat y sus condiciones.

HANDS-ON LAB

Explora las relaciones entre los seres vivos y los objetos inertes en un área local.

Vocabulario académico

¿Has oído el término *recursos* en otro contexto? Da algunos ejemplos.

....

....

....

....

Un centro de reunión en el hábitat

Imagen 1 En cualquier medio ambiente, como en este abrevadero en el Parque Nacional Etosha en Namibia, África, los seres vivos y los objetos inertes interactúan entre sí.

> **INTERACTIVITY**
>
> Investiga los factores en un hábitat.

> **VIDEO**
>
> Explora los factores bióticos y abióticos en la vida diaria.

Reflexiona ¿Cuáles son algunos de los factores bióticos y abióticos en el ecosistema en el que vives?

Hábitat de la pitón
Imagen 2 Una serpiente pitón interactúa con muchos factores bióticos y abióticos en su hábitat.

Factores bióticos ¿Qué tipo de seres vivos hay en el hábitat de selva tropical de la serpiente pitón (**Imagen 2**)? Las partes de un hábitat que están o estuvieron vivas y que interactúan con un organismo se llaman **factores bióticos**. Estos componentes biológicos incluyen los árboles y las plantas. Los animales que la pitón come son factores bióticos, así como las otras serpientes con las que se encuentra. Los desechos que producen estos y otros organismos son también considerados factores bióticos. Las bacterias, los hongos y otros organismos pequeños son otros tipos de factores bióticos que cumplen un papel importante en el hábitat.

Factores abióticos Los organismos también interactúan con objetos inertes en el medio ambiente. Los **factores abióticos** son las partes inertes del hábitat de un organismo. Estos componentes físicos incluyen el agua, el oxígeno, el espacio, las rocas, la luz, la temperatura y el suelo. La calidad y la condición de los factores abióticos pueden tener un efecto importante en los seres vivos. Por ejemplo, el agua en un hábitat puede estar contaminada. La baja calidad del agua podría resultar en la enfermedad o muerte de los organismos que viven allí.

REVISAR LA LECTURA **Citar evidencia textual** ¿Por qué crees que las serpientes no viven en la tundra ártica? Usa evidencia del texto para respaldar tu respuesta.

....

....

¡Diséñalo!

Hay diferentes factores bióticos y abióticos en un hábitat.

Desarrollar modelos 🖊 Usando materiales comunes para representar factores bióticos y abióticos, dibuja un modelo de un hábitat local. Incluye una clave para identificar lo que representan los diferentes materiales.

Organismo — Población — Comunidad — Ecosistema

Organización del ecosistema

La mayoría de los organismos no viven solos en su hábitat. Al contrario, los organismos viven juntos en poblaciones y comunidades, las cuales interactúan con los factores abióticos de sus ecosistemas. Las interacciones también pueden ocurrir entre varias poblaciones. Los niveles de organización dentro de un ecosistema están representados en la **Imagen 3**.

Organismos
Todas las pitones indias que viven en el sur de Asia son miembros de la misma especie. Una especie es un grupo de organismos que pueden aparearse y producir descendientes que también pueden aparearse y reproducirse.

Poblaciones
Se llama **población** a todos los miembros de una especie que viven en un área particular. Por ejemplo, las pitones indias del Parque Nacional Keoladeo Ghana, en India, son un ejemplo de una población.

Comunidades
Un área particular suele contener más de una especie de organismos. El Parque Keoladeo es el hogar de cientos de especies de aves, así como de mamíferos, plantas y otras variedades de organismos. Todas las poblaciones que viven juntas en un área forman una **comunidad**.

La comunidad de organismos que vive en un área particular, junto con el medio ambiente inerte, forman un **ecosistema**. El estudio de cómo los organismos interactúan entre sí y con el medio ambiente se llama ecología.

✓ **REVISAR LA LECTURA** **Determinar el significado** ¿De qué está formada una comunidad en un ecosistema?

....
....
....

Niveles de organización
Imagen 3 Un individuo en un ecosistema es un organismo, el cual forma una población con otros miembros de su especie. Las diferentes especies forman comunidades en un ecosistema.

Aplicar conceptos Haz una predicción sobre cómo la falta de recursos en un ecosistema podría tener un impacto en los niveles de organización.

....
....
....
....
....
....
....
....

Conexión con la lectura

Citar evidencia textual
Supón que unos agricultores aplican insecticidas en sus cosechas. Una población de aves que se alimenta de insectos comienza a disminuir. Subraya la parte del texto que apoye la idea de que el insecticida podría ser responsable de la disminución de la población de aves.

> **INTERACTIVITY**
>
> Analiza datos para determinar por qué una población disminuyó.

Poblaciones

Recordarás de tu lectura que una población consiste de todos los organismos de la misma especie que viven en la misma área al mismo tiempo. Por ejemplo, todos las serpientes pitones que viven en la misma selva serían una población específica. Hay muchas cosas que pueden cambiar el tamaño de una población.

Nacimientos y muertes El nacimiento de nuevos individuos es la manera más común de que una población crezca. Una población crece cuando nacen más individuos de los que mueren, en un período de tiempo. Cuando la tasa de natalidad (la cantidad de nacimientos por cada 1,000 individuos en un período dado) es mayor que la tasa de mortalidad (la cantidad de muertes por cada 1,000 individuos en un período dado), una población puede aumentar. Cuando la tasa de natalidad es igual que la tasa de mortalidad, la población suele permanecer estable. En situaciones en las que la tasa de mortalidad es mayor que la tasa de natalidad, la población disminuirá.

Matemáticas ▸ Herramientas

Seguir cambios en la población en una gráfica

Los cambios que ocurren con el tiempo en una población, como la de venados de cola blanca en Ohio, se pueden mostrar en una gráfica.

Tendencias de la población de venados, 2000–2010

Año	Población (estimada)	Año	Población (estimada)
2000	525,000	2006	770,000
2001	560,000	2007	725,000
2002	620,000	2008	745,000
2003	670,000	2009	750,000
2004	715,000	2010	710,000
2005	720,000		

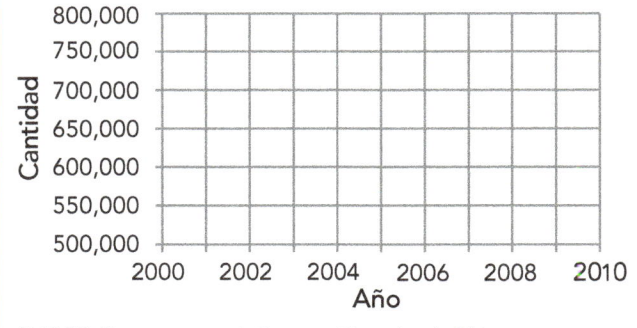

FUENTE: Departamento de Recursos Naturales de Ohio

1. **Representar relaciones** Usa los datos de la tabla para completar una gráfica sobre cambios en la población de venados. Luego, describe la tendencia de la gráfica.

   ....
   ....
   ....

2. **Analizar e interpretar datos** ¿Qué factores crees que podrían ser responsables de los cambios en la población de venados?

   ....
   ....

Los ecosistemas

La inmigración y la emigración El tamaño de una población también puede aumentar o disminuir cuando los individuos se mudan a la población o la abandonan. Inmigración significa mudarse a una población. Emigración significa abandonar una población. Por ejemplo, cuando el alimento escasea, algunos miembros de la manada de antílopes de la **Imagen 4** pueden ir en busca de un mejor hábitat. Si se separan de manera permanente de la manada original, dejarán de formar parte de esa población.

Densidad de la población Si eres un científico que estudia un ecosistema o una población, puede ser útil conocer la **densidad de población**: la cantidad de individuos en un área de un tamaño específico. La densidad de población puede ser representada como una ecuación:

$$\text{Densidad de población} = \frac{\text{Cantidad de individuos}}{\text{Unidad de área}}$$

Por ejemplo, supón que un ecologista estima que viven 800 escarabajos en un parque que mide 400 metros cuadrados. La densidad de la población sería 800 escarabajos por 400 metros cuadrados, o 2 escarabajos por metro cuadrado.

☑ **REVISAR LA LECTURA** **Resumir el texto** ¿Cómo afectan las tasas de natalidad y mortalidad al tamaño de una población?

....

....

HANDS-ON LAB

Representa de qué manera el espacio puede ser un factor limitante.

Vocabulario académico
¿Has escuchado el término *densidad* antes? ¿Qué significado tenía en ese contexto?

....

....

Emigración
Imagen 4 La escasez de alimento es solo una causa de la emigración.

Causa y efecto ¿Qué otros factores podrían hacer que emigren los individuos de esta manada de antílopes?

....

....

....

HANDS-ON LAB

Representa los efectos de una represa en las poblaciones.

Los factores que limitan el crecimiento de la población

En general, una población crece si las condiciones son favorables. Sin embargo, con el tiempo, algún factor del medio ambiente, como la disponibilidad de alimentos, puede limitar el tamaño de una población. Un factor ambiental que hace que una población deje de crecer o disminuya de tamaño, como una enfermedad fatal que infecta a los organismos, es un **factor limitante**.

El alimento y el agua
El alimento y el agua pueden ser factores limitantes para cualquier población. Un elefante adulto come en promedio unos 180 kg de vegetación por día para sobrevivir. Supón que los árboles de su hábitat pueden brindar 1000 kg de vegetación diarios. En este hábitat no podrían sobrevivir más de 5 elefantes adultos. La población más grande que un área puede soportar es su capacidad de carga.

El clima y el tiempo meteorológico
Los cambios en el clima pueden limitar el crecimiento de la población. El tiempo meteorológico más cálido al comienzo del invierno, por ejemplo, puede hacer que algunas plantas continúen creciendo. Los desastres naturales como los huracanes y las inundaciones pueden tener efectos inmediatos y a largo plazo en las poblaciones.

El espacio y el albergue
Otros factores limitantes para las poblaciones son el espacio y el albergue, tal como lo ilustra el sitio de anidación de la **Imagen 5**. Cuando los organismos individuales deben competir por espacio para vivir o cuidar a sus crías, la población puede disminuir. La competencia por refugio apropiado también puede limitar el crecimiento de una población.

REVISAR LA LECTURA **Resumir el texto** ¿Cómo afectan los factores limitantes a una población de organismos?

....
....

Espacio limitado

Imagen 5 En la imagen de los alcatraces, encierra en un círculo o sombrea el espacio disponible en el medio ambiente para la anidación y el cuidado de las crías.

Causa y efecto ¿Cómo actúa la falta de espacio como un factor limitante para estos alcatraces?

....
....
....
....
....

200 Los ecosistemas

✓ LECCIÓN 1: Revisión

MS-LS2-1

1. **Identificar** Identifica los niveles de organización en un ecosistema del más pequeño al más grande.

   ....

   ....

Usa la siguiente gráfica para responder las preguntas 2 y 3.

Cambios en la población de ratones

(Gráfica de barras mostrando Nacimientos y Muertes por Año 1–4; Cantidad de nacimientos y muertes en eje Y de 0 a 60)

2. **Analizar datos** ¿Qué tendencias observas en la población de ratones en los cuatro años?

   ....

   ....

   ....

   ....

3. **Interpretar datos** ¿Apoyan los datos la idea de que esta población es relativamente estable? Proporciona evidencia que respalde tu respuesta.

   ....

   ....

   ....

4. **Elaborar explicaciones** ¿De qué manera los factores bióticos y abióticos de un ecosistema afectan las poblaciones? Proporciona dos ejemplos de cada uno.

   ....

   ....

   ....

   ....

   ....

   ....

   ....

5. **Analizar sistemas** ¿Por qué el clima es considerado un factor limitante para las poblaciones en un ecosistema?

   ....

   ....

   ....

   ....

Misión CONTROL

En esta lección aprendiste cómo están organizados los ecosistemas y cómo diferentes factores afectan a las poblaciones.

Causa y efecto ¿Qué efecto podría tener una proliferación de algas en las poblaciones de organismos que habitan en un estanque?

....

....

....

....

....

INTERACTIVITY

Suspicious Activities

Conéctate en línea para investigar y explorar por qué las algas proliferan. Usa esa información para identificar tres causas posibles de la proliferación de algas.

201

Estudio de caso

MS-LS2-1

EL CASO DE LA DESAPARICIÓN DEL
chipe celeste

El chipe celeste es una pequeña ave cantora migratoria y se llama así por su color azul claro. El chipe celeste se reproduce en el este de América del Norte durante la primavera y el verano. Pasa los meses de invierno en la Cordillera de los Andes de Colombia, Venezuela, Ecuador y Perú, en el norte de América del Sur.

La población del chipe celeste está disminuyendo con rapidez. Ninguna otra población de aves cantoras disminuye tan rápido como esta en el este de América del Norte. La población de chipes se reduce un 3 por ciento cada año. Eso significa que, de un año al siguiente, hay un 3 por ciento menos de chipes. Se cree que la razón principal es la pérdida de hábitat, especialmente en la región donde las aves pasan el invierno. Mira el Mapa de distribución del chipe celeste.

Mapa de distribución del chipe celeste

ECUADOR

CLAVE
- Área de reproducción (abril–septiembre)
- Área invernal (octubre–marzo)
- Ruta migratoria

Pérdida de hábitat en el área invernal

Para el 2025, habrá 100 millones de personas más en América del Sur que en el 2002. A medida que el tamaño de la población aumenta, la demanda de tierra y de hábitats locales también sube. Se talan bosques y el hábitat para las plantas y los animales nativos desaparece para dar lugar a tierras de cultivo y cría de ganado. Los cultivos y el ganado son necesarios para alimentar la creciente población de personas en la zona.

El chipe celeste habita los bosques tupidos de coníferas que crecen en altitudes medias de la Cordillera de los Andes. Prefieren hábitats con árboles altos y maduros, donde pueden alimentarse de insectos.

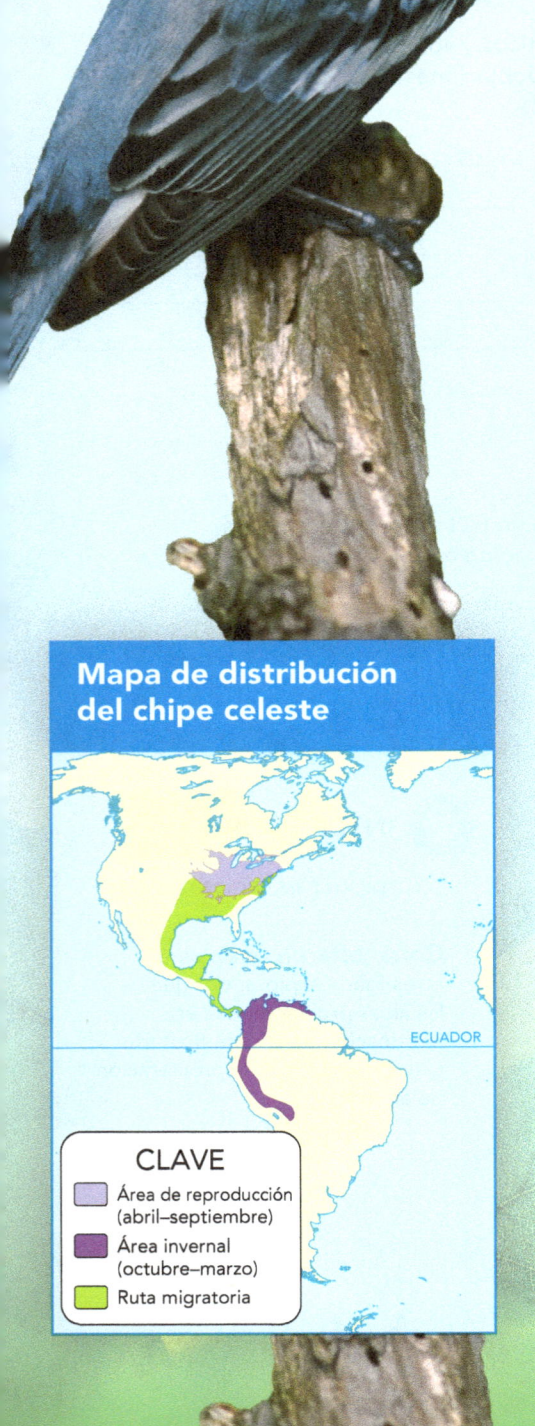

202 Los ecosistemas

A su vez, este hábitat es el área preferida para cosechar café de sombra. Los árboles altos dan sombra a las plantas de café más bajas. El café de sombra tarda más en crecer y produce menos café que las cosechas de café de sol. Los bosques suelen ser talados para dar lugar a cultivos de café de sol y otros cultivos más rentables que necesitan luz solar directa. Esto reduce el tamaño del hábitat para el chipe. Como se muestra en la gráfica, la tasa de deforestación se ha reducido en los últimos años porque los bosques que quedan están en pendientes empinadas. Las pendientes empinadas y las altas elevaciones no sirven para cosechar. Mira la gráfica de barras debajo.

Usa la gráfica para responder las siguientes preguntas.

1. **Patrones** Describe los patrones que veas en la gráfica.

2. **Predecir** ¿Cómo crees que serán los datos de cada país hacia el 2020? ¿Por qué?

3. **Elaborar explicaciones** Explica cómo crees que los niveles cambiantes de deforestación del área invernal afectan la población del chipe celeste.

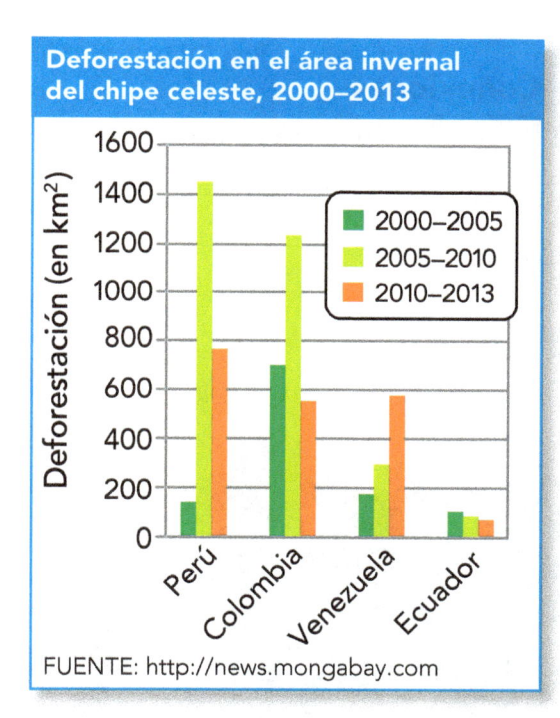

4. **Resolver problemas** ¿Qué estrategias crees que se podrían usar en América del Sur para estabilizar y proteger la población de chipes?

Deforestación en el área invernal del chipe celeste, 2000–2013

Deforestación (en km^2)

- 2000–2005
- 2005–2010
- 2010–2013

Perú, Colombia, Venezuela, Ecuador

FUENTE: http://news.mongabay.com

203

LECCIÓN 2
El flujo de energía en los ecosistemas

Preguntas guía
- ¿Cuáles son los papeles de la energía en un ecosistema?
- ¿Cómo se transfiere la energía entre los seres vivos y los objetos inertes en un ecosistema?
- ¿Cómo se conserva la energía en un ecosistema?

Conexiones
Lectura Integrar con elementos visuales
Matemáticas Analizar relaciones proporcionales

MS-LS2-3

Vocabulario
productor
consumidor
descomponedor
cadena alimentaria
red alimentaria
pirámide de energía

Vocabulario académico
papel

VOCABULARY APP
Practica el vocabulario en un aparato móvil.

Misión CONEXIÓN
Piensa en cómo los papeles de energía que desempeñan los organismos en el ecosistema del estanque son importantes para la estabilidad del sistema.

¡Conéctalo!

✏️ **Sombrea una de las flechas para indicar la dirección en que fluye la energía entre la rana y la mosca.**

Analizar sistemas ¿De dónde piensas que las plantas de la imagen obtienen la energía que necesitan para crecer y sobrevivir?

....
....
....

Los papeles de energía en un ecosistema

¿Alguna vez jugaste en el puesto de receptor o arquero en tu equipo? Si la respuesta es sí, sabes lo que es tener un **papel** específico en un sistema. Como en el deporte, cada organismo tiene un papel en el movimiento de la energía a través de su ecosistema.

Los papeles de energía se basan en la manera en que los organismos obtienen el alimento e interactúan con otros organismos. En un ecosistema, los organismos desempeñan un papel de energía que puede ser el de productor, consumidor o descomponedor.

Los productores

La energía entra en la mayoría de los ecosistemas como luz solar. Algunos organismos, como las plantas de la **Imagen 1** y algunas bacterias, capturan energía solar. La usan para recombinar los átomos de las moléculas de agua y dióxido de carbono en moléculas alimentarias en un proceso llamado fotosíntesis.

Un organismo que puede producir su propio alimento es un **productor**. Los productores se convierten en fuente de alimento para otros organismos en un ecosistema. En unos pocos ecosistemas, los productores obtienen energía de una fuente que no es la luz solar. En las profundidades del océano, algunas bacterias convierten la energía química en alimento a partir de fuentes hidrotermales en el suelo oceánico. Ellos son los productores en estos ecosistemas que incluyen gusanos, almejas y cangrejos.

> **INTERACTIVITY**
>
> Identifica las fuentes de tu cena.

Vocabulario académico
¿Alguna vez has escuchado el término *papel* en otros contextos? Menciona algunos ejemplos.

....
....
....

Obtener energía
Imagen 1 Muchos organismos pequeños de una laguna, como una mosca, obtienen energía de las plantas verdes. Estas, a su vez, brindan energía a organismos más grandes, como la rana.

INTERACTIVITY

Representa los papeles de energía y el flujo de la energía en los ecosistemas.

INTERACTIVITY

Explora los papeles que desempeñan los seres vivos en los ecosistemas.

Escríbelo ¿Cuáles son algunos productores, consumidores, carroñeros y descomponedores que has visto en tu vecindario?

La vida y la muerte en un riachuelo de Alaska

Imagen 2 Los salmones migran contra la corriente hasta este medio ambiente de bosque después de pasar la mayor parte de sus vidas en el mar. A medida que viajan, muchos de ellos se convierten en alimento para los carnívoros del ecosistema.

Desarrollar modelos
Rotula los productores, consumidores, descomponedores y carroñeros en la imagen.

Los consumidores

Los organismos como los animales de la **Imagen 2** no pueden producir su propio alimento. Un **consumidor** obtiene energía alimentándose de otros organismos.

Los científicos clasifican a los consumidores según lo que comen. Cuando los consumidores comen, el alimento se descompone en moléculas que les brindan energía.

Los consumidores que comen solo animales son carnívoros. Los tiburones blancos, los búhos y los tigres son ejemplos de carnívoros. Algunos carnívoros son carroñeros. Un carroñero es un carnívoro que se alimenta de los cuerpos de organismos muertos. Entre los carroñeros se encuentran el pez bruja y los cóndores. Algunos carnívoros se alimentarán de carroña si no encuentran animales vivos que sean sus presas.

Los herbívoros son consumidores que comen solo plantas y otros organismos fotosintéticos. Los saltamontes, los conejos y las vacas son herbívoros.

Los consumidores que comen plantas y animales son omnívoros. Los mapaches, los cerdos y los seres humanos son omnívoros.

MS-LS2-1, MS-LS2-2, MS-LS2-4

Ecología en ACCIÓN

PROFESIONES
Biólogo de campo

Algunos biólogos estudian las células de los seres vivos. Otros estudian los seres vivos en general. Los biólogos de campo estudian los seres vivos y su relación con sus comunidades y ecosistemas. Los biólogos de campo investigan la manera en la que todos los seres vivos interactúan en un medio ambiente. Dentro de este campo, se pueden enfocar en las plantas, los animales, los insectos, el suelo, y muchos otros aspectos.

Algunos biólogos de campo trabajan en el sector de pesca o como técnicos para controlar la contaminación. Otros podrían llevar a cabo investigaciones de salud ambiental o de una planta, animal o ecosistema específico. También podrían ser responsables de regular o hacer cumplir las leyes de protección del medio ambiente. Con frecuencia, los biólogos de campo trabajan para la industria como ambientalistas, monitoreando los efectos de una industria en su medio ambiente local. Los biólogos de campo pueden monitorear cualquier perturbación dentro de un ecosistema y determinar en qué medida la población de organismos podría ser afectada.

Para convertirte en un biólogo de campo, necesitas conocer una amplia variedad de ciencias, incluyendo ecología, botánica, zoología, biología marina y análisis de ecosistemas. En el futuro, los biólogos de campo estudiarán los efectos a largo plazo de ciertas industrias en el medio ambiente. También analizarán los efectos del calentamiento global en las interacciones de los ecosistemas.

▶ **VIDEO**
Biólogo de campo

MI PROFESIÓN
Escribe "biólogo de campo" en un buscador en línea para aprender más sobre esta profesión.

Los osos polares se alimentan de focas que se reúnen en los bloques de hielo marino. Con la reducción del hielo marino, los biólogos de campo monitorean cómo estos animales se adaptan y de qué manera cambian sus poblaciones como resultado.

LECCIÓN 3 La biodiversidad

Preguntas guía
- ¿Cuál es el valor de la biodiversidad?
- ¿Qué factores afectan la biodiversidad?
- ¿Cómo impactan las actividades de los seres humanos a la biodiversidad?

Conexiones
Lectura Citar evidencia textual
Matemáticas Usar razones

MS-LS2-4, MS-LS2-5, MS-LS4-1

Vocabulario
biodiversidad
especie clave
extinción
especie invasiva

Vocabulario académico
valor
económico

VOCABULARY APP
Practica el vocabulario en un aparato móvil.

Misión CONEXIÓN
Considera cómo construir un paso de fauna para que la construcción del camino no tenga un impacto negativo en la biodiversidad local.

¡Conéctalo!

Encierra en un círculo las partes del ecosistema que se muestra aquí que crees que son importantes para las personas.

Identificar incógnitas ¿Cuáles crees que son dos formas importantes en que los seres humanos se benefician de un ecosistema saludable? Explica tu respuesta.

....
....

254 Poblaciones, comunidades y ecosistemas

El valor de la biodiversidad

En la Tierra hay muchos ecosistemas diferentes que proporcionan hábitats para todos y cada uno de los organismos. Algunos organismos viven en un ecosistema durante toda su vida. Otros organismos nacen en un ecosistema y emigran a otro. Los ecosistemas saludables tienen biodiversidad. La **biodiversidad** es la cantidad y variedad de especies diferentes en un área. Los ecosistemas saludables también permiten que interactúen diferentes especies. Esto suele ser esencial para su supervivencia, como un depredador que busca presas.

Los cambios en un ecosistema afectan a las especies en ese ecosistema. Por lo general, están vinculados a los recursos disponibles. La biodiversidad aumenta a medida que hay más recursos disponibles. Disminuye cuando hay menos recursos disponibles. Cuando la biodiversidad cambia, impacta en los procesos de los ecosistemas. Este impacto puede afectar la salud de un ecosistema.

La biodiversidad también tiene un **valor** económico y ecológico. Los ecosistemas saludables, como el de la **Imagen 1**, proporcionan recursos y materiales que usamos. Consumimos alimentos, combustible, medicinas y fibras de ecosistemas saludables.

Vocabulario académico

¿Qué significa cuando alguien dice que una persona fue criada con buenos valores? Proporciona dos ejemplos.

....
....
....
....
....

Ecosistemas saludables
Imagen 1 La biodiversidad determina la salud de un ecosistema.

Vocabulario académico
¿Cómo explicarías el término *económico* a alguien que no entiende el significado?

....
....
....
....

Conexión con la lectura

Citar evidencia textual
Mientras lees, subraya las actividades comentadas en el texto que respaldan la idea de que la biodiversidad tiene valor.

De la granja al mercado
Imagen 2 La enfermedad y las malas condiciones climáticas pueden causar pérdidas financieras graves para los agricultores.

Formar una opinión ¿Es acertado que un agricultor plante solo un tipo de cultivo? Explica tu respuesta.

....
....
....
....
....

Valor económico

Los seres humanos usamos los ecosistemas para nuestro propio beneficio. El uso de los ecosistemas tiene un valor para satisfacer nuestras necesidades y deseos básicos. Los productos que tomamos de los ecosistemas tienen un valor **económico**, como proveer un ingreso familiar. Las personas pueden beneficiarse de ecosistemas saludables tanto directa como indirectamente.

Los recursos que se consumen en un ecosistema proporcionan un valor directo. Por ejemplo, los cultivos que ves en la **Imagen 2** son de valor directo. La agricultora usó la tierra y plantó los cultivos para poder alimentar a su familia y obtener ganancias con su venta. Además de alimentos, los medicamentos y las materias primas proporcionan recursos e ingresos. Desafortunadamente, nuestra demanda de ciertos organismos y recursos puede dañar la biodiversidad y los ecosistemas. Los seres humanos pueden usar demasiados recursos a la vez. Debido a esto, muchos ecosistemas no tienen tiempo para recuperarse y están dañados.

Algunos recursos en un ecosistema se usan, pero no se consumen. Estos valores indirectos también afectan el valor económico. Los árboles que dan sombra reducen las facturas de servicios públicos y proporcionan protección contra el viento. Los humedales reducen la erosión del suelo y controlan las inundaciones. El excursionismo, el turismo en hábitats únicos y las actividades recreativas proporcionan ingresos. La clave es usar estos recursos del ecosistema para obtener beneficios sin destruirlos.

✓ **REVISAR LA LECTURA** **Determinar las ideas centrales** ¿Qué hace que los cultivos sean un valor directo de un ecosistema?

....
....

Un árbol valioso

Imagen 3 Los elefantes comen la fruta de la datilera del desierto. Luego, los elefantes esparcen las semillas en sus desechos mientras viajan.

Aplicar el razonamiento científico Considera la interdependencia entre el árbol y el elefante. ¿Qué pasaría si una de las especies disminuyera en cantidad?

....

....

Valor ecológico Todas las especies funcionan dentro de un ecosistema. Cada especie cumple una función determinada. Todas las especies están conectadas y dependen unas de otras para sobrevivir. Una **especie clave** es una especie que influye en la supervivencia de muchas otras especies en un ecosistema. Un ejemplo de una especie clave es el elefante africano.

Las manadas de elefantes africanos parecían estar arrancando la vegetación del ecosistema, dañándola. Algunos funcionarios del parque querían controlar la población de elefantes reduciendo la cantidad de rebaños. En vez de eso, dejaron que los rebaños deambularan libremente. Cuando los elefantes arrancaron los árboles, dieron paso a los pastizales y a los animales más pequeños. Los arbustos crecieron donde una vez estuvieron los árboles y alimentaron a los animales que no podían alcanzar árboles más altos. Con el tiempo, el ecosistema del parque, **Imagen 3**, regresó a un equilibrio ecológico. Los cambios en los factores físicos y biológicos de un ecosistema, como la cantidad de elefantes y árboles, afectan a todas las poblaciones de un ecosistema.

La biodiversidad sustenta los ecosistemas al proteger los recursos de la tierra y el agua, y ayuda en el ciclo de nutrientes. Los árboles y la vegetación mantienen el suelo en su lugar para evitar la erosión y los deslizamientos de tierra. Las raíces rompen rocas para permitir que el agua penetre en el suelo. Los desechos animales mantienen la fertilidad del suelo. Un ecosistema diverso es estable, productivo y puede resistir fácilmente los cambios del medio ambiente.

HANDS-ON LAB

uInvestigate Explora el papel de las especies clave en el mantenimiento de la biodiversidad.

✓ **REVISAR LA LECTURA Evaluar** ¿Por qué el elefante es considerado una especie clave?

....

....

> **INTERACTIVITY**
>
> Explora la diversidad de especies que viven en el Amazonas.

Factores que afectan la biodiversidad

Hay numerosos ecosistemas en la Tierra. La biodiversidad dentro de estos ecosistemas varía de un lugar a otro. Varios factores afectan la biodiversidad, incluida la diversidad de nichos, la diversidad genética, la extinción, el clima y el área.

Diversidad de nichos Cada especie en un ecosistema ocupa un nicho único. Los recursos abióticos y bióticos que necesita una especie para sobrevivir son proporcionados por su nicho. Estos recursos incluyen comida, agua y hábitat. Los nichos de diferentes poblaciones dentro de un ecosistema interactúan entre sí. Algunas especies, como el panda de la **Imagen 4**, viven en un nicho estrecho con solo algunas fuentes alimenticias. Las especies que tienen un nicho estrecho son más vulnerables a los cambios ambientales. Un nicho también puede ser compartido por dos especies diferentes. Cuando esto sucede, compiten por los recursos. Si los recursos son bajos, una especie puede sobrevivir mientras que la otra debe irse o morir. Un ecosistema saludable refleja un equilibrio entre diferentes poblaciones y sus nichos únicos.

Un nicho estrecho

Imagen 4 La dieta del panda no tiene diversidad. Su dieta consiste casi enteramente de hojas, tallos y brotes de diferentes especies de bambú. Los pandas pueden comer más de 30 kg de bambú al día. Encierra en un círculo el bambú en la imagen.

Aplicar conceptos ¿Qué pasaría con la población de pandas si hubiera una disminución en la cantidad de bambú disponible? Explica tu respuesta.

....
....
....
....
....

¡Pregúntalo!

Especie en peligro de extinción

Imagen 5 Los guepardos están en peligro. Los científicos especulan que están casi extintos por su baja diversidad genética, la pérdida de recursos alimenticios naturales o la pérdida de su hábitat.

Hacer preguntas Un grupo de científicos visita tu escuela para comentar la importancia de salvar a la población de guepardos. Necesitan tu ayuda para diseñar una solución para detener su disminución. Sin embargo, primero debes comprender un poco más sobre la disminución de las poblaciones de guepardos. Se requiere que cada persona haga al menos tres preguntas a los expertos para ayudar a diseñar una solución. En el espacio de abajo, escribe tus preguntas. Considera las limitaciones al desarrollar tus preguntas.

....

....

....

Diversidad genética

Puedes haber escuchado la expresión "patrimonio genético". Es la cantidad de genes disponibles dentro de una población. La diversidad genética, por otro lado, es la cantidad total de rasgos heredados en la composición genética de una especie completa. Cuanto mayor es su diversidad genética, más probable es que una especie se pueda adaptar y sobrevivir. Las especies con baja diversidad genética carecen de la capacidad de adaptarse a las cambiantes condiciones del medio ambiente. Los guepardos que ves en la **Imagen 5** tienen baja diversidad genética, lo que puede haber contribuido a su situación de casi extinción.

Extinción de una especie

Según la evidencia fósil, más del noventa por ciento de los organismos que alguna vez han vivido en la Tierra se han extinguido. La **extinción** es la desaparición de todos los miembros de una especie de la Tierra. Las especies que corren el riesgo de desaparecer son especies en peligro de extinción. Y las especies que podrían estar en peligro en el futuro cercano son especies amenazadas. Hay dos formas en que las especies pueden extinguirse. La extinción de fondo ocurre durante un largo período de tiempo. Generalmente involucra solo una especie. Los cambios en el medio ambiente o la llegada de un competidor causan extinciones de fondo. La extinción masiva puede matar a muchas especies diferentes en muy poco tiempo. Las extinciones masivas son causadas por cambios climáticos rápidos (como el impacto de meteoroides), erupciones volcánicas continuas o cambios en el aire o el agua.

REVISAR LA LECTURA Resumir el texto ¿Por qué las poblaciones con baja diversidad genética, como los guepardos, tienen menos probabilidades de sobrevivir?

....

....

Otros factores El clima y el tamaño de un ecosistema también afectan la biodiversidad. Los científicos plantean la hipótesis de que un clima constante respalda la biodiversidad. Uno de los lugares más diversos en la Tierra es la selva tropical. Las temperaturas no fluctúan mucho y recibe una gran cantidad de lluvia. Además, las plantas crecen durante todo el año, proporcionando alimento para los animales. El área de un ecosistema, o la cantidad de espacio que cubre, también determina su biodiversidad. Por ejemplo, se encuentran más especies en un ecosistema de 50 que en uno de 10 kilómetros cuadrados. Un ecosistema con un área más grande generalmente tendrá más biodiversidad.

Matemáticas · Herramientas

Espacio para recorrer

Una sabana es un ecosistema de pradera con pocos árboles. Alrededor del 65 por ciento de África está cubierto por sabanas. Los leones deambulan donde hay menos de 25 personas por milla cuadrada. A medida que aumenta la población de seres humanos en África, la cantidad de tierra donde deambulan los leones disminuye. Usa el cuadro y las gráficas para responder las preguntas.

Tierra africana en 2012

- Sabana, los leones no deambulan libremente
- No es sabana
- Sabana, los leones deambulan libremente

1. **Predecir** Describe cómo cambiaría el área verde de la gráfica circular para mostrar el área donde los leones hoy deambulan libremente.

   ....

2. **Sacar conclusiones** ¿Cómo ha cambiado el equilibrio en la población de leones africanos con el tiempo? ¿Qué causó este cambio?

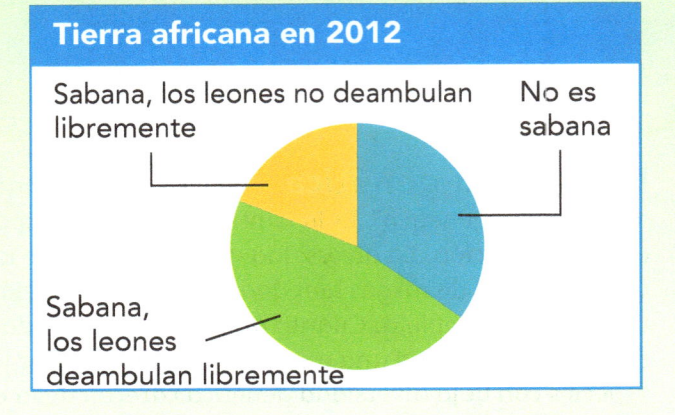

   ....
   ....
   ....

3. **Usar razones** Escribe una relación que compare la población de leones entre 1950 y 2000. Explica la relación entre la población de seres humanos y la población de leones.

   ....
   ....

Población estimada de seres humanos en África

Seres humanos (mil millones) vs. Año (1950–2010)

Población estimada de leones en África

Población vs. Año (1950–2010)

260 Poblaciones, comunidades y ecosistemas

Impacto humano

Cuando un ecosistema se ve perjudicado de alguna manera, su biodiversidad se reduce. Las actividades de los seres humanos impactan directamente los ecosistemas y los organismos que viven allí. Como puedes ver en la **Imagen 6**, las actividades humanas pueden afectar el medio ambiente.

Nuestro impacto en los ecosistemas

Imagen 6 🖊 Para cada imagen, determina si las actividades humanas aumentan o disminuyen los impactos sobre el medio ambiente. Coloca una "A" en el círculo para un aumento en el impacto, y una "D" en el círculo para una disminución en el impacto. Luego, en el espacio provisto, proporciona evidencia para respaldar tu determinación.

261

Amenazas al coral

Imagen 7 🖍 Estas imágenes muestran dos ecosistemas de arrecifes de coral diferentes. Una imagen muestra cómo un aumento en la temperatura del agua puede dañar un arrecife de coral a través del blanqueamiento del coral. Cuando el agua se calienta demasiado, los corales pueden estresarse, lo que hace que las algas que viven en sus tejidos se vayan. Debido a que el coral depende de las algas para alimentarse, comienza a morir de hambre. Encierra en un círculo la imagen que muestra el blanqueamiento de corales.

✅ **REVISAR LA LECTURA**
Determinar conclusiones ¿Qué evidencia se presenta para mostrar que un clima cálido puede impactar en la biodiversidad?

....
....
....
....
....
....

Dañar la biodiversidad Las actividades de los seres humanos causan la mayor parte del daño a los hábitats y ecosistemas, reduciendo la biodiversidad. Por ejemplo, eliminar los recursos naturales de un ecosistema puede reducir su biodiversidad.

Los científicos están de acuerdo en que los mayores niveles de dióxido de carbono contribuyen al cambio climático. Los seres humanos contribuyen al cambio climático con la eliminación de los recursos de los ecosistemas. Por ejemplo, cuando quitan los árboles para los cultivos, para hacer casas y por la madera. El uso de máquinas para remover y procesar los árboles aumenta la cantidad de gas dióxido de carbono en nuestra atmósfera. Además, las plantas deforestadas no absorben el dióxido de carbono. Los cambios en el clima impactan en todos los ecosistemas de la Tierra. Es fácil observar los cambios de temperatura en la tierra, pero la temperatura del agua del océano también cambia. La **Imagen 7** muestra cómo un clima cambiante amenaza la biodiversidad.

Las actividades de los seres humanos también pueden introducir especies no nativas, llamadas ==especies invasivas==, en un hábitat. A menudo, las especies invasivas superan a las especies nativas dentro de un ecosistema. Los seres humanos también eliminan especies cuando los cazadores furtivos matan ilegalmente animales silvestres para obtener ropa, medicinas o partes del cuerpo como cuernos de marfil.

Poblaciones, comunidades y ecosistemas

Proteger la biodiversidad Todos podemos tomar medidas para proteger la vida silvestre de la Tierra. La **Imagen 8** muestra a estudiantes recopilando datos para proyectos de conservación. Los programas de reproducción en cautiverio ayudan a las especies en peligro de extinción a reproducirse y a mantener la diversidad. Los estados y los países pueden reservar tierras para proteger los hábitats naturales. Con leyes y tratados internacionales protegen el medio ambiente y la biodiversidad.

Preservación del hábitat El objetivo de la preservación del hábitat es mantener el estado natural de un ecosistema. A veces, eso requiere restaurar su biodiversidad. Los parques nacionales, las pesquerías marinas y los refugios de vida silvestre son áreas que preservan los hábitats. Estas áreas son santuarios de vida silvestre. Las leyes previenen o restringen severamente cualquier remoción de recursos de los santuarios de vida silvestre.

> **INTERACTIVITY**
>
> Examina cómo los seres humanos pueden proteger y preservar la biodiversidad.

Científicos ciudadanos

Imagen 8 Los científicos a menudo buscan ayuda de personas como tú para la preservación y los esfuerzos de conservación. Los ciudadanos están capacitados para recopilar datos sobre factores como la calidad del agua, el número de poblaciones y el comportamiento de las especies. Los científicos usan los datos para seguir las poblaciones y monitorear los esfuerzos de preservación.

Formar una opinión ¿Crees que los ciudadanos voluntarios deberían participar en proyectos de ciencia ciudadana? Explica tu respuesta.

....
....
....
....

Reflexiona ¿Qué valoras sobre estar en la naturaleza? Considera la cantidad y variedad de especies que ves cuando estás afuera. ¿Qué pasaría si algunas de ellas desaparecieran?

Cooperación global La preservación del hábitat es fundamental para mantener nuestras especies existentes y proteger la biodiversidad a nivel mundial. Hay dos tratados dedicados a preservar la biodiversidad global. El Convenio sobre la Diversidad Biológica se centra en la conservación. La Convención sobre el Comercio Internacional de Especies Amenazadas de Fauna y Flora Silvestres garantiza que el comercio de plantas y animales no los ponga en peligro. Estos dos tratados protegen a más de 30,000 especies de plantas y animales. Todos nos beneficiamos de los esfuerzos globales que protegen la biodiversidad de la Tierra (**Imagen 9**). La protección y la conservación aseguran recursos para las generaciones futuras.

REVISAR LA LECTURA **Elaborar explicaciones** ¿Por qué es importante proteger los ecosistemas marinos?

....
....
....

Proteger nuestros océanos

Imagen 9 El mar de Cortés es un ecosistema marino protegido. El apoyo mundial para proteger los ecosistemas marinos de la Tierra está aumentando. Sin embargo, reunir apoyo es un proceso lento. El océano es grande y muchas personas no entienden la importancia de la protección marina. Encierra en un círculo dos organismos que podrían dañarse sin la protección marina.

LECCIÓN 3: Revisión

MS-LS2-4, MS-LS2-5, MS-LS4-1

1. **Describir** ¿Qué significa el valor de la biodiversidad?

   ....
   ....
   ....
   ....

2. **Distinguir relaciones** ¿De qué manera la biodiversidad de un ecosistema es una medida de su salud?

   ....
   ....
   ....
   ....

3. **Causa y efecto** ¿Qué consecuencias pueden ocurrir si una especie específica se extingue?

   ....
   ....
   ....
   ....

4. **Aplicar conceptos** Cuando los científicos analizan el registro de rocas, buscan evidencia fósil. ¿Cómo pueden los científicos determinar que la mayoría de los organismos se han extinguido?

   ....
   ....
   ....
   ....
   ....
   ....

5. **Elaborar argumentos** Respalda el argumento de que la biodiversidad necesita ser protegida. Explica tu respuesta.

   ....
   ....
   ....
   ....
   ....
   ....
   ....

Misión CONTROL

En esta lección, aprendiste sobre el valor de los ecosistemas saludables y la importancia de la biodiversidad. También aprendiste sobre los factores que afectan la biodiversidad.

Sintetizar información ¿Cómo puede la construcción de caminos afectar la biodiversidad de un ecosistema?

....
....
....
....

HANDS-ON LAB

Design and Model a Crossing

Conéctate en línea para descargar la hoja de trabajo de este laboratorio. Construye un modelo de tu cruce para la vida silvestre. Comparte tus ideas con la clase. Evalúa cómo funciona cada modelo para proteger la biodiversidad.

Estudio de caso

MS-LS2-2, MS-LS2-4

El elefante confiable

El elefante africano es el mamífero terrestre más grande de la Tierra. Puede llegar a pesar más de 4,500 kilogramos (10,000 libras) y pasar la mayor parte de sus días comiendo. Esta enorme criatura a menudo vive en rebaños de 12 a 15 individuos que son liderados por una hembra dominante. Un elefante africano da a luz cada 3 a 4 años, produciendo una cría después de un embarazo de dos años. Una cría puede pesar alrededor de 110 kilogramos (250 libras) al nacer.

Los elefantes cumplen un papel ecológico tan grande como su tamaño. Como especie clave, impactan directamente en la estructura, composición y biodiversidad de su ecosistema, donde se encuentran las vastas llanuras cubiertas de hierba de las sabanas y los bosques africanos. Los elefantes afectan la variedad y cantidad de árboles que componen un bosque. Al derribar árboles y arrancar arbustos espinosos, crean hábitats de pradera para otras especies. El estiércol de elefante enriquece el suelo con nutrientes y transporta las semillas de muchas especies de plantas. ¡De hecho, algunas de las semillas necesitan pasar a través del sistema digestivo del elefante para germinar! Otras semillas se extraen del estiércol y son comidas por otros animales. Los científicos estiman que al menos un tercio de los bosques de África dependen de los elefantes para su supervivencia de una manera u otra.

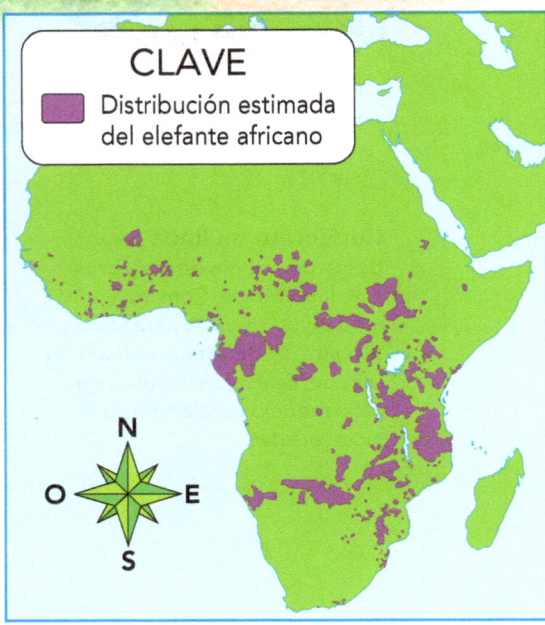

Los elefantes africanos alguna vez fueron millones, pero la cantidad ha disminuido. Esta disminución drástica es el resultado de la caza ilegal. Los cazadores matan a los elefantes por sus colmillos de marfil. El valioso marfil se vende o se usa para hacer artículos decorativos.

CLAVE
Distribución estimada del elefante africano

266 Poblaciones, comunidades y ecosistemas

Salvar a los elefantes

Varios grupos de conservación de elefantes sugieren que hay focos dispersos de elefantes africanos en toda la parte sur del continente. Si bien se están realizando esfuerzos para proteger a los elefantes, hay muy pocas personas y demasiado terreno para cubrir como para que sean muy efectivos.

La gráfica de la derecha muestra la población estimada de elefantes africanos de 1995 a 2014. Usa la gráfica para responder a las preguntas.

Tendencias de la población de elefantes africanos, 1995–2014

Fuente: Biblioteca Nacional de Medicina de los EE. UU. e Institutos Nacionales de Salud

1. **Patrones** Describe cualquier patrón que veas en la gráfica.

2. **Predecir** ¿Crees que la tendencia que se muestra en la gráfica continuará? Explica tu respuesta.

3. **Elaborar explicaciones** Basándote en los datos, ¿cómo podría verse afectado el resto del ecosistema del elefante a largo plazo?

4. **Resolver problemas** ¿Cuáles son algunas formas en que los elefantes podrían ser protegidos para preservar la biodiversidad de un ecosistema?

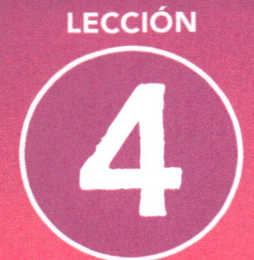

LECCIÓN 4
Los servicios de los ecosistemas

Preguntas guía
- ¿Por qué es importante mantener los ecosistemas saludables?
- ¿Qué servicios de apoyo son necesarios para todos los demás servicios del ecosistema?
- ¿Cómo impacta la biodiversidad en los servicios de los ecosistemas?

Conexiones
Lectura Escribir argumentos
Matemáticas Graficar relaciones proporcionales

MS-LS2-3, MS-LS2-5

Vocabulario
servicios de los ecosistemas
ecología
recurso natural
conservación
sostenibilidad
restauración ecológica

Vocabulario académico
regulación

VOCABULARY APP
Practica el vocabulario en un aparato móvil.

Misión CONEXIÓN
Considera cómo la construcción de caminos impacta en los servicios de los ecosistemas.

¡Conéctalo!

✏️ Encierra en un círculo tres organismos diferentes que interactúan con su medio ambiente.

Distinguir relaciones Describe cómo cada organismo interactúa con el medio ambiente. ¿Cómo se verían afectados si el medio ambiente fuera perturbado?

....
....
....
....

268 Poblaciones, comunidades y ecosistemas

Servicios de los ecosistemas

Los ecosistemas satisfacen nuestras necesidades al proporcionarnos agua, combustible y bienestar. Los **servicios de los ecosistemas** son los beneficios que los seres humanos reciben de los ecosistemas. A menudo se producen sin la ayuda de los seres humanos, ¡y son gratis! Estos servicios ocurren porque los sistemas en un ecosistema interactúan entre sí. Las plantas interactúan con el aire, el sol, el suelo, el agua y los minerales. Los animales interactúan con las plantas, otros animales, el aire y el agua. Debido a que los servicios se intercambian cuando ocurren las interacciones, la biodiversidad es un factor importante.

En un ecosistema, todos los organismos, incluidos los seres humanos, interactúan entre sí y se benefician de esas interacciones. La **ecología** es el estudio de cómo los organismos interactúan con su medio ambiente. La ecología nos ayuda a comprender cómo surgen los servicios de esas interacciones. Por ejemplo, la abeja en la **Imagen 1** está polinizando la flor, pero también está obteniendo néctar de la flor. Ambas interacciones pueden dar como resultado servicios que usan los seres humanos. Además, su intercambio es un ejemplo del ciclo de la materia y la energía dentro de un ecosistema.

Los seres humanos dependen del ciclo de la materia y la energía que ocurre en diversos ecosistemas. Los científicos han separado los servicios de los ecosistemas en cuatro categorías, en función de cómo nos benefician. Las categorías son: servicios culturales, de abastecimiento, de regulación y de apoyo. Identificar y proteger cada servicio es muy importante para la vida humana.

INTERACTIVITY

Explora los servicios proporcionados por un ecosistema saludable.

Servicios de los ecosistemas

Imagen 1 Los organismos interactúan y dependen el uno del otro. Esta abeja poliniza la flor, que se convertirá en un arándano. Considera algunos beneficios que puedes obtener de este ecosistema. Algunos de estos beneficios pueden ser obvios, mientras que otros pueden no serlo.

Servicios culturales y de abastecimiento

Imagen 2 Los servicios culturales nos hacen sentir bien, mientras que los servicios de abastecimiento nos proveen de algo para usar. Encierra en un círculo cualquier foto que muestre un servicio de abastecimiento.

Aplicar conceptos ¿Por qué servicios los seres humanos pagan la mayor cantidad de dinero, por los culturales o los de abastecimiento? Explica tu respuesta.

....
....
....
....
....

Servicios culturales

La naturaleza tiene una forma de hacerte sonreír. Cuando la naturaleza te hace feliz, te proporciona un servicio cultural. Los servicios culturales incluyen servicios recreativos, como remar en una canoa en un lago local o ir de excursión, y servicios educativos, como explorar la historia de la Tierra en las capas rocosas. Usamos los servicios culturales para descansar y relajarnos, o para aprender más sobre el mundo que nos rodea. Incluso podemos aprender sobre la historia, como el papel de los ríos Mississippi y Missouri en la construcción de nuestra nación. La **Imagen 2** muestra algunos ejemplos de los servicios culturales que dan sentido a la vida y ayudan a nuestro bienestar.

Servicios de abastecimiento

Abastecer significa proveer. Los servicios de abastecimiento, que también se muestran en la **Imagen 2**, son los productos obtenidos de los recursos naturales de un ecosistema. Todo lo que ocurre de forma natural en el medio ambiente que usan los seres humanos es un ==recurso natural==, como el agua potable, los alimentos, el combustible y las materias primas. El agua freática filtrada y el agua superficial son dos fuentes a las que recurrimos para obtener agua potable. La agricultura proporciona muchas de las carnes, las verduras y las frutas que comemos. Los ecosistemas marinos y de agua dulce nos proporcionan carne y verduras. Los recursos de combustible incluyen petróleo, carbón y gas natural. Las plantas nos proporcionan madera para construcciones y medicamentos de origen vegetal.

270 Poblaciones, comunidades y ecosistemas

Matemáticas › Herramientas

Restaurar el agua

El agua que fluye hacia el Puerto de Nueva York está contaminada debido al escurrimiento de desechos y fertilizantes. Los científicos han diseñado una solución que depende del filtrado y la purificación natural. Una ostra filtra alrededor de 150 litros de agua por día, mientras que un mejillón filtra 65 litros por día.

1. Escribir una expresión Escribe una fórmula para mostrar la cantidad de agua filtrada por 7 ostras en un día.

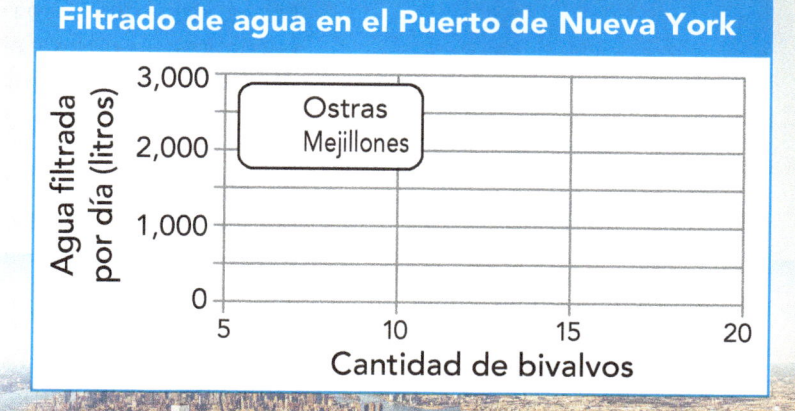

....

....

Filtrado de agua en el Puerto de Nueva York

(Gráfica: Agua filtrada por día (litros) vs. Cantidad de bivalvos; leyenda: Ostras, Mejillones)

2. Graficar relaciones proporcionales
✏ Usa tu fórmula para calcular la cantidad de agua que pueden filtrar 5, 10, 15 y 20 ostras. Luego, calcula la cantidad de agua que puede filtrar la misma cantidad de mejillones. Representa gráficamente tus datos. Usa una línea continua para representar las ostras y una línea punteada para representar los mejillones.

Servicios de regulación

Los beneficios que los seres humanos reciben de los procesos naturales son servicios de regulación. Un ecosistema necesita funcionar y operar adecuadamente para sustentar la vida. Muchos de estos procesos, como la descomposición, pasan desapercibidos. Los servicios de regulación permiten a la naturaleza resistir o solucionar problemas que pueden dañar el ecosistema. Estos procesos también protegen a los seres humanos de algunos de esos mismos problemas.

Las plantas y los animales son importantes en la regulación de un ecosistema. Las plantas aumentan la calidad del aire mediante la eliminación de sustancias químicas nocivas y la liberación de sustancias útiles. Regulan el clima mediante la absorción de un gas de efecto invernadero: dióxido de carbono. Las raíces previenen la erosión del suelo. Los bivalvos, como los mejillones y las ostras, filtran el agua contaminada. Podemos comer frutas porque los animales polinizan las flores y ayudan a dispersar las semillas. Algunos animales ayudan con el control de plagas y enfermedades. Esta regulación es un control biológico.

🧪 VIRTUAL LAB

Prueba y evalúa soluciones que compiten para prevenir la erosión del suelo y proteger las tierras de cultivo.

☑ **REVISAR LA LECTURA Citar evidencia textual** ¿De qué manera son importantes los servicios de regulación para los ecosistemas?

....

....

> **INTERACTIVITY**
>
> Explora los cuatro servicios clave de los ecosistemas.

Servicios de apoyo Los servicios de los ecosistemas más importantes son los que sostienen todos los procesos en la naturaleza. Si bien los servicios de apoyo no impactan directamente en los seres humanos, los ecosistemas no funcionarían sin ellos.

Los servicios de apoyo renuevan recursos como el agua, los nutrientes, los gases y el suelo en todo el ecosistema. En el ciclo del agua, el agua se evapora, viaja en el aire y forma parte de una nube, regresa a la Tierra en forma de precipitación y el ciclo continúa. Cuando un organismo muere, se descompone y forma materia rica en nutrientes que se convierte en parte del suelo. Las plantas absorben los nutrientes y los almacenan en sus células. Los gases atmosféricos también circulan a través de los ecosistemas. Durante la fotosíntesis, las plantas absorben dióxido de carbono y liberan oxígeno. Los animales luego toman el oxígeno y liberan dióxido de carbono. El suelo también tiene un ciclo. Está formado por rocas desgastadas y materia orgánica. El sedimento rocoso puede transformarse en otra roca si se añade calor o presión. La **Imagen 3** muestra cómo estos diferentes ciclos interactúan entre sí. Los ciclos aseguran que la materia y la energía se transfieran sin cesar dentro de un ecosistema saludable.

Interacciones entre los ciclos de un ecosistema

Imagen 3 Dibuja dos flechas para mostrar el flujo de agua en este ecosistema.

Explicar fenómenos ¿Qué sucedería si se interrumpiera alguno de estos servicios?

....

....

....

REVISAR LA LECTURA Determinar las ideas centrales ¿Por qué los servicios de apoyo son importantes para el ecosistema?

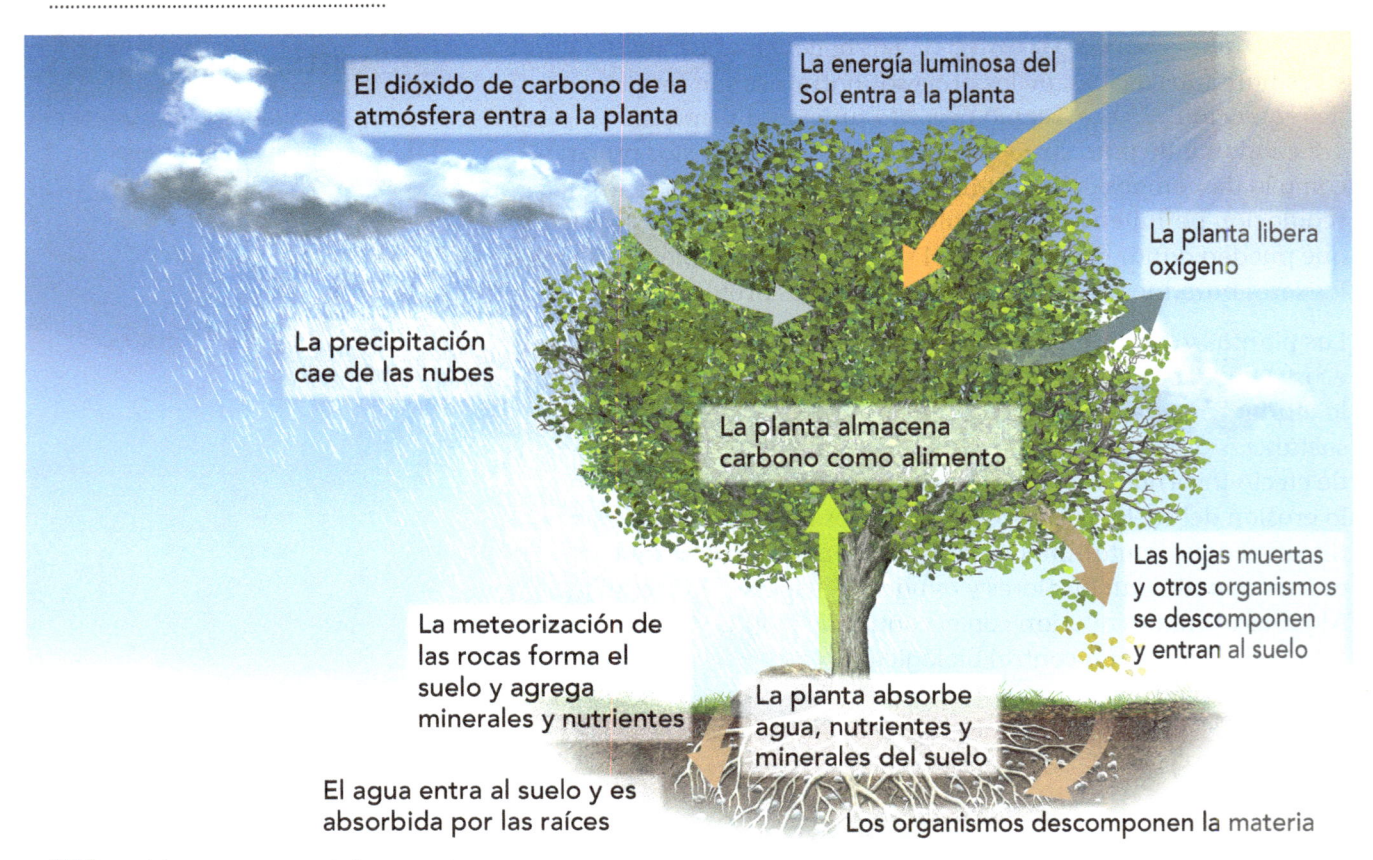

....

....

- El dióxido de carbono de la atmósfera entra a la planta
- La energía luminosa del Sol entra a la planta
- La planta libera oxígeno
- La precipitación cae de las nubes
- La planta almacena carbono como alimento
- Las hojas muertas y otros organismos se descomponen y entran al suelo
- La meteorización de las rocas forma el suelo y agrega minerales y nutrientes
- La planta absorbe agua, nutrientes y minerales del suelo
- El agua entra al suelo y es absorbida por las raíces
- Los organismos descomponen la materia

272 Poblaciones, comunidades y ecosistemas

Biodiversidad en los ecosistemas

Imagen 4 La supervivencia de los ecosistemas marinos, como este arrecife de coral, depende de la diversidad de los organismos. Los arrecifes de coral proporcionan todo tipo de servicios de ecosistema. Pero a veces esos servicios pueden estar en conflicto. Las personas que bucean pueden dañar los corales. Los botes pueden aumentar la contaminación del agua. Las personas también pueden abusar de la pesca en el área.

Especificar restricciones de diseño Piensa en formas de preservar este ecosistema. ¿Qué tipo de plan de gestión podría mantener los servicios de ecosistema que proporciona un arrecife de coral, al tiempo que lo protege del impacto negativo de las actividades humanas?

....
....
....
....
....
....

Factores que impactan en los servicios de los ecosistemas

La Tierra necesita ecosistemas diversos y saludables. Todos los organismos dependen de su medio ambiente para obtener comida, agua y refugio. Los ecosistemas diversos proporcionan estas necesidades básicas para la vida.

Biodiversidad La producción del ecosistema aumenta con la biodiversidad. Cuando la producción aumenta, los servicios del ecosistema aumentan. Los arrecifes de coral, como el que se ve en la **Imagen 4**, cubren menos del uno por ciento del océano. Sin embargo, más del 25 por ciento de la vida marina vive entre los arrecifes de coral. Cada especie juega un papel dentro del ecosistema y se benefician unos de otros. Los peces pequeños comen algas, por lo que los corales no compiten por los recursos con las algas. Los depredadores, como los tiburones, evitan que la cantidad de peces pequeños sea demasiado grande. Algunos peces comen parásitos que crecen en otros peces. Los organismos como los cangrejos se alimentan de organismos muertos.

Como puedes ver, hay muchos más ejemplos de biodiversidad encontrados en los arrecifes de coral. Esta biodiversidad ayuda a los arrecifes de coral a sobrevivir condiciones cambiantes. Sin embargo, los arrecifes de coral están cada vez más amenazados por nuestra demanda de recursos.

Granjas de aguacate

Imagen 5 Los productores de aguacate en México no sabían que las raíces de los árboles nativos filtran el agua. Las raíces del árbol de aguacate no pueden filtrar las aguas freáticas.

Identificar patrones ¿Cómo ha impactado esto en las personas que dependen del agua potable filtrada naturalmente?

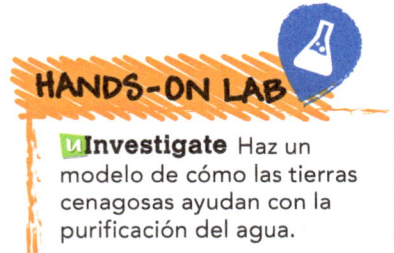

....
....
....
....

HANDS-ON LAB

Investigate Haz un modelo de cómo las tierras cenagosas ayudan con la purificación del agua.

Conexión con la lectura

Escribir argumentos
Usa Internet para realizar investigaciones sobre la tala de bosques para crear tierras de cultivo. Investiga dos lados opuestos del problema. Selecciona un lado del problema para apoyar. Usando evidencia, explica por qué elegiste ese lado.

Actividades de los seres humanos Cuando los seres humanos alteran o destruyen hábitats, el ciclo natural del ecosistema se interrumpe. Y esto se debe principalmente a nuestra ignorancia y codicia. La eliminación de especies interrumpe el ciclo natural, lo que reduce los servicios de los ecosistemas. Sin embargo, muchas personas están trabajando para restaurar y proteger el ciclo natural de los ecosistemas.

Alguna vez pensamos que nuestros océanos podían manejar cualquier cosa que arrojáramos en ellos, desde aguas residuales hasta desechos nucleares. También asumimos que habría un suministro interminable de bienes. Pero, al contaminar nuestros océanos, hemos perdido organismos marinos. También hemos pescado indiscriminadamente el bacalao del Atlántico, el atún azul y la merluza negra. Nuestra demanda ha causado que sus poblaciones disminuyan drásticamente.

Cambiar el ecosistema impacta en los seres humanos porque reduce los servicios de los ecosistemas de los que dependemos. El desarrollo de las ciudades y la demanda de alimentos perjudican aún más los ecosistemas. Cuando los edificios reemplazan las tierras cenagosas y las llanuras aluviales, a menudo se producen inundaciones y pérdida de la biodiversidad. Para cultivar, los agricultores despojan a la tierra de las especies de plantas nativas, disminuyendo la biodiversidad. En México, esto se convirtió en un problema cuando los productores cortaron robles y pinos nativos para cultivar aguacates, como se muestra en la **Imagen 5**.

✅ **REVISAR LA LECTURA** **Resumir el texto** ¿Qué impacto tienen las granjas en un ecosistema?

....
....

Conservación

En los últimos 50 años, las actividades de los seres humanos han cambiado drásticamente los ecosistemas de la Tierra. Científicos e ingenieros están trabajando para diseñar soluciones para ayudar a salvar los ecosistemas de la Tierra. Una forma es a través de la **conservación**, es decir, la práctica de usar menos recursos para que duren más tiempo. Como ciudadanos, todos podemos participar en la conservación para proteger y restaurar los ecosistemas de la Tierra.

Protección Los ecosistemas saludables necesitan protección contra la pérdida de recursos. La **sostenibilidad** es la capacidad de un ecosistema para mantener la biodiversidad y la producción indefinidamente. Designar áreas protegidas y regular la cantidad de recursos que los seres humanos pueden tomar de un ecosistema son dos esfuerzos principales para promover la sostenibilidad. La **regulación** de áreas protegidas puede ser difícil de hacer cumplir sin monitores.

Restauración La **restauración ecológica** es la práctica de ayudar a un ecosistema degradado o destruido a recuperarse del daño. Algunos esfuerzos de recuperación son fáciles, como sembrar plantas nativas. Otros son más difíciles. Por ejemplo, los derrames de productos químicos tóxicos requieren una biorremediación, una técnica que utiliza microorganismos para degradar los contaminantes. Restaurar la tierra a un estado más natural, o la recuperación de la tierra, también ayuda a los ecosistemas (**Imagen 6**).

REVISAR LA LECTURA Determinar las ideas centrales ¿Por qué los científicos prefieren usar la biorremediación para limpiar derrames químicos?

....

....

> **INTERACTIVITY**
>
> Investiga cómo la biodiversidad impacta en los servicios de los ecosistemas.

Vocabulario académico
¿Por qué es importante que la escuela tenga regulaciones?

....

....

....

¡Diséñalo!

Restauración ecológica

Imagen 6 Restaurar un ecosistema a menudo lleva varios años y varias regulaciones.

Diseñar la solución La construcción de un centro comercial ha provocado el deterioro de una tierra cenagosa. Un estudio realizado mostró que el escurrimiento de las áreas pavimentadas está perturbando la tierra cenagosa existente. Crea un plan para presentar a los funcionarios locales que describa los criterios para restaurar la tierra cenagosa restante.

....

....

....

LECCIÓN 4: Revisión

MS-LS2-3, MS-LS2-5

1. **Identificar** ¿Cuáles son las cuatro categorías de servicios de los ecosistemas?

2. **Describir** ¿Cómo ayudan los servicios culturales a los seres humanos?

3. **Distinguir relaciones** ¿Cómo se relacionan la biodiversidad y el ciclo de la materia con el mantenimiento de los servicios de los ecosistemas?

4. **Aplicar conceptos** ¿Cuáles son algunas de las maneras en las que puedes conservar el agua?

5. **Explicar fenómenos** ¿Qué son los servicios de apoyo y por qué son importantes para los servicios culturales, de abastecimiento y de regulación?

6. **Evaluar la proporción** Usando los datos de Herramientas de matemáticas, ¿qué bivalvo es más eficiente para filtrar el agua? Proporciona un respaldo.

7. **Aplicar el razonamiento científico** ¿Cuáles son algunos otros organismos, además de los bivalvos, que podrían usarse para purificar el agua? Explica los beneficios de usar este organismo.

8. **Implementar una solución** Una gigantesca granja industrial usa grandes lagunas abiertas para tratar los desechos de los edificios donde están los cerdos. El problema es que las lagunas huelen mal y, durante las tormentas de lluvia, corren el riesgo de derramarse en los sistemas fluviales de los alrededores. Diseña una solución que resuelva el riesgo de contaminación del agua y el olor y que permita que la granja continúe criando cerdos.

tú, Ingeniero — Diseño sustentable — STEM

littleBits

MS-LS2-4, MS-LS2-5

DE LOS BULDÓCERES
a los biomas

> **INTERACTIVITY**
> Evalúa las soluciones de diseño basándote en qué tan bien cumplen los criterios y las restricciones de una tarea.

¿Sabes cómo transformar un antiguo pozo de arcilla en exuberantes biomas? ¡Tú eres el ingeniero o la ingeniera! El Proyecto Edén en Cornwall, Inglaterra, nos muestra cómo.

El reto: Renovar y transformar la tierra después de que los seres humanos la han dañado.

Fenómeno Una cantera de arcilla en Cornwall había sido explotada durante más de cien años para hacer porcelana fina y la estaban cerrando. La minería proporciona acceso a los recursos, pero puede dañar los ecosistemas al eliminar la vegetación y la capa superior del suelo. La minería puede amenazar la biodiversidad al destruir o fragmentar los hábitats, y al aumentar la erosión y la contaminación.

Los planificadores del Proyecto Edén eligieron la cantera de arcilla para construir un invernadero gigante para mostrar la biodiversidad y la relación entre las plantas, las personas y los recursos.

El invernadero representa dos biomas: el bioma de selva tropical y el bioma mediterráneo. Estos biomas contienen más de un millón de plantas y más de 5,000 especies diferentes. Los visitantes pueden aprender cómo las plantas se adaptan a diferentes climas, cómo las plantas desempeñan un papel en su vida cotidiana y cómo usar los recursos de manera sostenible.

La foto superior muestra la cantera de arcilla que fue transformada en las estructuras del bioma y la de abajo muestra la exuberante vegetación del Proyecto Edén.

RETO DE DISEÑO

¿Puedes construir un modelo de una estructura de bioma? ¡Ve al Cuaderno de diseño de ingeniería para averiguarlo!

Tienes materiales limitados para trabajar: 30 palillos y 15 bolitas de plastilina

☑ LECCIÓN 3: Revisión

MS-ESS3-1

1. **Definir** ¿Qué son los minerales? Enumera ejemplos.

   ....
   ....
   ....
   ....

2. **Distinguir relaciones** Explica la relación entre los minerales y las menas.

   ....
   ....
   ....
   ....
   ....

3. **Causa y efecto** ¿Cuál es la causa de que los minerales se distribuyan de manera desigual en la Tierra?

   ....
   ....
   ....
   ....
   ....

4. **Identificar patrones** 🖊 Usa dibujos para mostrar una de las maneras en que se pueden formar los minerales.

Misión CONTROL

En esta lección, aprendiste por qué los minerales son recursos importantes y cómo se forman. También aprendiste que las diferentes maneras en que se forman los minerales llevan a una distribución desigual de los diferentes tipos de minerales en todo el mundo.

Evaluar datos ¿Por qué deberías considerar los recursos minerales al tratar de determinar si una ciudad crecerá o se convertirá en una ciudad fantasma?

....
....
....
....
....

INTERACTIVITY

Surviving on Minerals

Conéctate en línea para obtener más información sobre cómo se distribuyen algunos recursos minerales en los Estados Unidos. Luego, aplica esta información a tu análisis de la ciudad que estás investigando.

Estudio de caso

MS-ESS3-1, MSS-ESS3-4

El fiasco del fósforo

Sin el fósforo, los seres vivos no existirían en la Tierra. Todos los animales y plantas necesitan fósforo para producir la energía que los mantiene vivos. Desafortunadamente, como todos los minerales, el fósforo no es un recurso renovable. Solo existe una cierta cantidad en la naturaleza, donde se mueve en un ciclo natural. En los últimos años, sin embargo, ese ciclo se ha roto y corremos el riesgo de consumir todo el suministro de fósforo de la Tierra.

En el ciclo del fósforo, los animales y las personas comen plantas ricas en fósforo. El exceso de fósforo se expulsa de los cuerpos de los organismos en forma de desechos. El desecho vuelve al suelo para enriquecer las plantas, comenzando el ciclo nuevamente.

Durante muchos siglos, los agricultores usaron estiércol, que es rico en fósforo, para fertilizar sus cultivos. Hace aproximadamente 175 años, a medida que la población creció, los agricultores buscaron nuevas fuentes de fertilizantes para mantenerse al día con la demanda de alimentos. Los ingenieros y los geólogos se dieron cuenta de que el fósforo podría extraerse del subsuelo y utilizarse para fabricar fertilizantes. La mayoría de las reservas mundiales de fósforo se encuentran en los Estados Unidos, China, Rusia y el norte de África.

El "fiasco del fósforo" es el resultado de una tecnología mejorada que interrumpió el ciclo natural del fósforo. Debido a que la mayoría de los desechos humanos ahora termina en los sistemas de alcantarillado y tratamiento de agua, el fósforo termina en el océano. Se usa más fertilizante manufacturado para fertilizar plantas y cultivos. Todavía obtenemos el fósforo requerido, pero estamos agotando el suministro natural en el proceso.

La extracción de fósforo alteró el ciclo natural del fósforo.

Producción minera y reservas mundiales de fosfato				
País	Producción minera (ton)		Reservas
	2015	2016	
China	120,000	138,000	3,100,000
Jordania	8,340	8,300	1,200,000
Marruecos/Sahara Occidental	29,000	30,000	50,000,000
Rusia	11,600	11,600	1,300,000
Estados Unidos	27,400	27,800	1,100,000

Fuente: Servicio Geológico de los EE. UU. (U. S. Geological Survey), 2017

Usa el texto y la tabla de datos para responder las siguientes preguntas.

1. **Calcular** ¿Qué país tuvo el mayor aumento en la producción de fósforo entre 2015 y 2016? Describe la cantidad del aumento como una fracción o porcentaje.

2. **Analizar costos** ¿Cómo han afectado los desarrollos tecnológicos al ciclo natural del fósforo? ¿Qué crees que se puede hacer para abordar este problema?

3. **Evaluar el cambio** Según la tasa actual de producción, ¿en cuántos años consumirán los Estados Unidos sus reservas conocidas de fosfato?

4. **Elaborar explicaciones** Marruecos/Sahara Occidental tiene, por mucho, las mayores reservas de fósforo, pero no es el mayor productor. ¿Por qué crees que esto es así? ¿Crees que la situación podría cambiar? Explica tu respuesta.

LECCIÓN 4: Los recursos de agua

Preguntas guía
- ¿Cómo afectan los procesos geológicos la distribución de aguas subterráneas en la Tierra?
- ¿Cómo se usa el agua como recurso?

Conexiones
Lectura Respaldar la afirmación del autor
Matemáticas Hacer inferencias comparativas

MS-ESS3-1, MS-ESS3-4

Vocabulario
desalinización

Vocabulario académico
componente
obtener

VOCABULARY APP
Practica el vocabulario en un aparato móvil.

Misión CONEXIÓN
Piensa en cómo la disponibilidad de los recursos de agua influiría en el crecimiento o la caída de una ciudad.

¡Conéctalo!

La gota de agua sobre la Tierra representa toda el agua del planeta. Dibuja un círculo dentro de la gota de agua para representar la cantidad de agua dulce que crees que existe en la Tierra.

Aplicar el razonamiento científico ¿De qué manera el papel del agua en los sistemas de la Tierra la convierte en un recurso natural importante?

....
....
....

El agua en la Tierra

Aunque la Tierra es conocida como el planeta de agua, el agua de la que dependen los seres vivos representa solo una fracción del suministro total de agua del planeta (**Imagen 1**). La mayor parte del agua en la Tierra es agua salada. El agua dulce solo se encuentra en la superficie de nuestro planeta como hielo o agua, o dentro de la corteza terrestre como aguas freáticas.

El agua es un recurso limitado, lo que significa que hay una cantidad limitada de ella en la Tierra. Además, no está distribuida uniformemente alrededor del planeta debido a las fuerzas meteorológicas y geológicas. El ciclo del agua hace circular el agua entre el océano y otras masas de agua terrestres, superficiales y subterráneas, y en la atmósfera. Una pequeña cantidad de agua dulce en la Tierra se encuentra en la atmósfera, y una gran cantidad de agua se encuentra bajo tierra como aguas freáticas. Pero la mayor parte del agua dulce está atrapada como hielo en los polos y en los glaciares. Una cantidad muy pequeña de agua en la superficie del planeta está inmediatamente disponible para el uso humano en lagos y ríos.

INTERACTIVITY

Predice cuánta agua en la Tierra es potable.

Reflexiona ¿Cómo se usa el agua en tu medio ambiente local? En tu cuaderno de ciencias, describe algunas maneras en las que tu medio ambiente local se vería afectado si hubiera menos agua disponible de pronto.

Una gota para beber

Imagen 1 Si se recolectara toda el agua de la Tierra, formaría una esfera de aproximadamente 1,380 kilómetros (860 millas) de diámetro.

Aguas superficiales El agua superficial es agua dulce que se encuentra en la superficie de la Tierra. Parte del agua superficial se encuentra como humedad en la parte superior del suelo. En las regiones más frías, esta agua permanece congelada como permagélido. La mayor parte del agua superficial está en lagos, ríos y arroyos, así como en pantanos y marismas. Sin embargo, las aguas superficiales no están distribuidas de manera uniforme en la Tierra. La precipitación, que depende de factores como los patrones atmosféricos y la temperatura, determina dónde se forman las aguas superficiales. Como los seres humanos requieren de acceso al agua, la mayoría de las personas viven alrededor o cerca de fuentes de agua, como lagos y ríos.

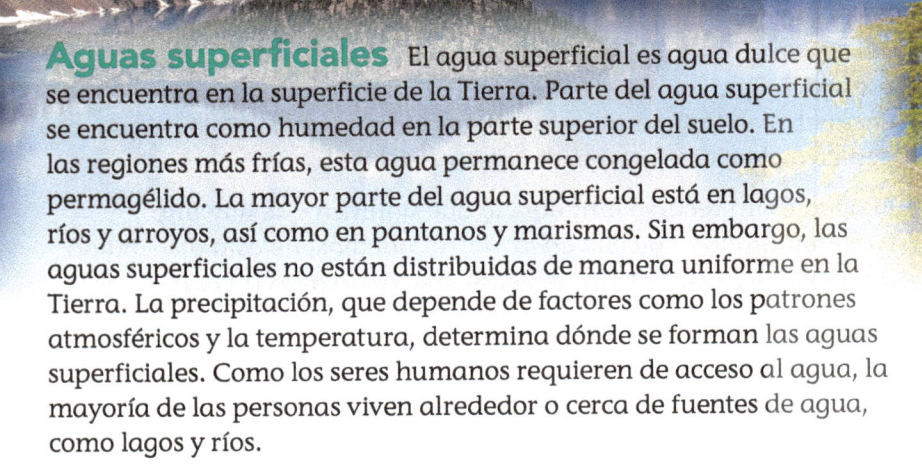

La mayor parte de las aguas superficiales de la Tierra se encuentra en los lagos. Los lagos se forman mediante diversos procesos geológicos cuando el agua llena las depresiones de la superficie de la Tierra, como en la **Imagen 2**. Estas pueden ocurrir como resultado de la erosión, el movimiento de placas tectónicas y el retiro de glaciares. Algunos lagos se forman cuando el curso de un río erosiona un área o una represa bloquea el flujo de un río. Todos los ríos comienzan como un pequeño flujo de agua causado por la gravedad. El escurrimiento de la lluvia o del hielo que se derrite se acumula y fluye cuesta abajo siguiendo el camino menos resistente. Estos pequeños flujos de agua forman arroyos que se combinan y crecen para formar ríos y sistemas fluviales más grandes.

Un lago volcánico

Imagen 2 El lago Crater Lake en Oregón se encuentra en una depresión en forma de cuenco que se creó cuando un volcán entró en erupción y colapsó en sí mismo.

Explicar fenómenos ¿Cómo crees que el agua terminó en el lago?

....
....
....
....

Matemáticas › Herramientas

Distribución de los recursos de agua

Si bien la mayor parte del planeta está cubierta de agua, solo una pequeña cantidad está disponible para los seres humanos para cocinar, beber y bañarse.

1. **Calcular** Usa los datos de la gráfica para completar los valores que faltan.

2. **Hacer inferencias comparativas** Aproximadamente, ¿cuánta más agua dulce superficial accesible se encuentra en los lagos que en la atmósfera como vapor de agua?

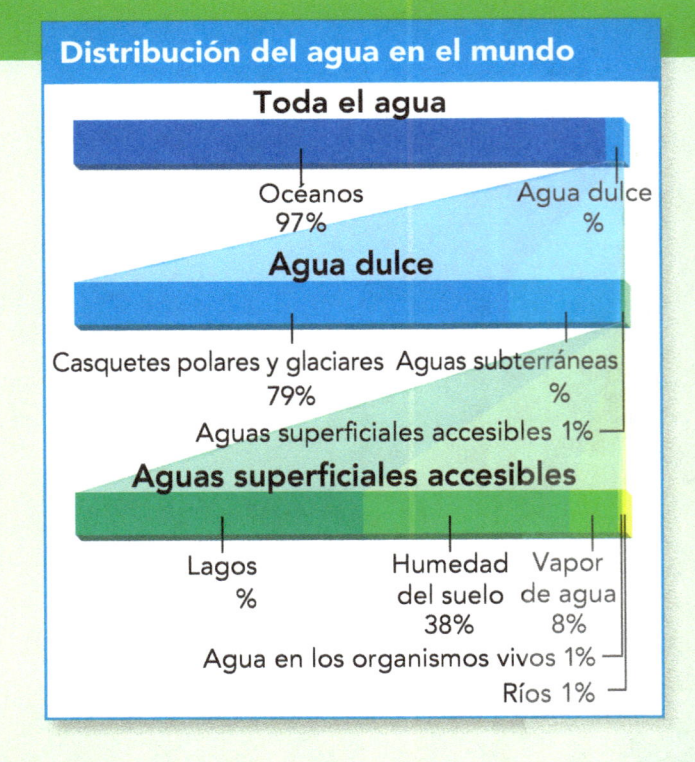

....
....
....
....

Distribución del agua en el mundo

Toda el agua
- Océanos 97%
- Agua dulce %

Agua dulce
- Casquetes polares y glaciares 79%
- Aguas subterráneas %
- Aguas superficiales accesibles 1%

Aguas superficiales accesibles
- Lagos %
- Humedad del suelo 38%
- Vapor de agua 8%
- Agua en los organismos vivos 1%
- Ríos 1%

Aguas freáticas Al igual que las aguas superficiales, las aguas freáticas no están distribuidas de manera uniforme en la Tierra (**Imagen 3**). La presencia de aguas freáticas depende del tipo de capas de roca de la corteza terrestre. Las aguas freáticas se forman cuando la gravedad hace que el agua de las precipitaciones y el escurrimiento se filtre en el suelo y llene los espacios vacíos entre estas rocas. Algunas rocas son más porosas o tienen más espacios vacíos en los que puede acumularse agua. Una vez que el agua llega a una capa densa del lecho rocoso que no es porosa, se extenderá horizontalmente. El volumen de roca porosa que puede contener aguas freáticas se llama acuífero. Se hacen pozos en los acuíferos para acceder al agua.

Los embalses profundos de aguas freáticas pueden tardar cientos o miles de años en acumularse, especialmente en las regiones áridas donde hay poca lluvia o agua superficial para abastecer el acuífero. Nuevos estudios del manto de la Tierra revelan que puede haber mucha agua de océanos bloqueada a cientos de kilómetros debajo de la superficie en formaciones minerales. Estas aguas freáticas pueden tardar millones de años en intercambiarse con las aguas superficiales a través del movimiento de las placas tectónicas y la convección del manto.

REVISAR LA LECTURA **Resumir** ¿Cómo afecta el tipo de roca en la corteza terrestre la distribución de las aguas freáticas?

....
....
....

INTERACTIVITY
Explora cómo se distribuyen las aguas freáticas alrededor de la Tierra.

HANDS-ON LAB
uInvestigate Haz un modelo de cómo un pozo artesiano accede a las aguas freáticas.

Distribución de las aguas freáticas
Imagen 3 Las aguas freáticas son especialmente importantes en áreas que no tienen acceso inmediato a ríos o lagos como fuentes de agua dulce.

Usar modelos Indica con un círculo en el mapa las áreas con mayores recursos de aguas freáticas. Indica con una X las áreas con menos recursos de aguas freáticas.

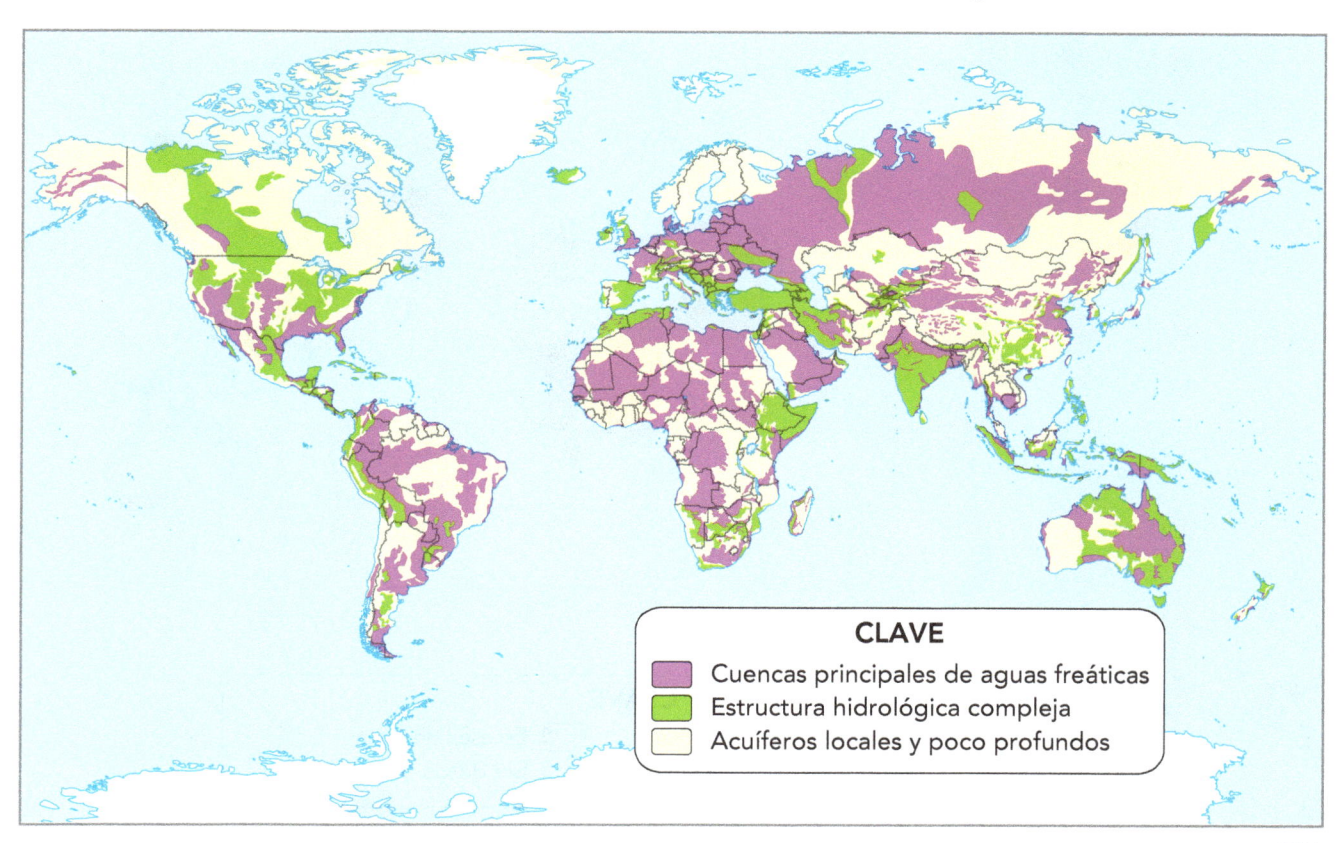

CLAVE
- Cuencas principales de aguas freáticas
- Estructura hidrológica compleja
- Acuíferos locales y poco profundos

Conexión con la lectura

Respaldar la afirmación del autor Subraya el texto que respalda la afirmación de que la actividad humana puede causar escasez de agua.

Escasez de agua

Imagen 4 Muchas personas y regiones en el futuro se verán afectadas por la escasez de agua.

Causa y efecto ¿Cómo puede la escasez de agua afectar el desarrollo económico de un área?

....
....
....
....

El impacto de los seres humanos

Los seres humanos dependen del agua no solo para vivir y crecer, sino también para la agricultura y la industria. El agua es necesaria para producir nuestros alimentos, fabricar artículos y llevar a cabo muchas reacciones químicas. La distribución de los recursos de agua es el resultado de procesos geológicos pasados y actuales, como el ciclo del agua, la tectónica de placas y la formación de las rocas. Estos procesos toman tiempo, y en algunas zonas los seres humanos están agotando los recursos de agua más rápido de lo que pueden reponerse. El impacto de los seres humanos en la distribución del agua ya es causa de conflictos sociales y económicos en algunas áreas.

Usar el agua
Los seres humanos usan el agua superficial, lo que a menudo incluye cambiar su ruta natural, por ejemplo, con represas. Esto afecta la cantidad de agua que fluye y la ecología del área. Los seres humanos acceden a los recursos de aguas freáticas cavando pozos en los acuíferos. Pero si se extrae más agua de un acuífero u otra fuente de aguas freáticas que la que se repone a través del ciclo del agua, puede ocurrir una escasez de agua. Al igual que con las aguas superficiales, la contaminación puede ingresar al suministro de aguas freáticas y afectar la calidad del agua. Estudia los efectos de la escasez de agua en la **Imagen 4**.

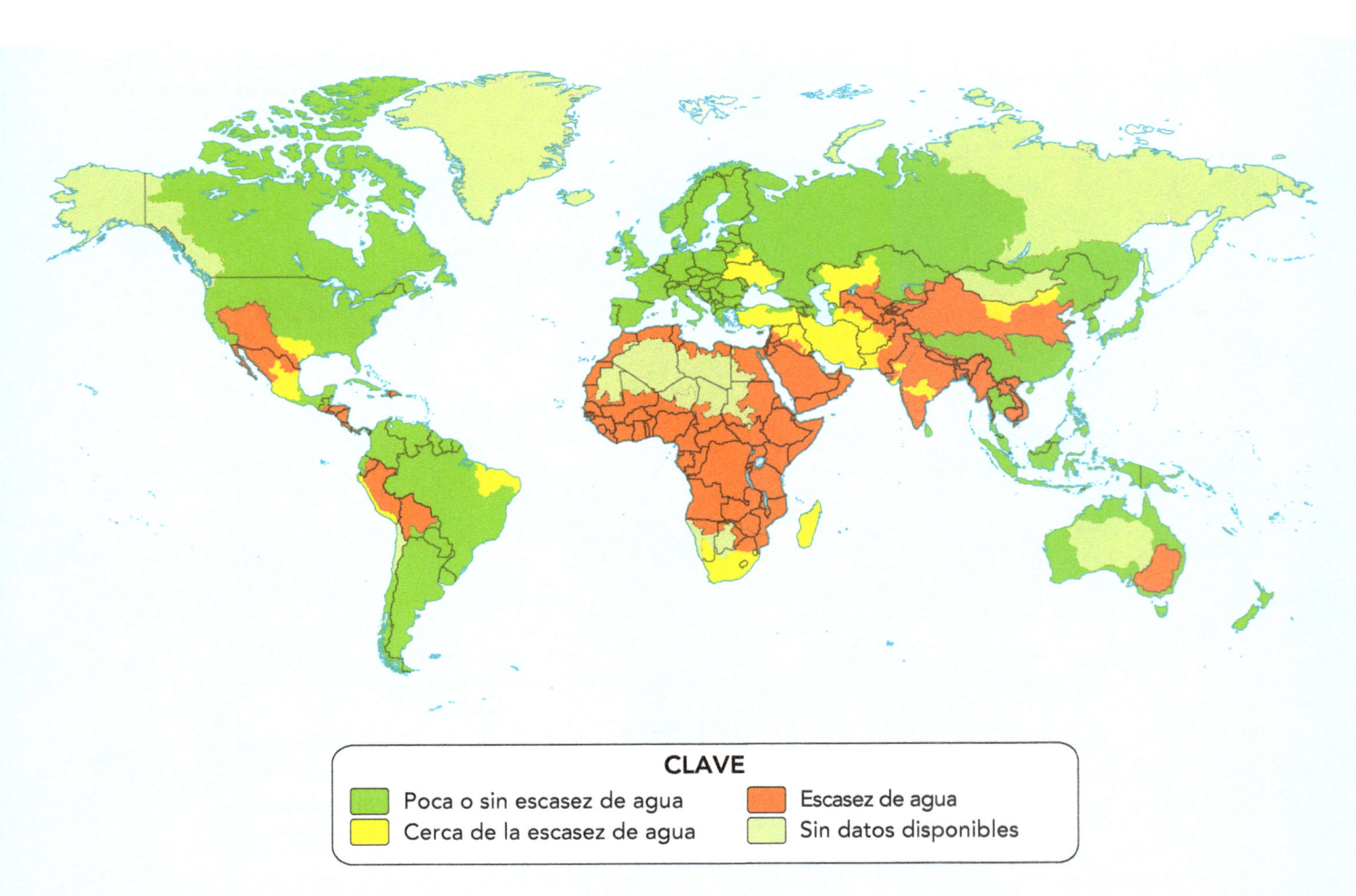

CLAVE
- Poca o sin escasez de agua
- Cerca de la escasez de agua
- Escasez de agua
- Sin datos disponibles

Usar los recursos del océano

Imagen 5 Si se pescan muchos de estos peces, menos sobrevivirán para producir nuevas generaciones.

Desalinización En el futuro, los seres humanos tal vez puedan recurrir a la tecnología y al océano para satisfacer sus necesidades de agua. El proceso de **desalinización** elimina la sal y los minerales del agua salada para hacer agua dulce. En la actualidad, las plantas de desalinización son costosas y requieren mucha energía para destilar agua salada. Con el tiempo podremos usar energía solar para convertir el agua del océano en agua dulce.

Otros recursos de agua Los seres humanos dependen del océano para obtener una variedad de recursos importantes además del agua, como los organismos marinos para alimentos y otros productos (**Imagen 5**). El océano también proporciona sal, minerales y combustibles.

Los recursos vivientes, como los peces, se reponen por medio de un ciclo natural. Sin embargo, la pesca indiscriminada puede resultar en severas reducciones o en colapsos completos de los ecosistemas del océano y los recursos que proveen. Además, la polución y el cambio climático global pueden tener graves consecuencias en los recursos vivientes del océano de los que dependemos.

INTERACTIVITY

Examina los factores que afectan la disponibilidad de agua en la Tierra.

✓ REVISAR LA LECTURA

Identificar ¿Qué otros recursos del océano usan los seres humanos además del agua?

....
....
....
....
....
....

¡Diséñalo!

Pesca sostenible
Las poblaciones de peces se reponen solo si se permite que cantidades suficientes vivan y se reproduzcan en sus ecosistemas.

Diseñar una solución ✎ Desarrolla un diseño para una red de pesca sostenible. Tu red debe funcionar para permitir que solo algunos peces sean atrapados, dejando otros para reponer las poblaciones cada año. Haz un bosquejo de tu diseño en el espacio provisto y rotula tu bosquejo para explicar cómo la red permite la pesca sostenible.

LECCIÓN 4: Revisión

MS-ESS3-1, MS-ESS3-4

1. **Identificar** ¿Cuáles son las diferentes fuentes de agua dulce en la Tierra?

   ....
   ....
   ....

2. **Elaborar explicaciones** ¿Qué factores explican la distribución desigual de las aguas freáticas en la Tierra?

   ....
   ....
   ....
   ....
   ....

3. **Inferir** ¿Es más probable que los seres humanos usen aguas superficiales o aguas subterráneas como fuente de agua dulce? Explica tu respuesta.

   ....
   ....
   ....
   ....
   ....
   ....

4. **Causa y efecto** Explica por qué algunas regiones son más afectadas que otras por la escasez de agua.

   ....
   ....
   ....
   ....
   ....
   ....
   ....

5. **Conexión con la sociedad** ¿De qué manera la escasez de agua daña el desarrollo económico de un área?

   ....
   ....
   ....
   ....
   ....
   ....
   ....

Misión CONTROL

En esta lección, aprendiste cómo se distribuye el agua en la Tierra y qué efectos tienen los procesos geológicos en los recursos de agua. También descubriste cómo las actividades humanas se ven afectadas por la disponibilidad de agua y limitan su distribución.

Evaluar ¿Por qué es importante tener en cuenta cómo se distribuye el agua al considerar la disponibilidad de recursos de una nueva ciudad?

....
....
....
....
....

INTERACTIVITY

Surviving on Water

Conéctate en línea para usar lo que has aprendido sobre los recursos de agua y relacionarlo con los recursos disponibles para una ciudad fantasma.

TODO ESTÁ CONECTADO · CIENCIA · ESTUDIOS SOCIALES

MS-ESS3-1

La pseudociencia de la radiestesia

Estamos a principios del siglo XIX y te mudas al oeste atravesando los Estados Unidos. Cuando llegas a tu terreno, ves que no hay un río o un lago cerca. Al mirar hacia afuera, te preguntas cómo decidir dónde cavar el pozo que te proporcionará agua dulce. Aquí es donde entra en escena alguien conocido como un radiestesista de agua.

Los radiestesistas de agua afirman que pueden localizar agua subterránea usando una herramienta simple. Sostienen con las manos los dos brazos de un palo en forma de Y, con el extremo del palo apuntando hacia arriba. Cuando el radiestesista camina por la propiedad, mantiene la vista en el palo. Cuando el palo tira hacia el suelo, afirma que el agua está en algún lugar debajo.

Hoy en día los radiestesistas todavía trabajan, generalmente en áreas donde no hay fuentes de aguas freáticas fácilmente accesibles. Algunas personas creen que el palo de radiestesia responde a la presencia de agua. Sin embargo, la explicación científica es mucho más simple. En muchos lugares, las aguas freáticas son lo suficientemente abundantes como para que, en un clima templado, haya una excelente oportunidad de extraer agua sin importar dónde se cava el pozo.

Los geólogos que buscan aguas subterráneas usan métodos mucho más confiables. En un desierto, por ejemplo, las plantas en crecimiento indican que puede haber agua presente. La tecnología como el sonar también puede revelar si hay agua debajo del suelo.

CONÉCTATE

¿Crees que es importante que las personas comprendan la diferencia entre ciencia y pseudociencia? ¿Por qué? Comenta tus ideas con un compañero.

☑ TEMA 6: Repaso y evaluación

1 Los recursos de energía no renovables

MS-ESS3-1, MS-ESS3-4

1. ¿Cuál de las siguientes opciones se considera un recurso no renovable?
   - **A.** la luz solar
   - **B.** la madera
   - **C.** el agua
   - **D.** el gas natural

2. ¿Cuál de las siguientes opciones *no* es un efecto del uso de combustibles fósiles por parte de una población creciente?
   - **A.** La distribución de estos recursos está cambiando.
   - **B.** La cantidad de dióxido de carbono en la atmósfera está aumentando.
   - **C.** Los recursos ahora se reemplazan más rápido de lo que se usan.
   - **D.** Se producen conflictos políticos por el control de estos recursos.

3. ¿Cuál de las siguientes opciones está directamente involucrada en la transformación de los restos de organismos en combustibles fósiles?
   - **A.** la presión
   - **B.** el viento
   - **C.** la luz solar
   - **D.** la precipitación

4. Los combustibles fósiles son recursos .... que están distribuidos de forma .... en la Tierra.

5. **Elaborar argumentos** ¿Por qué los recursos de carbón y de petróleo no se encuentran comúnmente en todo el planeta?

   ....
   ....
   ....
   ....
   ....
   ....
   ....
   ....

2 Los recursos de energía renovables

MS-ESS3-1, MS-ESS3-4

6. ¿Cuál de los siguientes recursos de energía renovable proviene del subsuelo?
   - **A.** energía geotérmica
   - **B.** energía hidroeléctrica
   - **C.** energía eólica
   - **D.** energía solar

7. ¿Cuál de las siguientes opciones es una desventaja de los biocombustibles como el etanol?
   - **A.** La energía que el etanol puede proporcionar es aproximadamente igual a la energía requerida para producirla.
   - **B.** Es mucho más caro que la gasolina.
   - **C.** Hay pocos lugares donde se pueden cultivar las plantas usadas para producir etanol.
   - **D.** Cuando se quema, el etanol produce incluso más emisiones que el carbón.

8. **Aplicar conceptos** ¿Qué áreas de la Tierra son las menos adecuadas para usar energía solar para generar electricidad?

   ....
   ....
   ....

9. **Desarrollar modelos** ✏ Dibuja un diagrama en el que se muestre cómo el Sol es responsable de la producción de energía eólica.

3 Los recursos minerales

MS-ESS3-1, MS-ESS3-4

10. ¿Cuál de las siguientes opciones es una característica esencial de un mineral?
    A. estructura cristalina
    B. producido artificialmente
    C. líquido
    D. formado a partir de procesos orgánicos

11. ¿Cuál de las siguientes afirmaciones sobre minerales y menas es verdadera?
    A. Los minerales son depósitos de menas valiosas.
    B. Los minerales son productos que están hechos de menas.
    C. Los minerales se forman a partir de soluciones, pero las menas se forman a partir de los volcanes.
    D. Todas las menas son minerales, pero no todos los minerales son menas.

12. Muchos minerales se forman a partir de .... cuando el agua se ....

13. **Elaborar explicaciones** El oro es un mineral valioso que se encuentra bajo tierra. La actividad volcánica lo lleva cerca de la superficie, donde se lo puede extraer. ¿Por qué crees que el oro no está distribuido uniformemente en la Tierra?

EVALUACIÓN

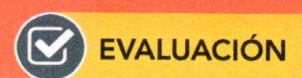

Contesta el Examen del tema para evaluar tu comprensión.

4 Los recursos de agua

MS-ESS3-1, MS-ESS3-4

14. El recurso de agua más abundante en la Tierra es
    A. el agua salada.
    B. el agua dulce.
    C. las aguas freáticas.
    D. el agua superficial.

15. La mayoría del agua dulce de la Tierra está
    A. en la atmósfera como vapor de agua.
    B. en la superficie en lagos y ríos.
    C. atrapada en hielo.
    D. ubicada bajo tierra.

16. Los factores como la precipitación, ... y las características de la superficie determinan dónde se puede formar el agua superficial en la Tierra.

17. **Elaborar argumentos** ¿Cómo podrían agotarse las fuentes de aguas freáticas si el agua está en un ciclo constante?

18. **Sacar conclusiones** ¿Por qué la distribución de los recursos de agua es una preocupación para el bienestar económico y social de las personas en todo el mundo?

327

☑ TEMA 6: Repaso y evaluación

MS-ESS3-1

Evaluación basada en la evidencia

Van está haciendo una investigación sobre el mineral de cobre y su distribución en la Tierra. El cobre se usa en sistemas eléctricos e incluso se encuentra en cantidades muy pequeñas en los seres vivos. Esta es parte de la información que halla Van, junto con dos mapas que encuentra durante su investigación:

- El mineral de cobre puede formarse a partir de diferentes procesos geológicos.
- Un tipo de cobre, llamado pórfido de cobre, se encuentra en grandes depósitos en ciertos tipos de roca.
- La mayoría de los depósitos de pórfido de cobre tienen 340 millones de años o menos.
- El pórfido de cobre se forma a una relativa poca profundidad de aproximadamente 4,500 a 9,000 metros (15,000 a 30,000 pies) en la corteza terrestre.

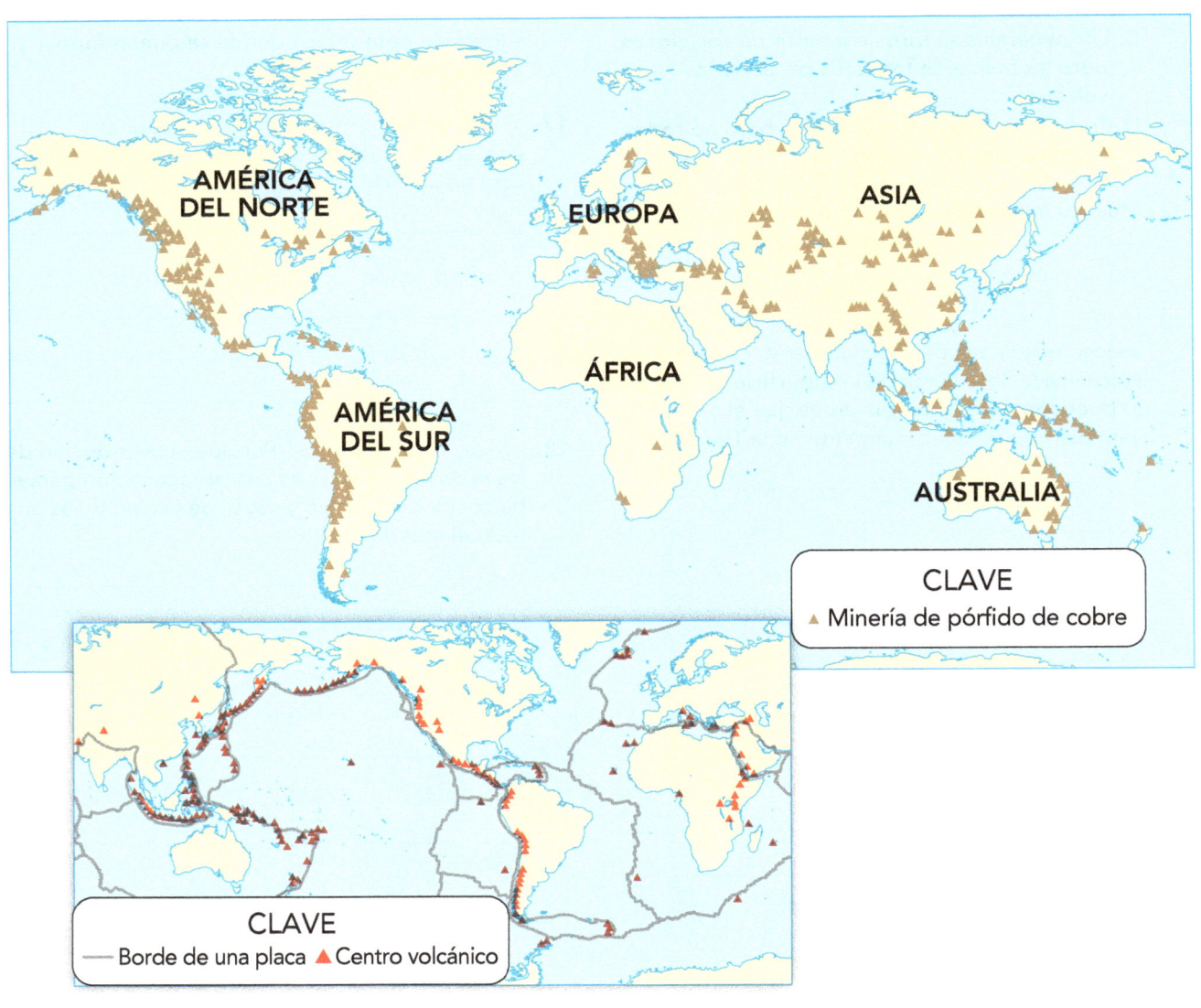

CLAVE
▲ Minería de pórfido de cobre

CLAVE
— Borde de una placa   ▲ Centro volcánico

1. **Analizar datos** ¿Qué región parece tener la mayor concentración de minería de pórfido de cobre?
   A. África
   B. Australia
   C. Europa
   D. América del Sur

2. **Causa y efecto** ¿Por qué hay tantos volcanes alrededor del océano Pacífico? Respalda tu respuesta con evidencia del mapa de actividad volcánica.

   ....
   ....
   ....
   ....
   ....
   ....
   ....
   ....
   ....

3. **Patrones** Según el mapa de la minería de pórfido de cobre, ¿cuál de las siguientes afirmaciones sobre la distribución del cobre es correcta? Selecciona todas las que correspondan.
   ☐ El pórfido de cobre se distribuye de manera relativamente uniforme en la mayoría de los continentes.
   ☐ En África hay muy poco pórfido de cobre.
   ☐ Una concentración de pórfido de cobre va desde Europa hacia el este a través de Asia y luego hacia el sur en Australia.
   ☐ El pórfido de cobre se distribuye ampliamente en América del Sur.
   ☐ La mayoría del pórfido de cobre se encuentra en los continentes que bordean el océano Pacífico.
   ☐ Hay menos fuentes de pórfido de cobre en América del Norte que en Asia.

4. **Elaborar explicaciones** Usa la evidencia de los mapas para explicar por qué se suele encontrar pórfido de cobre cerca de zonas en las que ha ocurrido actividad volcánica, a menudo asociada con colisiones de placas, en el pasado.

   ....
   ....
   ....
   ....
   ....
   ....
   ....
   ....
   ....
   ....

Misión HALLAZGOS

¡Completa la Misión!

Fenómeno Elige una de las ciudades en auge que estudiaste y desarrolla un folleto de viaje para describir cómo era la ciudad cuando se estableció y cómo es ahora.

Causa y efecto ¿De qué manera la proximidad a un recurso natural valioso puede afectar el éxito de una ciudad o pueblo?

....
....
....
....
....
....

INTERACTIVITY

Reflect on Boomtowns

tú Demuestras...Lab

MS-ESS3-1

Perforar o no perforar

¿Cómo puedes **usar un modelo** para confirmar la ubicación de un depósito de **petróleo**?

Antecedentes

Fenómeno Una empresa de energía quiere hacer una perforación para buscar petróleo en las afueras de una ciudad pequeña. Los propietarios de la empresa de energía proporcionaron evidencia de que la ciudad está ubicada cerca de un área que era un gran mar hace millones de años. Basándose en esa evidencia, creen que hay un gran depósito de petróleo debajo de la ciudad. Los funcionarios del pueblo te han contratado como experto para buscar evidencia de petróleo debajo de la ciudad.

En esta investigación, desarrollarás un modelo que puedas usar para predecir si la empresa encontrará o no petróleo debajo de la ciudad.

Materiales

(por grupo)
- grava de acuario
- plato de vidrio para hornear
- crayones o velas de cera
- cuchillo de plástico
- peso pequeño o libro pesado
- hornilla

Seguridad

Asegúrate de seguir todas las guías de seguridad que te dio tu maestro. El Apéndice de seguridad de tu libro de texto brinda más detalles sobre los íconos de seguridad.

Desarrollar el modelo

☐ 1. Usando los materiales disponibles, tu grupo debe desarrollar un modelo que cumpla con los siguientes criterios:

- Debe mostrar cómo se forma el petróleo a partir de plantas marinas antiguas.
- Debe demostrar las fuerzas geológicas involucradas en la formación del petróleo.
- Debe indicar si se puede formar o no petróleo debajo de la ciudad.

☐ 2. Trabaja con tu grupo para desarrollar ideas para un modelo que cumpla con los criterios. Consideren las siguientes preguntas a medida que desarrollan y diseñan el modelo:

- ¿Qué materiales pueden usar para representar el material orgánico enterrado que con el tiempo se transforma en petróleo?
- ¿Cómo puede el modelo demostrar las fuerzas geológicas que forman el petróleo?
- ¿Qué observaciones harán?

☐ 3. Después de acordar un plan, escribe los pasos que tu grupo seguirá para desarrollar y usar el modelo. Incluye un bosquejo del modelo que rotule los materiales que usarán y lo que representan.

☐ 4. Después de obtener la aprobación del maestro, construyan el modelo y úsenlo para demostrar cómo se forma el petróleo. Anoten sus observaciones y datos en el espacio provisto.

331

tú Demuestras... Lab

▶ **Planear y bosquejar**

▶ **Observaciones**

Analizar e interpretar datos

1. **Usar modelos** Usa tu modelo para explicar por qué el petróleo es un recurso no renovable.

   ....
   ....
   ....
   ....

2. **Causa y efecto** ¿Qué fuerzas geológicas están involucradas en la formación del petróleo? ¿Cómo incorporaste estas fuerzas en tu modelo?

   ....
   ....
   ....
   ....

3. **Elaborar explicaciones** Explica si se encontrará o no petróleo debajo de la ciudad. Usa la evidencia de tu modelo para respaldar tu explicación.

   ....
   ....
   ....
   ....
   ....
   ....

4. **Identificar limitaciones** ¿De qué manera tu modelo no refleja las condiciones reales que llevan a la formación del petróleo? ¿Cómo podría tu grupo mejorar el modelo?

   ....
   ....
   ....
   ....
   ....

TEMA 7

Impacto de los seres humanos en el medio ambiente

LECCIÓN 1
El crecimiento de la población y el consumo de recursos
túInvestigas Lab: Es hora de duplicar

LECCIÓN 2
La contaminación del aire
túInvestigas Lab: Todo está en el aire

LECCIÓN 3
El impacto en la tierra
túInvestigas Lab: La importancia del impacto de la minería

LECCIÓN 4
La contaminación del agua
túInvestigas Lab: Haciendo limpieza

tú.Ingeniero STEM De las aguas residuales al agua corriente

EXPECTATIVAS DE DESEMPEÑO DE NGSS
MS-ESS3-4 Elaborar un argumento respaldado por evidencia acerca de cómo el aumento en las poblaciones de seres humanos y el consumo per cápita de los recursos naturales produce un impacto en los sistemas de la Tierra.

HANDS-ON LAB

uConnect Explora las formas en las que puedes reducir la polución que generas.

334 Impacto de los seres humanos en el medio ambiente

¿**Qué** están haciendo con estos árboles?

- VIDEO
- INTERACTIVITY
- VIRTUAL LAB
- ASSESSMENT
- eTEXT
- APP

El Texto en línea está disponible en español.

Pregunta esencial

¿De qué manera afecta la actividad humana a los sistemas de la Tierra?

La agricultura y la industria forestal son dos de las causas principales de la deforestación, o de la continua tala de árboles y hasta bosques enteros. La necesidad de tierras para la agricultura y la producción de madera crece cada año. ¿Cuál crees que es la causa de esta demanda creciente?

....
....
....
....
....
....

335

Misión ARRANQUE

¿Cómo puedes ayudar a tu escuela a reducir su impacto en los sistemas de la Tierra?

STEM **Fenómeno** El relleno sanitario que usa tu comunidad se está quedando sin espacio. Tu comunidad debe ampliarlo o hallar otras maneras de lidiar con la basura. El director de tu escuela decidió ayudar a la comunidad buscando maneras de reducir la producción de basura de la escuela. En esta actividad de la Misión basada en un problema, evaluarás la producción de basura de tu escuela. Luego desarrollarás un plan para reducir la basura mediante una combinación de reducir, reutilizar y reciclar. A medida que trabajas, debes anticiparte a las posibles objeciones a tu plan. Finalmente, presentarás tu plan y trabajarás para implementarlo en tu escuela.

NBC LEARN VIDEO

Después de ver el video de Misión: Arranque, que explora los objetos de plástico que terminan en el océano, piensa en la basura que generas. ¿Cómo puedes reducir, reciclar o reutilizar tu basura?

Reducir:
....
....

Reciclar:
....
....

Reutilizar:
....
....

INTERACTIVITY
Trash Backlash

MS-ESS3-4 Elaborar un argumento respaldado por evidencia acerca de cómo el aumento en las poblaciones de seres humanos y el consumo per cápita de los recursos naturales produce un impacto en los sistemas de la Tierra.

Misión CONTROL

EN LECCIÓN 1

STEM ¿De qué manera la tasa de generación de basura afecta a los rellenos sanitarios? Investiga cuánta basura se genera en un área de tu escuela, y diseña y construye modelos de rellenos sanitarios.

INTERACTIVITY
More Trash, Less Space

Misión CONTROL

EN LECCIÓN 2

¿Cómo se pueden construir rellenos sanitarios de modo que no contaminen las aguas freáticas? Investiga cómo los diferentes diseños protegerán el suministro de agua.

HANDS-ON LAB
Trash vs. Water

Misión CONTROL

EN LECCIÓN 3

¿Cómo se elige el lugar de un relleno sanitario y qué leyes regulan su uso? Explora las etapas de la vida de un relleno sanitario y lleva a cabo una investigación sobre las leyes que afectan a los rellenos sanitarios.

INTERACTIVITY
Life of a Landfill

336 Impacto de los seres humanos en el medio ambiente

Según la Agencia de Protección del Medio Ambiente de los Estados Unidos, en 2014 los estadounidenses reciclaban solo alrededor del 35 por ciento de sus desechos. Gran parte del resto de los desechos terminaban en rellenos sanitarios como este.

Misión CONTROL

EN LECCIÓN 4

¿Cómo pueden contribuir todos con la reducción de la basura en tu escuela? Desarrolla un plan para reducir la producción de basura en al menos un área de tu escuela.

HANDS-ON LAB

Reducing Waste

Misión HALLAZGOS

¡Completa la Misión!

Perfecciona y presenta tu plan para reducir la producción de basura en tu escuela.

INTERACTIVITY

Reflect on Trash Backlash

LECCIÓN 1: El crecimiento de la población

Preguntas guía
- ¿Cómo ha cambiado la población de seres humanos con el tiempo?
- ¿De qué forma el tamaño de la población afecta el consumo de recursos naturales que hacen los seres humanos?

Conexiones

Lectura: Determinar conclusiones
Matemáticas: Sacar inferencias comparativas

MS-ESS3-4

Vocabulario
tasa de natalidad
tasa de mortalidad
crecimiento exponencial
polución
superpoblación
conservación
uso sostenible

Vocabulario académico
estimar
restricción

VOCABULARY APP
Practica el vocabulario en un aparato móvil.

Misión CONEXIÓN
Piensa cuántas personas hay en tu escuela y cuántos recursos, como comida, agua y otros materiales, usa todos los días cada persona.

¡Conéctalo!

Dibuja una línea para indicar dónde piensas que estaban los límites de la ciudad de Los Ángeles hace 100 años.

Aplicar el razonamiento científico ¿Cómo crees que cambió la cantidad de recursos que usa la población de seres humanos de Los Ángeles en los últimos 100 años?

....
....
....

La población de seres humanos

Hoy en día, hay más seres humanos en la Tierra que en cualquier otra época de la historia. La población de seres humanos fue cambiando en el pasado, sobre todo por las condiciones ambientales y climáticas. Hace unos 60.000 años, la población de seres humanos se mantenía estable en unos 600.000 individuos. Un clima cálido y las mejoras en las técnicas para cazar y pescar hicieron que la población aumentara rápidamente a 6 millones de habitantes en unos pocos miles de años.

Esta población se mantuvo bastante constante hasta hace unos 10.000 años, cuando la agricultura y la cría de ganado dieron paso a un aumento sostenido a largo plazo. Este crecimiento se detuvo ocasionalmente durante guerras, epidemias o invasiones, pero aumentó constantemente hasta el siglo XVIII. Desde entonces, hubo un crecimiento de la población sin precedentes y la cantidad de seres humanos alcanzó un total de 1000 millones de habitantes para principios del siglo XIX. En los últimos 300 años, la población mundial aumentó diez veces. En 2017, había 7500 millones de personas en la Tierra.

HANDS-ON LAB

Explora cómo la comida se vuelve un factor limitante cuando el tamaño de la población aumenta.

Reflexiona ¿Cómo fue cambiando la población de tu comunidad desde que naciste? En tu cuaderno de ciencias, describe algunas formas en que tu comunidad se vería afectada si la población aumentara o disminuyera de pronto.

El crecimiento de una ciudad

Imagen 1 Un poco más de 4 millones de personas llaman hogar a la ciudad de Los Ángeles. La población ha crecido notablemente desde que las primeras tribus de indígenas norteamericanos se asentaron allí hace miles de años.

> **INTERACTIVITY**
>
> Explora los factores que afectan el crecimiento de la población de seres humanos.

Vocabulario académico

¿Qué otro tipo de información necesitarían los científicos para estimar?

....
....
....
....
....

Cambios en la población

El crecimiento de la población, ya sea de una ciudad, de un país o del mundo, se determina calculando la cantidad de individuos que nacen y mueren o se mudan hacia o desde un área. La cantidad de nacimientos cada 1000 individuos en un período de tiempo determinado se llama **tasa de natalidad**. Por otro lado, la cantidad de muertes cada 1000 individuos en un período de tiempo determinado se llama **tasa de mortalidad**. Cuando las tasas de nacimientos y de gente que llega a un área son mayores que las tasas de muertes y de gente que se va de un área, la población crece. De lo contrario, la población decrece. En 2016, los científicos **estiman** que hubo 280 nacimientos y 109 muertes por minuto.

Al comienzo de la historia de los seres humanos, las tasas de natalidad y de mortalidad estaban bastante parejas, lo que significó un cambio menor en el tamaño de la población de seres humanos. Durante gran parte de la historia de los seres humanos, la tasa de natalidad era apenas mayor que la tasa de mortalidad, lo que llevó a un crecimiento lento pero constante de la población.

La gráfica de la **Imagen 2** muestra el crecimiento de la población de seres humanos desde 1750, cerca del comienzo de la Revolución Industrial. La población de seres humanos creció rápido después de la Revolución Industrial porque la tasa de mortalidad empezó a disminuir. Gracias a los avances tecnológicos, se crearon nuevos métodos de ganadería y transporte que aumentaron la disponibilidad de recursos, como la comida y el agua potable. Las mejoras en la salud pública y los condiciones de vida en general también cumplieron un papel en la disminución de la tasa de mortalidad.

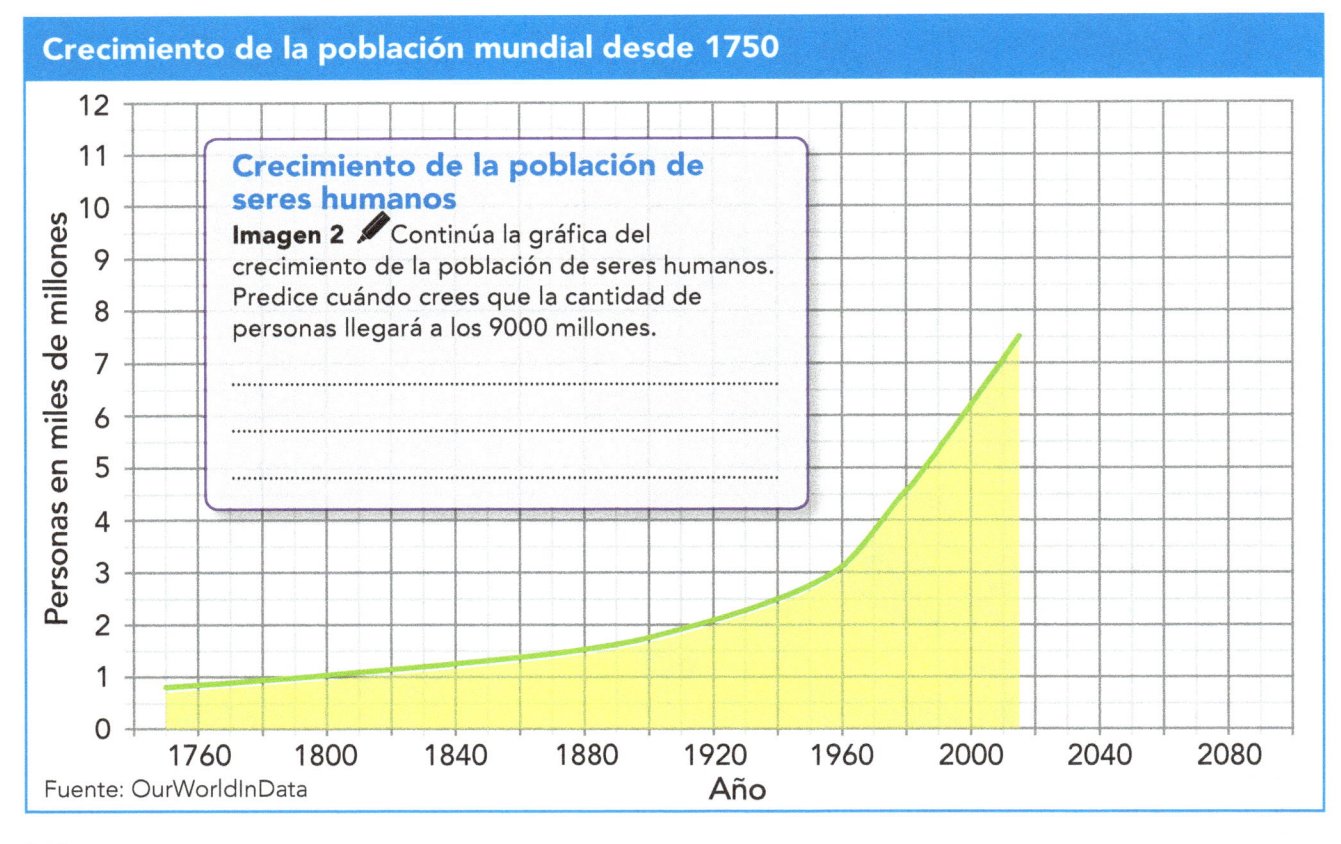

Crecimiento de la población mundial desde 1750

Crecimiento de la población de seres humanos

Imagen 2 Continúa la gráfica del crecimiento de la población de seres humanos. Predice cuándo crees que la cantidad de personas llegará a los 9000 millones.

....
....
....

Fuente: OurWorldInData

Tasa de crecimiento de la población

En un gráfico, los cambios en la población de seres humanos no representan una línea recta que sube. En cambio, la población crece cada vez más rápido con el tiempo. Esta tasa de cambio se llama **crecimiento exponencial**: un patrón de crecimiento que indica que los individuos de una población se reproducen a un ritmo constante, por lo que, cuanto más grande es la población, más rápido crece.

Sin embargo, ninguna población viva puede experimentar tal crecimiento exponencial extremo durante mucho tiempo. Las poblaciones se ven limitadas por el espacio y los recursos. El crecimiento exponencial se detendrá cuando la población alcance el límite máximo de organismos que el medio ambiente puede mantener. En ese punto, la población se estabilizará o quizás disminuya. A lo largo de la historia, las poblaciones han experimentado períodos de crecimiento y de disminución, según las condiciones y recursos disponibles.

> **INTERACTIVITY**
>
> Aprende cómo el crecimiento de la población de seres humanos afecta los sistemas de la Tierra.

REVISAR LA LECTURA **Determinar conclusiones** ¿Qué pasaría si la tasa de crecimiento de la población fuera cero?

....

....

Matemáticas › Herramientas

Proyección de las tasas de crecimiento

La tasa de crecimiento de la población de seres humanos no es igual en todo el mundo. Los expertos usan los datos que tienen para predecir las tasas de crecimiento en diferentes países. Algunas zonas pueden experimentar un crecimiento rápido, mientras que otras pueden no crecer o disminuir.

1. **Evaluar datos** ¿Qué país tiene la tasa más alta de crecimiento de la población? ¿Y cuál tiene la más baja?

   ....

   ....

2. **Sacar inferencias comparativas** ¿Qué conclusiones puedes sacar de las tasas de crecimiento de Angola y Alemania?

   ....

   ....

   ....

País	Tasa de crecimiento de la población (%)
Angola	1.9
Australia	1.0
Canadá	0.7
Alemania	–0.2
Haití	1.3
Japón	–0.2
Corea del Sur	0.5
Estados Unidos	0.8
Venezuela	1.2

Fuente: CIA World Factbook, estimaciones de 2017

HANDS-ON LAB

uInvestigate Examina cómo el crecimiento de la población afecta la disponibilidad de recursos naturales.

Vocabulario académico

¿Qué otras palabras tienen el mismo significado de *restricción*?

....
....
....
....

Usar recursos naturales

La Tierra provee muchos recursos naturales de los que dependen los seres humanos para vivir, tales como las fuentes de energía, los minerales, el agua, los árboles y las plantas. Todos los organismos de la Tierra necesitan estos recursos. Algunos recursos, como el agua, son parte de sistemas que afectan el clima del planeta y otros ciclos naturales.

Actividad humana

Las industrias y las familias dependen de fuentes de energía, como los combustibles fósiles, para tener electricidad y hacer que nuestras vidas funcionen. Usamos combustible para mantenernos calientes en invierno y frescos en verano, para viajar de un lugar a otro y para cultivar y transportar el alimento que comemos. Usamos madera de los árboles y minerales que se extraen del suelo para construir todo, desde los chips de computadora más diminutos hasta los rascacielos más altos. Cada ser humano depende de agua fresca y potable para sobrevivir.

A medida que la población mundial crece, también aumenta la demanda de recursos. Al igual que la población de seres humanos, muchos recursos no están distribuidos de forma pareja por la Tierra. Por ejemplo, la disponibilidad de agua fresca y limpia varía en cada parte de la Tierra. Es uno de los factores que, en un futuro cercano, puede funcionar como **restricción** para las actividades humanas. Actualmente, hay más de 700 millones de personas sin acceso a agua limpia y segura. Esta falta de agua limpia obliga a muchos habitantes a consumir agua no segura. Los expertos estiman que, para 2025, cerca de 1800 millones de personas podrían experimentar falta de agua.

¡Pregúntalo!

Minas de sal

La sal no es solo una parte necesaria en la dieta de los seres humanos, también tiene muchos usos industriales y agrícolas. Gran parte de la sal que usamos hoy en día se extrae de depósitos subterráneos.

Hacer preguntas Haz una lista de preguntas que harías para determinar la relación entre el crecimiento de la población de seres humanos y la extracción de sal.

El impacto de la agricultura

Imagen 3 Para poder cultivar alimentos que come la gente, los agricultores usan fertilizantes y otros químicos. Estos químicos suelen escurrirse por la tierra y contaminar lagos, ríos y océanos.

Inferir ¿Qué efectos tiene en el medio ambiente el cultivar alimentos para una población que continúa creciendo?

....
....
....
....
....
....
....

Impacto en el sistema de la Tierra Usar recursos disminuye su cantidad, lo cual es un problema para los recursos no renovables, como los combustibles fósiles. La forma en que obtenemos muchos de estos recursos implica perforar, extraer y despejar superficies de la Tierra, lo que daña el suelo. A medida que se acaban algunos recursos, como los combustibles fósiles, los seres humanos cavan más profundo y afectan más zonas para mantener la creciente población. Cuando quitamos recursos, aumenta la posibilidad de liberar sustancias dañinas al medio ambiente. Por ejemplo, usar recursos genera desechos. Si no se tratan, los desechos pueden dañar el medio ambiente. Los vehículos motorizados, como los de la **Imagen 3**, queman petróleo y liberan gases y químicos que producen **polución**, que es la contaminación de la tierra, el agua y el aire de la Tierra.

Las actividades humanas también afectan otras formas de vida en la Tierra. Cuando excavamos para buscar minerales o desvíamos agua para nuestro uso, a menudo destruimos hábitats valiosos. Contaminar la tierra y el agua de un hábitat pone en peligro los organismos que viven allí. Además, muchos organismos son sobreexplotados como alimentos para la creciente cantidad de seres humanos. Cuando la cantidad de seres humanos supera lo que los recursos disponibles pueden mantener, llegamos a un punto de **superpoblación**. La superpoblación de seres humanos es la principal razón de muchos problemas ambientales y sociales, incluidos el cambio climático, la pérdida de hábitat y los conflictos humanos. Si continuamos usando los recursos a este ritmo, llegará un día en que la Tierra no podrá satisfacer adecuadamente las necesidades humanas. En algunas partes del mundo, eso ya es una realidad.

Conexión con la lectura

Determinar conclusiones Mientras lees, subraya la evidencia en el texto que respalde tus conclusiones sobre cómo las poblaciones en crecimiento impactan en el medio ambiente.

✓ **REVISAR LA LECTURA Determinar conclusiones** ¿De qué forma una población en constante crecimiento impacta en los recursos de la tierra, el aire y agua?

....
....

> **INTERACTIVITY**
>
> Examina los distintos tipos de recursos disponibles en la Tierra.

Necesidades equilibradas

La ciencia puede identificar problemas y ofrecer posibles soluciones, pero depende de cada individuo, gobierno y organización internacional decidir cómo controlar el impacto de una población en crecimiento. Hay beneficios y costos económicos, sociales y ambientales que hay que poner en la balanza (**Imagen 4**). Por ejemplo, los seres humanos usan una variedad de recursos para producir electricidad, desde la quema de combustibles fósiles hasta la construcción de represas. No todos los métodos funcionan en todas las situaciones, y cada cosa tiene sus costos y beneficios.

La práctica de usar cada vez menos recursos para que duren más se llama **conservación**. Para asegurar que las futuras generaciones tengan acceso a los mismos recursos que disfrutamos ahora, necesitamos usar los recursos de forma que podamos mantenerlos con cierta calidad durante un período de tiempo determinado. Esta práctica se llama **uso sostenible** de recursos biológicos. Eso les da tiempo a los recursos a recuperarse y reponerse.

Tratar el impacto que los seres humanos tienen en el medio ambiente también requiere diseñar nuevas soluciones a nuestros problemas. Esto podría incluir procesos de desalinización para contrarrestar la escasez de agua o avances en la energía solar, eólica y otras formas de energía renovables. Al mismo tiempo que aumenta la población, también surge la necesidad de nuevas ideas y soluciones.

✓ REVISAR LA LECTURA Desarrollar un argumento ¿Por qué es importante conservar los recursos naturales?

....
....
....

Recolectar madera

Imagen 4 Usamos madera y eso tiene su impacto. En la tabla, haz una lista de los costos y beneficios de talar árboles.

Beneficios	Costos

344 Impacto de los seres humanos en el medio ambiente

LECCIÓN 1: Revisión

MS-ESS3-4

1. **Resumir** En el pasado, ¿qué factores limitaron el crecimiento de la población?

   ....
   ....
   ....

2. **Cuantificar el cambio** ¿Cómo afectó la Revolución Industrial al crecimiento de la población?

   ....
   ....
   ....
   ....

3. **Elaborar argumentos** ¿Qué acciones deberían tomar los seres humanos para conservar los recursos naturales?

   ....
   ....
   ....
   ....
   ....

Usa el gráfico para responder la pregunta 4.

Población mundial, 1750–2020

(gráfico: eje Y "Miles de millones" de 0 a 7; eje X años 1750, 1800, 1850, 1900, 1950, 2000)

4. **Citar evidencia** Explica cómo el gráfico de la población de seres humanos muestra el crecimiento exponencial.

   ....
   ....

Misión CONTROL

En esta lección, aprendiste que la población de seres humanos fue cambiando con el tiempo y que la población de seres humanos tiene un impacto en los sistemas de la Tierra.

Conexión con el medio ambiente ¿Por qué es importante tener en cuenta el crecimiento de la población de seres humanos a la hora de desarrollar estrategias para lidiar con la polución?

....
....
....
....

INTERACTIVITY

More Trash, Less Space

Conéctate en línea para aprender cuál es el volumen total de basura generada en los Estados Unidos y para determinar cuánta basura generan en tu escuela.

345

LECCIÓN

2 La contaminación del aire

Preguntas guía
- ¿Cuáles son las causas de la contaminación del aire?
- ¿Cuáles son los efectos negativos de la contaminación del aire a largo plazo?
- ¿Qué se está haciendo para disminuir los niveles de contaminación del aire en el mundo?

Conexiones

Lectura Citar evidencia textual

Matemáticas Analizar relaciones cuantitativas

MS-ESS3-4

Vocabulario
fuente localizada
fuente dispersa
gases
 contaminantes
ozono
lluvia ácida

Vocabulario académico
primario

VOCABULARY APP
Practica el vocabulario en un aparato móvil.

Misión CONEXIÓN
Piensa en los recursos que usas en la escuela y la basura que generas, y en cómo contribuye eso a la contaminación del aire.

¡Conéctalo!

✏️ Encierra en un círculo los tipos de medios de transporte que producen contaminación del aire.

Elaborar explicaciones ¿Cómo contaminan el aire estos medios de transporte?
....
....

Hacer predicciones ¿Cuáles son los beneficios de caminar o de andar en bicicleta?
....
....

Impacto de los seres humanos en el medio ambiente

Causas de la polución

Estamos rodeados de aire. El aire es una mezcla de nitrógeno, oxígeno, dióxido de carbono, vapor de agua y otros gases. Casi todos los seres vivos dependen de estos gases para sobrevivir. Los gases circulan entre la biósfera y la atmósfera. Los ciclos garantizan que el suministro de aire no se acabe, pero no que el aire esté limpio.

Polución La liberación de desechos dañinos en la tierra, el agua o el aire se llama polución o contaminación. La polución es causada por líquidos, sustancias químicas, calor, luz y ruido. Puede tener efectos negativos graves en el medio ambiente y en los seres vivos.

Los seres humanos alteran los niveles de polución al usar sin cuidado los recursos naturales y los productos manufacturados. Por ejemplo, en la **Imagen 1** se muestra cómo la quema de gasolina contamina el aire. Además, cuando combustibles a base de carbón o de petróleo se queman para generar electricidad, se liberan en el aire dióxido de carbono y dióxido de azufre.

Tipos de polución Una fuente específica, identificable, de polución se llama **fuente localizada**. Un sumidero que lleva aguas residuales no tratadas hacia un río es un ejemplo de una fuente localizada.

Una **fuente dispersa** de polución está muy extendida y no se puede vincular a un origen específico. Por ejemplo, el aire contaminado que rodea a las grandes ciudades es producido por vehículos, fábricas y otras fuentes. Como es difícil identificar la causa exacta de la polución, se dice que esa polución proviene de una fuente dispersa.

REVISAR LA LECTURA Determinar las ideas centrales ¿Cuál es la diferencia entre la fuente de polución localizada y la dispersa?

....
....

HANDS-ON LAB

Explora cómo se mueven las partículas por el aire.

Escríbelo ¿Cuáles son los efectos a gran escala de respirar aire contaminado?

Diferentes fuentes de polución
Imagen 1 La polución puede producirse naturalmente o a través de las actividades humanas. A veces, el nivel de polución es tan alto que daña a las personas.

347

Incendios forestales

Gases contaminantes de origen industrial

Gases contaminantes de los vehículos

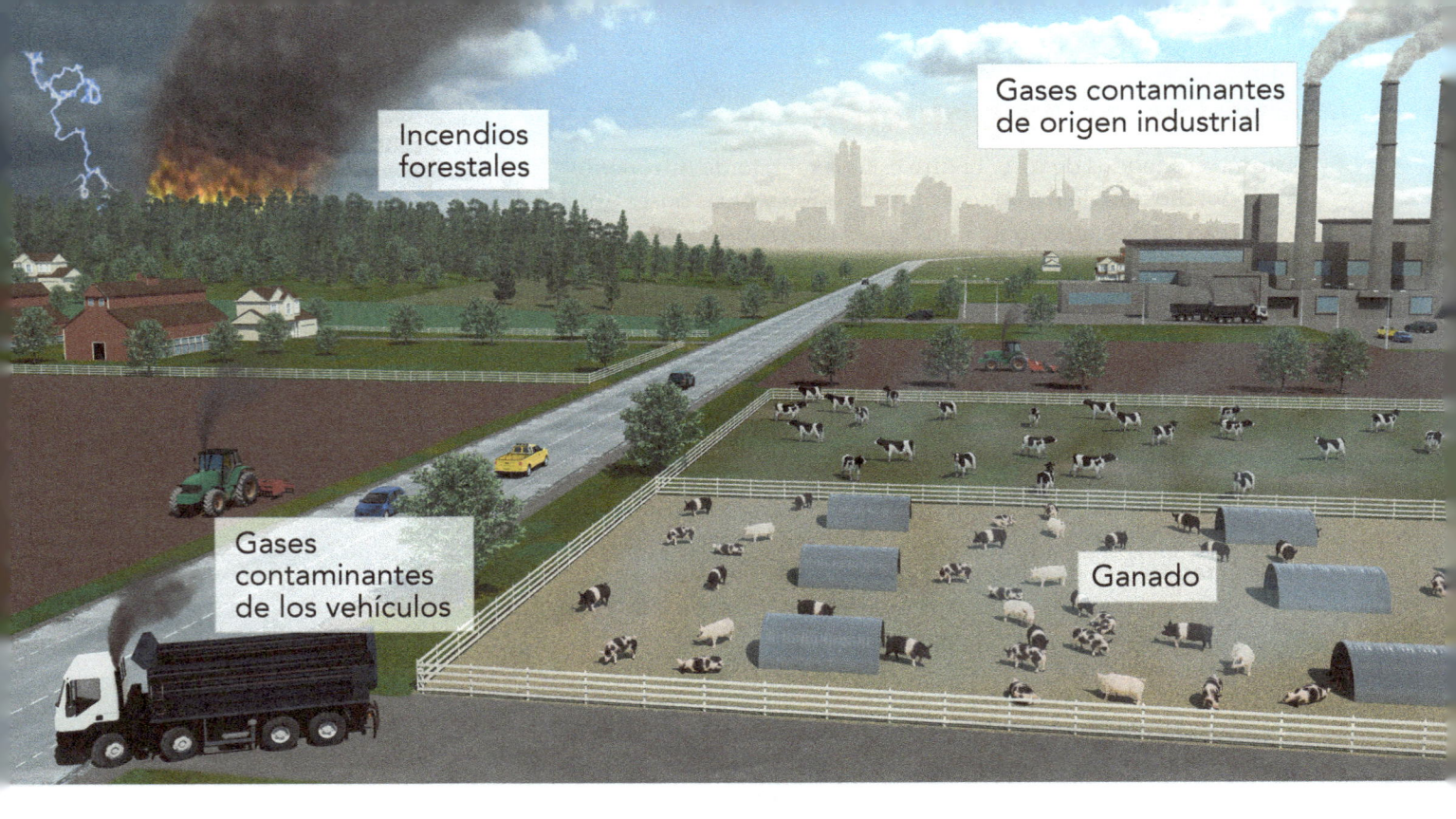

Ganado

Fuentes de contaminación del aire

Imagen 2 Encierra en un círculo las fuentes naturales de polución. Marca con una X la polución producida por los seres humanos.

HANDS-ON LAB

Investigate Evalúa cómo los diferentes tipos de polución afectan el aire y la claridad del agua.

Contaminación del aire en lugares abiertos

El aire que respiras es una combinación de diferentes gases. En las montañas, el aire probablemente sea limpio y fresco. En la costa, quizá puedas oler el agua salada. Pero en las grandes ciudades, el aire no será tan refrescante. La contaminación del aire puede ser un problema grave en áreas con muchas fábricas o mucha gente.

Gases contaminantes Hace muchos años, la principal fuente de contaminación del aire era el humo que emitían las fábricas. Probablemente hayas visto imágenes de esos **gases contaminantes** liberados al aire, como el humo oscuro que sale de las altas chimeneas de una fábrica. Ese humo está lleno de sustancias químicas que se mezclan con los gases del aire. Sin embargo, hoy en día la mayor causa de contaminación del aire se debe a los gases que emiten las plantas de energía alimentadas a carbón y los vehículos, como se muestra en la **Imagen 2**. Los gases contaminantes a menudo tienen dióxido de carbono, que también puede ser perjudicial para el medio ambiente. El incremento del nivel de dióxido de carbono es el principal responsable del aumento de las temperaturas globales promedio en el último siglo.

Pero no toda la contaminación del aire es provocada por las personas. La contaminación del aire también tiene causas naturales, como los incendios forestales y las erupciones volcánicas. Por ejemplo, durante una erupción, el volcán Kilauea, en Hawái, libera cada día a la atmósfera entre 1,500 y 2,000 toneladas de dióxido de azufre, que es muy tóxico. Sin embargo, las actividades humanas emiten más de diez veces esa cantidad de dióxido de azufre y más de cien veces la cantidad de dióxido de carbono que todos los volcanes juntos.

La neblina tóxica Si vives en una ciudad grande, es muy probable que hayas escuchado hablar de "alerta de neblina tóxica". Eso te está advirtiendo de que la cantidad de contaminación del aire puede causarte dificultades para respirar al aire libre. La neblina tóxica se forma cuando algunos gases y sustancias químicas reaccionan con la luz del sol. El resultado es una nubosidad espesa de color café que flota sobre toda la ciudad. La neblina tóxica puede provocar dificultades para respirar y enfermedades en los ojos y la garganta.

La fuente **primaria** de la neblina tóxica son los gases contaminantes de los carros y camiones. Entre esos gases contaminantes se encuentran sustancias químicas llamadas hidrocarburos y óxidos de nitrógeno. Estos gases reaccionan con la luz del sol y producen una forma de oxígeno llamada **ozono**. El ozono es tóxico para los seres humanos y causa infecciones en los pulmones y daños en el sistema inmunológico.

En condiciones normales, el aire que está cerca del suelo es calentado por la superficie terrestre y se eleva y se aleja de esta. Los contaminantes del aire se elevan hacia la atmósfera junto con el aire que asciende. Sin embargo, en ciertas condiciones climáticas llamadas inversiones térmicas, la circulación normal del aire está bloqueada. Como se muestra en la **Imagen 3**, durante una inversión térmica, el aire más fresco queda atrapado bajo una capa de aire cálido. Eso hace que los contaminantes queden atrapados cerca de la superficie de la Tierra y que estén más concentrados y sean más peligrosos.

REVISAR LA LECTURA Citar evidencia textual ¿Cuáles son las fuentes principales de contaminación del aire y cómo provocan la neblina tóxica?

....
....
....

Vocabulario académico
Escribe una oración usando la palabra *primario*.

....
....
....

Inversión térmica
Imagen 3 Completa la imagen de la derecha sombreando los contaminantes del aire para mostrar cómo quedan atrapados durante una inversión térmica.

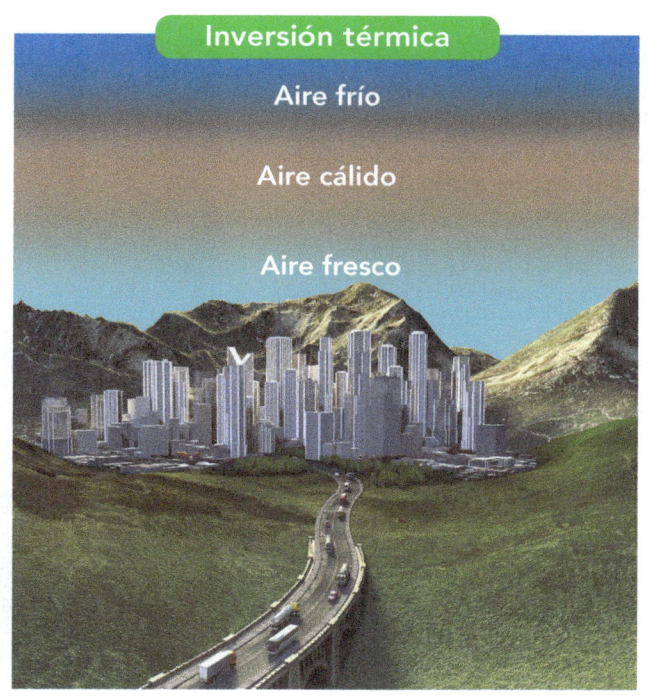

Condiciones normales
Aire frío
Aire fresco
Aire cálido

Inversión térmica
Aire frío
Aire cálido
Aire fresco

> **INTERACTIVITY**
>
> Examina los efectos perjudiciales de la lluvia ácida y la polución.

Conexión con la lectura

Citar evidencia textual
Mientras lees, subraya los enunciados que respaldan la idea de que la lluvia ácida produce daños a los seres vivos y la materia inerte.

La lluvia ácida La precipitación que es más ácida que lo normal debido a la contaminación del aire se llama ==lluvia ácida==. Cuando se queman carbón y petróleo, se producen gases de óxido de nitrógeno y dióxido de azufre. Estos gases contaminantes, cuando se liberan en el aire y reaccionan con el vapor de agua, producen ácido nítrico y ácido sulfúrico. Estos ácidos forman parte de la lluvia, la nieve, el aguanieve o la niebla.

Cuando la precipitación ácida cae en la superficie terrestre, produce efectos dañinos, como se muestra en la **Imagen 4**. A medida que el agua y el suelo se hacen más ácidos, los organismos que viven allí se van muriendo. La lluvia ácida también puede quitarle nutrientes y minerales al suelo, lo cual afecta el crecimiento de las plantas. A veces, los efectos de la lluvia ácida pueden revertirse agregando sustancias químicas que neutralicen el ácido, pero eso es muy caro.

La lluvia ácida también produce daños en la materia inerte. El ácido reacciona con el metal y la piedra de los edificios, carros y estatuas. Puede hacer que el metal se oxide con mayor rapidez y produce la meteorización química de la piedra. Los efectos de la lluvia ácida sobre estos materiales son irreversibles.

☑ REVISAR LA LECTURA Escribir argumentos Supón que el gobierno de tu estado no considera que la contaminación del aire libre sea un problema. ¿Qué evidencia podrías usar para convencer al gobierno de que la contaminación del aire es perjudicial para las personas y el medio ambiente?

....
....
....
....
....

Efectos de la lluvia ácida

Imagen 4 La lluvia ácida puede dañar tanto la materia inerte como a los seres vivos. Explica cómo podría afectar la lluvia ácida a los árboles de un bosque.

....
....
....
....
....

Fuentes de contaminación del aire en lugares cerrados

- materiales de construcción modernos
- contaminación del aire libre
- pelo de mascotas
- moho y bacterias
- chimeneas y estufas a leña
- productos de limpieza
- pinturas y solventes
- humo de cigarrillo
- radón

Contaminación del aire en lugares cerrados

Imagen 5 Subraya los contaminantes de lugares cerrados que están hechos por el ser humano. Encierra en un círculo los contaminantes de origen natural.

Contaminación del aire en lugares cerrados

A veces, la calidad del aire dentro de un edificio puede ser tan mala como la del exterior. Muchas cosas contribuyen a la contaminación del aire en lugares cerrados, como se ve en la **Imagen 5**. Algunas son producidas por el ser humano y otras son de origen natural.

Alérgenos Las fuentes más comunes de contaminación del aire en lugares cerrados incluyen el polvo, el moho y el pelo de las mascotas. Estos factores suelen afectar a las personas que son sensibles a ellos. Otras fuentes de contaminación son las emanaciones de pegamentos, pinturas y productos de limpieza, y el humo de cigarrillos o cigarros. Estos pueden afectar a todos los miembros del hogar.

Gases en lugares cerrados El radón y el monóxido de carbono son dos contaminantes dañinos que a menudo se encuentran en las casas u otros edificios. El radón es un gas incoloro e inodoro que es radioactivo. Se forma bajo tierra, de la descomposición de ciertas rocas. El radón ingresa en una casa a través de grietas en sus cimientos. Respirar este gas por tiempos prolongados puede provocar cáncer de pulmón y otras enfermedades.

El monóxido de carbono se forma cuando se queman combustibles como petróleo, gas natural o madera. Respirar monóxido de carbono provoca problemas respiratorios, náuseas, dolor de cabeza o muerte.

La mejor manera de protegerse del monóxido de carbono es instalar detectores cerca de las áreas donde se duerme. Estos aparatos alertan a los que viven en la casa si las concentraciones se vuelven muy altas.

> **VIDEO**
> Explora la idea errónea de que en los espacios cerrados no hay contaminación del aire.

REVISAR LA LECTURA

Integrar con elementos visuales ¿Cuáles son algunas maneras de reducir la cantidad de contaminantes del aire en tu hogar?

....
....
....
....
....
....
....
....
....

Controlar la contaminación del aire

La contaminación del aire afecta el clima y los patrones climáticos, y puede causar enfermedades y muerte. La contaminación del aire causa la muerte prematura de más de 5 millones de personas cada año, 200,000 de ellas en los Estados Unidos. ¿Qué se puede hacer al respecto?

Reducir gases contaminantes
La industria automotriz usa una tecnología que reduce los gases contaminantes en los nuevos vehículos. Los carros nuevos son más eficientes en el uso del combustible y consumen menos para recorrer la misma distancia que los carros viejos. Los científicos también desarrollaron combustibles más limpios y biocombustibles que liberan menos sustancias químicas al aire. Los vehículos eléctricos o híbridos usan una combinación de electricidad y gasolina que reduce la contaminación. Otros totalmente eléctricos producen cero gases contaminantes.

Otras maneras de reducir los gases contaminantes incluyen compartir el vehículo, viajar en bicicleta o caminar. También puedes evitar usar la cortadora de césped y otras herramientas de jardín que funcionan con gasolina y comprar solamente aparatos que ahorren energía.

Modificar el consumo de energía
Otra manera de disminuir la contaminación es usar menos combustibles fósiles como el carbón, el petróleo y el gas natural. Las energías solar, eólica, hidroeléctrica y geotérmica son formas alternativas de energía y producen solo una pequeña fracción de los gases dañinos que genera la quema de combustibles fósiles.

Compartir bicicletas
Imagen 6 Los programas para compartir bicicletas proporcionan una alternativa de energía no contaminante a los viajes en carro o autobús. ¿Qué acciones puedes tomar para reducir la contaminación del aire en tu comunidad?

....
....
....
....

Matemáticas ▸ Herramientas
Consumo de energía

Las gráficas muestran cómo ha cambiado el consumo de energía en los Estados Unidos durante el siglo pasado.

1. **Analizar relaciones cuantitativas** ¿En cuántas veces aumentó el consumo de energía desde 1908 hasta 2015?

....

2. **Patrones** Describe los patrones que observes en la gráfica de la distribución del consumo para cada fuente de energía. ¿Qué crees que pueda explicar estos patrones?

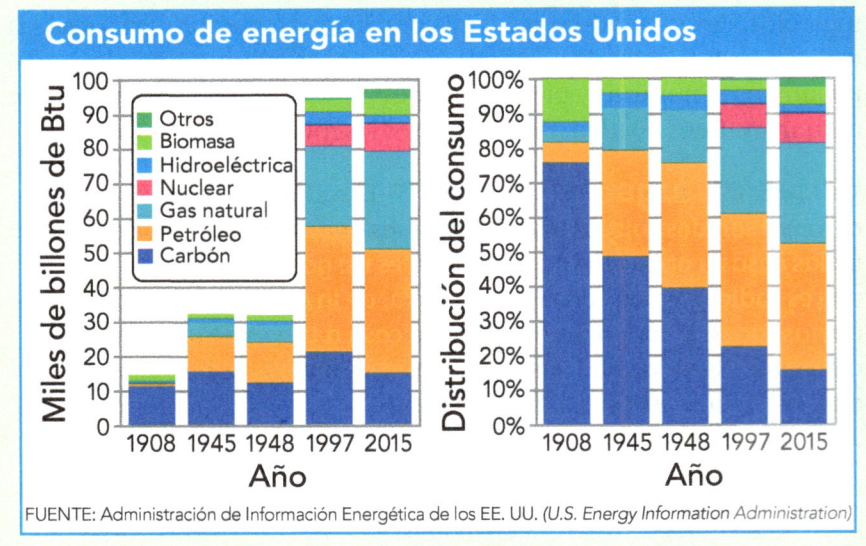

Consumo de energía en los Estados Unidos

Categorías: Otros, Biomasa, Hidroeléctrica, Nuclear, Gas natural, Petróleo, Carbón

Eje Y izquierda: Miles de billones de Btu (0–100)
Eje Y derecha: Distribución del consumo (0%–100%)
Eje X: Año — 1908, 1945, 1948, 1997, 2015

FUENTE: Administración de Información Energética de los EE. UU. *(U.S. Energy Information Administration)*

....
....

352 Impacto de los seres humanos en el medio ambiente

Proteger la capa de ozono Si alguna vez sufriste quemaduras por el Sol, entonces has experimentado los efectos de la radiación ultravioleta, o UV. La capa de ozono, ubicada entre 15 y 30 km por encima de la superficie de la Tierra, trabaja como un escudo que protege a los seres vivos de un exceso de radiación UV.

El ciclo del ozono En la capa de ozono, el ozono se forma y se descompone en un ciclo constante. Una molécula de ozono tiene tres átomos de oxígeno. Cuando la luz del Sol impacta sobre una molécula, el ozono absorbe radiación UV. La energía hace que el ozono se descomponga en una molécula de oxígeno (que tiene dos átomos de oxígeno) y un átomo de oxígeno simple. El átomo de oxígeno impacta sobre otra molécula de oxígeno y se une a ella para formar una nueva molécula de ozono.

El agujero en la capa de ozono A fines de la década de 1970, los científicos descubrieron una zona de la capa de ozono con una disminución importante de ozono, o "agujero", sobre la región del polo sur, como se muestra en la **Imagen 7**. La causa principal del agujero eran unos gases llamados clorofluorocarbonos (CFC): gases generados por los seres humanos que destruyen las moléculas de ozono. Como consecuencia, llegaba a la Tierra una mayor cantidad de radiación UV. Las naciones del mundo trabajaron juntas para prohibir los CFC de modo que se pudiera recuperar la cantidad de ozono en la atmósfera.

REVISAR LA LECTURA Determinar conclusiones ¿Por qué los países trabajaron en conjunto para prohibir los CFC y así recuperar la capa de ozono?

....
....
....
....

INTERACTIVITY

Explora cómo reducir tu huella de carbono.

El agujero en la capa de ozono

Imagen 7 Un agujero en la capa de ozono (en azul) permite que más cantidad de la dañina radiación UV llegue a la superficie de la Tierra en el hemisferio sur.

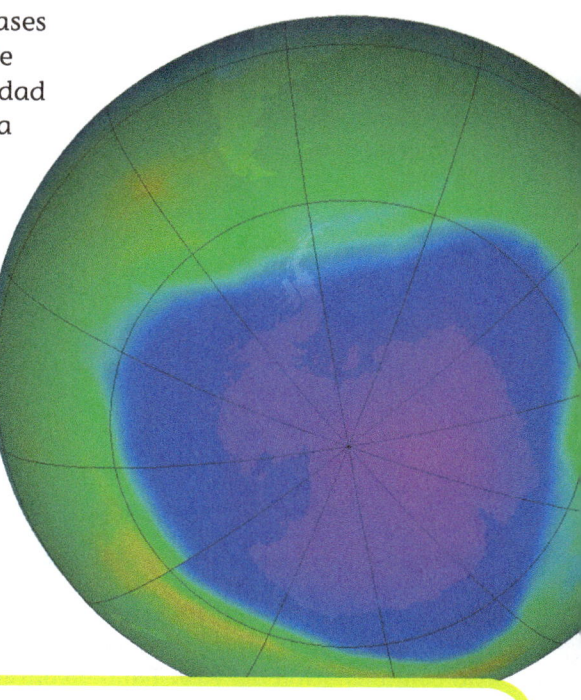

¡Represéntalo!

Modelo del ozono
Vuelve a leer el párrafo sobre el ciclo del ozono.

Desarrollar modelos Usa la información del texto para crear y rotular un modelo de una molécula de ozono y cómo cambia durante su ciclo de vida. Explica cada fase del ciclo.

....
....
....
....
....

LECCIÓN 2: Revisión

MS-ESS3-4

1. **Identificar** ¿Cuál es la diferencia entre el ozono "útil" y el ozono "dañino"?

2. **Evaluar el razonamiento** ¿Por qué el uso de fertilizantes en los jardines de las áreas residenciales es un ejemplo de una fuente dispersa de polución?

3. **Proporcionar evidencia** ¿Cómo afecta la quema de combustibles fósiles a la contaminación del aire en lugares cerrados?

4. **Causa y efecto** ¿Qué efecto tiene sobre la contaminación del aire libre la quema de combustibles fósiles en las fábricas y en la producción de energía?

5. **Elaborar argumentos** ¿Qué evidencia respalda la afirmación de que caminar y andar en bicicleta para ir al trabajo tendrían un efecto positivo sobre la contaminación del aire?

Misión CONTROL

En esta lección aprendiste sobre cómo los seres humanos afectan a los sistemas de la Tierra mediante la producción de diferentes formas de contaminación del aire. También aprendiste sobre las maneras en que estamos trabajando para reducir el impacto de la contaminación del aire.

Evaluar ¿Por qué es importante trabajar para reducir las actividades que contribuyen a la contaminación del aire?

HANDS-ON LAB

Trash vs. Water

Descarga el laboratorio para diseñar y construir un modelo de relleno sanitario.

Global a Local

MS-ESS3-4

Trabajar juntos para reducir la contaminación del aire

La contaminación del aire no conoce fronteras. Por ejemplo, los vientos pueden transportar la contaminación de las fábricas de China casi 10,000 kilómetros hasta California. Muchos países están reduciendo su propia polución, pero todavía sufren los efectos de la contaminación del aire de otros países. La única manera de combatir este problema mundial es trabajando juntos más allá de las fronteras.

En 2015, 196 países se unieron a fin de diseñar un plan para reducir la contaminación del aire en todo el mundo. El Acuerdo de París, tal como se lo conoce, establece objetivos para reducir los niveles de emisiones de carbono. El dióxido de carbono retiene el calor en la atmósfera, lo que produce el calentamiento global. Por lo tanto, reducir la polución ayudará a disminuir el calentamiento global.

Llevó mucho años llegar al Acuerdo de París. Cada país tiene diferentes necesidades, industrias y leyes. A algunos les preocupa que el acuerdo no sea lo suficientemente completo. Otros temen que las regulaciones ambientales perjudiquen las economías nacionales. Aun así, la mayoría de las naciones creen que el Acuerdo de París es necesario para reducir la contaminación del aire y proteger la Tierra.

MI COMUNIDAD

¿Qué están haciendo las comunidades en Florida para reducir la contaminación del aire? Explora el sitio Web del Centro del clima de Florida (*Florida Climate Center*) para averiguarlo.

El dióxido de carbono, un producto derivado del consumo de combustibles fósiles, es un tipo de contaminante del aire. Retiene el calor en la atmósfera terrestre, causando así el aumento de la temperatura del planeta. Incluso un leve aumento de la temperatura puede alterar el delicado equilibrio de la vida en la Tierra.

LECCIÓN 3: El impacto en la tierra

Preguntas guía
- ¿Qué recursos naturales se obtienen de la geósfera de la Tierra?
- ¿Por qué los recursos naturales de la tierra son tan importantes para los sistemas del planeta?
- ¿De qué manera las actividades humanas afectan positiva y negativamente a los recursos de la tierra?

Vocabulario
recurso natural
recurso renovable
recurso no renovable
deforestación
erosión
desertificación
sostenible

Vocabulario académico
recurso

VOCABULARY APP
Practica el vocabulario en un aparato móvil.

Conexiones
Lectura Citar evidencia textual
Matemáticas Analizar relaciones proporcionales

MS-ESS3-4

Misión CONEXIÓN
Piensa en el proceso de elegir una ubicación para un relleno sanitario y en los pasos necesarios para crearlo.

¡Conéctalo!

✏️ Identifica y rotula un recurso ilimitado y un recurso limitado que se muestren en la imagen.

Causa y efecto ¿Qué impacto crees que podría tener en los ecosistemas de la Tierra el uso excesivo de ciertos recursos?

....
....

356 Impacto de los seres humanos en el medio ambiente

La tierra como recurso

¿Bebiste agua, encendiste la luz o viajaste en un autobús hoy? Todas estas actividades, y muchas más, dependen de los **recursos** de la Tierra. Todo lo que utilizamos y que se encuentra de manera natural en el medio ambiente se llama **recurso natural**. Como se muestra en la **Imagen 1**, los recursos naturales incluyen organismos, agua, luz solar, minerales y suelo.

Un **recurso renovable** está siempre disponible o se repone de forma natural en un período relativamente breve. Algunos recursos renovables, como el viento y la luz solar, están casi siempre disponibles. Otros, como el agua y los árboles, se renuevan solo si se reponen con la misma rapidez con la que se consumen.

Los **recursos no renovables** son recursos que no se reponen dentro de un período relativamente breve. Los metales y la mayoría de los minerales no son renovables. El petróleo y el carbón tampoco son renovables. Se forman a lo largo de millones de años a partir de los restos de organismos que han muerto hace mucho tiempo. Los seres humanos consumen estos recursos más rápidamente de lo que se reponen. Con el tiempo, se acabarán.

Si bien no cubre una superficie tan amplia del planeta como el agua, la tierra es también un recurso fundamental. Los seres humanos usan sus numerosos recursos para sobrevivir. Como verás en la **Imagen 2**, la tierra se usa para cultivar alimentos, obtener materia prima y proporcionar refugio.

Vocabulario académico
Los recursos no se limitan a un material, como el agua o los árboles. ¿De qué otros tipos de recursos dependes en tu vida cotidiana?

....
....
....
....

📕 **Reflexiona** ¿Cuáles son algunos recursos renovables y no renovables que usas? En tu cuaderno de ciencias, describe estos recursos.

Recursos naturales
Imagen 1 Los seres humanos usan muchos tipos de recursos. Algunos se encuentran en cantidades limitadas, mientras que otros son prácticamente inagotables.

HANDS-ON LAB

µInvestigate Examina los impactos de la minería.

Agricultura La tierra proporciona la mayor parte de los alimentos que comen las personas. El uso de la tierra para producir alimentos se llama agricultura. Muchas regiones del mundo no son apropiadas para la agricultura. A menudo se crean nuevas tierras de cultivo drenando pantanos, irrigando desiertos o deforestando. La **deforestación** es el talado de bosques para usar la tierra para otros propósitos. Este proceso destruye los hábitats de los organismos que viven en el lugar.

Minería Los metales y los plásticos que se usan para producir objetos como televisores, teléfonos celulares, materiales de construcción y carros se extraen de debajo de la superficie terrestre mediante la minería. Los metales y otros recursos se obtienen mediante un tipo de minería llamada explotación a cielo abierto. Con esta técnica se quita la capa superior de tierra y se exponen los minerales y metales que hay debajo. Cuando ocurren vientos y lluvias fuertes, pueden erosionar el suelo. Así se pierden todos los nutrientes que contiene. El suelo puede tardar miles de años en reponerse.

Desarrollo urbano ¿Dónde vives? Seguramente vives en una estructura sobre algún terreno. Ya sea una casa, una casa rodante o un edificio de apartamentos, el espacio que ocupa tu hogar alguna vez fue un hábitat de otros organismos. A medida que la población de seres humanos aumenta, cada vez se destina más tierra al desarrollo de estructuras artificiales sin dejar lugar para los organismos vivos del hábitat original.

REVISAR LA LECTURA
Citar evidencia textual
¿Qué enunciados del texto respaldan la idea de que la tierra es un recurso importante? Subráyalos.

tala total

explotación a cielo abierto

desarrollo urbano

Uso de la tierra
Imagen 2 Los seres humanos usan la tierra de muchas maneras diferentes. ¿Cómo impactan estas actividades en los sistemas de la Tierra?

....
....
....
....

Importancia de la administración del suelo

El suelo sano y fértil es esencial para el desarrollo de la agricultura, porque contiene los minerales y nutrientes que las plantas necesitan. El suelo absorbe, almacena y filtra el agua, que también es necesaria para el crecimiento de las plantas. Los organismos que viven en el suelo, como las bacterias, los hongos y las lombrices, descomponen los desechos y los restos de seres vivos, y los regresan al suelo como nutrientes.

Estructura del suelo Si tomas una pala y cavas un pozo en la tierra, encontrarás varias capas de suelo, como las que se muestran en la **Imagen 3**. La primera capa se llama mantillo. En esta capa se encuentran las hojas muertas y el pasto.

La siguiente capa es el suelo superior. El suelo superior es una mezcla de nutrientes, agua, aire, fragmentos de roca y organismos muertos y en descomposición. Más abajo, la pala alcanzará el subsuelo. Esta capa contiene la misma agua y aire que el suelo superior, pero hay más fragmentos de roca y menos restos de plantas y animales.

Debajo del subsuelo está la capa del lecho rocoso. Esta es la capa que conforma la corteza terrestre y es la base del suelo nuevo. A medida que pasa el tiempo, el agua se disuelve en la roca, y al congelarse y derretirse produce grietas y rompe el lecho rocoso. Las raíces de las plantas que crecen entre las grietas y luego se expanden también ayudan a romper el lecho rocoso. Algunos animales, como las lombrices y los topos, también ayudan en este proceso. Y a medida que los organismos muertos se descomponen, sus restos contribuyen con la formación de la mezcla del suelo nuevo.

Capas del suelo

Imagen 3 El suelo fértil está compuesto por varias capas. Rotula cada capa de suelo en la foto: *lecho rocoso, mantillo, subsuelo, suelo superior.*

¡Planéalo!

Consideraciones de la comunidad

Causa y efecto Imagina que eres parte de un grupo que está haciendo un jardín comunitario en un terreno abandonado. Necesitas planear el jardín para evitar dañar aún más el medio ambiente local. ¿Qué efectos perjudiciales deberías considerar y cómo puedes minimizarlos?

....

....

....

....

> **INTERACTIVITY**
>
> Explora cómo la agricultura ha afectado al suelo y la tierra.

La erosión Sin suelo, la vida en la tierra no podría existir. El suelo tarda cientos de años en formarse. Por lo tanto, deben hacerse todos los esfuerzos para proteger el suelo de la Tierra. A veces, las fuerzas naturales provocan la pérdida del suelo. Fuerzas como el viento, el agua y el hielo desplazan partículas de rocas o suelo mediante un proceso llamado **erosión**.

Generalmente, las raíces de las plantas que crecen hasta las profundidades del suelo ayudan a que este se mantenga en su lugar. Las actividades humanas como la minería, la tala, la construcción y la agricultura aumentan la erosión al quitar estas plantas y exponer el suelo al viento y la precipitación. Al no contar con nada que las mantenga en su lugar, las partículas de suelo se desplazan fácilmente. Las actividades humanas provocan que la erosión ocurra más rápidamente que en los procesos naturales. La **Imagen 4** muestra ejemplos de erosión natural y de erosión causada por los seres humanos.

Erosión

Imagen 4 ✏️ Marca la imagen que muestra una erosión que ocurre naturalmente. ¿De qué manera actúan los diferentes fenómenos para que se formen estas áreas?

....
....
....
....
....
....
....

El agotamiento de nutrientes Las plantas producen su propio alimento mediante la fotosíntesis, pero necesitan absorber nutrientes como el nitrógeno y el fósforo. Los descomponedores que hay en el suelo descomponen organismos muertos que proporcionan estos y otros nutrientes al suelo. Si un agricultor planta el mismo cultivo en un campo todos los años, el cultivo podría usar más nutrientes de los que pueden proporcionar los descomponedores. Esto lleva al agotamiento de nutrientes: el suelo ya no es lo suficientemente fértil. El agotamiento de nutrientes puede afectar directamente a los seres humanos. Los cultivos que crecen en suelos pobres en nutrientes suelen tener menos valor nutricional.

Los agricultores agregan fertilizantes al suelo para proporcionarle los nutrientes necesarios. Esto puede producir cultivos abundantes y nutritivos, pero también puede resultar perjudicial cuando la lluvia arrastra los fertilizantes hacia las masas de agua cercanas. Para administrar el suelo, los agricultores suelen dejarlo descansar por una temporada o dos entre siembras. Esto permite que los restos de cultivos se descompongan, lo cual repone los nutrientes del suelo.

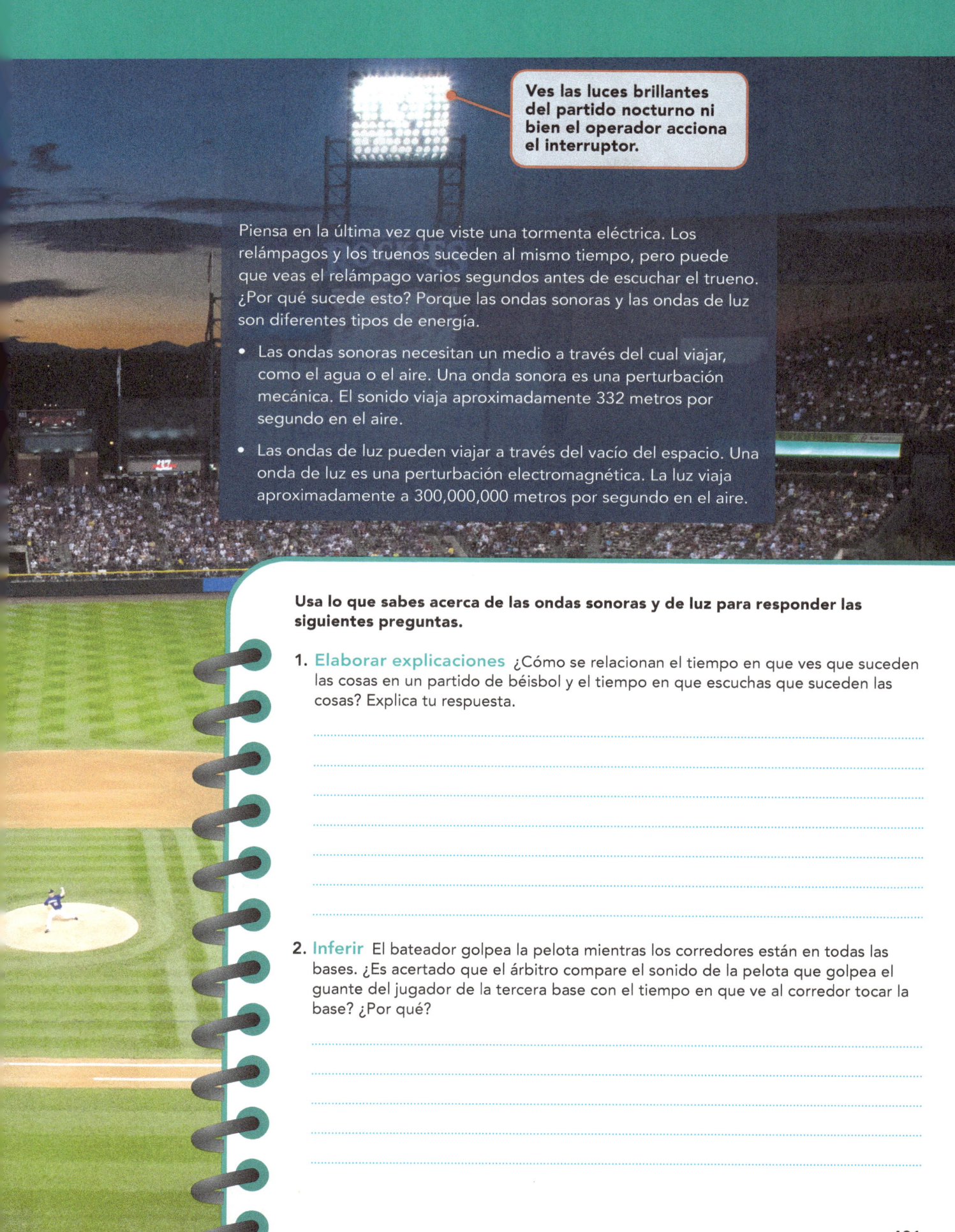

Ves las luces brillantes del partido nocturno ni bien el operador acciona el interruptor.

Piensa en la última vez que viste una tormenta eléctrica. Los relámpagos y los truenos suceden al mismo tiempo, pero puede que veas el relámpago varios segundos antes de escuchar el trueno. ¿Por qué sucede esto? Porque las ondas sonoras y las ondas de luz son diferentes tipos de energía.

- Las ondas sonoras necesitan un medio a través del cual viajar, como el agua o el aire. Una onda sonora es una perturbación mecánica. El sonido viaja aproximadamente 332 metros por segundo en el aire.

- Las ondas de luz pueden viajar a través del vacío del espacio. Una onda de luz es una perturbación electromagnética. La luz viaja aproximadamente a 300,000,000 metros por segundo en el aire.

Usa lo que sabes acerca de las ondas sonoras y de luz para responder las siguientes preguntas.

1. **Elaborar explicaciones** ¿Cómo se relacionan el tiempo en que ves que suceden las cosas en un partido de béisbol y el tiempo en que escuchas que suceden las cosas? Explica tu respuesta.

   ....
   ....
   ....
   ....
   ....

2. **Inferir** El bateador golpea la pelota mientras los corredores están en todas las bases. ¿Es acertado que el árbitro compare el sonido de la pelota que golpea el guante del jugador de la tercera base con el tiempo en que ve al corredor tocar la base? ¿Por qué?

   ....
   ....
   ....
   ....

LECCIÓN 2
Las interacciones entre las ondas

Preguntas guía
- ¿Cómo interactúan las ondas con diferentes materiales?
- ¿Cómo interactúan las ondas entre sí?

Conexión
Lectura Integrar información

MS-PS4-2

Vocabulario
reflexión
refracción
difracción
absorción
interferencia
onda estacionaria
resonancia

Vocabulario académico
transmitir

VOCABULARY APP
Practica el vocabulario en un aparato móvil.

Misión CONEXIÓN
Presta atención a la manera en que las lentes y los espejos afectan al movimiento de la luz.

¡Conéctalo!

✏️ Mira los peces dorados que nadan en la pecera de vidrio. Coloca una X sobre cada pez que pienses que es una reflexión.

Usar evidencia ¿Cuántos peces reales piensas que hay?
....
....

Elaborar explicaciones ¿Por qué es difícil contar la cantidad de peces en la pecera?
....
....
....

402 Ondas y radiación electromagnética

Reflexión, refracción y absorción

Si alguna vez fuiste a la playa, viste cómo se mueven los diferentes tipos de olas. Algunas olas del océano chocan contra rocas o muelles, mientras que otras alcanzan la costa suavemente. Los rayos del Sol caen sobre la superficie del agua, donde algunos rebotan y otros la atraviesan. En general, cuando las ondas se encuentran con diferentes medios, se reflejan, se transmiten o se absorben.

Reflexión Algunas ondas son bloqueadas completamente por una obstrucción, pero su energía no se absorbe ni se convierte en otra forma de energía. Estos tipos de ondas rebotan, o se reflejan, sobre esas obstrucciones. En una **reflexión**, la onda rebota y sigue una dirección diferente. La ley de la reflexión establece que el ángulo de incidencia es igual al ángulo de reflexión. Esto significa que el ángulo con el que la onda cae sobre el material coincidirá con el ángulo que la onda reflejada traza al rebotar en ese material, como se muestra en la **Imagen 2**. La luz que se refleja sobre un espejo es el ejemplo más familiar de la reflexión. El eco de una voz en las paredes de un cañón es otro ejemplo.

Reflexión
Imagen 2 El haz de luz de una linterna cae sobre un espejo y se refleja con el mismo ángulo.

a Ángulo de incidencia El ángulo entre la onda incidente y la normal.

b Normal Una línea perpendicular a la superficie en el punto donde ocurre la reflexión.

c Ángulo de reflexión El ángulo entre la onda reflejada y la normal.

Reflexión y refracción de peces
Imagen 1 Las ondas de luz que se reflejan sobre las paredes de una pecera pueden crear múltiples imágenes del mismo pez.

¡Planéalo!

Desarrollar modelos ¿Alguna vez viste una escena de alguna película en la que un personaje mira un espejo pero la cámara no se ve en el espejo? Piensa en la manera en que el director prepara la escena. Haz un dibujo de una preparación en la que muestres la posición del actor, la cámara y el espejo, y demuestra por qué la imagen de la cámara no es visible para la cámara.

Refracción

Imagen 3 Los rayos de luz se desvían al entrar en el agua porque un lado de los frentes de onda se hace más lento en el agua mientras que el otro lado continúa con la misma rapidez en el aire.

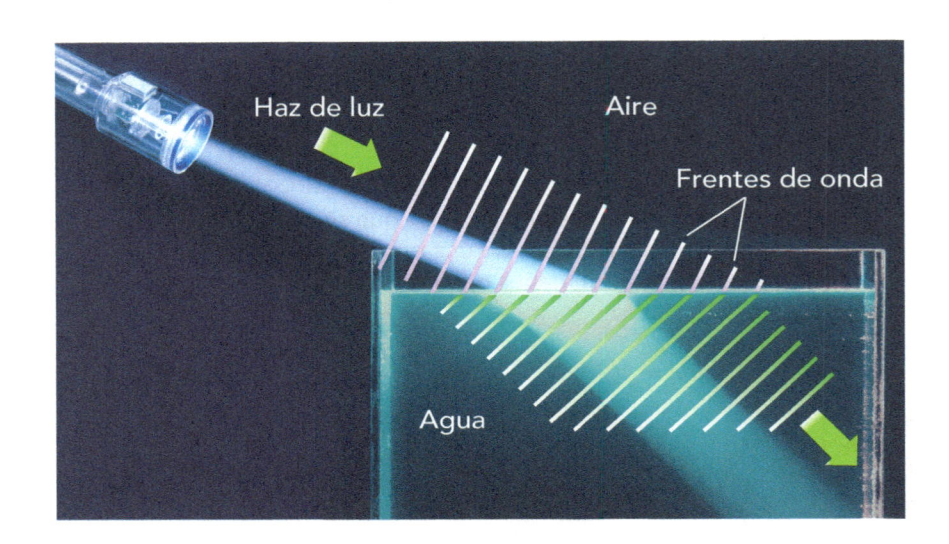

Vocabulario académico
¿Cuál es otra manera de decir que una onda "se transmite" a través de un medio?

....
....
....

Refracción Imagina que vas en bicicleta por un camino de asfalto parejo. Cuando te desvías de ese camino y tomas un camino de tierra, la transición puede ser desagradable. Tal vez tengas que sostener con fuerza el manillar para mantener derecha la bicicleta porque cada rueda toca una superficie diferente.

Cuando las ondas de luz **se transmiten** de un medio a otro, también se desvían en diferentes direcciones. Este desvío se debe a la **refracción**, o el desvío de las ondas debido a un cambio en la rapidez.

Cuando una onda entra en un nuevo medio con un ángulo que no es perpendicular, cambia de dirección. Por ejemplo, cuando se dirige luz al agua con un ángulo, como en la **Imagen 3**, la luz se hace más lenta y se desvía hacia abajo. La onda se desvía hacia la normal, la línea imaginaria que corre en forma perpendicular desde el límite de los dos medios.

Ondas y radiación electromagnética

Difracción ¿Alguna vez te preguntaste por qué puedes oír hablar a alguien aunque esté a la vuelta de la esquina de un edificio o de una entrada? Este es un ejemplo de **difracción**. Las ondas no solo viajan en líneas rectas. También se desvían alrededor de objetos.

Puedes observar la difracción en las olas así como también en las ondas sonoras. Las olas pueden difractarse alrededor de una roca o una isla en el océano. Como los tsunamis pueden difractarse alrededor de toda una isla, las personas en las costas de toda la isla están en riesgo.

Absorción Cuando piensas en algo que se absorbe, podrías pensar en una toalla de papel que absorbe agua. Determinados materiales también pueden absorber las ondas. En la **absorción**, la energía de una onda se transfiere al material que encuentra. Cuando las olas del océano llegan a una costa, la mayor parte de su energía es absorbida por la costa.

Cuando las ondas de luz se encuentran con la superficie de un medio o material diferente, las ondas pueden reflejarse, refractarse o ser absorbidas. Lo que sucede con las ondas depende del tipo de material con el que se encuentran. La luz es absorbida mayormente por materiales oscuros, como la superficie de un estacionamiento, y es reflejada mayormente por materiales claros, como la nieve.

Conexión con la lectura

Integrar información
Mientras lees, clasifica los fenómenos sobre los que aprendes como interacciones entre las ondas y los medios o interacciones entre las ondas.

Reflexiona ¿De qué maneras usas la reflexión en tu vida diaria? ¿Qué debes tener en cuenta cuando usas cosas que reflejan, como espejos?

▶ VIDEO
Descubre cómo la reflexión y la absorción crean ecos.

¡Pregúntalo!

Clasificar Identifica cada imagen como un ejemplo de reflexión, difracción, refracción o absorción.

405

HANDS-ON LAB

uInvestigate Observa qué tipo de interferencia obtienes cuando envías ondas por una bobina.

Interferencia de ondas

¿Alguna vez viste chocar dos olas desde direcciones opuestas para crear momentáneamente una figura más grande con forma de colina antes de continuar en sus direcciones originales? Este es un ejemplo de **interferencia** de ondas. Existen dos tipos.

Interferencia constructiva

El ejemplo de dos olas de tamaños similares que chocan y crean una ola con una amplitud mayor a la de cualquiera de las ondas originales se llama interferencia constructiva. Puedes pensarlo como olas que "se ayudan unas a otras", o que suman sus energías. Tal como se muestra en la **Imagen 4**, cuando las crestas de dos olas se superponen, crean una cresta más alta. Si dos valles se superponen, crean un valle más profundo. En ambos casos, aumenta la amplitud de las crestas o los valles combinados.

Tipos de interferencia

Imagen 4 Escribe leyendas para describir las tres partes de la interferencia destructiva. Completa la clave para explicar qué significan las diferentes flechas en las imágenes.

Interferencia constructiva

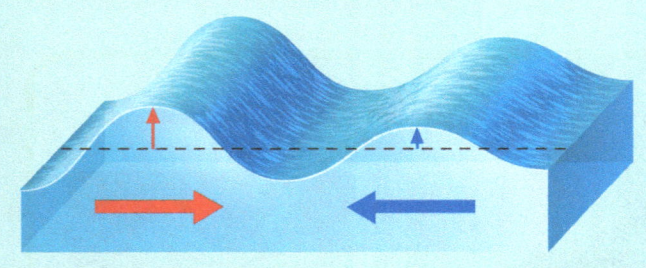

① Dos olas se aproximan una a la otra. La ola de la izquierda tiene una mayor amplitud.

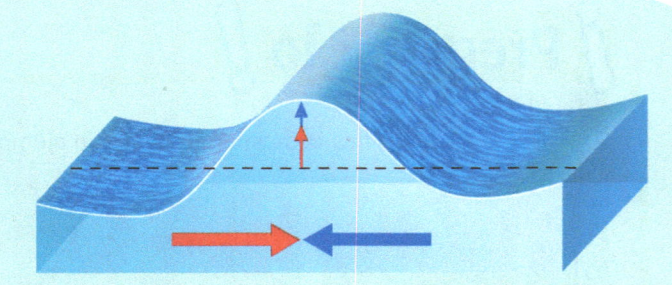

② La amplitud de la nueva cresta es la suma de las amplitudes de las crestas originales.

Interferencia destructiva

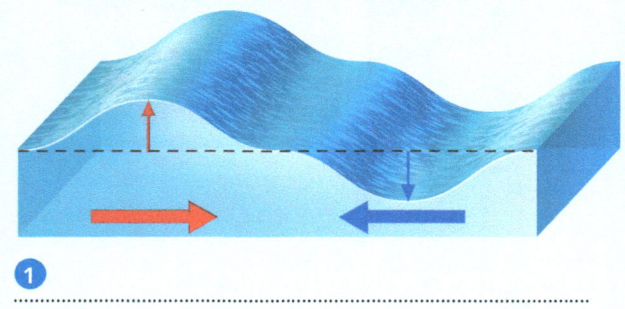

①

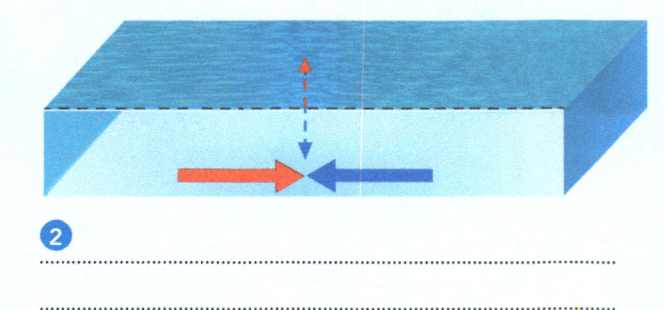

②

406 Ondas y radiación electromagnética

Interferencia destructiva Cuando dos ondas se combinan y crean una onda con una amplitud menor a la de cualquiera de las ondas originales, se trata de una interferencia destructiva. La interferencia destructiva ocurre cuando la cresta de una onda se superpone con el valle de otra onda. Si la cresta tiene una amplitud mayor que el valle de la otra onda, la cresta "gana" y parte de ella permanece. Si el valle original tiene una amplitud mayor que la cresta de la otra onda, el resultado es un valle. Si una cresta y un valle tienen amplitudes iguales, se cancelan mutuamente, tal como se muestra en la **Imagen 4**. La interferencia destructiva se usa en auriculares con cancelación de ruido para bloquear ruidos que distraen en las cercanías del oyente.

REVISAR LA LECTURA **Inferir** ¿Qué tipo de interferencia de ondas podría hacer que el sonido sea más fuerte? Explica tu respuesta.

....
....
....

INTERACTIVITY

Observa la interferencia de ondas en una cuerda y en las ondas superficiales.

Ondas que interfieren
Imagen 5 Las ondas creadas por el agua de lluvia en un estanque interfieren entre sí en un patrón que exhibe interferencia constructiva y destructiva.

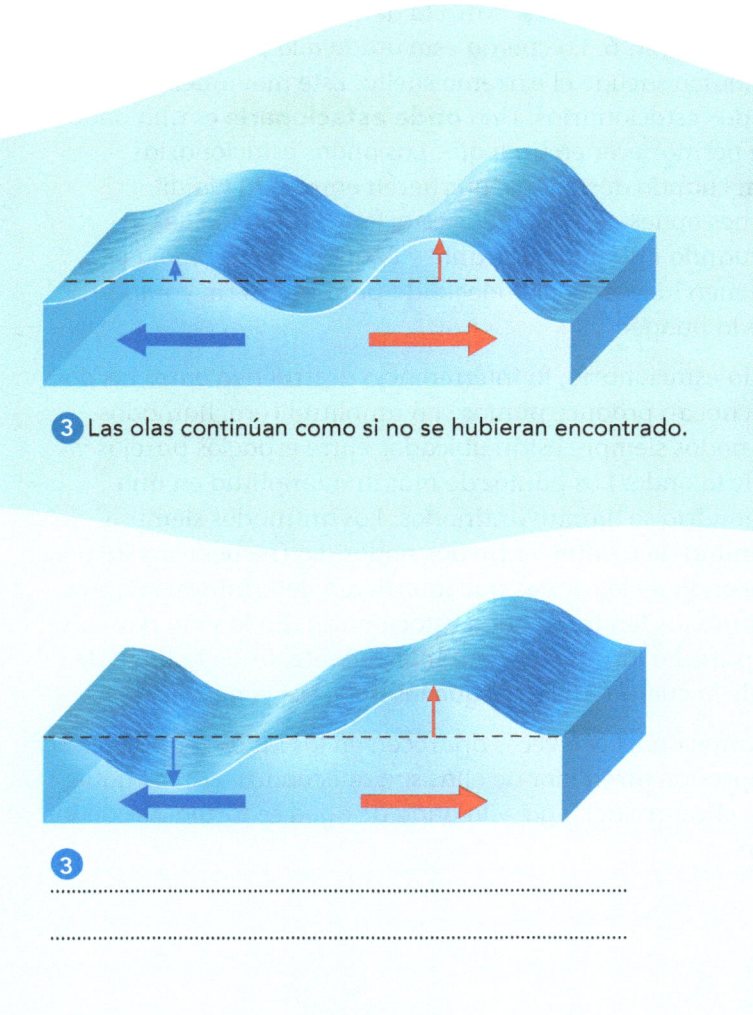

③ Las olas continúan como si no se hubieran encontrado.

③
....
....

Clave

→
....
....

←
....
....

↑
....
....

↓
....
....

407

Ondas estacionarias

Imagen 6 A medida que la mano de la izquierda aumenta la frecuencia, aumenta la cantidad de longitudes de onda presentes en la onda estacionaria. En una onda estacionaria parece haber un reflejo de la cresta y el valle. Rotula el resto de los nodos y antinodos.

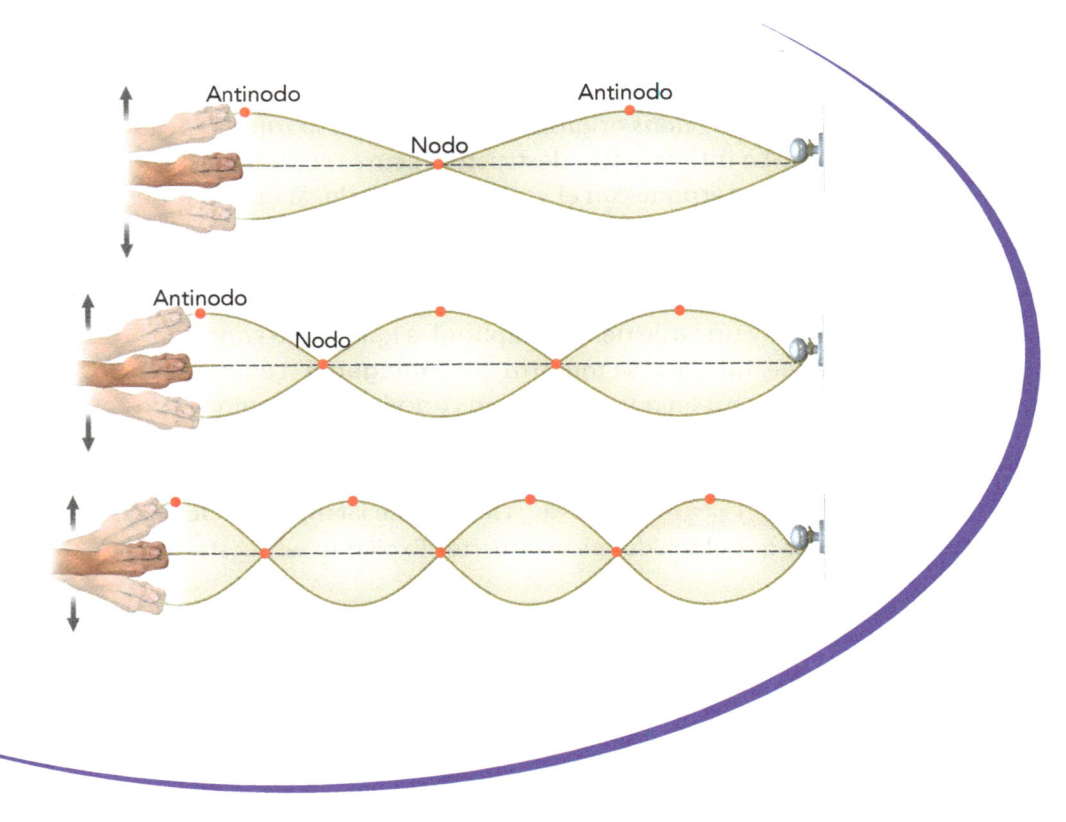

INTERACTIVITY

Describe cómo se comportan las ondas cuando interactúan con una barrera o un límite.

Ondas estacionarias Mira la demostración con la cuerda de la **Imagen 6**. La cuerda está atada a la perilla de una puerta, y alguien sacude el extremo suelto. Este movimiento puede generar ondas estacionarias. Una **onda estacionaria** es una onda que parece permanecer en un lugar. Las ondas estacionarias se producen cuando dos ondas interfieren entre sí al viajar en direcciones opuestas. Las ondas estacionarias en la cuerda aparecen cuando una onda entrante y la onda que se refleja en la perilla tienen la frecuencia adecuada para interferir, como se muestra en la imagen.

En una onda estacionaria, la interferencia destructiva entre las dos ondas que chocan produce puntos con amplitud cero, llamados nodos. Los nodos siempre están ubicados entre espacios parejos a lo largo de la onda. Los puntos de máxima amplitud en una onda estacionaria se llaman antinodos. Los antinodos siempre ocurren a mitad de camino entre dos nodos. La frecuencia y la longitud de onda de las ondas que interfieren determinan cuántos nodos y antinodos tendrá la onda estacionaria. En la vida real, los antinodos parecen latir de manera intermitente desde la línea de equilibrio de la cuerda mientras que los nodos se ven inmóviles.

Las ondas estacionarias a veces aparecen en los lagos cuando el viento y la presión alrededor de ellas son adecuados. Parece haber un nodo en el centro del lago, y la onda de agua se forma alrededor de ese nodo.

Resonancia Piensa en la última vez que te meciste en un columpio de un patio de juegos. Es posible que hayas notado lo difícil que es impulsarte. Una vez que estás en movimiento, puedes jalar las cadenas del columpio y elevar tus piernas en el momento justo para seguir columpiándote. El columpio tiene una frecuencia natural, y tus acciones coinciden con esa frecuencia para crear mayores amplitudes en tu movimiento.

La mayoría de los objetos tienen por lo menos una frecuencia natural de vibración. Las ondas estacionarias ocurren en un objeto cuando este vibra en una de estas frecuencias naturales. Si un objeto cercano vibra en la misma frecuencia, puede causar resonancia. La **resonancia** es un aumento de la amplitud de una vibración que ocurre cuando las vibraciones externas coinciden con la frecuencia natural de un objeto.

Cuando los ingenieros construyen un puente, tienen que asegurarse de que los soportes del puente no estén colocados en nodos potenciales de una onda estacionaria. De lo contrario, el viento podría hacer que el puente oscile fuertemente como la cuerda de la **Imagen 6** y colapse.

Comprender la resonancia de diferentes materiales también es útil para las personas que fabrican guitarras, violines u otros instrumentos de madera con cuerdas. Si la madera de una guitarra, como la de la **Imagen 7**, resuena demasiado con determinada nota, puede sonar demasiado fuerte cuando se toque esa nota en particular. Asimismo, si la madera no resuena con cualquier nota en particular, al instrumento puede faltarle volumen o "presencia" y puede que suene amortiguado.

REVISAR LA LECTURA **Resumir** En general, ¿por qué es riesgoso crear algo cuya frecuencia natural pueda coincidir con vibraciones externas?

....
....
....

Comprender el sentido
Haz una tabla de dos columnas en tu cuaderno. Úsala para anotar descripciones de interferencia constructiva, interferencia destructiva, ondas estacionarias y resonancia.

Resonancia musical
Imagen 7 Los tipos de madera y las técnicas de fabricación que se usan para hacer una guitarra influyen sobre los aspectos de su sonido, incluida la resonancia.

✅ LECCIÓN 2: Revisión

MS-PS4-2

1. **Relacionar causa y efecto** Explica qué sucede con la luz cuando se refracta en la superficie del agua.

   ....
   ....
   ....
   ....
   ....

2. **Interpretar diagramas** Los diagramas a continuación muestran dos ondas que interfieren y generan un resultado azul oscuro. ¿Cuál de los diagramas ilustra la interferencia constructiva? Explica tu opción usando el término *amplitud*.

   A.   B.

   ....
   ....
   ....
   ....
   ....

3. **Explicar** ¿Qué significa que las ondas sean absorbidas por un medio determinado? Asegúrate de incluir la energía en tu explicación.

   ....
   ....
   ....
   ....

4. **Elaborar explicaciones** ¿Por qué la transición de las ondas de luz del agua al aire hace parecer que los peces y otras cosas en un estanque están a menos profundidad que donde realmente están?

   ....
   ....
   ....
   ....
   ....
   ....
   ....
   ....
   ....
   ....
   ....

Misión CONTROL

En esta lección, aprendiste cómo interactúan las ondas con sus alrededores y entre sí. Las ondas pueden reflejarse, refractarse o ser absorbidas según los medios a través de los cuales viajen y los materiales con los que se encuentren. También pueden interferir entre sí de manera destructiva o constructiva, lo que da como resultado fenómenos como las ondas estacionarias y la resonancia.

Aplicar conceptos Piensa en las maneras en que la luz puede cambiar de dirección. ¿Cuáles son las dos maneras en que podrías cambiar la trayectoria de la luz? ¿Qué materiales necesitarías para hacerlo?

....
....
....
....

👆 INTERACTIVITY

Virtual Optics

Conéctate en línea para experimentar con la luz y su transmisión o reflexión.

410 Ondas y radiación electromagnética

tú, Ingeniero | **Impacto en la sociedad** | **STEM**

MS-PS4-2

¡SONRÍAN!

littleBits

INTERACTIVITY
Descubre cómo funcionan las cámaras.

Durante cientos de años, las personas que viajaban llevaban anotadores y lápices para registrar sus recuerdos. Todo eso cambió en el siglo XIX con la invención de la fotografía.

El reto: Seguir mejorando las maneras en que las personas registran imágenes.

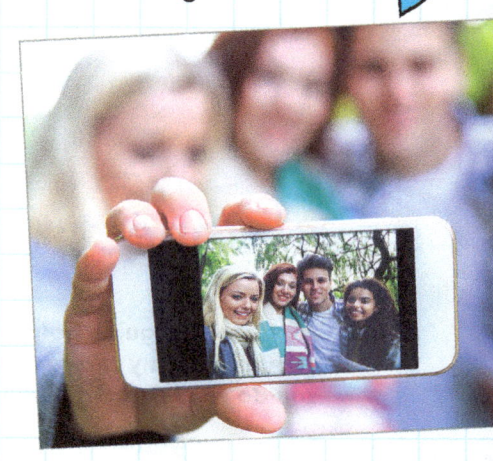

Fenómeno Las primeras cámaras eran objetos grandes y aparatosos que imprimían imágenes sobre vidrio. En el siglo XIX, los ingenieros experimentaron con cámaras más pequeñas y livianas que usaban película. Hoy en día tenemos cámaras digitales. Pero todas usan el mismo proceso para crear imágenes.

Hoy en día, todas las cámaras tienen tres partes principales para capturar la luz:

- La **lente** es el ojo de la cámara. Detecta la luz que se refleja sobre aquello que quieres fotografiar.
- La **abertura** permite que la luz pase a través de la lente. Cuanto mayor es la abertura, más luz pasa.
- El **obturador** es como una cortina que se abre cuando sacas la foto.

En una cámara con película, la luz modifica la película tanto física como químicamente para crear una imagen. En una cámara *digital*, la luz llega a fotosensores, que convierten la imagen en una serie de números.

¡Las cámaras han cambiado mucho a lo largo de los años!

RETO DE DISEÑO

¿Puedes crear tu propia cámara sencilla usando solo una caja? ¡Ve al Cuaderno de diseño de ingeniería para averiguarlo!

411

LECCIÓN 3 Las ondas sonoras

Preguntas guía
- ¿Cómo se reflejan, transmiten o absorben las ondas de sonido en los materiales?
- ¿Qué factores afectan la velocidad de las ondas de sonido?

Conexiones

Lectura Integrar con elementos visuales

Matemáticas Razonar cuantitativamente

MS-PS4-2

Vocabulario
volumen
intensidad
decibelio
tono
efecto Doppler

Vocabulario académico
diferenciar

VOCABULARY APP
Practica el vocabulario en un aparato móvil.

Misión CONEXIÓN
Piensa en cómo las propiedades de las ondas de sonido difieren de las ondas de luz en tu Misión.

¡Conéctalo!

Cuando alguien golpea un platillo, el platillo vibra y produce un sonido. Dibuja las compresiones y rarefacciones de las partículas de aire que ocurren cuando las ondas de sonido se alejan del platillo.

Hacer preguntas ¿El sonido es una onda mecánica o una onda electromagnética? Explica tu respuesta.

Predecir ¿Qué crees que le sucede a una onda de sonido cuando aumenta el volumen del sonido?

Imágenes de espejos La forma más común de formar una imagen clara usando luz reflejada es con un espejo. Hay tres tipos diferentes de espejos: plano, convexo y cóncavo. Los tipos de espejos se distinguen por la forma de la superficie del espejo.

El espejo que tienes colgado en la pared de tu casa probablemente sea un espejo plano, también conocido como espejo común. La imagen que ves en el espejo se llama imagen virtual, que es una imagen que se forma de donde parece venir la luz. La **Imagen 5** muestra un ejemplo de una imagen virtual en un espejo plano. Esta imagen está en posición vertical y es del mismo tamaño que el objeto que formó la imagen, pero los lados derecho e izquierdo de la imagen están invertidos.

Espejos convexos Para visualizar un espejo convexo, piensa en un cuenco de metal. Un espejo convexo es como el exterior del cuenco porque es un espejo con una superficie que se curva hacia afuera. Si miras una imagen en el exterior del cuenco, es más pequeña que la imagen en un espejo plano. La **Imagen 6** muestra un ejemplo de una imagen en un espejo convexo. Para comprender cómo se forman estas imágenes, observa el eje óptico y el punto de enfoque del espejo. El eje óptico es una línea imaginaria que divide el espejo por la mitad. El **punto de enfoque** es la ubicación en la que los rayos paralelos al eje óptico se reflejan y se encuentran. La luz se refleja en la superficie curva de modo que la imagen parece provenir de un punto de enfoque que está detrás del espejo.

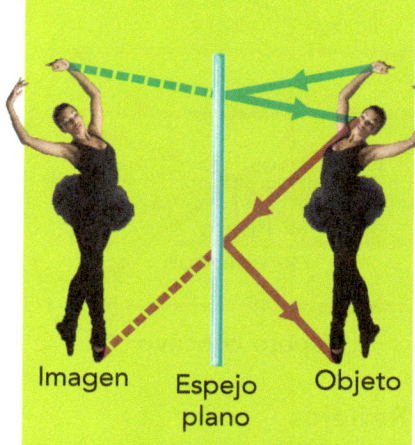

Imagen de espejo plano
Imagen 5 En esta imagen virtual, los rayos de luz reflejados parecen venir de detrás del espejo, donde se forma la imagen. La distancia desde la imagen al espejo es la misma que la distancia desde el objeto al espejo.

Imagen de espejo convexo
Imagen 6 La mayoría de los espejos retrovisores son convexos. Los rayos de luz se desvían cuando golpean la superficie del espejo de tal forma que el objeto parece más pequeño de lo que es.

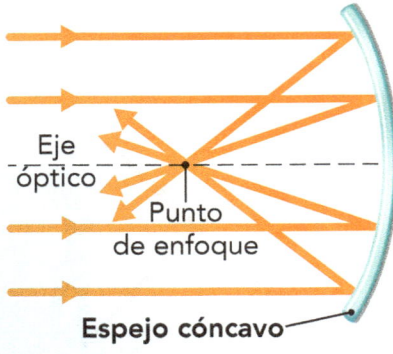

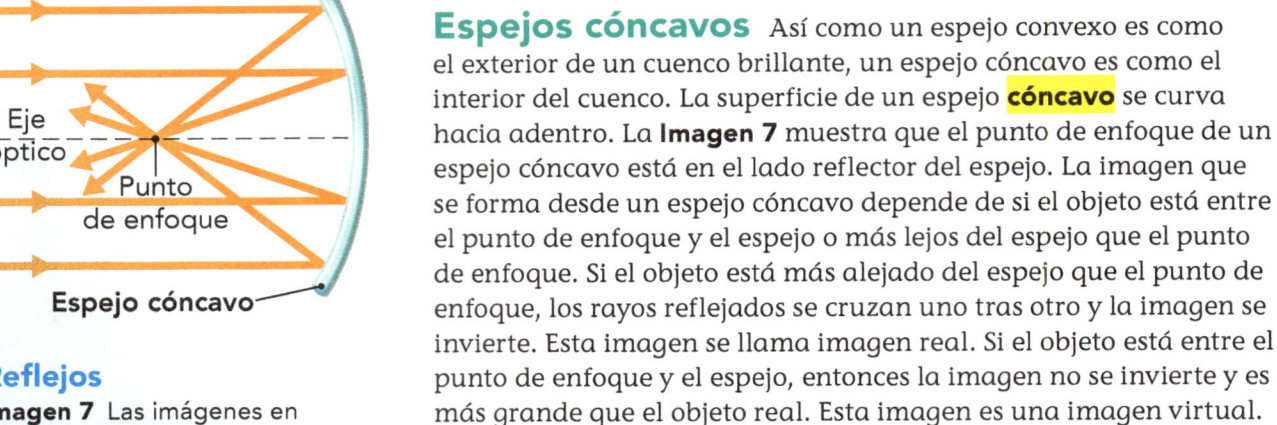

Espejos cóncavos Así como un espejo convexo es como el exterior de un cuenco brillante, un espejo cóncavo es como el interior del cuenco. La superficie de un espejo <mark>cóncavo</mark> se curva hacia adentro. La **Imagen 7** muestra que el punto de enfoque de un espejo cóncavo está en el lado reflector del espejo. La imagen que se forma desde un espejo cóncavo depende de si el objeto está entre el punto de enfoque y el espejo o más lejos del espejo que el punto de enfoque. Si el objeto está más alejado del espejo que el punto de enfoque, los rayos reflejados se cruzan uno tras otro y la imagen se invierte. Esta imagen se llama imagen real. Si el objeto está entre el punto de enfoque y el espejo, entonces la imagen no se invierte y es más grande que el objeto real. Esta imagen es una imagen virtual.

REVISAR LA LECTURA Clasificar Si una imagen reflejada está invertida, ¿qué tipo de imagen es?

....

Reflejos

Imagen 7 Las imágenes en los espejos dependen de la forma de cada espejo. Examina el diagrama y luego identifica el tipo de imagen de cada ejemplo.

El objeto está ubicado más lejos del espejo que el punto de enfoque. Forma una imagen ....

El objeto está ubicado entre el espejo y el punto de enfoque. Forma una imagen ....

¡Represéntalo!

Diversión con espejos

En un parque de diversiones, los espejos se usan a menudo para cambiar la apariencia de los objetos.

Desarrollar modelos Imagina que quieres usar un espejo para hacer que una puerta se vea más pequeña y redonda. En el siguiente espacio, dibuja el espejo y la puerta, junto con el punto focal. Rotula el espejo con el tipo de espejo que es.

Lentes

La luz no solo se refleja, como lo hace con un espejo, sino que también se desvía o refracta. Una lente es una pieza curva de material transparente que refracta la luz. Cada vez que miras a través de un telescopio, un microscopio o un par de gafas, miras a través de una lente. Al igual que un espejo, una lente puede ser convexa o cóncava, según su forma.

Lentes convexas Mira la **Imagen 8** para ver cómo son las lentes convexas, cómo refractan la luz y qué tipo de imagen se produce. Puedes ver que las lentes convexas son más gruesas en el medio y más delgadas en los bordes. Cuando la luz pasa a través de la lente, se refracta hacia el centro de la lente. Cuanto más curva es la lente, más se refracta la luz.

Una lente convexa puede producir una imagen virtual o una imagen real dependiendo de dónde se encuentre el objeto en relación con el punto de enfoque de la lente. Si el objeto se encuentra entre la lente y el punto de enfoque, se forma una imagen virtual. Esta imagen es más grande que el objeto real. Es posible que hayas observado esto al usar una lupa. Si el objeto está más alejado de la lente que el punto de enfoque, entonces se forma una imagen real. Esta imagen puede ser más grande, más pequeña o del mismo tamaño que el objeto.

¿Te resulta familiar esta descripción de una lente convexa? **Compara** una lente convexa y un espejo cóncavo. Tanto una lente convexa como un espejo cóncavo enfocan la luz, y el tipo de imagen formada depende de la ubicación del objeto en relación con la ubicación del punto de enfoque.

> **VIDEO**
> Explora los efectos de diferentes lentes y filtros en las cámaras.

Vocabulario académico
¿Qué diferencia hay entre comparar objetos y contrastarlos?

....
....
....
....

Lentes convexas
Imagen 8 Una lente convexa puede formar una imagen real o virtual. ✏ Basándote en la ubicación de los objetos y los puntos de enfoque, rotula correctamente una imagen como real y la otra imagen como virtual.

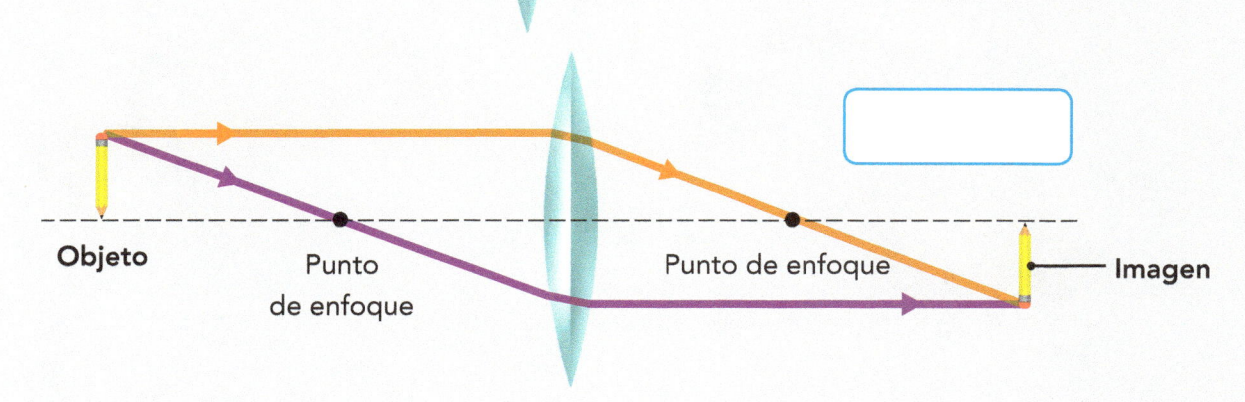

INTERACTIVITY

Predice el comportamiento de los rayos de luz cuando encuentran diferentes objetos y sustancias.

Lentes cóncavas Las lentes cóncavas son más delgadas en el centro que en los bordes. Cuando los rayos de luz viajan a través de la lente, los rayos se desvían del eje óptico, por lo que los rayos nunca se encuentran. Debido a que los rayos nunca se encuentran, las lentes cóncavas forman solo imágenes virtuales, y estas imágenes son verticales y más pequeñas que los objetos. En la **Imagen 9** se muestra cómo las lentes cóncavas forman imágenes.

✓ **REVISAR LA LECTURA** **Comparar y contrastar** ¿En qué se parece una lente convexa a un espejo cóncavo? ¿En qué se diferencia?

....
....
....
....

Lentes cóncavas

Imagen 9 Al mirar a través de una lente cóncava, se forma una imagen virtual que siempre es más pequeña que el objeto en sí. ✏️ Después de examinar los diagramas, encierra en un círculo la foto en la cual se forma la imagen usando una lente cóncava.

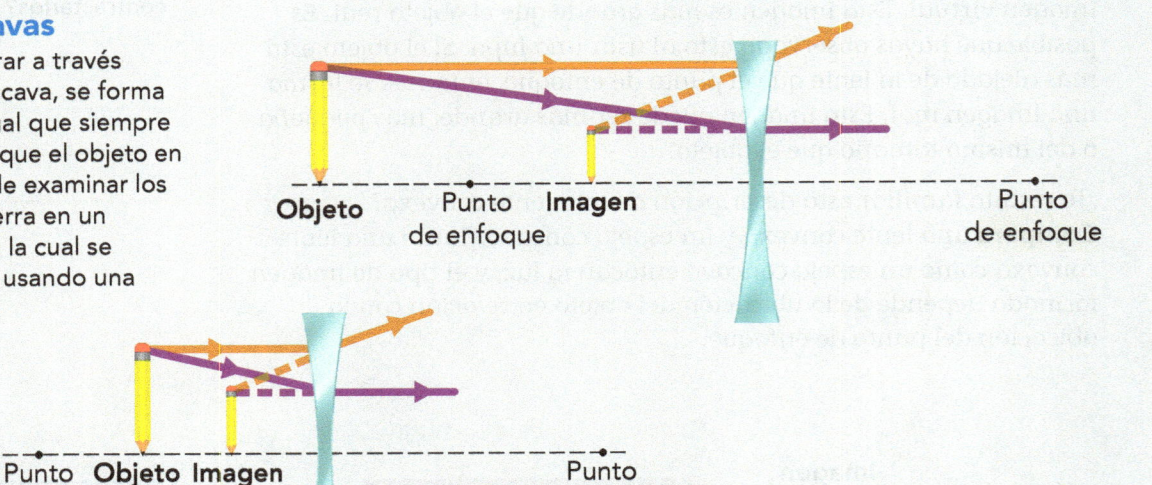

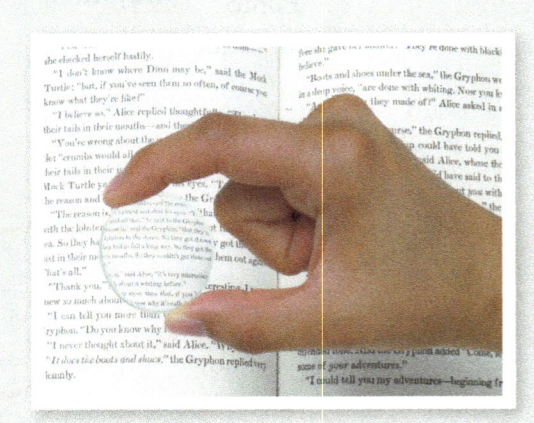

Objeto   Punto de enfoque   Imagen   Punto de enfoque

Punto de enfoque   Objeto   Imagen   Punto de enfoque

440 Ondas y radiación electromagnética

LECCIÓN 5: Revisión

MS-PS4-2

1. **Clasificar** ¿Qué tipo de material transmite algo de luz y hace que los objetos que están detrás se vean borrosos?

2. **Identificar** Un pájaro se choca con la ventana de un edificio porque ve el reflejo del cielo en la ventana. El cielo no aparece distorsionado en esta ventana. ¿Como qué tipo de espejo o lente está actuando la ventana? Explica tu respuesta.

3. **Aplicar el razonamiento científico** Cuando una persona es miope, necesita una lente de gafas para curvar la luz que ingresa al ojo hacia fuera del eje óptico. ¿Qué tipo de lente hará esto?

4. **Causa y efecto** ¿Por qué algunos espejos retrovisores en los carros indican que "los objetos están más cerca de lo que parecen"?

5. **Elaborar explicaciones** Imagina que un director de cine está filmando en un set que debería verse como un desierto caliente. Quiere que la escena parezca más cálida, de modo que los tonos rojos y amarillos sean más evidentes. ¿Qué filtros de color debe usar? ¿De qué color aparecerá el cielo azul cuando use esos filtros, y por qué?

Misión CONTROL

En esta lección, observaste cómo se comporta la luz cuando encuentra objetos transparentes, traslúcidos y opacos. Viste cómo el color de la luz y los filtros influyen sobre el color de los objetos. También descubriste las formas en que la luz puede reflejarse desde los espejos o refractarse a través de lentes.

¿Cómo podrías usar este conocimiento para elegir los objetos y su ubicación en tu búsqueda?

HANDS-ON LAB

An Optimal Optical Solution

Conéctate en línea para descargar la hoja de trabajo del laboratorio. Construye y prueba tu sistema de seguridad óptico.

TEMA 8: Repaso y evaluación

1 Las propiedades de las ondas

MS-PS4-1

1. ¿Cuál de las siguientes opciones es una propiedad de una onda mecánica?
   A. amplitud
   B. peso
   C. incidencia
   D. color

2. La frecuencia de la onda sonora de un fa sostenido en música es 370 Hz, y su longitud de onda es 0.93 m. ¿Cuál es la rapidez de la onda?
   A. 34.4 m/s
   B. 397.9 m/s
   C. 344.1 m/s
   D. 300,000 km/s

3. ¿Qué enunciado acerca de la velocidad del sonido es correcto?
   A. El sonido viaja más rápido a través del agua que del aire.
   B. El sonido viaja con la misma rapidez a través del agua y el aire.
   C. El sonido viaja más rápido a través del espacio que del aire.
   D. El sonido viaja con la misma rapidez a través del espacio y el aire.

4. Si la amplitud o frecuencia de una onda aumenta, la energía de la onda ....

5. **Elaborar explicaciones** Se dice que para estimar la distancia de un relámpago se cuenta la cantidad de segundos que transcurren entre el destello que se ve y el trueno que se escucha. Luego, se divide esa cantidad por cinco para obtener una distancia en millas. En términos de la física de las ondas sonoras y de la luz, ¿tiene sentido este método?

   ....
   ....
   ....
   ....
   ....
   ....

2 Las interacciones entre las ondas

MS-PS4-2

6. La refracción es el desvío de las ondas que ocurre debido a un cambio en
   A. la rapidez.
   B. la frecuencia.
   C. la altura.
   D. la amplitud.

7. ¿Cuál de los siguientes pares de términos describe las dos diferentes interacciones entre las ondas que se describen a continuación?

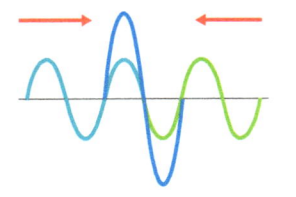

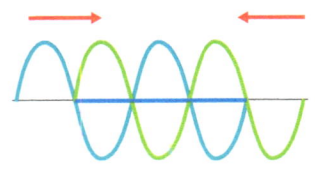

   A. interferencia constructiva y destructiva
   B. ondas móviles y estacionarias
   C. ondas mecánicas y electromagnéticas
   D. ondas sonoras y ondas de luz

8. Cuando un rayo de luz toca una superficie, puede ...., ...,
   o ....

9. **Elaborar argumentos** ¿Por qué es importante que los ingenieros comprendan la frecuencia natural de las vibraciones en los materiales de construcción cuando planean la construcción de un puente en un área con vientos fuertes o terremotos frecuentes?

   ....
   ....
   ....
   ....
   ....
   ....

Ondas y radiación electromagnética

> **EVALUACIÓN**
>
> Contesta el Examen del tema para evaluar tu comprensión.

3 Las ondas sonoras

MS-PS4-2

10. Cuando una onda de sonido es absorbida por un objeto,
    A. gana energía rápidamente.
    B. pierde energía rápidamente
    C. gana energía lentamente.
    D. su energía no cambia.

11. **Analizar propiedades** ¿Cómo afectan la rigidez, la densidad y la temperatura a las ondas de sonido?

    ....
    ....
    ....
    ....
    ....

4 Las ondas electromagnéticas

MS-PS4-2

12. ¿Qué tipo de onda electromagnética tiene la frecuencia más alta?
    A. luz visible
    B. rayos infrarrojos
    C. rayos gamma
    D. microondas

13. De todos los colores de la parte visible del espectro electromagnético, la luz roja tiene la frecuencia más baja, la longitud de onda .... y la energía ....

14. **Usar modelos** Describe cómo podrías usar una simple cuerda para explicar a alguien las diferentes ondas del espectro electromagnético.

    ....
    ....
    ....
    ....
    ....

5 La luz

MS-PS4-2

15. ¿Qué enunciado es correcto?
    A. Una manzana roja refleja la luz verde.
    B. Una bola azul absorbe la luz azul.
    C. Una hoja verde refleja la luz verde.
    D. Una camisa negra refleja todos los colores de la luz.

16. ¿Qué sucede cuando los rayos de luz encuentran una lente cóncava?
    A. Los rayos de luz se reflejan de vuelta al origen.
    B. Los rayos de luz viajan a través de la lente y se refractan lejos del centro de la lente.
    C. Los rayos de luz viajan a través de la lente y se refractan hacia el centro de la lente.
    D. Los rayos de luz viajan a través de la lente sin desviarse.

17. Cuando un objeto está ubicado entre un espejo cóncavo y el punto de enfoque, se produce una imagen ....

18. **Desarrollar modelos** Dibuja un modelo para mostrar qué le sucede a la luz cuando se encuentra con un espejo convexo.

☑ TEMA 8: Repaso y evaluación

MS-PS4-1, MS-PS4-2

Evaluación basada en la evidencia

Bianca ayuda al director de teatro de su escuela con la iluminación, el sonido y la escenografía para una obra escolar. Ella elegirá los materiales que se usarán en el escenario y en las paredes del teatro. Después de leer el guion y hacer observaciones dentro del teatro, hace la siguiente lista de factores a considerar en su diseño.

- Los ecos de todo el teatro deben reducirse.
- La escenografía no debe reflejar demasiada luz en los ojos de la audiencia.
- Las únicas luces disponibles son blanco, morado y amarillo. Los filtros disponibles son rojo y azul.
- El cielo azul de la escenografía debe verse negro en el Acto 2.

Bianca dibuja una ilustración detallada de su plan para mostrárselo al director de teatro. Lo rotula con los materiales que planea usar.

444 Ondas y radiación electromagnética

1. **Aplicar el razonamiento científico** Bianca planea hacer brillar algunos focos en el cielo para el Acto 2 y usar un filtro para cambiar el color. ¿Qué filtro debe usar Bianca en la luz blanca para que el cielo azul parezca negro?
   - **A.** un filtro rojo
   - **B.** un filtro azul
   - **C.** un filtro blanco
   - **D.** ningún filtro

2. **Identificar criterios** ¿Cuáles de las siguientes consideraciones debe tener en cuenta Bianca mientras trabaja en el diseño de la escenografía y la iluminación? Selecciona todas las opciones que correspondan.
   - ☐ Se necesitan dos escenografías diferentes para el Acto 2.
   - ☐ Los materiales de la escenografía no deben ser demasiado brillantes o lustrosos.
   - ☐ Para pintar la escenografía solo se pueden usar los colores blanco, morado y amarillo.
   - ☐ Las paredes tienen superficies duras que reflejan ondas de sonido.
   - ☐ En el Acto 2 solo se pueden usar luces blancas.

3. **Usar modelos** Basándote en la ilustración de Bianca, ¿eligió el material apropiado para las paredes para reducir los ecos? ¿Por qué?

   ....
   ....
   ....
   ....

4. **Desarrollar modelos** A medida que las ondas de sonido se alejan del altavoz, disminuyen su amplitud y energía. ¿Dónde será más suave el sonido? Si movieras el altavoz, ¿dónde lo colocarías y por qué?

   ....
   ....
   ....
   ....
   ....

5. **Hacer una crítica** Basándote en los criterios y el modelo de Bianca, ¿qué materiales cambiarías en el escenario? Explica tu razonamiento.

   ....
   ....
   ....
   ....
   ....
   ....
   ....
   ....

Misión HALLAZGOS

¡Completa la Misión!

Fenómeno Reflexiona sobre tu demostración y responde preguntas acerca de modificar y mejorar tu diseño. Menciona otros tipos de trabajos para los que puede ser necesario tener un buen conocimiento de la luz y su comportamiento.

Aplicar conceptos Has visto cómo la luz puede desviarse y moverse. ¿Cómo podría el encargado de una tienda de comestibles usar las propiedades de la luz y ubicar objetos de manera que toda la tienda sea visible desde un lugar sin usar cámaras?

....
....
....
....

INTERACTIVITY

Reflect on Your Demonstration

tú Demuestras... Lab

MS-PS4-2

Cómo hacer olas

¿Cómo puedes usar un **modelo** para demostrar qué sucede cuando las **olas interactúan** con barreras u otras olas?

Antecedentes

Fenómeno Un rompeolas es una pared grande compuesta por rocas u objetos sólidos que se extiende hacia el océano. Los rompeolas suelen estar ubicados cerca de playas para que el agua sea más tranquila para los bañistas. Estas barreras ayudan a reducir la fuerza de las olas entrantes, ya que las dispersan e interfieren en sus movimientos.

En este laboratorio, harás un modelo del comportamiento de las olas y explicarás cómo interactúan las olas entre sí y con los objetos que encuentran a su paso. Luego, decidirás cuál es el mejor método y cuáles son los materiales adecuados para reducir las olas.

Materiales

(por grupo)
- agua
- gotero de plástico
- regla métrica
- toallas de papel
- plastilina
- cuchillo de plástico
- corcho u otro objeto pequeño que flote
- tanque para olas (bandeja de lasaña de aluminio con un espejo en el fondo)

Seguridad

Asegúrate de seguir todas las indicaciones de seguridad que te dé tu maestro.

Esta barrera de rocas ayuda a bloquear olas grandes y permite que los bañistas puedan disfrutar más de la playa.

Ondas y radiación electromagnética

Diseñar una investigación

☐ Una manera de generar olas es lanzando gotas de agua de un gotero en una bandeja con agua. ¿Cómo puedes usar el gotero para controlar la fuerza que tendrán las olas?
....
....
....

☐ ¿Qué preguntas explorarás en tu investigación? Algunas preguntas que puedes explorar son las siguientes:
- ¿Qué sucede cuando las olas chocan contra una superficie sólida?
- ¿Qué sucede cuando las olas pasan a través de una abertura entre dos objetos sólidos?
- ¿Cómo reacciona un objeto flotante ante las olas?
- ¿Qué sucede cuando una ola se encuentra con otra ola?

☐ Anota cualquier pregunta adicional que esperas responder en tu investigación.
....
....
....

☐ Diseña un experimento para mostrar cómo se comportan las olas cuando interactúan con diferentes objetos o entre sí. Escribe un procedimiento. Luego, decide qué información anotar y diseña una tabla de datos para anotar tus observaciones.

HANDS-ON LAB

uDemonstrate Go online for a downloadable worksheet of this lab.

tú Demuestras... Lab

Procedimiento

Datos

Analizar e interpretar datos

1. **Identificar** ¿Las ondas del agua son ondas mecánicas u ondas electromagnéticas? ¿Cómo lo sabes?

   ....
   ....
   ....

2. **Hacer observaciones** ¿En qué situaciones observaste que las olas interferían entre sí? ¿Cómo afectó eso la amplitud de las ondas?

   ....
   ....
   ....
   ....
   ....

3. **Evaluar tus pruebas** La repetición consiste en repetir un paso del procedimiento algunas veces para ver si obtienes los mismos resultados. ¿Usaste la repetición en tu experimento? ¿Por qué?

   ....
   ....
   ....

4. **Relacionar estructura y función** ¿Qué material y qué demostración fueron los más eficaces para reducir las olas? ¿Cuáles fueron los menos eficaces? ¿Qué evidencia te llevó a estas conclusiones?

   ....
   ....
   ....
   ....
   ....

5. **Hacer una crítica** Comparte tus resultados con los miembros de otro grupo. ¿Qué hicieron de manera diferente? ¿Qué cosas sugerirías a los miembros de ese grupo para que corrijan su procedimiento?

   ....
   ....
   ....
   ....

TEMA 9

La electricidad y el magnetismo

LECCIÓN 1
La fuerza eléctrica
túInvestigas Lab: Detectar cargas

LECCIÓN 2
La fuerza magnética
túInvestigas Lab: Detectar monedas falsas

LECCIÓN 3
La fuerza electromagnética
túInvestigas Lab: Las corrientes eléctricas y el magnetismo

Tú, Ingeniero **STEM** El electromagnetismo

LECCIÓN 4
Interacciones eléctricas y magnéticas
túInvestigas Lab: El movimiento eléctrico y magnético

EXPECTATIVAS DE DESEMPEÑO DE NGSS

MS-PS2-3 Hacer preguntas sobre datos para determinar los factores que afectan la intensidad de las fuerzas eléctrica y magnética.

MS-PS2-5 Realizar una investigación y evaluar el diseño experimental para aportar evidencia de que existen campos entre los objetos que ejercen fuerzas unos sobre otros aunque los objetos no estén en contacto.

MS-PS3-2 Desarrollar un modelo para describir que cuando cambia la disposición de objetos que interactúan a distancia, se almacenan diferentes cantidades de energía potencial en el sistema.

HANDS-ON LAB

uConnect Hacer observaciones para determinar los polos norte y sur de un imán.

VIDEO

INTERACTIVITY

VIRTUAL LAB

ASSESSMENT

eTEXT

APP

El Texto en línea está disponible en español.

¿**De qué** manera la acción de pedalear genera electricidad para encender las luces?

Pregunta esencial

¿Qué factores afectan la intensidad de las fuerzas eléctrica y magnética?

Cuando el ciclista pedalea en esta bicicleta, genera electricidad para encender las luces del carrusel. En el proceso se usan electroimanes. A medida que la persona pedalea más rápido, las luces se vuelven más intensas. ¿Cómo piensas que la acción de pedalear produce luz?

....
....
....
....

Misión ARRANQUE

¿Cómo puedes levantar un objeto sin hacer contacto?

STEM

Fenómeno En Japón, Corea del Sur y China, puedes subir a un tren en el que se usan electroimanes que lo hacen levitar sobre un riel y viajar con una rapidez increíble. Esta tecnología es el resultado de años de investigación y pruebas realizadas por ingenieros mecánicos y eléctricos. En esta Misión de STEM explorarás cómo puedes usar el electromagnetismo para levantar o elevar objetos sin entrar en contacto con ellos. En las actividades digitales investigarás las fuerzas eléctrica y magnética. Aplica lo que has aprendido para diseñar, construir y probar un aparato que pueda hacer levitar objetos.

INTERACTIVITY

Light as a Feather?

MS-PS2-3 Hacer preguntas sobre datos para determinar los factores que afectan la intensidad de las fuerzas eléctrica y magnética.
MS-PS2-5 Realizar una investigación y evaluar el diseño experimental para aportar evidencia de que existen campos entre los objetos que ejercen fuerzas unos sobre otros aunque los objetos no estén en contacto.
MS-PS3-2 Desarrollar un modelo para describir que cuando cambia la disposición de objetos que interactúan a distancia, se almacenan diferentes cantidades de energía potencial en el sistema.

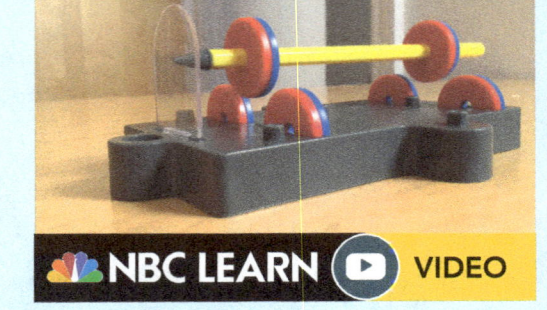

NBC LEARN VIDEO

Después de ver el video, el cual examina algunas aplicaciones industriales de los imanes y los electroimanes, menciona dos ejemplos de objetos que usas todos los días y que funcionan con imanes o electroimanes.

Ejemplo 1

....
....
....

Ejemplo 2

....
....
....

Misión CONTROL

EN LECCIÓN 1

STEM ¿Qué tipos de fuerzas ejercen las cargas positivas y negativas? Piensa cómo interactúan los objetos con carga y aplica lo que has aprendido a tu aparato de levitación.

INTERACTIVITY

Apply Electrical Forces

Misión CONTROL

EN LECCIÓN 2

STEM ¿Cómo puedes usar imanes para construir un aparato de levitación? Explora las fuerzas magnéticas para desarrollar posibles soluciones de diseño.

HANDS-ON LAB

Tracking Levitation

Misión CONTROL

EN LECCIÓN 3

STEM ¿Cómo puedes controlar la intensidad de tu aparato? Construye un electroimán y explora cómo puedes incorporar la tecnología en tu aparato.

HANDS-ON LAB

Building an Electromagnet

452 La electricidad y el magnetismo

Se usa el magnetismo para elevar este tren Maglev varios centímetros por encima de las vías y además para impulsarlo hacia adelante. La ausencia de fricción entre el tren y las vías permite que el tren Maglev alcance una rapidez de ¡hasta 600 kilómetros por hora!

Misión CONTROL

EN LECCIÓN 4

STEM ¿Cómo puedes perfeccionar tu aparato de levitación para mejorar tus resultados? Rediseña y vuelve a probar tu aparato usando electroimanes.

HANDS-ON LAB

Electrifying Levitation

Misión HALLAZGOS

¡Completa la Misión!

Aplica lo que has aprendido describiendo otras situaciones de tu vida cotidiana en las que se podrían usar electroimanes para que una tarea sea más fácil.

INTERACTIVITY

Reflect on Your Levitating Device

LECCIÓN 1
La fuerza eléctrica

Preguntas guía
- ¿Qué produce los campos eléctricos y las fuerzas eléctricas?
- ¿Cómo afectan las posiciones de las cargas a la energía potencial?
- ¿En qué se diferencian la electricidad estática y la corriente?

Conexión
Lectura Integrar con elementos visuales

MS-PS2-5, MS-PS3-2

Vocabulario
electrón
fuerza eléctrica
campo eléctrico
conductor
electricidad estática

Vocabulario académico
carga
neutro

VOCABULARY APP
Practica el vocabulario en un aparato móvil.

Misión CONEXIÓN
Mientras lees, piensa cómo se podrían usar las fuerzas y los campos eléctricos para desarrollar tu aparato de levitación.

¡Conéctalo!

✏️ **Identifica las partes de esta imagen que piensas que muestran la transferencia de cargas eléctricas. Marca puntos para indicar las trayectorias de las cargas eléctricas en movimiento de una nube al suelo.**

Explicar ¿Por qué piensas que el rayo es tan peligroso si entra en contacto con una persona?

....
....
....

La corriente inducida y los imanes en movimiento

Como has leído, se induce una corriente eléctrica cuando un conductor se mueve a través de un campo magnético. También se induce una corriente cuando un imán se mueve a través de una espira de alambre conductivo. Examina la **Imagen 7**, que muestra lo que sucede cuando un imán se mueve a través de una espira de alambre.

En resumen, se induce corriente eléctrica en un conductor siempre y cuando el campo magnético alrededor del conductor cambie. Cuando hay un conductor en un campo magnético, se induce una corriente en el conductor siempre y cuando se mueva o el conductor o el campo magnético.

✓ REVISAR LA LECTURA **Integrar con elementos visuales** Según la Imagen 6 y la Imagen 7, ¿cuáles son las dos maneras en que un campo magnético puede cambiar, con relación a un conductor?

....

....

....

INTERACTIVITY

Predice la dirección de una corriente a través de un alambre cerca de un imán en movimiento.

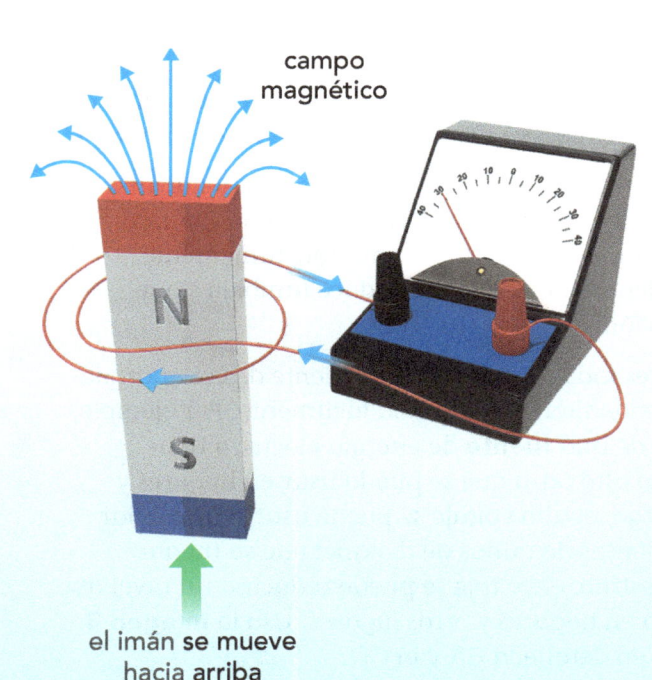

La inducción a partir de un imán en movimiento

Imagen 7 Se induce corriente en un conductor en un campo magnético cuando el campo magnético se mueve con relación al conductor.

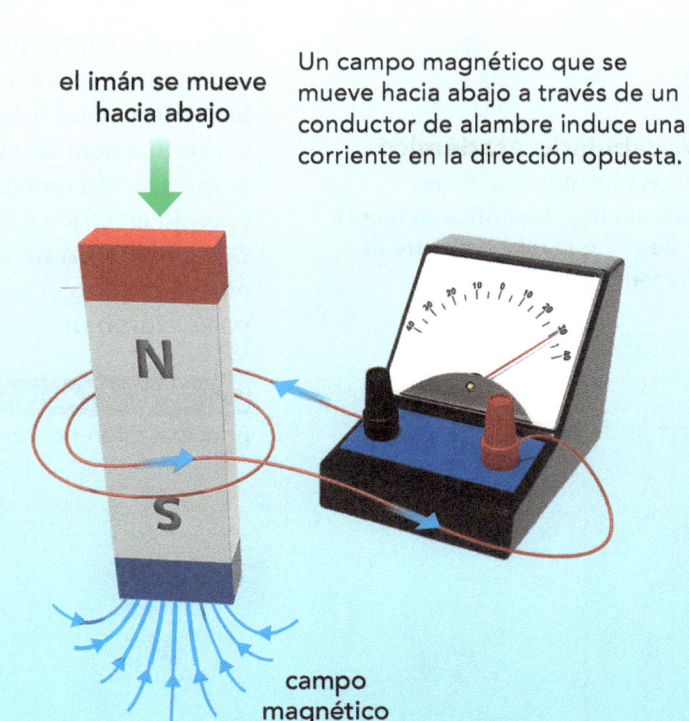

campo magnético

el imán se mueve hacia arriba

Un campo magnético que se mueve hacia arriba a través de un conductor de alambre induce una corriente en una dirección.

el imán se mueve hacia abajo

Un campo magnético que se mueve hacia abajo a través de un conductor de alambre induce una corriente en la dirección opuesta.

campo magnético

485

¡Pregúntalo!

Los tipos de corriente

Imagen 8 Es común que un objeto necesite corriente directa (CD) y corriente alterna (CA) para que funcione.

Hacer preguntas Un carro eléctrico es un objeto que necesita CA y CD. Escribe una pregunta sobre el uso de CA y CD en el carro.

....

....

....

Vocabulario académico

Piensa en algo que hayas comido hoy. Identifica su fuente y describe la relación entre el alimento y la fuente.

....

....

....

Corriente alterna y corriente directa Es probable que hayas notado que no todas las corrientes eléctricas son iguales. El tipo de corriente que viene de una batería es corriente directa. La corriente directa, o CD, tiene cargas que fluyen en una sola dirección. Los objetos que funcionan con baterías usan corriente directa. En estos objetos, los extremos opuestos de la batería están conectados a los extremos opuestos del circuito. Cuando todo está conectado, la corriente fluye en una dirección desde un extremo de la batería, atraviesa el circuito y llega al otro extremo de la batería.

El otro tipo de corriente es la corriente alterna. La corriente alterna, o CA, es una corriente que se invierte constantemente. Cuando un alambre en un campo magnético cambia constantemente de dirección, la corriente inducida que produce también sigue cambiando de dirección.

La corriente alterna es más común que la corriente directa porque el voltaje de la corriente alterna se cambia fácilmente. Por ejemplo, la corriente que sale de una **fuente** de energía eléctrica tiene un voltaje demasiado alto para que se pueda usar en hogares y empresas. Sin embargo, el alto voltaje se puede usar para enviar energía eléctrica a cientos de millas de distancia de su fuente. Cuando llega a su destino, el voltaje se puede reducir a un nivel que es seguro para el uso en hogares y otros lugares. Usa la **Imagen 8** para examinar más en detalle la CA y la CD.

REVISAR LA LECTURA Determinar las ideas centrales ¿Cuál es la principal diferencia entre la CA y la CD?

....

....

Los generadores y los transformadores

Dos aparatos comunes e importantes que usan corriente inducida son los generadores y los transformadores. Los generadores y los transformadores se parecen en que de ambos sale una corriente eléctrica. Se diferencian en que los generadores producen electricidad y los transformadores cambian el voltaje para hacer que la electricidad sea útil.

Cómo funcionan los generadores

Un generador eléctrico transforma la energía mecánica en una corriente eléctrica. El movimiento de un conductor dentro de un campo magnético produce una corriente. Las partes esenciales de un generador son la armadura, los anillos colectores, los imanes, las escobillas y un cigüeñal. En la **Imagen 9** se muestra qué son estas partes y cómo funcionan en conjunto para producir una corriente eléctrica alterna. La operación básica de un pequeño generador hogareño es igual que la de un generador grande que proporciona corriente a muchos hogares y empresas.

Si bien un generador incluye algunas de las mismas partes que un motor eléctrico, los dos aparatos trabajan al revés. En un motor eléctrico, una corriente existente produce un campo magnético, y la energía eléctrica se transforma en energía mecánica. En un generador, el movimiento de una bobina de alambre a través de un campo magnético produce una corriente y la energía mecánica se transforma en energía eléctrica.

> **INTERACTIVITY**
> Construye un generador virtual que pueda cargar un teléfono celular.

> **INTERACTIVITY**
> Explora cómo afectan la electricidad y el magnetismo al movimiento de diversos materiales.

Cómo funciona un generador

Imagen 9 Un generador funciona cuando las partes que lo componen operan en el orden correcto. Numera los nombres de las partes en el orden correcto para mostrar la operación de un generador desde los imanes hasta el momento en que se produce la corriente. Luego encierra en un círculo los nombres de las partes del generador que también encontrarías en un motor eléctrico.

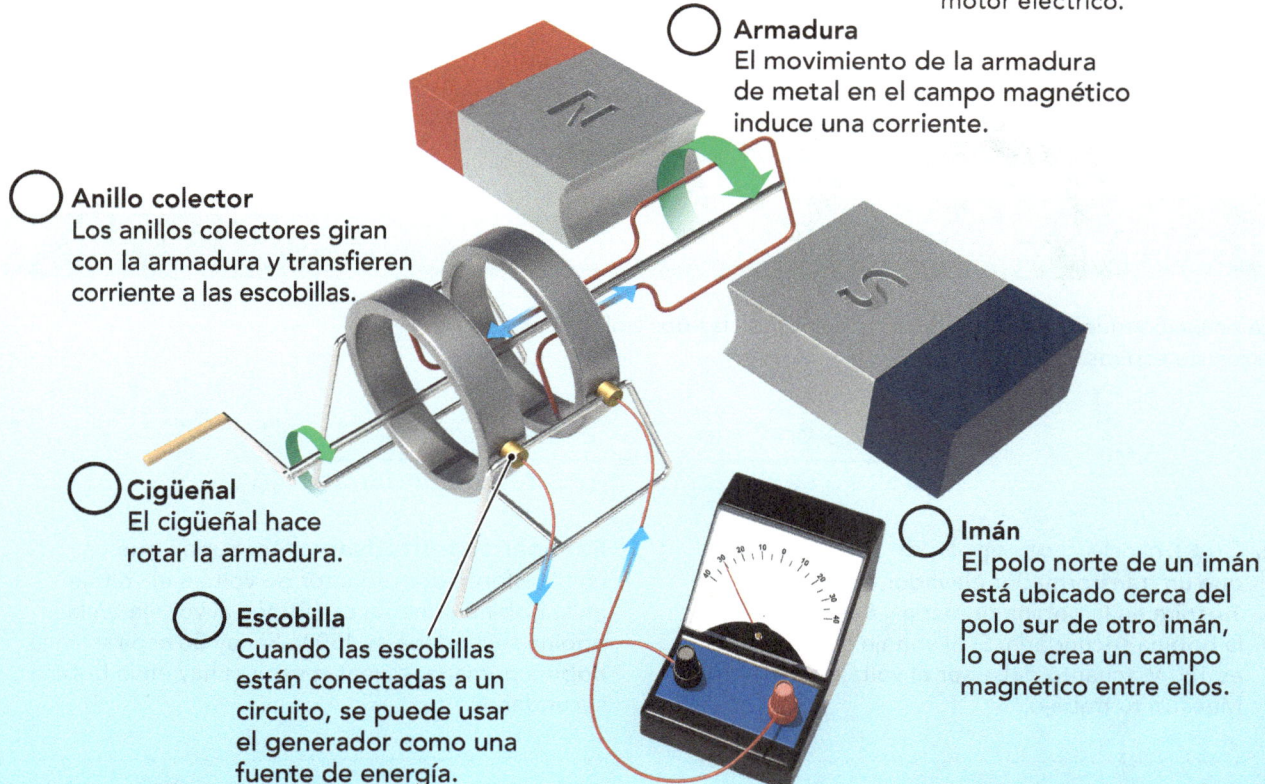

○ **Armadura**
El movimiento de la armadura de metal en el campo magnético induce una corriente.

○ **Anillo colector**
Los anillos colectores giran con la armadura y transfieren corriente a las escobillas.

○ **Cigüeñal**
El cigüeñal hace rotar la armadura.

○ **Escobilla**
Cuando las escobillas están conectadas a un circuito, se puede usar el generador como una fuente de energía.

○ **Imán**
El polo norte de un imán está ubicado cerca del polo sur de otro imán, lo que crea un campo magnético entre ellos.

487

Transformador elevador de voltaje

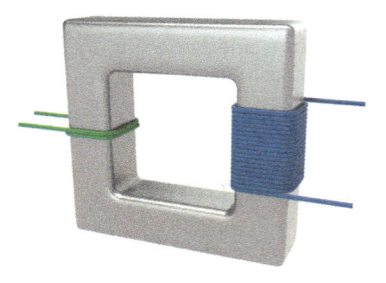

Transformador reductor de voltaje

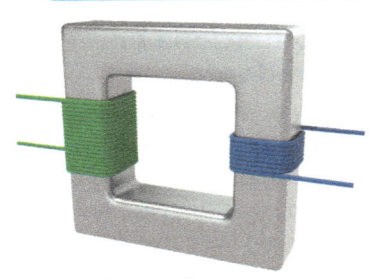

Los tipos de transformadores

Imagen 10 En los transformadores elevadores de voltaje, la bobina primaria tiene menos espiras que la bobina secundaria. En los transformadores reductores de voltaje, la bobina primaria tiene más espiras.

Cómo funcionan los transformadores Es probable que hayas escuchado antes la palabra **transformador**. ¿Qué significa cuando un transformador se refiere a la corriente eléctrica? Este tipo de transformador es un aparato que aumenta o disminuye el voltaje por medio de dos diferentes bobinas de alambre aislado y devanado sobre un núcleo de hierro.

La primera bobina a través de la cual circula la corriente se llama bobina primaria. Esta bobina está conectada a un circuito con una fuente de voltaje y corriente alterna. La otra bobina se llama bobina secundaria. Está conectada a un circuito pero no tiene una fuente de voltaje. Las bobinas comparten un núcleo de hierro. Como la bobina primaria está conectada a una corriente alterna, la dirección de la corriente cambia constantemente. En consecuencia, el campo magnético a su alrededor también cambia, e induce una corriente en la bobina secundaria.

Existen dos tipos de transformadores. Como se muestra en la **Imagen 10**, el tipo depende de qué bobina tiene más espiras. Los transformadores elevadores de voltaje, como los que se usan para transmitir electricidad de centrales eléctricas, aumentan el voltaje. Los transformadores reductores de voltaje, como los que se usan en los cargadores de teléfonos, disminuyen el voltaje. El cargador de teléfono se enchufa a un tomacorriente y reduce el voltaje al necesario para cargar un teléfono celular. Cuanto más grande es la diferencia entre la cantidad de espiras en las bobinas primaria y secundaria de un transformador, más cambiará el voltaje.

✓ **REVISAR LA LECTURA** **Resumir un texto** ¿Cómo se relacionan los generadores y los transformadores?

....

....

Matemáticas › Herramientas

El cambio de voltaje en los transformadores

La ecuación muestra que la razón de voltaje en las dos bobinas es igual a la razón de espiras.

$$\frac{\text{voltaje primario}}{\text{voltaje secundario}} = \frac{\text{espiras primarias}}{\text{espiras secundarias}}$$

1. Comprender conceptos de razón Supón que un transformador elevador de voltaje tiene 1 espira en la bobina primaria y 8 espiras en la bobina secundaria. Si el voltaje secundario es 120 V, ¿cuánto debe ser el voltaje primario? Muestra tu trabajo.

2. Razonar cuantitativamente Supón que en un transformador reductor de voltaje el voltaje en la bobina primaria es 600 V y el voltaje en la bobina secundaria es 150 V. Si hay 36 espiras en la bobina primaria, ¿cuántas espiras hay en la bobina secundaria?

LECCIÓN 4: Revisión

MS-PS2-3

1. **Calcular** ¿Cuál será el voltaje primario de un transformador si el voltaje secundario es 60 V y hay 40 espiras en la bobina primaria y 120 espiras en la bobina secundaria? Muestra tu trabajo.

3. **Elaborar explicaciones** En muchas áreas se produce electricidad por medio de grandes generadores dentro de represas. ¿Qué función cumplen los grandes volúmenes de agua en movimiento en la generación de electricidad?

....
....
....
....
....

4. **Aplicar el razonamiento científico** Supón que construyes modelos de aviones. Usa lo que aprendiste en esta lección para dibujar un modelo de aparato que mantendría girando un propulsor mientras el avión vuela.

2. **Comparar y contrastar** ¿En qué se parecen los motores eléctricos y los generadores? ¿En qué se diferencian?

....
....
....
....
....
....

Misión CONTROL

En esta lección descubriste cómo una carga eléctrica en movimiento experimenta una fuerza magnética en un campo magnético. También aprendiste cómo se pueden poner cargas en movimiento dentro de un conductor al mover el conductor a través de un campo magnético. Un campo magnético en movimiento también puede inducir una corriente a través de un alambre. Además descubriste cómo funcionan los motores, los generadores y los transformadores.

Aplicar conceptos ¿Cómo se podrían usar un motor, un generador o un transformador como parte de tu aparato de levitación?

....
....
....

HANDS-ON LAB

Electrifying Levitation

Conéctate en línea para descargar la hoja de trabajo de este laboratorio. Prueba tu aparato de levitación y mira cómo se puede lograr un diseño óptimo.

Estudio de caso

MS-PS2-3

EL X-57 Maxwell

Esta es la versión de un artista del X-57 Maxwell, en la que se muestran los motores eléctricos en las alas ultradelgadas.

Los aviones transportan personas, correo y carga por todo el mundo. Los combustibles fósiles aportan la energía que los aviones necesitan para volar. Como las reservas de combustibles fósiles se están agotando, los ingenieros y los científicos continúan buscando fuentes alternativas de energía para los aviones y otras formas de transporte.

El X-57 Maxwell de la NASA, que se acerca al final de un largo proceso de desarrollo, ha demostrado que un avión impulsado por baterías es una posibilidad. Los ingenieros de la NASA nombraron "Maxwell" al avión en homenaje al físico escocés James Clerk Maxwell, cuyos descubrimientos en física lo ubican justo después de Einstein y Newton.

El X-57 no solo tendrá motores eléctricos en lugar de motores de combustión; tendrá muchas características de diseño que lo distinguirán de un avión tradicional. Las alas serán mucho más pequeñas, lo que reducirá el peso y la resistencia al viento del avión. El peso de los motores eléctricos será casi la mitad del peso de los motores de combustión tradicionales, y serán catorce motores en lugar de uno o dos. Doce de los motores se apagarán una vez que el avión alcance altitud de crucero. Habrá elementos de diseño especiales para reducir la resistencia aerodinámica mientras el avión esté en vuelo.

Sin embargo, el avión impulsado por baterías también tiene desventajas. Como las baterías son pesadas, el avión no podrá cargar mucho peso, o muchos pasajeros. El avión también volará más lento que los aviones impulsados por combustible, y tendrá una distancia de vuelo de alrededor de 160 kilómetros antes de que sus baterías tengan que recargarse.

De todas maneras, un avión impulsado por baterías tendría muchas ventajas contra un avión impulsado por combustibles fósiles. Generar la electricidad para activar las baterías podría liberar menos dióxido de carbono, lo cual es bueno para el clima. Los motores eléctricos también harían mucho menos ruido que los motores de combustión tradicionales.

	X-57 Maxwell	Versión del mismo avión con motor de combustión
Peso del avión	1360 kg	819 kg
Velocidad de crucero	277 km/h	278 km/h
Velocidad de despegue	109 km/h	65 km/h
Autonomía	160 km	1240 km

Usa el texto y la tabla de datos para responder las siguientes preguntas.

1. **Resumir** Describe las características físicas que harán que el X-57 sea único.

2. **Calcular** ¿Qué fracción de la velocidad total del avión se necesitaría para que el avión despegue del suelo?

3. **Evaluar** ¿Qué factor, además de la dependencia de una batería, piensas que hace que la autonomía del X-57 Maxwell sea más corta que la autonomía de la versión con motor de combustión del mismo avión?

4. **Aplicar conceptos** Supón que la tecnología introducida por el X-57 se aplicara a las aerolíneas de pasajeros. ¿Qué ventaja tendrían los pasajeros al volar en un X-57 en lugar de un avión tradicional con motor de combustión? ¿Qué desventaja tendrían los pasajeros que vuelen en un X-57?

TEMA 9: Repaso y evaluación

1 La fuerza eléctrica

MS-PS2-5, MS-PS3-2

1. El área alrededor de una carga en la que otros objetos con carga experimentan la fuerza eléctrica se llama
   A. carga eléctrica.
   B. campo eléctrico.
   C. fuerza eléctrica.
   D. corriente eléctrica.

2. Las cargas fluyen a través de un circuito debido a diferencias en
   A. la resistencia.
   B. la energía potencial.
   C. la conductividad.
   D. la aislación.

3. ¿Por qué dos electrones se repelerían entre sí si estuvieran cerca?
   A. Tienen cargas iguales, por lo que experimentan una fuerza de atracción.
   B. Tienen cargas opuestas, por lo que experimentan una fuerza de repulsión.
   C. Tienen cargas iguales, por lo que experimentan una fuerza de repulsión.
   D. Tienen cargas opuestas, por lo que experimentan una fuerza de atracción.

4. En ...., la corriente fluye más fácilmente porque los electrones están unidos más libremente a sus átomos que en los aislantes.

5. **Elaborar explicaciones** Supón que un calcetín está adherido a una manta debido a la electricidad estática. Cuando quitas el calcetín de la manta, ¿qué sucede con la energía potencial entre ellos? Explica tu respuesta.

   ....
   ....
   ....
   ....
   ....
   ....

2 La fuerza magnética

MS-PS2-5, MS-PS3-2

6. El empuje o el jalón que ocurre cuando un imán interactúa con otro objeto se llama
   A. fuerza magnética.
   B. campo magnético.
   C. magnetismo.
   D. imán.

7. ¿De qué manera un imán puede levantar pedazos de metal sin tocarlos realmente?
   A. El imán está rodeado por un campo eléctrico que atrae el metal.
   B. El metal ejerce una fuerza de repulsión sobre el imán.
   C. Hay un campo magnético invisible alrededor del imán donde este ejerce una fuerza magnética.
   D. La fuerza eléctrica del imán atrae los pedazos de metal.

8. **Explicar fenómenos** Se colocó un imán sobre un refrigerador para sostener un calendario. A medida que el imán se acerca al refrigerador, la energía potencial entre el imán y el refrigerador disminuye. Explica por qué.

   ....
   ....
   ....
   ....
   ....

9. **Desarrollar modelos** Dibuja las líneas del campo magnético alrededor de una barra imantada y rotula los lugares donde el campo magnético es más fuerte.

3 La fuerza electromagnética

MS-PS2-3

10. ¿Cómo llamas a la relación entre la electricidad y el magnetismo?
    A. electricidad estática B. corriente magnética
    C. fuerza eléctrica D. electromagnetismo

11. .... es una bobina de alambre a través de la cual circula una corriente. Si la bobina rodea un material ferromagnético, se convierte en ....

12. **Usar modelos** En el diagrama se muestran la dirección de una corriente y el campo magnético a su alrededor. Describe qué ocurriría al campo magnético si aumentaras el número de vueltas en la bobina e invirtieras la dirección de la corriente.

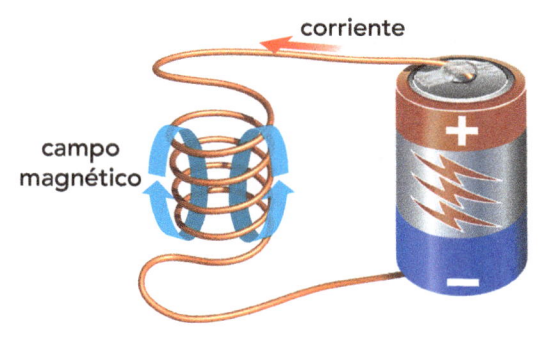

corriente

campo magnético

....
....
....
....
....
....
....
....

4 Interacciones eléctricas y magnéticas

MS-PS2-3

EVALUACIÓN

Contesta el Examen del tema para evaluar tu comprensión.

13. ¿Cuál de las siguientes descripciones describe la inducción electromagnética?
    A. Una corriente que circula a través de un alambre crea un campo magnético.
    B. Mover un conductor a través de un campo magnético genera una corriente a través del conductor.
    C. Conectar un alambre conductivo a ambos extremos de una batería permite que la corriente fluya.
    D. Alejar los polos norte de dos imanes disminuye la energía potencial.

14. Un transformador reductor de voltaje tiene un voltaje de 400 V a través de la bobina primaria y 200 V a través de la bobina secundaria. Hay 5 espiras en la bobina secundaria. ¿Cuántas espiras hay en la bobina primaria?
    A. 2 espiras B. 5 espiras
    C. 10 espiras D. 20 espiras

15. Aumentar el número de imanes dentro de un motor eléctrico .... (aumentará/disminuirá) la rapidez del motor.

16. **Determinar diferencias** Los motores y los generadores eléctricos tienen partes semejantes pero se consideran opuestos. Describe en qué se diferencian en términos de electromagnetismo y las transformaciones de energía que ocurren.

....
....
....
....
....
....
....

TEMA 9: Repaso y evaluación

MS-PS2-3, MS-PS2-5, MS-PS3-2

Evaluación basada en la evidencia

Manny investiga los factores que afectan a las fuerzas eléctrica y magnética. Necesita diseñar un experimento para mostrar que los objetos pueden ejercer fuerzas uno sobre el otro incluso cuando no están en contacto directo.

Después de hacer investigación adicional, Manny decide hacer un electroimán con una batería, un alambre, un clavo de hierro y un interruptor. Usa un borrador de goma como aislante para abrir y cerrar el interruptor. Usa el electroimán para ver si puede levantar algunos clips.

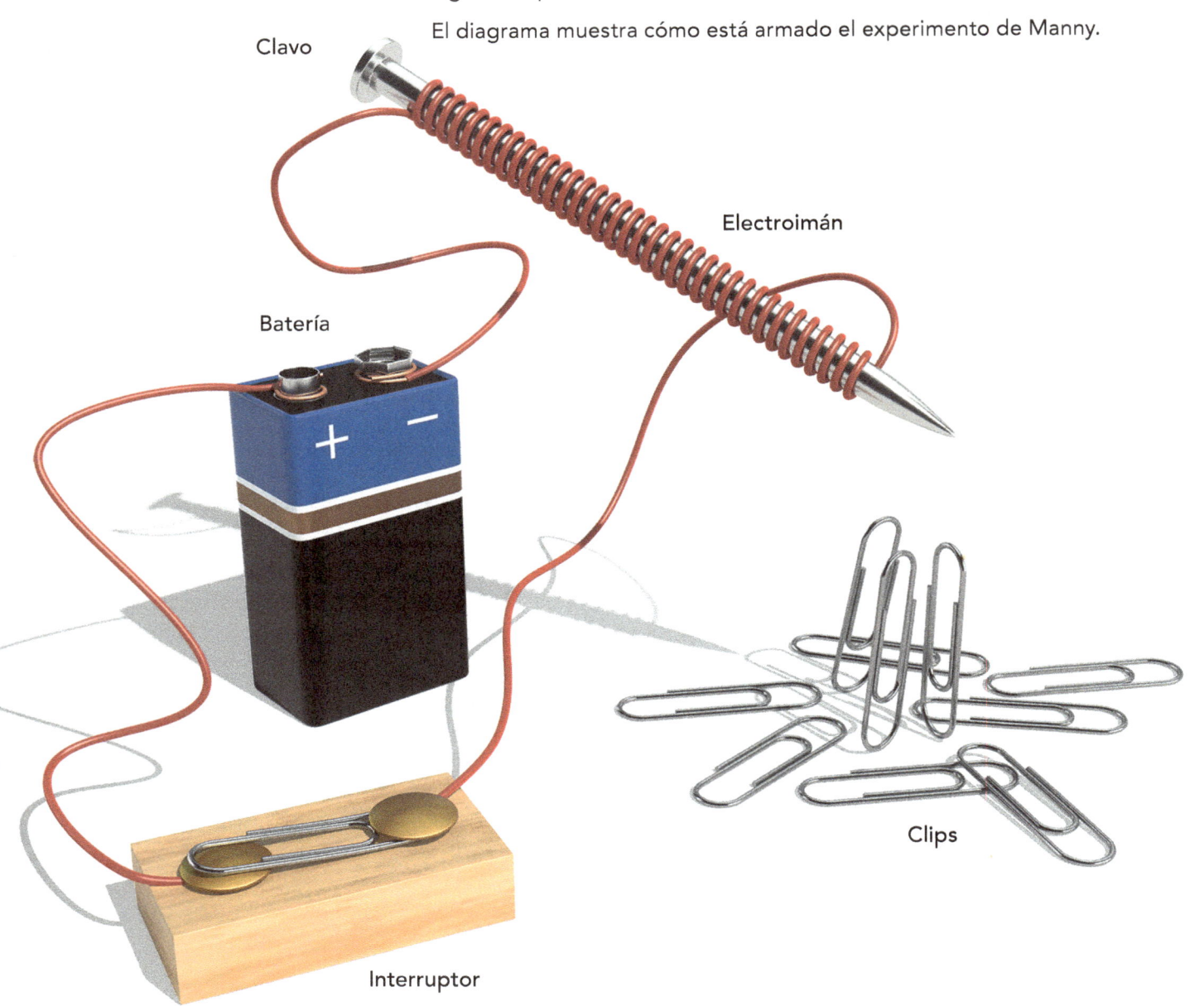

El diagrama muestra cómo está armado el experimento de Manny.

Clavo

Electroimán

Batería

Clips

Interruptor

494 La electricidad y el magnetismo

1. **Analizar datos** ¿Cuál es uno de los beneficios del electroimán de Manny?
   A. Solo puede repeler objetos.
   B. Produce una corriente a través de inducción electromagnética.
   C. El campo magnético se puede encender y apagar.
   D. No se puede cambiar su fuerza.

2. **Causa y efecto** ¿Qué podría hacer Manny para aumentar la intensidad de la fuerza electromagnética? Selecciona todas las opciones que correspondan.
   ☐ Aumentar la cantidad de bobinas alrededor del clavo.
   ☐ Aumentar la corriente usando una batería con un voltaje mayor.
   ☐ Disminuir la cantidad de bobinas alrededor del clavo.
   ☐ Disminuir la corriente usando una batería con un voltaje menor.

3. **Citar evidencia** ¿Qué evidencia hay de que el electroimán ejerza una fuerza sobre los clips aunque no se toquen entre sí?

   ....
   ....
   ....
   ....
   ....

4. **Analizar sistemas** Manny desconecta los dos alambres de la batería y los vuelve a conectar a los polos opuestos. Explica de qué manera esto cambia la corriente y el campo magnético.

   ....
   ....
   ....
   ....
   ....

5. **Explicar fenómenos** Supón que separas los clips del clavo. Explica cómo cambia la energía potencial entre los clips y el clavo.

   ....
   ....
   ....
   ....
   ....
   ....
   ....
   ....

Misión HALLAZGOS

¡Completa la Misión!

Fenómeno Reflexiona sobre el trabajo de ingeniería y diseño que hiciste al construir tu aparato de levitación.

Conexión con la tecnología Se usan imanes en diversas aplicaciones industriales y médicas. ¿Cómo piensas que se podría aplicar la tecnología de imanes a los deportes?

....
....
....
....

👆 **INTERACTIVITY**

Reflect on Your Levitating Device

tú Demuestras... Lab

MS-PS2-5, MS-PS3-2

Detective planetario

¿Cómo puedes **construir** un aparato para **detectar** campos magnéticos en planetas distantes?

Materiales

(por pareja)
- 3 modelos de planetas
- limaduras de hierro, 50 mL
- vasos de papel, 2–3
- pedazos de cartón o caja de cartón pequeña
- cuerda, 60 cm
- cinta adhesiva transparente
- tijeras
- envoltorio plástico, 2–3 hojas
- papel carbónico, 3–4 hojas
- barra imantada pequeña

Seguridad

Asegúrate de seguir las guías de seguridad que te dio tu maestro. El Apéndice de seguridad de tu libro de texto te dará más información sobre los íconos de seguridad.

Antecedentes

Un grupo de astrónomos ha solicitado tu ayuda. Están estudiando tres exoplanetas, o planetas que orbitan una estrella fuera de nuestro sistema solar. Los tres planetas orbitan en la zona habitable de la estrella. Esto significa que cabe la posibilidad de que exista agua líquida en los planetas, lo cual es un requisito para que haya vida como la conocemos. Los astrónomos quieren saber si los planetas tienen campos magnéticos o no, algo que los ayudará a determinar la capacidad de cada planeta de sustentar la vida.

En esta investigación construirás un magnetómetro simple, un aparato que detecta campos magnéticos, para probar modelos de los tres planetas. Usa evidencia de tu investigación para decidir qué planetas tienen campos magnéticos y cuál es más probable que pueda sustentar la vida.

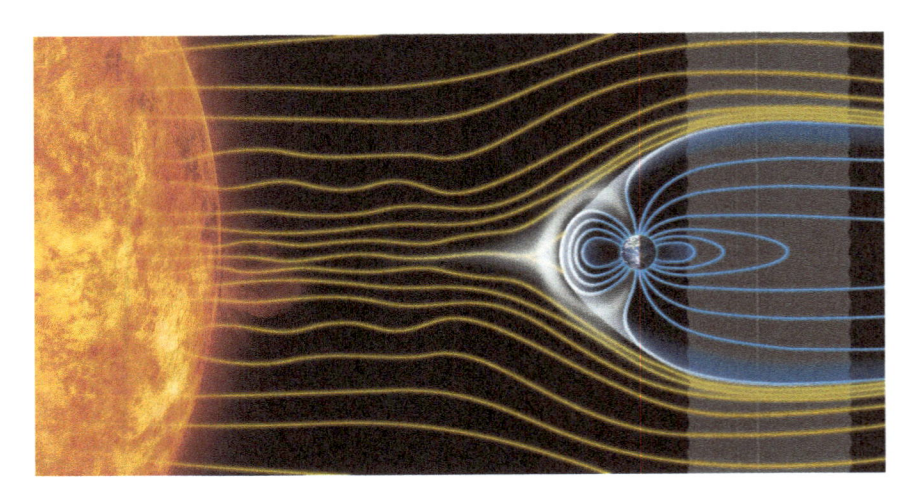

El campo magnético de la Tierra ayuda a desviar las partículas con carga del peligroso viento solar. Sin este campo magnético, la vida no sería posible en nuestro planeta.

496 La electricidad y el magnetismo

Diseñar la investigación

1. Tu investigación consiste en construir un magnetómetro y usarlo para buscar evidencia de campos magnéticos en los modelos de los tres exoplanetas que te dio tu maestro. Las sondas espaciales y los satélites usan esta tecnología para buscar evidencia de campos magnéticos y metales en los planetas de todo nuestro sistema solar sin entrar en contacto con los planetas.

2. Piensa en cómo puedes usar los materiales disponibles para construir un magnetómetro. Considera las siguientes preguntas mientras trabajas con tu grupo para diseñar tu aparato:
   - ¿Cómo puedes usar las limaduras de hierro como ayuda para detectar y observar las fuerzas magnéticas?
   - ¿Cómo puedes usar los vasos o el cartón junto con el papel o el envoltorio plástico para diseñar un aparato que retenga las limaduras de hierro y te permita observarlas de manera segura?
   - ¿Cómo puedes asegurarte de que el diseño de tu aparato le permita detectar campos magnéticos sin entrar en contacto con el modelo?
   - ¿Cómo puedes usar el imán para probar tu aparato?

3. Haz un bosquejo de tu diseño en el espacio disponible y asegúrate de rotular los materiales que estás usando para construir el magnetómetro. Luego construye el aparato.

4. Planea tu investigación determinando cómo usarás el magnetómetro para probar los modelos. Anota tu plan en el espacio disponible. Considera las siguientes preguntas mientras desarrollas tu plan:
   - ¿Cómo puedes determinar si el planeta que estás estudiando tiene un campo magnético o no?
   - Si detectas campos magnéticos, ¿cómo puedes comparar la intensidad de las fuerzas magnéticas de los planetas?

5. Después de obtener la aprobación de tu maestro, lleva a cabo tu investigación. Haz una tabla para anotar tus observaciones y datos en el espacio disponible.

tú Demuestras... Lab

▸ **Bosquejo y procedimiento**

▸ **Tabla de datos y observaciones**

Ver en tiempo real

Hoy en día, muchas personas descargan o ven programas de televisión o películas en tiempo real en sus televisores o dispositivos inteligentes. Dado que las señales de mayor calidad tienen un tamaño de archivo mayor, se necesitan altas velocidades de Internet para mover todos los datos. La velocidad de Internet se suele medir en megabits por segundo (Mbps). Aquí se muestra la cantidad de datos que se pueden transferir a tres velocidades diferentes.

Velocidad en Mbps	MB transferidos por segundo
1	0.125
50	6.25
100	12.5

Usa el texto y los datos para responder a las siguientes preguntas.

1. **Usar modelos** Una imagen 4K contiene 8,294,400 píxeles. ¿Cuál es el tamaño de archivo correspondiente?

2. **Calcular** Supón que estás descargando una película de 3.2 GB. Tu velocidad de Internet es de 50 Mbps. ¿Aproximadamente cuánto tardarás en descargar el archivo? Muestra tu trabajo.

3. **Patrones** Algunos ingenieros de video ya están promocionando la resolución 8K, el próximo avance en la tecnología de video. La calidad de una imagen de una señal 8K equivale a tomar cuatro televisores 4K y colocarlos como una matriz de 2 × 2. ¿Cuáles son las dimensiones de una imagen 8K? Explica tu respuesta.

4. **Analizar propiedades** En el pasado, los programas de televisión se transmitían mediante señales analógicas. A medida que más gente empezó a comprar televisores HD y a mirar programación HD, las emisoras de televisión y los proveedores de cable las cambiaron por señales digitales. ¿Por qué crees que ocurrió este cambio? ¿Qué ventaja tiene una señal digital sobre una señal analógica cuando se transmite video HD?

5. **Elaborar explicaciones** Muchos de los televisores a la venta hoy en día tienen una resolución 4K Ultra HD. Sin embargo, la mayoría de los servicios de difusión y los proveedores de televisión digital ofrecen poca programación 4K. ¿Por qué crees que esto es así?

LECCIÓN 3: La comunicación y la tecnología

Preguntas guía
- ¿Qué tecnologías se usan para la comunicación?
- ¿Cuáles son las ventajas de usar señales digitales para la tecnología de las comunicaciones?

Conexiones

Lectura Citar evidencia textual

Matemáticas Analizar relaciones

MS-PS4-3

Vocabulario
tecnología de la información
software
ruido
ancho de banda

Vocabulario académico
hardware

VOCABULARY APP
Practica el vocabulario en un aparato móvil.

Misión CONEXIÓN
Considera cómo el hardware y el software afectan los tipos de señales que se usan en la tecnología de la información.

¡Conéctalo!

✏️ Encierra en un círculo un símbolo que aparezca más de una vez en la tablilla de arcilla.

Comparar y contrastar ¿En qué se parece la antigua tablilla de arcilla a la tableta digital de la actualidad? ¿En qué se diferencia?

....
....
....
....

526 Tecnologías de la información

La era de la información

La invención de la escritura fue uno de los primeros ejemplos de tecnología de la información. Con un palillo afilado o un dedo y algún tipo de medio como la arcilla (**Imagen 1**) o una pared de piedra, la gente podía registrar ideas, observaciones y otra información.

Volvemos a la actualidad. La tecnología de la información está en todas partes y hay muchas formas y modos de escritura. Por ejemplo, una persona escribió el texto de esta página en una computadora. Luego, se envió el archivo por Internet a los revisores y editores. Después, el texto editado se combinó con la fotografía usando otra aplicación de la computadora. Finalmente, se envió el archivo a una impresora y se reunió una serie de páginas para formar un libro. Lo que hubiera llevado horas inscribir en arcilla o piedra ahora se puede registrar y compartir mucho más rápido, gracias a la tecnología de la información. La **tecnología de la información** moderna consiste en **hardware** y software para computadoras y telecomunicaciones que permiten almacenar, transmitir, recibir y manipular información. El **software** se refiere a los programas que codifican, decodifican e interpretan información, como los buscadores, las aplicaciones, los juegos y los sistemas operativos. La invención de las computadoras electrónicas alrededor de 1940 marcó el comienzo de la era de la información.

INTERACTIVITY

Comenta con tus compañeros cómo se codifica y decodifica la información.

Vocabulario académico

Hardware es un término antiguo. ¿A qué se refiere "hard" en la palabra hardware dentro del contexto de la tecnología de la información?

....

....

....

Tablilla sumeria

Imagen 1 Esta tablilla de arcilla se usó hace 6,500 años en Sumeria, parte de la Mesopotamia, para registrar información.

Granja de servidores

Imagen 2 Estas instalaciones tienen miles de computadoras que almacenan y comparten los datos de millones de personas.

Hacer preguntas ¿Por qué crees que este lugar se llama granja de servidores?

....
....
....
....

> **INTERACTIVITY**
>
> Investiga el desarrollo de las tecnologías de las comunicaciones y la transmisión de información.

Conexión con la lectura

Citar evidencia textual
Subraya el texto que respalde la idea de que estamos en un período de crecimiento exponencial de la información.

Tecnologías de la información

Todos los días se envían cientos de millones de correos electrónicos y miles de millones de mensajes de texto. También se intercambian archivos en línea mediante "nubes" a las que se accede por medio de miles de redes. Cada año se producen en la Tierra billones de gigabytes de información, desde películas en alta definición a documentos de texto para imprimir y breves mensajes acerca de qué comprar en el supermercado.

El software y el hardware que impulsan la tecnología de la información moderna dependen el uno del otro. El hardware de la tecnología de la información es la versión moderna de la arcilla o la piedra. Es el medio físico en el que la información se almacena y se altera. Los procesadores, las pilas, los discos, el cableado y otros componentes forman el lugar físico en donde el software opera. En algunos casos, el hardware del que dependes es "local", como el procesador, el monitor, la memoria integrada y otros componentes de tu aparato móvil o computadora. Otro hardware que probablemente usas se encuentra alojado en otro lugar, como la antena de telefonía móvil que hay en tu ciudad o cerca de ella, y las "granjas" de servidores que usan las grandes compañías informáticas y de telecomunicaciones para almacenar tu información (**Imagen 2**). Al acceder a información almacenada en un servidor que está en otro lugar, puedes mirar, escuchar, leer o sentir los medios sin almacenar los datos de manera local. Actualmente estamos en un período de crecimiento exponencial de la producción de información digital.

☑ **REVISAR LA LECTURA Resumir el texto** ¿Cuáles son algunos ejemplos de hardware utilizado en la tecnología de la información?

....
....
....

Sistemas de comunicaciones

Antes de la era industrial y la era de la información, los métodos de comunicación de larga distancia incluían señales de humo y mensajes escritos a mano transportados por palomas. Hoy en día, dependemos de tres tipos de transmisiones: señales electrónicas que se transmiten por cables, transmisiones electromagnéticas a través de la atmósfera y transmisiones electromagnéticas a través de cables de fibra óptica.

VIDEO
Aprende acerca de la profesión de administrador de redes.

Matemáticas ▸ Herramientas

Explosión de datos digitales

Al aumentar constantemente la cantidad de personas que usan Internet, se producen cantidades de información cada vez más grandes. La gráfica muestra la producción de datos y las proyecciones para el futuro.

Crecimiento de la producción de datos digitales

(Gráfica: eje Y "Exabytes" de 0 a 50,000; eje X "Año" de 2009 a 2019; curva exponencial creciente)

FUENTE: Estudio del universo digital de IDC (*IDC's Digital Universe Study*), 2012

1. **Interpretar datos** Compara el ritmo de crecimiento de 2011 a 2013 con el ritmo de crecimiento de 2015 a 2017.

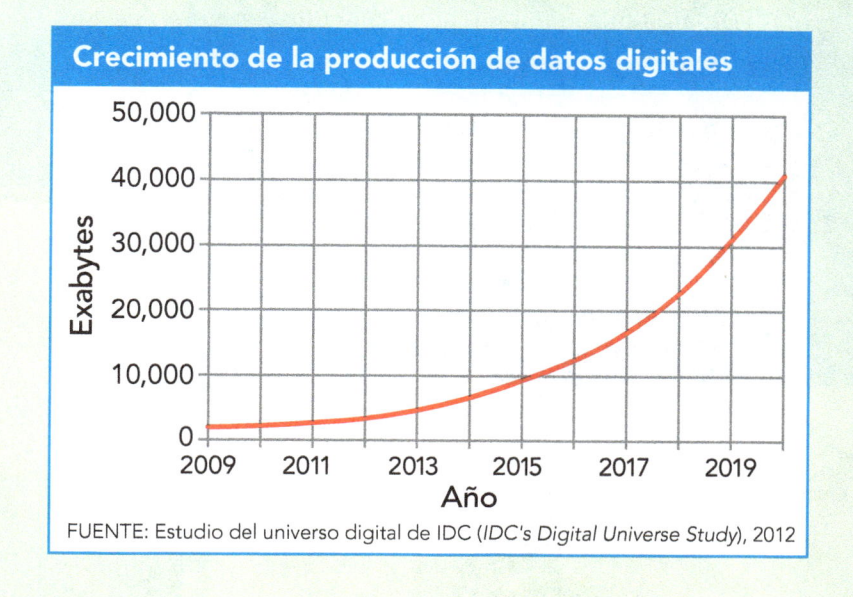

2. **Analizar relaciones** ¿Qué crees que justifica el crecimiento exponencial de los datos en años recientes?

3. **Patrones** Si la tendencia continúa, ¿cuántos datos se producirán en 2030?

529

¡Recibido!

Imagen 3 Todas las tecnologías de las comunicaciones tienen algo en común: deben mover grandes cantidades de datos en nuestro mundo digital.

Conexión con la tecnología Para cada tipo de tecnología de la comunicación, identifica un beneficio y una desventaja de usar señales analógicas o señales digitales.

Para hacer una llamada telefónica, antes era necesario usar un aparato grande montado en la pared o en una cabina, conectado a un operador de central telefónica que estaba en otro lugar y conectaba nuestra llamada a una persona específica uniendo dos circuitos. No había un sistema de "correo de voz" que grabara un mensaje. La señal podía ser mala y las personas no se oían. En la actualidad, muchas personas llevan en el bolsillo sus teléfonos celulares, que los pueden conectar con personas de todo el mundo.

Beneficio ....
....

Desventaja ....
....

Durante muchos años, las transmisiones de radio y televisión se hacían mediante ondas de radio. Los televisores y las radios analógicos dependían de altas antenas que transmitían las señales por aire. En los últimos años, la televisión comenzó a transmitir por señales digitales. En la actualidad, los televisores pueden transmitir en alta definición.

Beneficio ....
....

Desventaja ....
....

530 Tecnologías de la información

Los satélites de telecomunicaciones que orbitan la Tierra pueden transmitir señales que no se pueden transmitir por cables o antenas. Algunos satélites se usan para transmitir canales de televisión y otros medios, y otros los usan las agencias gubernamentales y los militares.

Beneficio

Desventaja

La tecnología de fibra óptica se basa en cables de vidrio o plástico que transmiten luz a velocidades cercanas a los 200,000 kilómetros por segundo. Los cables de fibra óptica pueden transportar aproximadamente mil veces más información por segundo que un cable de cobre estándar.

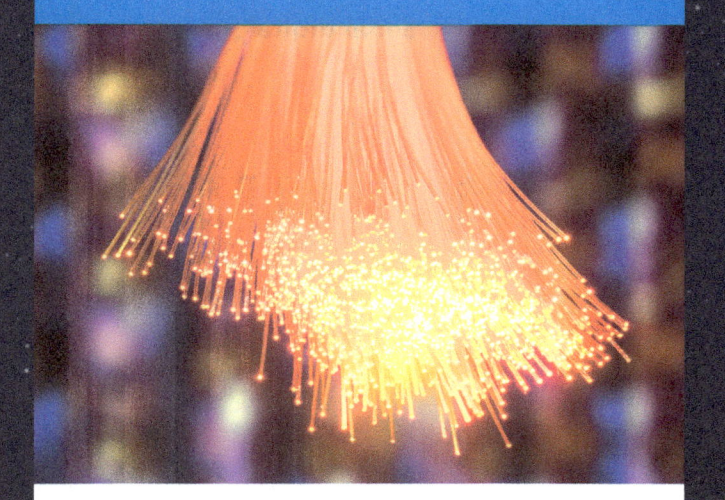

La Internet es un complejo conjunto de redes interconectadas que transmite información, mayormente a través de la World Wide Web. Se suele acceder a Internet mediante una aplicación llamada buscador, que nos permite navegar por millones de páginas. La conexión a Internet antes requería un cable conectado a una computadora, pero hoy en día muchas conexiones se logran a través de redes inalámbricas, o "WiFi", o incluso a través de redes de teléfonos celulares.

Beneficio

Desventaja

Beneficio

Desventaja

531

HANDS-ON LAB

uInvestigate Observa la estructura de un disco de vinilo y di cómo crees que funciona.

Ventajas de las señales digitales

Aunque no son señales continuas, las señales digitales son, en general, más confiables y eficientes que las señales analógicas, por varias razones.

Compatibilidad con las computadoras
Las computadoras procesan las señales digitales, y las computadoras están en todas partes: sobre la falda o un escritorio, dentro de un bolsillo, en el tablero de mandos de un carro e incluso en la puerta de un refrigerador. Para las computadoras y los dispositivos digitales es más fácil hacer lo que queremos que hagan sin tener que convertir primero las señales analógicas. Usar señales digitales es más eficiente.

Ruido
Cuando se transmite una señal analógica, puede incorporar **ruido**, señales aleatorias del medio ambiente. Este ruido puede permanecer junto a la señal y alterar la salida de la información. La estática es un ejemplo de ruido. Dado que las señales digitales están compuestas por ceros y unos, es más difícil que el ruido altere la señal, porque el código binario consiste básicamente en una elección entre encendido y apagado. A menos que el ruido haga que un 1 se transforme en un 0 o viceversa, el ruido no afectará cómo se recibe o se lee la señal digital.

¡Represéntalo!

¿Ruido? ¡No hay problema!
La primera gráfica muestra una señal analógica acompañada por ruido durante la transmisión. La segunda gráfica muestra una señal digital también acompañada por ruido durante la transmisión.

Desarrollar modelos
Completa los modelos con un dibujo de la señal analógica y la señal digital recibidas para mostrar el efecto del ruido en cada una.

Señal original con ruido

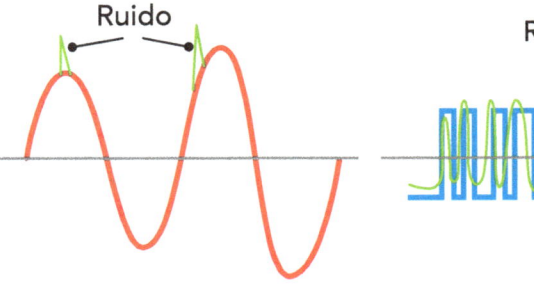

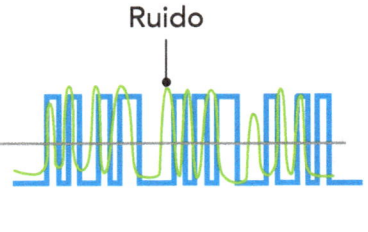

Señal analógica — Ruido

Señal digital — Ruido

Señal recibida

Distorsión causada por el ruido   Señal digital restaurada

532 Tecnologías de la información

Seguridad A pesar de que las señales digitales están encriptadas, es decir, escondidas por el código binario, tanto las señales analógicas como las digitales son vulnerables a las brechas de seguridad. Es relativamente fácil intervenir una línea telefónica analógica y escuchar o grabar una conversación, porque la señal no está encriptada. Es más difícil acceder a señales o comunicaciones telefónicas digitales, pero la piratería informática, es decir, el robo de información digital al descifrar los códigos, está creciendo. Los expertos en tecnología trabajan permanentemente para mejorar la seguridad digital.

> **INTERACTIVITY**
> Investiga las ventajas y desventajas de las señales analógicas y digitales.

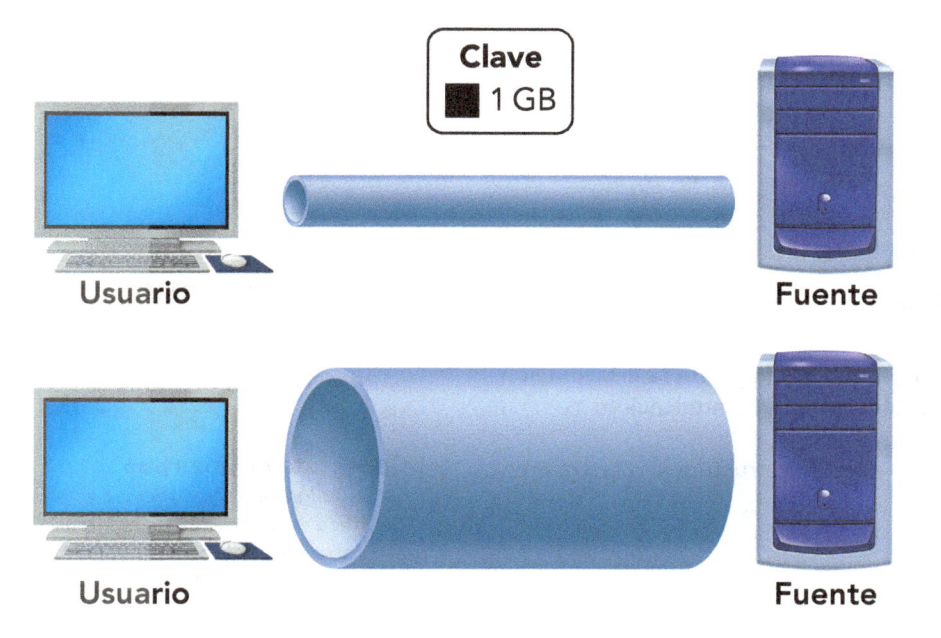

Ancho de banda Como se ilustra en la **Imagen 4**, la cantidad de información que se puede transmitir y medir en bits por segundo se llama **ancho de banda**. Las señales digitales transportan menos información que las señales analógicas comparables; por tanto, las soluciones tecnológicas de información digital tienen normalmente un ancho de banda mayor que las soluciones analógicas. Por ejemplo, un cable que da un servicio de televisión e Internet a un hogar puede proveer esos servicios con más rapidez y permitir la carga y descarga de más datos, si transporta señales digitales. La compresión también ayuda con el ancho de banda. Por ejemplo, si un archivo de 1 gigabyte se puede comprimir a un tamaño menor para su transmisión y luego lo descomprime una computadora, el archivo se debería descargar más rápido.

Clave ■ 1 GB

Usuario — Fuente

Usuario — Fuente

Ancho de banda
Imagen 4 Poco ancho de banda significa una transmisión más lenta de datos, que probablemente se traduce en más tiempo de descarga.

Desarrollar modelos ✏️
Con la información de la clave, representa la transmisión de 5 GB de datos de cada fuente a cada usuario. Tu modelo debe demostrar por qué menos ancho de banda significa más tiempo de descarga.

✅ **REVISAR LA LECTURA** **Citar evidencia textual** ¿Por qué hay tantos tipos de tecnología de comunicaciones?

....

....

✓ LECCIÓN 3: Revisión

MS-PS4-3

1. **Identificar** Nombra cinco tecnologías o tipos de hardware diferentes que se usen hoy en día en las comunicaciones.

   ....
   ....
   ....
   ....

2. **Causa y efecto** Describe cómo el incremento en el ancho de banda y la mejora en el software de compresión puede resultar en una mayor calidad de hardware y medios con mayor resolución.

   ....
   ....
   ....
   ....
   ....
   ....
   ....

3. **Resumir** ¿Qué papel juega el software en la tecnología de la información?

   ....
   ....
   ....

4. **Elaborar explicaciones** Explica por qué las señales digitales son un poco más difíciles de piratear o espiar que las señales analógicas.

   ....
   ....
   ....
   ....
   ....
   ....
   ....
   ....
   ....
   ....

Misión CONTROL

En esta lección, aprendiste acerca de la tecnología de la información y las ventajas de usar señales digitales para la comunicación.

Evaluar ¿Cómo afectan el hardware y la infraestructura la manera en que usamos las señales?

....
....
....
....
....
....

INTERACTIVITY

Evaluate Recording Technologies

Conéctate en línea para conseguir información técnica y científica acerca de las tecnologías de grabación analógicas y digitales. Luego, presenta tus hallazgos en un cartel.

534 Tecnologías de la información

CIENCIA EXTRAORDINARIA

MS-PS4-3

¡Teletranspórtame!

Puede ser difícil de creer, pero hasta hace aproximadamente una década, usar tu teléfono para hacer una videollamada a un amigo o pariente al otro lado del planeta era considerado ciencia ficción. Si bien el concepto de videollamadas se remonta hacia fines del siglo XIX, se necesitaron muchos avances científicos y progreso tecnológico para que la idea se hiciera realidad.

En la década de 1930, luego del desarrollo de la televisión, científicos alemanes desarrollaron un circuito cerrado de televisión que permitía a personas en diferentes ciudades hablar entre ellas. A pesar de los planes de expansión, el sistema se canceló en 1940 luego del estallido de la Segunda Guerra Mundial.

En la Feria Mundial de 1964, en Nueva York, una compañía estadounidense de telecomunicaciones dio a conocer al mundo un video teléfono. El sistema usaba una línea telefónica común y tenía una cámara de video por separado. Como era muy caro, no se volvió popular.

En las décadas de 1980 y 1990, los avances tecnológicos, incentivados por la creciente popularidad de las computadoras personales, llevaron al desarrollo de la tecnología de videoconferencias. Los dispositivos electrónicos se hacían cada vez más pequeños, de modo que fue solo cuestión de tiempo hasta que la tecnología los hizo caber en la palma de la mano.

MI DESCUBRIMIENTO

Escribe "videotelefonía" en un buscador en línea para aprender más acerca de la historia de esta tecnología.

✓ TEMA 10: Repaso y evaluación

1. Los circuitos eléctricos
MS-PS4-3

1. ¿Cuál de las siguientes no es una parte básica de un circuito eléctrico?
   A. cables conductores
   B. un transformador
   C. una fuente de energía eléctrica
   D. un dispositivo que funciona con energía eléctrica

2. En una pila común,
   A. el polo negativo tiene mayor energía potencial eléctrica que el polo positivo.
   B. el polo negativo tiene la misma cantidad de energía potencial eléctrica que el polo positivo.
   C. el polo positivo tiene mayor energía potencial eléctrica que el polo negativo.
   D. el voltaje determina qué polo de la pila tiene mayor energía potencial eléctrica.

3. La medida de la dificultad de la corriente para fluir a través de un cuerpo se llama ....

4. **Desarrollar modelos** 🖊 Dibuja un diagrama de un circuito que consista de dos luces. El circuito debe permitir que una luz siga encendida aunque la otra bombilla se apague.

2. Las señales
MS-PS4-3

5. Las señales digitales se basan en un sistema de codificación llamado
   A. megabytes.   B. transmisión.
   C. pulso de onda. D. binario.

6. ¿Cuál de las siguientes comparaciones entre señales analógicas y digitales es correcta?
   A. Las señales analógicas son señales electrónicas, mientras que las señales digitales son señales electromagnéticas.
   B. Las señales analógicas son señales continuas, mientras que las señales digitales son señales discretas.
   C. Las señales analógicas se pueden almacenar en una computadora, mientras que las señales digitales no.
   D. Las señales analógicas almacenan información en forma de números, mientras que las señales digitales no.

7. **Evaluar afirmaciones** Un amigo dice que las señales digitales son representaciones más exactas que las señales analógicas. ¿Estás de acuerdo? Explica tu respuesta.

   ....
   ....
   ....
   ....
   ....

8. **Comunicar** Con un ejemplo de la vida diaria, identifica una ventaja de una señal digital sobre una señal analógica.

   ....
   ....
   ....
   ....
   ....
   ....
   ....

3 La comunicación y la tecnología
MS-PS4-3

EVALUACIÓN
Contesta el Examen del tema para evaluar tu comprensión.

9. ¿Cuál de las siguientes *no* es una ventaja de enviar un correo electrónico en vez de una carta mediante el correo postal?
   A. El correo electrónico está encriptado, lo que hace difícil que alguien lo intercepte y lo lea.
   B. El correo electrónico es más fácil de almacenar y recuperar y, por tanto, es menos probable que se pierda.
   C. El correo electrónico es más probable que se destruya.
   D. El correo electrónico llega mucho más rápido que la carta enviada por correo postal.

10. ¿Cuál de los siguientes enunciados sobre el ruido es verdadero?
    A. Afecta a las señales analógicas y digitales de manera similar.
    B. Afecta a las señales digitales más que a las analógicas.
    C. Afecta a las señales analógicas más que a las digitales.
    D. No tiene mucho efecto sobre las señales analógicas ni digitales.

11. La cantidad de información que se puede transmitir como señales digitales durante una cantidad de tiempo se conoce como
    A. ancho de banda.   B. hardware.
    C. resolución.   D. ruido.

12. La tecnología de la información consiste en .... y .... que almacenan, manipulan y transmiten información.

13. **Analizar sistemas** ¿Por qué la tecnología de fibra óptica es una mejora con respecto a los cables de cobre estándar?

    ....
    ....
    ....

14. **Conexión con la naturaleza de las ciencias** Elige un ejemplo de tecnología digital y describe cómo ayudó al avance de las ciencias y las investigaciones científicas.

    ....
    ....
    ....
    ....
    ....
    ....
    ....

15. **Elaborar explicaciones** Explica por qué las señales digitales son una manera más confiable de mantener una conversación telefónica.

    ....
    ....
    ....
    ....
    ....
    ....
    ....
    ....
    ....

TEMA 10: Repaso y evaluación

MS-PS4-3

Evaluación basada en la evidencia

Un amigo tuyo vive en una ciudad cercana. La ciudad necesita comprar nuevas radios de dos vías para los servicios de emergencia. Los miembros del consejo de la ciudad están considerando reemplazar las radios de dos vías analógicas por radios digitales.

Sin embargo, las radios digitales son más caras. Los miembros del consejo quieren saber si el incremento en los costos traerá beneficios antes de aprobar la medida. Muchos residentes se oponen al gasto adicional que implica la nueva tecnología.

Tu amigo y tú investigan el tema y hallan la gráfica que se muestra a continuación, que compara el rango y la calidad de las señales de radio analógicas con las señales de radio digitales.

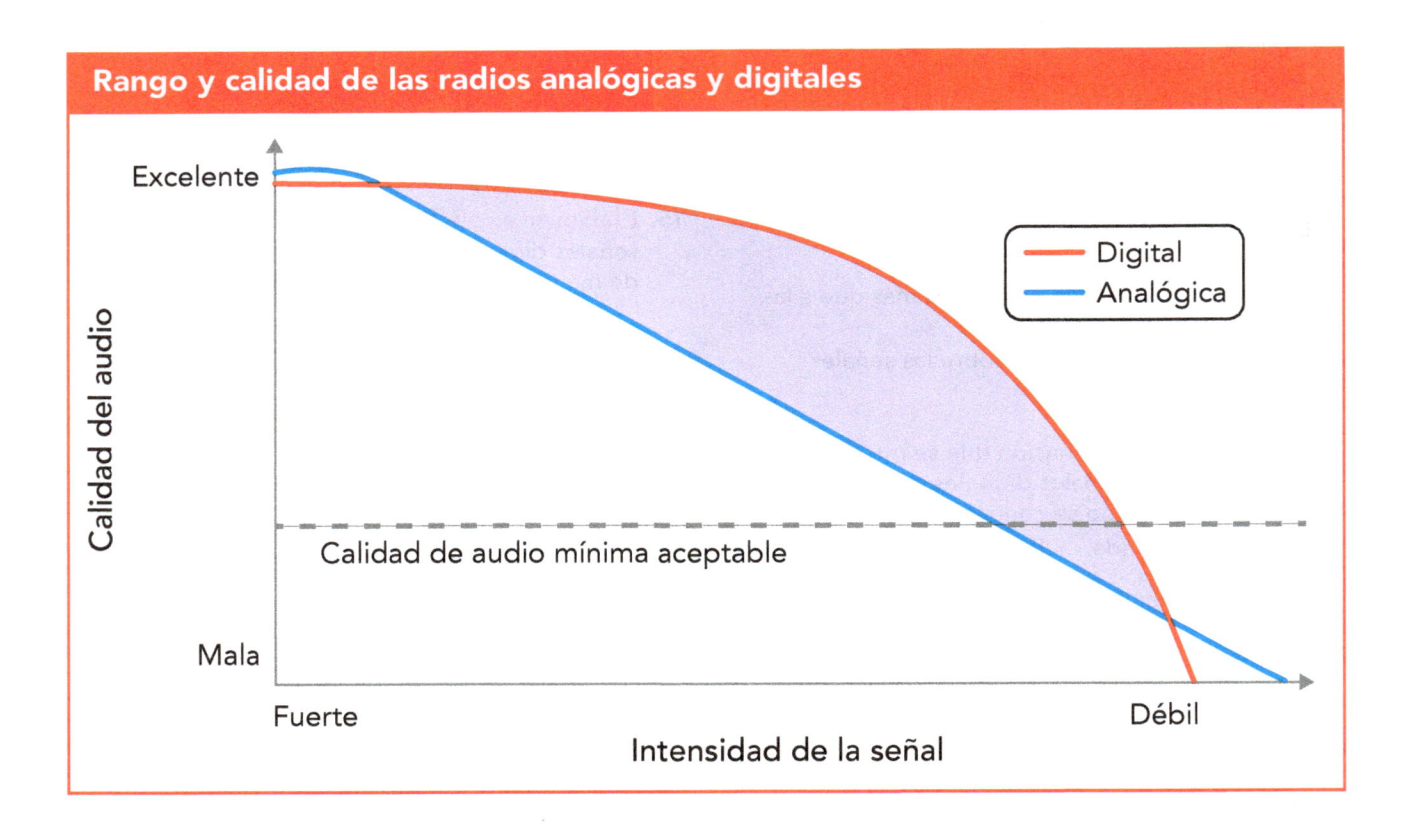

Rango y calidad de las radios analógicas y digitales

538 Tecnologías de la información

1. **Interpretar datos** ¿Qué representa la parte sombreada de la gráfica?
   A. el área en la cual la calidad del audio de ambas radios no se ve afectada por la intensidad de la señal
   B. el área del rendimiento de la radio digital que muestra una mejora sobre la radio analógica
   C. el área en la cual no hay diferencia de calidad entre la radio digital y la analógica
   D. el área del rendimiento de la radio analógica que muestra una mejora sobre la radio digital

2. **Caracterizar datos** ¿Cuáles de los siguientes enunciados acerca de los datos de la gráfica son correctos? Selecciona todos los que correspondan.
   ☐ La calidad de audio de la radio analógica es un poco mejor si la señal es muy fuerte.
   ☐ La radio digital tiene mejor calidad de audio con las señales más débiles.
   ☐ Tanto la radio analógica como la digital tienen casi la misma calidad con una intensidad de señal moderada.
   ☐ La calidad de audio de las radios analógicas disminuye de manera más pronunciada a medida que la señal se hace más débil.

3. **Usar gráficas** ¿Cómo se relacionan la intensidad de señal y la calidad de audio tanto para las señales analógicas como las digitales?

   ....
   ....
   ....
   ....

4. **Citar evidencia** Usa evidencia de la gráfica para explicar por qué las señales de radio digitales son más confiables que las señales de radio analógicas.

   ....
   ....
   ....
   ....

5. **Elaborar argumentos** ¿Qué puede decir tu amigo a los miembros del consejo y los habitantes de la ciudad para convencerlos de comprar las radios digitales?

   ....
   ....
   ....
   ....
   ....
   ....
   ....
   ....

Misión HALLAZGOS

¡Completa la Misión!

Fenómeno Determina la mejor manera de presentar tu información en una presentación multimedia.

Conexión con la sociedad ¿Existen situaciones en las que grabar con una señal analógica sería más confiable que con una señal digital? Explica tu respuesta.

....
....
....

INTERACTIVITY

Reflect on Your Recording Method

tú Demuestras... Lab

MS-PS4-3

Cambio y fuera

¿Cómo puedes demostrar que las señales **digitales** son una manera más eficiente de enviar **información**?

Antecedentes

El Centro para la educación en tecnologías de la información pronto abrirá sus puertas al público. El centro alberga una biblioteca para estudiantes e investigadores, así como un gran teatro multimedia y áreas de exhibiciones. El centro ha destinado espacio para exposiciones interactivas donde los visitantes puedan explorar la tecnología de la comunicación y su historia. El centro quiere que tú desarrolles una exhibición interactiva que compare y contraste las señales analógicas y las digitales. Los modelos de la exhibición permitirán a los visitantes enviar una señal codificada diseñada para cada método de transmisión.

En esta investigación, diseñarás modelos que ayuden a los visitantes a reconocer que las señales digitales son una manera más confiable de transmitir datos e información que las señales analógicas.

Materiales

(por grupo)
- resorte
- pequeña bombilla y portalámparas
- pila (9 voltios o tipo C)
- cable, 10 tiras
- interruptor eléctrico

Seguridad

Asegúrate de seguir las guías de seguridad que te dio tu maestro. El Apéndice de seguridad de tu libro de texto te dará más información sobre los íconos de seguridad.

1885 **1920** **1985** **2015**

En solo 125 años, la tecnología telefónica ha evolucionado de enormes cajas llenas de cables a pequeñas centrales eléctricas inalámbricas.

540 Tecnologías de la información

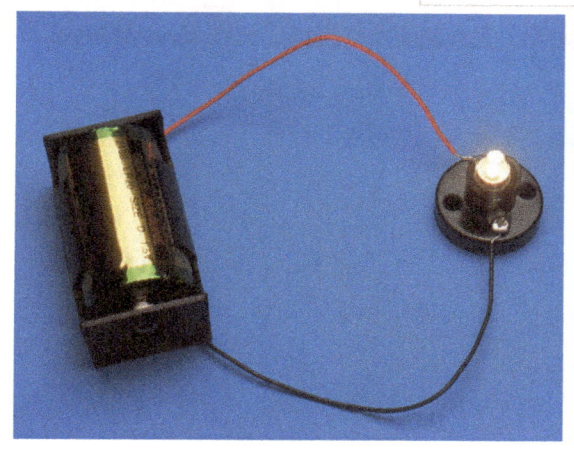

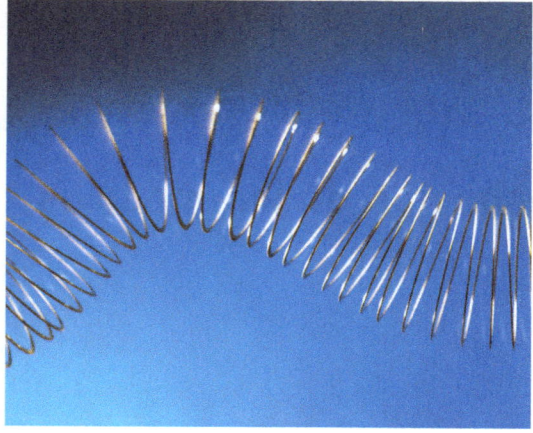

Diseñar un modelo de exhibición

1. Planeen los modelos que usarás en la exhibición. Piensen de qué manera pueden usar los materiales disponibles para representar dos sistemas de comunicación diferentes: uno que represente cómo las señales analógicas envían información mediante pulsos de onda continuos y uno que represente cómo las señales digitales envían información mediante pulsos de onda discretos. Consideren las siguientes preguntas mientras planean y diseñan su modelo:

    - ¿Qué opción es mejor para representar la naturaleza continua de las señales analógicas, el resorte o el circuito eléctrico?
    - ¿Cuál de estos materiales es más apropiado para representar la naturaleza discreta de las señales digitales?

2. Desarrollen un código para usar con el sistema analógico y otro para usar con el sistema digital. Los datos que transmitirán forman una palabra compuesta de cuatro letras: E, T, A y S. Tendrán que crear un código para cada letra. Piensen en las siguientes preguntas mientras desarrollan los códigos.

    - ¿Cómo pueden usar pulsos de onda continuos de diferentes amplitudes para representar cada letra en el sistema analógico?
    - ¿Cómo pueden usar pulsos de onda discretos para representar cada letra en el sistema digital?

3. Hagan un bosquejo de cada modelo en el espacio provisto y rotulen los materiales que usarás. Incluyan descripciones de cómo funcionarán los modelos. Luego, completen la tabla con los códigos que desarrollaron.

4. Una vez que tengan la aprobación de su maestro, lleven a cabo la investigación. Un miembro del equipo será el transmisor y el otro miembro será el receptor. El transmisor debe elegir una palabra, referirse al código y luego transmitir la palabra con el sistema analógico. Repitan el proceso con una palabra diferente y el sistema digital. Si lo desean, pueden considerar el uso de comandos que indiquen el inicio y el fin de las transmisiones, como "inicio de transmisión" y "fin de transmisión". Vuelvan a hacer la prueba con el mismo procedimiento para cada sistema.

HANDS-ON LAB

uDemonstrate Go online for a downloadable worksheet of this lab.

tú Demuestras... Lab

Bosquejos de los modelos

Tabla de datos y observaciones

Letra	Código analógico	Código digital
E		
T		
A		
S		

Analizar e interpretar datos

1. **Usar modelos** Describe los resultados de tu investigación y tus observaciones acerca del uso de cada sistema para transmitir información. ¿Qué sistema te resultó más fácil de usar? ¿Qué sistema fue más preciso? Explica tu respuesta.

   ....
   ....
   ....
   ....

2. **Explicar fenómenos** Piensa en el concepto de ruido. ¿Cómo puedes incorporarlo a tus modelos? ¿Qué efecto crees que tendría el ruido en el sistema analógico? ¿Qué efecto tendría en el sistema digital?

   ....
   ....
   ....
   ....

3. **Comunicar** ¿Cómo demuestran tus modelos para la exhibición que las señales digitales son una manera más confiable de codificar y transmitir información que las señales analógicas? Explica tu respuesta.

   ....
   ....
   ....
   ....

4. **Identificar limitaciones** ¿Cuáles son algunos de los retos que enfrentaste mientras diseñabas tus modelos y códigos? ¿Cuáles son algunas desventajas o limitaciones de tus modelos?

   ....
   ....
   ....
   ....
   ....

Cuaderno de las prácticas de Ciencias e Ingeniería

SEP.1, SEP.8

El significado de las ciencias

Destrezas de ciencias

Reflexiona Piensa en una ocasión en que perdiste algo y no podías encontrarlo. Escribe una oración en la que definas el problema. ¿Qué destrezas de ciencias podrías usar para resolver el problema? Explica cómo usarías por lo menos tres de las destrezas de la tabla.

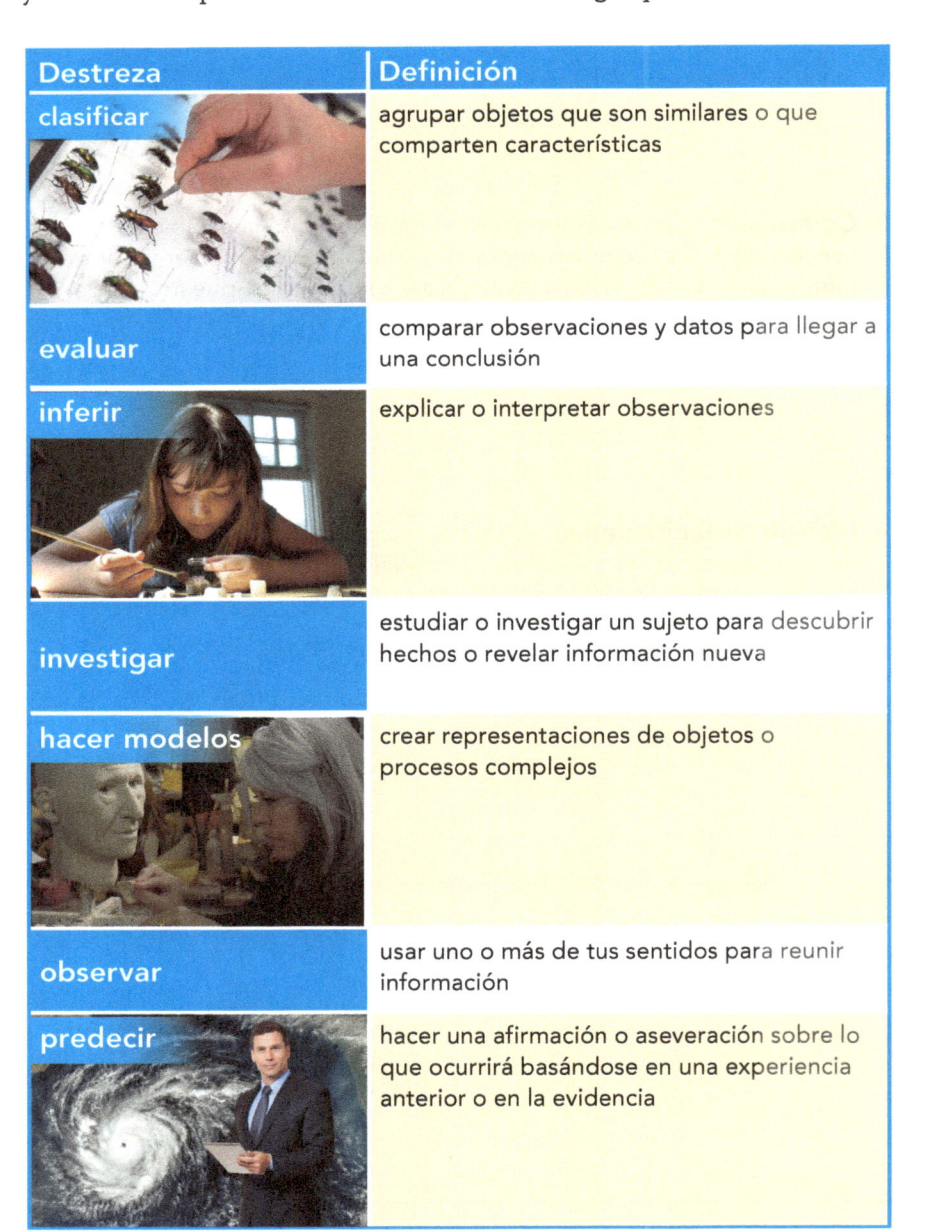

Las ciencias son una manera de aprender sobre el mundo natural. Consiste en hacer preguntas, hacer predicciones y reunir información para ver si la respuesta es correcta o incorrecta.

La tabla incluye algunas destrezas que los científicos usan. Usas algunas de estas destrezas todos los días. Por ejemplo, podrías observar y evaluar tus opciones de almuerzo antes de elegir qué comer.

Destreza	Definición
clasificar	agrupar objetos que son similares o que comparten características
evaluar	comparar observaciones y datos para llegar a una conclusión
inferir	explicar o interpretar observaciones
investigar	estudiar o investigar un sujeto para descubrir hechos o revelar información nueva
hacer modelos	crear representaciones de objetos o procesos complejos
observar	usar uno o más de tus sentidos para reunir información
predecir	hacer una afirmación o aseveración sobre lo que ocurrirá basándose en una experiencia anterior o en la evidencia

Actitudes científicas

A menudo la curiosidad motiva a los científicos a aprender sobre el mundo que los rodea. La creatividad es útil para elaborar maneras inventivas de resolver problemas. Tales cualidades y actitudes, más la capacidad de tener una mente abierta, son esenciales para los científicos.

Cuando se comparten resultados o hallazgos, la honestidad y la ética también son esenciales. La ética se refiere a reglas que indican qué está bien y qué está mal.

Ser escéptico también es importante. Esto significa dudar de cuestiones basándose en experiencias y evidencia pasadas. El escepticismo ayuda a evitar la aceptación de datos y resultados que tal vez no sean verdaderos.

Los científicos también deben evitar el prejuicio: preferencias a favor o en contra de personas, ideas o cosas. Deben evitar el prejuicio experimental, es decir, un error que puede aumentar la probabilidad de que el experimento tenga el resultado que los científicos prefieren.

Razonamiento científico

El razonamiento científico depende de la lógica y la objetividad. Cuando eres objetivo, usas evidencia y aplicas la lógica para sacar conclusiones. Ser subjetivo significa basar conclusiones en sentimientos, prejuicios u opiniones personales. El razonamiento subjetivo puede interferir con las ciencias y sesgar los resultados. El razonamiento objetivo ayuda a los científicos a usar observaciones para llegar a conclusiones sobre el mundo natural.

Los científicos usan dos tipos de razonamiento objetivo: deductivo e inductivo. El razonamiento deductivo consiste en comenzar con una idea o teoría general y aplicarla a una situación. Por ejemplo, la teoría de la tectónica de placas indica que los terremotos ocurren mayormente en los lugares donde las placas tectónicas chocan. Entonces podrías sacar la conclusión, o deducir, que California tiene muchos terremotos porque las placas tectónicas chocan allí.

En el razonamiento inductivo, haces una generalización a partir de una observación específica. Cuando los científicos reúnen datos en un experimento y sacan una conclusión basada en esos datos, usan el razonamiento inductivo. Por ejemplo, si el fertilizante hace que un grupo de plantas crezca más rápido que otro, podrías inferir que el fertilizante promueve el crecimiento de las plantas.

Comprender el sentido Piensa en un prejuicio que el biólogo marino de la foto podría tener y cause que preste más o menos atención a un tipo de organismo sobre otros. Haz una predicción sobre cómo ese prejuicio podría afectar el estudio que hace el biólogo del arrecife de coral.

Escríbelo Imagina que está lloviendo cuando te vas a dormir una noche. Cuando despiertas a la mañana siguiente, observas charcos congelados en el suelo y carámbanos en las ramas de los árboles. Usa el razonamiento científico para sacar una conclusión sobre la temperatura del aire exterior. Usa el razonamiento deductivo o inductivo para respaldar tu conclusión.

545

Cuaderno de las prácticas de Ciencias e Ingeniería

SEP.1, SEP.2, SEP.3, SEP.4, CCC.4

Los procesos de las ciencias

Indagación científica

Los científicos contribuyen al conocimiento científico realizando investigaciones y sacando conclusiones. El proceso a menudo comienza con una observación que lleva a una pregunta, a la que luego le sigue el desarrollo de una hipótesis. Esto se conoce como indagación científica.

Uno de los primeros pasos en la indagación científica es hacer preguntas. Sin embargo, es importante hacer una pregunta específica con un enfoque reducido para que la investigación no sea demasiado amplia. Es posible que un biólogo quiera saber todo lo que hay que saber sobre los lobos, por ejemplo. Pero una pregunta adecuada y enfocada para una indagación específica podría ser "¿Cuántas crías produce una loba promedio en toda su vida?".

Una hipótesis es una respuesta posible a una pregunta científica. Una hipótesis se debe poder poner a prueba. Para que algo se pueda poner a prueba, los investigadores deben poder realizar una investigación y reunir evidencia que respalde o refute la hipótesis.

Escríbelo Describe una pregunta que hiciste, de manera formal o informal, sobre un suceso de tu vida que necesitaste investigar o resolver. Escribe la hipótesis que desarrollaste para responder tu pregunta y describe cómo pusiste a prueba la hipótesis.

Modelos científicos

Los modelos son herramientas que los científicos usan para estudiar fenómenos indirectamente. Un modelo es cualquier representación de un objeto o proceso. Las ilustraciones, los dioramas, los globos, los diagramas, los programas computarizados y las ecuaciones matemáticas son todos ejemplos de modelos científicos. Por ejemplo, un diagrama de la corteza y el manto terrestres puede ayudarte a imaginar las capas profundas debajo de la superficie y comprender sucesos tales como las erupciones volcánicas.

Los modelos también permiten a los científicos representar objetos que son muy grandes, como nuestro sistema solar, o muy pequeños, como una molécula de ADN. Los modelos también pueden representar procesos que ocurren durante un período de tiempo largo, como los cambios que han ocurrido a lo largo de la historia de la Tierra.

Los modelos son útiles pero tienen limitaciones. Los modelos físicos no están hechos de los mismos materiales que los objetos que representan. La mayoría de los modelos de objetos o procesos complejos muestran solamente partes, etapas o relaciones importantes. Muchos detalles se dejan de lado. Por lo tanto, es posible que no puedas aprender tanto de los modelos como lo harías a través de la observación directa.

Reflexiona Identifica los beneficios y las limitaciones de usar un modelo plástico de ADN, tal como se muestra aquí.

546

Experimentos de ciencias

Un experimento o una investigación deben estar bien planeados para que produzcan resultados válidos. Al planear un experimento, debes identificar las variables independiente y dependiente. También debes hacer lo posible para anular los efectos de otras variables. Un experimento controlado es aquel en el que pones a prueba solo una variable a la vez.

Por ejemplo, imagina que planeas un experimento controlado para saber de qué manera el tipo de material afecta la velocidad a la que viajan las ondas sonoras a través de él. La única variable que debería cambiar es el tipo de material. De esta manera, si la velocidad del sonido cambia, sabes que se debe a un cambio en el material, no otra variable como el grosor del material o el tipo de sonido que se usó.

También deberías eliminar el prejuicio de cualquier investigación. Es posible que involuntariamente incluyas el prejuicio si eliges temas que te gustan y evitas los que no te gustan. Los científicos a menudo realizan investigaciones tomando muestras aleatorias para evitar llegar a resultados sesgados.

Una vez que planificas tu investigación y comienzas a reunir datos, es importante registrarlos y organizarlos. Si lo deseas, puedes usar una gráfica para mostrar los datos y como ayuda para interpretarlos.

Comunicar significa compartir ideas y resultados con los demás a través de la escritura y el habla. Comunicar datos y conclusiones es una parte fundamental de las ciencias.

Los científicos comparten el conocimiento, incluyendo nuevos hallazgos, teorías y técnicas para reunir datos. Las conferencias, las publicaciones y los sitios Web ayudan a los científicos a comunicarse entre sí. Los medios populares, incluyendo periódicos, revistas y redes sociales, ayudan a los científicos a compartir su conocimiento con quienes no son científicos. Sin embargo, antes de que se compartan y se publiquen los resultados de investigaciones, otros científicos deben revisar el experimento en busca de posibles fuentes de error, como el prejuicio o las conclusiones infundadas.

Escríbelo Haz una lista de cuatro maneras en que podrías comunicar los resultados de un estudio científico sobre la salud de las tortugas marinas en el océano Pacífico.

Cuaderno de las prácticas de Ciencias e Ingeniería

SEP.1, SEP.6, SEP.7, SEP.8

El conocimiento científico

Explicaciones científicas

Imagina que aprendes que los flamencos adultos son rosados por el alimento que comen. Esta afirmación es una explicación científica, es decir, describe cómo funciona algo en la naturaleza o explica por qué sucede. Los científicos de diferentes campos usan métodos como investigar información, diseñar experimentos y hacer modelos para crear explicaciones científicas. Las explicaciones científicas a menudo son el resultado de muchos años de trabajo y múltiples investigaciones realizadas por muchos científicos.

Teorías y leyes científicas

Una ley científica es una afirmación que describe lo que puedes esperar que ocurra cada vez bajo algunas condiciones en particular. Una ley científica describe un patrón que se observa en la naturaleza pero no intenta explicarlo. Por ejemplo, la ley de superposición describe lo que se espera encontrar en cuanto a la edad de las capas de roca. Los geólogos usan este patrón observado para determinar las edades relativas de las capas de roca sedimentaria. Pero la ley no explica por qué ocurre el patrón.

En cambio, una teoría científica es una explicación que superó todas las pruebas para una amplia gama de observaciones o resultados experimentales. Aporta detalles y describe las causas de patrones observados. Algo se convierte en teoría solo cuando hay mucha evidencia como respaldo. Sin embargo, una teoría científica se puede cambiar o revertir cuando se encuentra nueva evidencia.

Escríbelo Elige dos campos de las ciencias que te interesen. Describe un método que se use para desarrollar explicaciones científicas en cada campo.

Comparar y contrastar Completa la tabla para comparar y contrastar una teoría científica y una ley científica.

	Teoría científica	Ley científica
Definición		
¿Intenta explicar un patrón que se observa en la naturaleza?		

Analizar explicaciones científicas

Para analizar explicaciones científicas que escuchas en las noticias o lees en un libro como este, necesitas conocimiento científico. Conocimiento científico significa tener una comprensión de términos y principios científicos que sea suficiente para hacer preguntas, evaluar información y tomar decisiones. El razonamiento científico te da un proceso que aplicar. Esto incluye buscar prejuicios y errores en la investigación, evaluar datos e identificar el razonamiento erróneo. Por ejemplo, si evalúas cómo se realizó una encuesta, es posible que encuentres una falla grave en los métodos de los investigadores.

Evidencia y opiniones

La base de las explicaciones científicas es la evidencia empírica. La evidencia empírica incluye los datos y las observaciones que se han reunido a través de procesos científicos. Las imágenes satelitales, las fotos y los mapas de montañas y volcanes son todos ejemplos de evidencia empírica que respalda una explicación científica sobre las placas tectónicas de la Tierra. Los científicos buscan patrones cuando analizan esta evidencia. Por ejemplo, podrían notar un patrón en el hecho de que las montañas y los volcanes a menudo ocurren cerca de los límites de placas tectónicas.

Para evaluar información científica, primero debes distinguir entre evidencia y opinión. En las ciencias, la evidencia incluye observaciones objetivas y conclusiones que se han repetido. La evidencia puede respaldar o no una afirmación científica. Una opinión es una idea subjetiva que se forma a partir de evidencia pero la evidencia no puede confirmarla.

Escríbelo Imagina que la comisión de conservación de una ciudad quiere sondear qué opinan los residentes acerca de una propuesta para poblar las lagunas locales con peces cada primavera. La comisión paga la inclusión de una encuesta en un sitio Web que es popular entre los amantes de la pesca. Los resultados de la encuesta indican que 78 personas están a favor de la propuesta y dos en contra. ¿Piensas que los resultados de la encuesta son válidos? Explica tu respuesta.

Comprender el sentido Explica qué evidencia empírica revela la fotografía.

Cuaderno de las prácticas de Ciencias e Ingeniería

SEP.3, SEP.4

Herramientas de las ciencias

Medición

Tomar medidas usando unidades estándares es importante en todos los campos de la ciencia. Esto permite a los científicos repetir y reproducir otros experimentos, además de comprender el significado preciso de los resultados de otros. Los científicos usan un sistema de medida llamado Sistema Internacional de Unidades, o SI.

Para cada tipo de medida hay una serie de unidades que son mayores o menores que las demás. La unidad que use un científico dependerá de lo que tenga que medir. Por ejemplo, un geofísico que lleva registro de los movimientos de las placas tectónicas puede usar centímetros porque las placas tienden a moverse poco cada año. Por su parte, un biólogo marino podría medir el movimiento del atún de aleta azul migrante en una escala de kilómetros.

Las unidades de longitud, masa, volumen y densidad se basan en potencias de diez, es decir, un metro es igual a 100 centímetros o 1000 milímetros. Las unidades de tiempo no siguen ese patrón. Hay 60 segundos en un minuto, 60 minutos en una hora y 24 horas en un día. Estas unidades se basan en patrones que los seres humanos percibieron en la naturaleza. Las unidades de temperatura se basan en escalas establecidas según observaciones de la naturaleza. Por ejemplo, 0 °C es la temperatura a la que se congela el agua pura y 100 °C es la temperatura a la que hierve.

Escríbelo Imagina que estás planeando una investigación en la que debes medir las dimensiones de varias muestras pequeñas de minerales que caben en tu mano. ¿Qué unidad o unidades métricas es más probable que uses? Explica tu respuesta.

Medida	Unidades métricas
Longitud o distancia	metro (m), kilómetro (km), centímetro (cm), milímetro (mm) 1 km = 1,000 m 1 cm = 10 mm 1 m = 100 cm
Masa	kilogramo (kg), gramo (g), miligramo (mg) 1 kg = 1,000 g 1 g = 1,000 mg
Volumen	metro cúbico (m^3), centímetro cúbico (cm^3) 1 m^3 = 1,000,000 cm^3
Densidad	kilogramo por metro cúbico (kg/m^3), gramo por centímetro cúbico (g/cm^3) 1,000 kg/m^3 = 1 g/cm^3
Temperatura	grados Celsius (°C), kelvin (K) 1 °C = 273 K
Tiempo	hora (h), minuto (m), segundo (s)

Destrezas matemáticas

Usar números para reunir e interpretar datos implica el uso de destrezas matemáticas que son esenciales en las ciencias. Por ejemplo, usas destrezas matemáticas cuando estimas el número de pájaros que hay en un bosque entero al contar el número real de pájaros que hay en diez árboles.

Los científicos evalúan la precisión y exactitud de las medidas y estimaciones. En ciencias, una medida exacta está muy cerca del valor real. Las medidas precisas están muy cerca una de la otra, o son casi iguales entre sí. Las medidas confiables son exactas y precisas a la vez. Un valor impreciso puede ser una señal de error en la recopilación de datos. Estos datos anómalos se pueden excluir para evitar el sesgo de los datos y un daño a la investigación.

Otras destrezas matemáticas pueden ser realizar cálculos específicos, como encontrar el valor medio, o promedio, en un conjunto de datos. Para calcular la media se suman todos los valores del conjunto de datos y luego se divide esa suma por el número de valores.

Hora	Número de patos que se observan en una laguna
1	12
2	10
3	2
4	14
5	13
6	10
7	11

Calcular La tabla de datos muestra cuántos patos fueron vistos en una laguna cada hora durante el transcurso de siete horas. ¿Hay un punto de datos que parezca anómalo? Si la respuesta es sí, tacha ese punto. Luego calcula el número medio de patos en la laguna. Redondea la media al número entero más cercano.

....

Gráficas

Las gráficas ayudan a los científicos a interpretar datos porque se pueden encontrar tendencias o patrones en los datos. Una gráfica lineal exhibe datos que muestran cómo una variable (la variable dependiente o resultante) cambia en respuesta a otra (la variable independiente o de prueba). La pendiente y la forma de una gráfica lineal pueden revelar patrones y ayudar a los científicos a hacer predicciones. Por ejemplo, las gráficas lineales pueden ayudarte a detectar patrones de cambio a lo largo del tiempo.

Los científicos usan gráficas de barras para comparar datos en diferentes categorías o sujetos que pueden no afectarse entre sí. Las alturas de las barras facilitan la comparación de esas cantidades. Una gráfica circular, también conocida como gráfica de pastel, muestra las proporciones de diferentes partes de un todo.

Escríbelo Tú y un amigo anotan la distancia que recorren cada 15 minutos en un viaje en bicicleta de una hora. Tu amigo quiere exhibir los datos en forma de gráfica circular. Explica si este es o no el mejor tipo de gráfica para mostrar sus datos. Si no, sugiere otra gráfica que puedan usar.

551

Cuaderno de las prácticas de Ciencias e Ingeniería

SEP.1, SEP.2, SEP.3, SEP.6

El proceso de ingeniería y diseño

Los ingenieros son constructores y resuelven problemas. Los ingenieros químicos experimentan con nuevos combustibles hechos con algas. Los ingenieros civiles diseñan carreteras y puentes. Los bioingenieros desarrollan aparatos médicos y prótesis. La característica común entre los ingenieros es la capacidad de identificar problemas y diseñar soluciones para resolverlos. Los ingenieros usan un proceso creativo basado en métodos científicos que los guían desde un concepto o una idea hasta el producto final.

Definir el problema

Para identificar o definir un problema, se deben hacer diferentes preguntas: *¿Cuáles son los efectos del problema? ¿Cuáles son las causas probables? ¿Qué otros factores podrían participar?* A veces la causa obvia e inmediata de un problema puede ser el resultado de otro problema que tal vez no sea inmediatamente evidente. Por ejemplo, el cambio climático da como resultado diferentes patrones de tiempo meteorológico, que a su vez pueden afectar a los organismos que viven en determinados hábitats. Por eso los ingenieros deben estar atentos a todos los posibles efectos de las soluciones potenciales. Los ingenieros también deben tener en cuenta qué tan bien las diferentes soluciones abordan las diferentes causas del problema.

Reflexiona Escribe sobre un problema que encontraste en tu vida que tuvo causas inmediatas y obvias además de otras menos obvias y menos inmediatas.

Proceso de diseño de INGENIERÍA

- **DEFINE** el problema
- Desarrolla **SOLUCIONES POSIBLES**
- **DISEÑA Y CREA** una solución
- **PON A PRUEBA Y EVALÚA** tu solución
- **COMUNICA** tu solución
- **REDISEÑA Y PON A PRUEBA OTRA VEZ** tu solución

Cuando los ingenieros consideran problemas y diseñan soluciones, deben identificar y categorizar los criterios y las restricciones del proyecto.

Los criterios son los factores que la solución debe cumplir o alcanzar. Por ejemplo, un jardinero que quiere proteger las plantas exteriores de los venados y conejos puede decir que los criterios para la solución son "ya no se comen las plantas" y "no se inhibe el crecimiento de las plantas". Entonces, el jardinero sabe que no se puede simplemente aislar a las plantas del medio ambiente porque así las plantas no tendrán luz solar ni agua.

El mismo jardinero probablemente tendrá restricciones para su solución, como presupuesto para materiales y tiempo disponible para trabajar en el proyecto. Si se establecen restricciones, se puede diseñar una solución que sea exitosa sin introducir una nueva serie de problemas. Nadie quiere gastar $500 en materiales para proteger tomates y pepinos que valen $100.

Desarrollar soluciones posibles

Una vez que se ha identificado el problema, además de los criterios y las restricciones, un ingeniero considerará las soluciones posibles. Esto a menudo implica trabajar en equipos con otros ingenieros y diseñadores para hacer lluvias de ideas e investigar materiales que se puedan usar en el diseño.

Es importante que los ingenieros piensen creativamente y exploren todas las soluciones potenciales. Si quisieras diseñar una bicicleta que fuera más segura y en la que andar fuera más fácil que en una bicicleta tradicional, entonces querrías más que solo una o dos soluciones. Tener múltiples ideas para elegir aumenta la probabilidad de que desarrolles una solución que cumpla con los criterios y las restricciones. Además, las diferentes ideas que surgen de las lluvias de ideas a menudo pueden derivar en nuevas y mejores soluciones para un problema existente.

Comprender el sentido Usa el ejemplo de un jardín que es vulnerable a los animales salvajes como los venados para hacer una lista de probables restricciones para una solución de ingeniería al problema que identificaste antes. Determina si hay características comunes entre las restricciones e identifica las categorías para ellas.

Cuaderno de las prácticas de Ciencias e Ingeniería

Diseñar una solución

Los ingenieros luego desarrollan la idea que consideran que resuelve mejor el problema. Una vez elegida la solución, los ingenieros y los diseñadores se ponen a trabajar en la construcción de un modelo o prototipo de la solución. Un modelo puede ser un dibujo en papel o se puede usar un programa computarizado para construir un modelo de la solución. Un prototipo es un modelo funcional de la solución.

Construir un modelo o prototipo ayuda a un ingeniero a determinar si una solución cumple con los criterios y permanece dentro de las restricciones. Durante esta etapa del proceso, los ingenieros a menudo deben tratar con nuevos problemas y hacer cualquier ajuste necesario al modelo o prototipo.

Poner a prueba y evaluar una solución

Al realizar pruebas en un modelo o un prototipo, los ingenieros usan procesos científicos para evaluar sus soluciones. Se realizan múltiples experimentos, pruebas o ensayos, se evalúan datos y se comunican resultados y análisis. Pueden surgir nuevos criterios o nuevas restricciones como resultado de las pruebas. En la mayoría de los casos, una solución requerirá algún perfeccionamiento o una revisión, incluso si ha pasado con éxito las pruebas. El perfeccionamiento de una solución es necesario si hay nuevas restricciones, como menos dinero o menos materiales disponibles. Se pueden realizar más pruebas para asegurarse de que una solución satisface las leyes o los estándares locales, estatales o federales.

Comprender el sentido Piensa en una lata de aluminio para bebida. ¿Qué ocurriría si el precio o la disponibilidad del aluminio cambiaran tanto que las latas se tuvieran que hacer de un nuevo material? ¿Cuáles serían los criterios y las restricciones del desarrollo de una nueva lata?

Una arquitecta naval prepara un modelo para hacer una prueba de cómo responde el diseño del casco a las olas.

Comunicar la solución

Los ingenieros necesitan comunicar el diseño final a las personas que fabricarán el producto. Esto puede incluir bosquejos, dibujos detallados, simulaciones computarizadas y texto escrito. Los ingenieros a menudo aportan evidencia que se reunió durante la etapa de pruebas. Esta evidencia puede incluir gráficas y tablas de datos que respalden las decisiones que se tomaron para el diseño final.

Si hay comentarios acerca de la solución, los ingenieros y diseñadores deben perfeccionar más la solución. Esto significa que se pueden hacer ajustes menores al diseño, o se pueden hacer modificaciones mayores al diseño basándose en nuevos criterios o nuevas restricciones. Cualquier cambio en el diseño requerirá más pruebas para asegurarse de que los cambios funcionan como se esperaba.

Rediseñar y poner a prueba otra vez la solución

En diferentes pasos del proceso de diseño e ingeniería, una solución normalmente se debe revisar y poner a prueba otra vez. Muchos diseños no funcionan de manera perfecta, incluso una vez que se construyen, se ponen a prueba y se evalúan los modelos y prototipos. Los ingenieros deben estar listos para analizar nuevos resultados y tratar con nuevos problemas que puedan surgir. La resolución de problemas de diseño permite a los ingenieros ajustar el diseño para que la solución satisfaga mejor la necesidad.

Comunicar Imagina que eres un ingeniero en una compañía aeroespacial. Tu equipo está diseñando un rover que se usará en una futura misión espacial de la NASA. Un familiar tuyo no entiende por qué gran parte del tiempo de tu equipo se invirtió en hacer pruebas y nuevas pruebas al diseño del rover. ¿Qué tres cosas dirías a ese familiar para que entienda por qué es tan importante para el proceso de diseño e ingeniería hacer pruebas y nuevas pruebas?

....
....
....
....
....
....
....
....

APÉNDICE A

Símbolos de seguridad

Estos símbolos advierten sobre posibles peligros en el laboratorio y te recuerdan que debes trabajar con cuidado.

Lentes de seguridad Usa lentes de seguridad para proteger tus ojos durante cualquier actividad que involucre el uso de sustancias químicas, fuego o una fuente de calor, u objetos de vidrio.

Delantal de laboratorio Usa un delantal de laboratorio para proteger tu piel y tu ropa del daño.

Objetos rotos Manipula con cuidado los materiales frágiles, como los objetos de vidrio. No toques vidrios rotos.

Guantes resistentes al calor Usa guantes para horno u otro tipo de protección para las manos cuando manipules materiales calientes, como hornillas u objetos de vidrio calientes.

Guantes de plástico Usa guantes de plástico descartables cuando trabajes con sustancias químicas y organismos dañinos. No te toques la cara y desecha los guantes siguiendo las instrucciones de tu maestro.

Calentar Usa una abrazadera o pinzas para sujetar elementos de vidrio calientes. No toques objetos calientes con las manos desprotegidas.

Inflamable Antes de trabajar con fuego, sujeta el cabello suelto hacia atrás y asegura tu ropa para que no queden partes sueltas. Sigue las instrucciones de tu maestro para encender y apagar el fuego.

Prohibido encender fuego Cuando trabajes con materiales inflamables, asegúrate de que no haya fuego, chispas ni otras fuentes de calor expuestas cerca de ellos.

Sustancias corrosivas Evita que los ácidos o las sustancias químicas corrosivas entren en contacto con tu piel, tu ropa o tus ojos. No inhales los vapores. Lávate las manos al terminar la actividad.

Veneno No dejes que ninguna sustancia química tóxica entre en contacto con tu piel y no inhales sus vapores. Lávate las manos al terminar la actividad.

Gases Trabaja en un área bien ventilada cuando haya vapores dañinos. Evita inhalar estos vapores directamente. Huele solo lo que tu maestro indique y hazlo dirigiendo el vapor con la mano hacia la nariz.

Objetos punzantes Las tijeras, los escalpelos, los cuchillos, las agujas, los alfileres y las tachuelas pueden lastimarte. Siempre apunta los bordes y las puntas afiladas en dirección contraria a ti y a los demás.

Trato a los animales Trata con cuidado a los animales vivos o preservados o las partes de animales para evitar hacerles daño o sufrir lastimaduras. Lávate las manos al terminar la actividad.

Trato a las plantas Manipula las plantas solo como lo indique tu maestro. Si eres alérgico a ciertas plantas, avísale a tu maestro y no las uses. Evita tocar plantas peligrosas como la hiedra venenosa. Lávate las manos al terminar la actividad.

Descarga eléctrica Para evitar descargas, nunca uses equipos eléctricos cerca del agua, o si están mojados o tienes las manos mojadas. Los cables deben estar desenredados y no deben estorbar. Desenchufa los equipos que no estés usando.

Seguridad física Cuando un experimento requiere hacer actividad física, evita lesionarte y evita lesionar a otros. Dile a tu maestro si hay alguna razón que te impida participar.

Desechos Desecha las sustancias químicas y otros materiales del laboratorio de manera segura. Sigue las instrucciones de tu maestro.

Lavarse las manos Lávate bien las manos al terminar una actividad. Usa jabón y agua tibia. Enjuágate bien.

Seguridad general Cuando veas este símbolo, sigue las instrucciones correspondientes. Si debes desarrollar tu propio procedimiento en un laboratorio, pide a tu maestro que lo apruebe antes de llevarlo a cabo.

APÉNDICE B

Usar una balanza de laboratorio

La balanza de laboratorio es un instrumento importante en la investigación científica. En los laboratorios, se usan diferentes tipos de balanzas para determinar la masa y el peso de los materiales. Puedes usar una balanza de triple brazo para determinar la masa de los materiales que estudias o con los que experimentas. A diferencia de la balanza de triple brazo, la balanza electrónica se usa para medir el peso de los materiales.

Es probable que la balanza de triple brazo que usas en tu clase de Ciencias sea similar a la que se muestra en este Apéndice. Para usar la balanza de manera correcta, debes aprender el nombre, la ubicación y la función de cada parte de la balanza.

Balanza de triple brazo

La balanza de triple brazo es una balanza de un solo platillo con tres brazos calibrados en gramos. El brazo trasero, o brazo de 100 gramos, está dividido en diez unidades de 10 gramos cada una. El brazo central, o brazo de 500 gramos, está dividido en cinco unidades de 100 gramos cada una. El brazo delantero, o brazo de 10 gramos, está dividido en diez unidades de 1 gramo cada una. A su vez, cada gramo en el brazo de adelante está dividido en unidades de 0.1 gramos.

Aplicar conceptos ¿Cuál es la masa más grande que podrías hallar con la balanza de tres brazos que se muestra en la foto?

....

Calcular ¿Cuál es la masa de la manzana que se muestra en la foto?

....

Se puede usar el siguiente procedimiento para hallar la masa de un objeto con una balanza de triple brazo:

1. Coloca el objeto en el platillo.
2. Mueve la pesa del brazo central muesca por muesca hasta que el indicador horizontal quede por debajo del cero. Mueve la pesa una muesca hacia atrás.
3. Mueve la pesa del brazo trasero muesca por muesca hasta que el indicador horizontal quede otra vez por debajo del cero. Mueve la pesa una muesca hacia atrás.
4. Desliza la pesa del brazo delantero lentamente hasta que el indicador horizontal marque cero.
5. La masa del objeto es igual a la suma de las cantidades que indican los tres brazos.

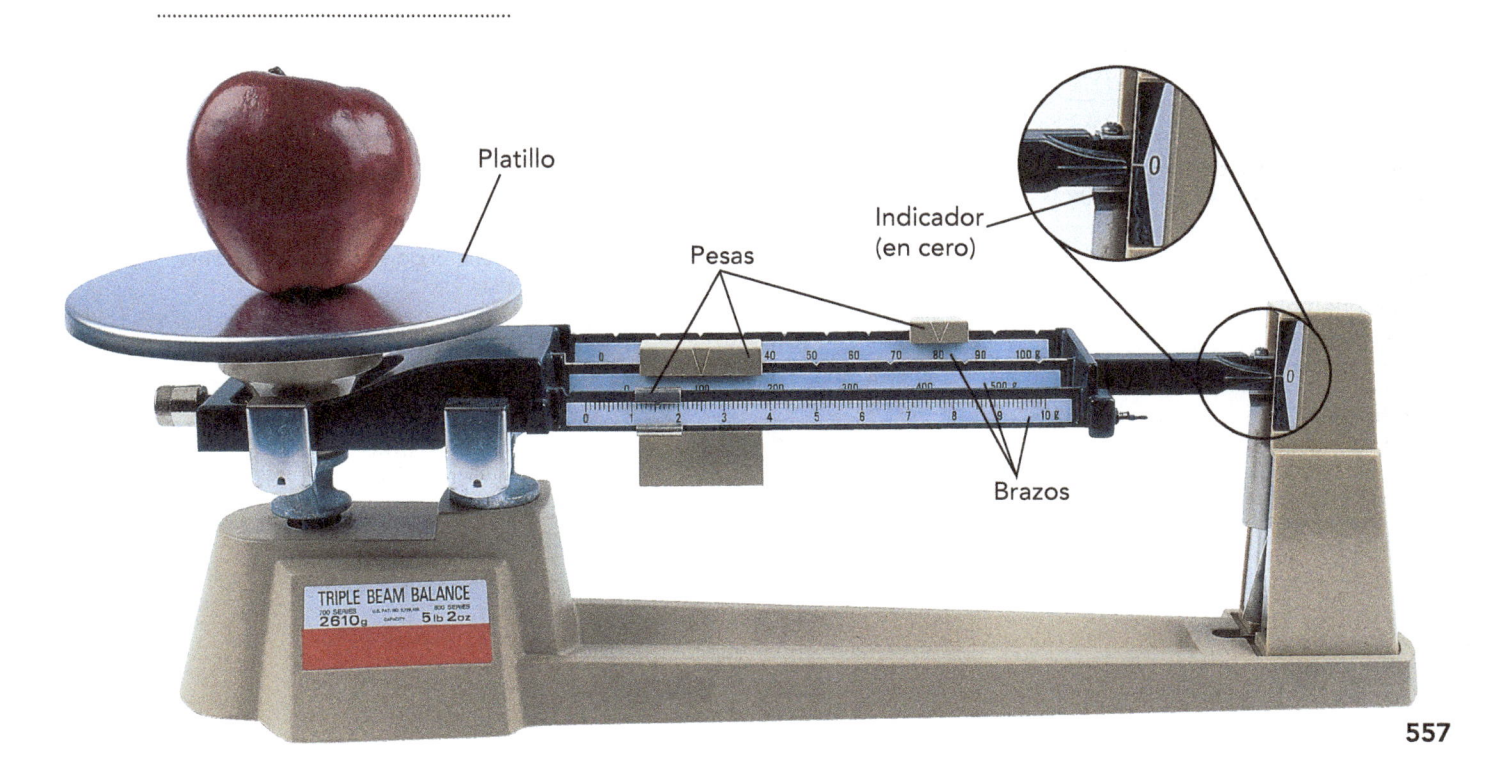

APÉNDICE C

Usar un microscopio

El microscopio es un instrumento esencial para el estudio de las ciencias de la vida. Te permite observar objetos demasiado pequeños para ver a simple vista.

Es probable que uses un microscopio compuesto como el que se muestra aquí. El microscopio compuesto tiene más de una lente que aumenta el objeto que observas.

Usualmente, el microscopio compuesto tiene una lente en el ocular (la parte por la que miras). El ocular, por lo general, aumenta la imagen 10×. Todo objeto que mires a través de esta lente se verá 10 veces más grande de lo que es.

El microscopio compuesto puede tener dos o tres lentes más, llamadas lentes del objetivo. Se llaman lentes del objetivo de baja y de alta potencia. La lente del objetivo de baja potencia, por lo general, aumenta la imagen 10×. Las lentes del objetivo de alta potencia, por lo general, aumentan la imagen 40× y 100×.

Para calcular el aumento total con el que estás observando un objeto, multiplica el aumento del ocular por el aumento de la lente del objetivo que estés usando. Por ejemplo, el aumento de 10× del ocular multiplicado por el aumento de 10× de la lente del objetivo de baja potencia equivale a un aumento total de 100×.

Usa la foto del microscopio compuesto para familiarizarte con las partes del microscopio y sus funciones.

Las partes de un microscopio

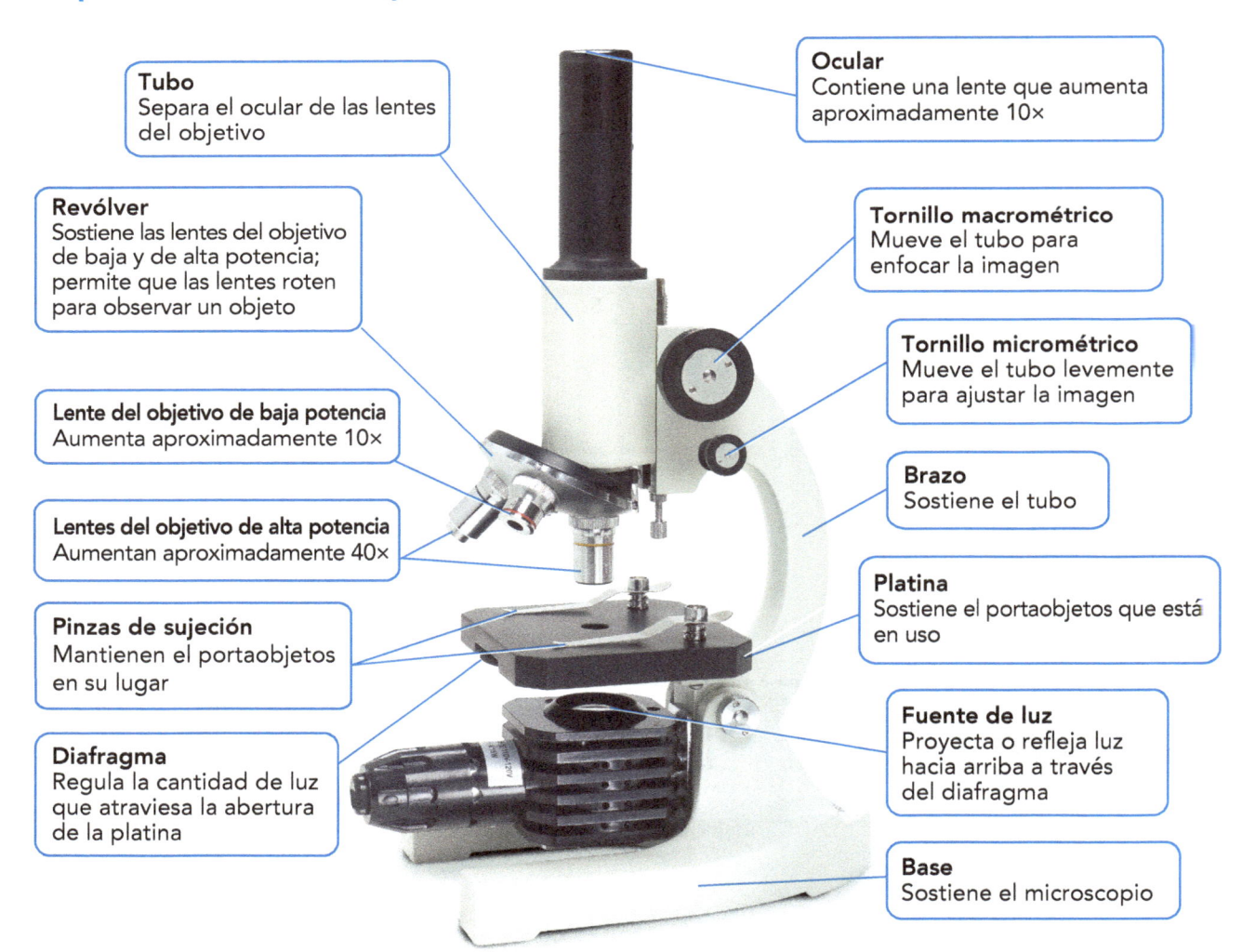

Tubo
Separa el ocular de las lentes del objetivo

Revólver
Sostiene las lentes del objetivo de baja y de alta potencia; permite que las lentes roten para observar un objeto

Lente del objetivo de baja potencia
Aumenta aproximadamente 10×

Lentes del objetivo de alta potencia
Aumentan aproximadamente 40×

Pinzas de sujeción
Mantienen el portaobjetos en su lugar

Diafragma
Regula la cantidad de luz que atraviesa la abertura de la platina

Ocular
Contiene una lente que aumenta aproximadamente 10×

Tornillo macrométrico
Mueve el tubo para enfocar la imagen

Tornillo micrométrico
Mueve el tubo levemente para ajustar la imagen

Brazo
Sostiene el tubo

Platina
Sostiene el portaobjetos que está en uso

Fuente de luz
Proyecta o refleja luz hacia arriba a través del diafragma

Base
Sostiene el microscopio

Usar el microscopio

Cuando trabajes con un microscopio, sigue este procedimiento.

1. Para trasladar el microscopio, toma el brazo del mismo con una mano. Pon la otra mano debajo de la base.
2. Coloca el microscopio en una mesa con el brazo mirando hacia ti.
3. Gira el tornillo macrométrico para elevar el tubo.
4. Gira el revólver para usar la lente del objetivo de baja potencia, oirás un clic cuando esté en posición.
5. Ajusta el diafragma. Mira a través del ocular y ajusta el espejo hasta que veas un círculo de luz blanca y brillante. **PRECAUCIÓN:** Nunca uses luz solar directa como fuente de luz.
6. Coloca un portaobjetos sobre la platina. Ubica el espécimen en el centro de la abertura de la platina. Usa las pinzas de sujeción para mantener el portaobjetos en su lugar. **PRECAUCIÓN:** Los portaobjetos de vidrio son frágiles.
7. Mira la platina desde un costado. Gira cuidadosamente el tornillo macrométrico para que el tubo descienda hasta que la lente del objetivo de baja potencia casi toque el portaobjetos.
8. Mira a través del ocular y gira lentamente el tornillo macrométrico hasta que enfoques el espécimen.
9. Para usar la lente del objetivo de alta potencia, mira el microscopio desde un costado. Con mucho cuidado, gira el revólver hasta que oigas el clic que indica que la lente del objetivo de alta potencia está en su lugar. Asegúrate de que la lente no toque el portaobjetos.
10. Mira a través del ocular y gira el tornillo micrométrico hasta que enfoques el espécimen.

Preparar un portaobjetos para montaje en fresco

Usa el siguiente procedimiento para preparar un portaobjetos para montaje en fresco.

1. Obtén un portaobjetos limpio y un cubreobjetos. **PRECAUCIÓN:** Los portaobjetos y los cubreobjetos de vidrio son frágiles.
2. Coloca el espécimen en el centro del portaobjetos. El espécimen tiene que ser lo suficientemente delgado como para que la luz lo pueda atravesar.
3. Usa un gotero de plástico para colocar una gota de agua sobre el espécimen.
4. Con mucho cuidado, coloca un borde del cubreobjetos sobre el portaobjetos de manera que toque el borde de la gota de agua a un ángulo de 45°. Lentamente, cubre el espécimen con el cubreobjetos. Si ves burbujas de aire atrapadas debajo del cubreobjetos, golpéalo con suavidad con la punta de goma de un lápiz.
5. Quita el exceso de agua del borde del cubreobjetos con una toalla de papel.

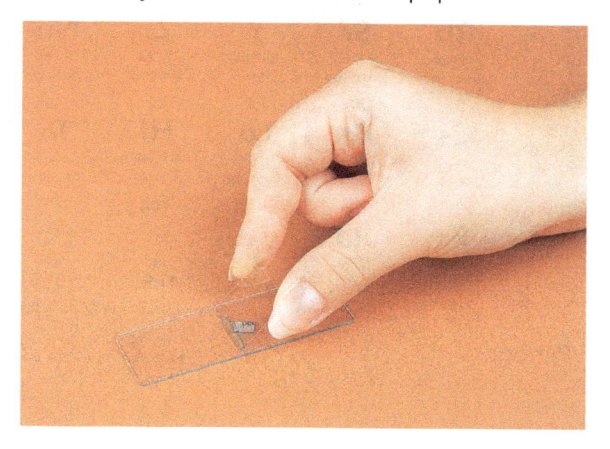

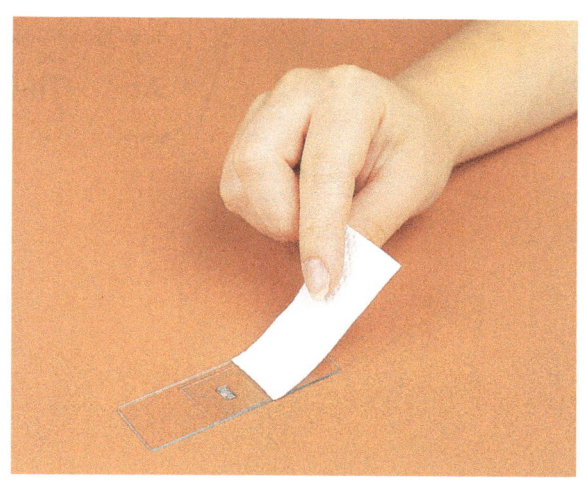

APÉNDICE D

Tabla periódica de los elementos

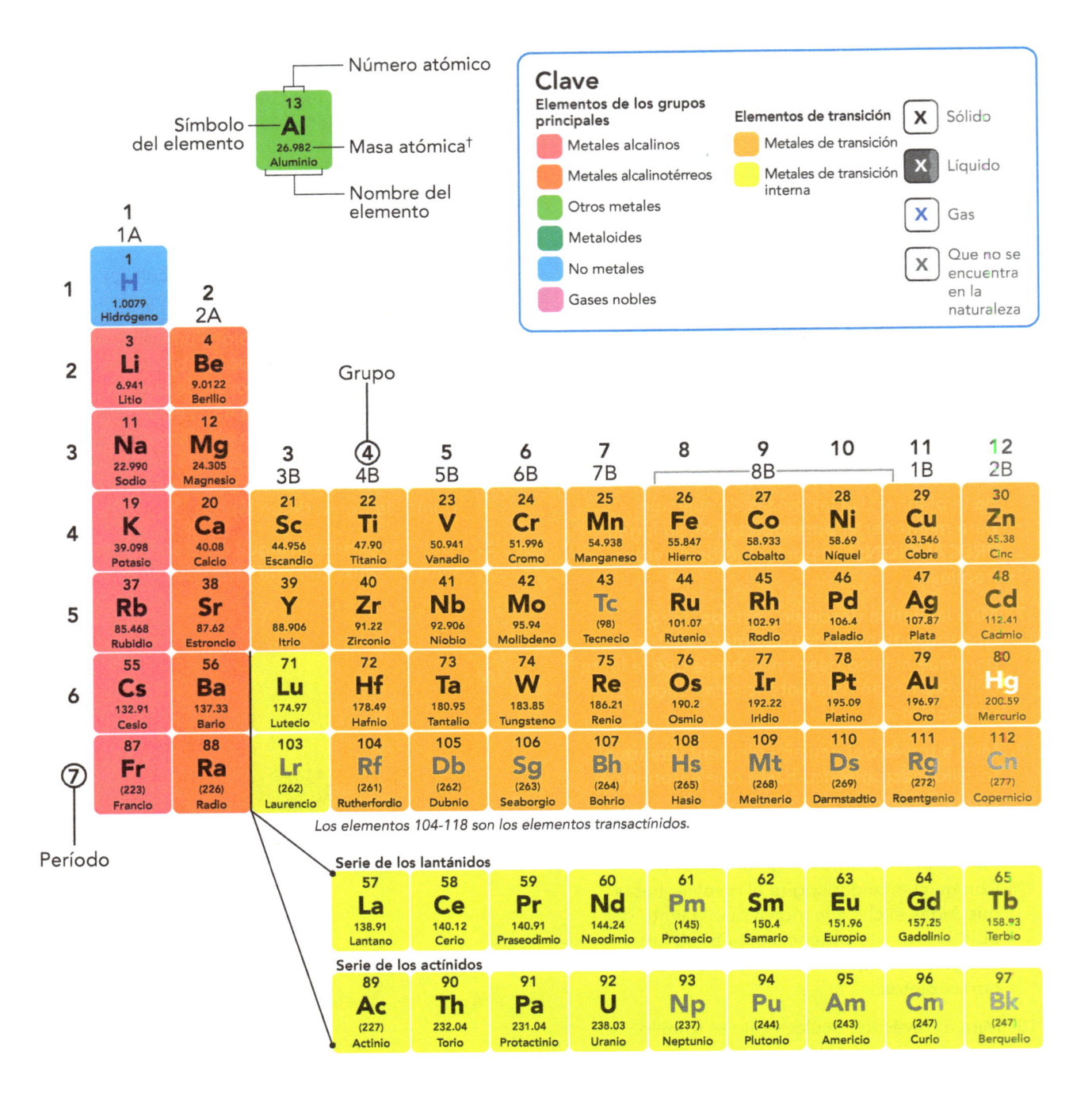

Clave

Elementos de los grupos principales:
- Metales alcalinos
- Metales alcalinotérreos
- Otros metales
- Metaloides
- No metales
- Gases nobles

Elementos de transición:
- Metales de transición
- Metales de transición interna

- X Sólido
- X Líquido
- X Gas
- X Que no se encuentra en la naturaleza

Ejemplo de celda:
- 13 — Número atómico
- Al — Símbolo del elemento
- 26.982 — Masa atómica†
- Aluminio — Nombre del elemento

Grupos 1–2

Período	1 (1A)	2 (2A)
1	1 H 1.0079 Hidrógeno	
2	3 Li 6.941 Litio	4 Be 9.0122 Berilio
3	11 Na 22.990 Sodio	12 Mg 24.305 Magnesio
4	19 K 39.098 Potasio	20 Ca 40.08 Calcio
5	37 Rb 85.468 Rubidio	38 Sr 87.62 Estroncio
6	55 Cs 132.91 Cesio	56 Ba 137.33 Bario
7	87 Fr (223) Francio	88 Ra (226) Radio

Grupos 3–12 (metales de transición)

Grupo	3 (3B)	4 (4B)	5 (5B)	6 (6B)	7 (7B)	8 (8B)	9 (8B)	10 (8B)	11 (1B)	12 (2B)
4	21 Sc 44.956 Escandio	22 Ti 47.90 Titanio	23 V 50.941 Vanadio	24 Cr 51.996 Cromo	25 Mn 54.938 Manganeso	26 Fe 55.847 Hierro	27 Co 58.933 Cobalto	28 Ni 58.69 Níquel	29 Cu 63.546 Cobre	30 Zn 65.38 Cinc
5	39 Y 88.906 Itrio	40 Zr 91.22 Zirconio	41 Nb 92.906 Niobio	42 Mo 95.94 Molibdeno	43 Tc (98) Tecnecio	44 Ru 101.07 Rutenio	45 Rh 102.91 Rodio	46 Pd 106.4 Paladio	47 Ag 107.87 Plata	48 Cd 112.41 Cadmio
6	71 Lu 174.97 Lutecio	72 Hf 178.49 Hafnio	73 Ta 180.95 Tantalio	74 W 183.85 Tungsteno	75 Re 186.21 Renio	76 Os 190.2 Osmio	77 Ir 192.22 Iridio	78 Pt 195.09 Platino	79 Au 196.97 Oro	80 Hg 200.59 Mercurio
7	103 Lr (262) Laurencio	104 Rf (261) Rutherfordio	105 Db (262) Dubnio	106 Sg (263) Seaborgio	107 Bh (264) Bohrio	108 Hs (265) Hasio	109 Mt (268) Meitnerio	110 Ds (269) Darmstadtio	111 Rg (272) Roentgenio	112 Cn (277) Copernicio

Los elementos 104-118 son los elementos transactínidos.

Serie de los lantánidos

| 57 La 138.91 Lantano | 58 Ce 140.12 Cerio | 59 Pr 140.91 Praseodimio | 60 Nd 144.24 Neodimio | 61 Pm (145) Promecio | 62 Sm 150.4 Samario | 63 Eu 151.96 Europio | 64 Gd 157.25 Gadolinio | 65 Tb 158.93 Terbio |

Serie de los actínidos

| 89 Ac (227) Actinio | 90 Th 232.04 Torio | 91 Pa 231.04 Protactinio | 92 U 238.03 Uranio | 93 Np (237) Neptunio | 94 Pu (244) Plutonio | 95 Am (243) Americio | 96 Cm (247) Curio | 97 Bk (247) Berquelio |

†Las masas atómicas entre paréntesis indican el número de masa de los isótopos de vida más larga de los elementos, para los que no se puede definir una masa atómica estándar.

13 3A	14 4A	15 5A	16 6A	17 7A	18 8A
					2 **He** 4.0026 Helio
5 **B** 10.81 Boro	6 **C** 12.011 Carbono	7 **N** 14.007 Nitrógeno	8 **O** 15.999 Oxígeno	9 **F** 18.998 Flúor	10 **Ne** 20.179 Neón
13 **Al** 26.982 Aluminio	14 **Si** 28.086 Sílice	15 **P** 30.974 Fósforo	16 **S** 32.06 Azufre	17 **Cl** 35.453 Cloro	18 **Ar** 39.948 Argón
31 **Ga** 69.72 Galio	32 **Ge** 72.59 Germanio	33 **As** 74.922 Arsénico	34 **Se** 78.96 Selenio	35 **Br** 79.904 Bromo	36 **Kr** 83.80 Criptón
49 **In** 114.82 Indio	50 **Sn** 118.69 Estaño	51 **Sb** 121.75 Antimonio	52 **Te** 127.60 Telurio	53 **I** 126.90 Yodo	54 **Xe** 131.30 Xenón
81 **Tl** 204.37 Talio	82 **Pb** 207.2 Plomo	83 **Bi** 208.98 Bismuto	84 **Po** (209) Polonio	85 **At** (210) Astato	86 **Rn** (222) Radón
113 **Nh** (284) Nihonio	114 **Fl** (289) Flerovio	115 **Mc** (288) Moscovio	116 **Lv** (292) Livermorio	117 **Ts** (294) Tenesio	118 **Og** (294) Oganeso

66 **Dy** 162.50 Disprosio	67 **Ho** 164.93 Holmio	68 **Er** 167.26 Erbio	69 **Tm** 168.93 Tulio	70 **Yb** 173.04 Iterbio
98 **Cf** (251) Californio	99 **Es** (252) Einstenio	100 **Fm** (257) Fermio	101 **Md** (258) Mendelevio	102 **No** (259) Nobelio

GLOSARIO

A

absorción Transferencia de energía de una onda a un material que encuentra. (405)

agresión Comportamiento amenazante que un animal usa para controlar a otro animal. (163)

aguas residuales Agua y desechos humanos que son desechados por lavamanos, servicios sanitarios y duchas. (372)

alelos Diferentes formas de un gen. (144)

alvéolos Sacos diminutos de tejido pulmonar que se especializan en el intercambio de gases entre el aire y la sangre. (112)

amplitud Máxima distancia del desvío de las partículas de un medio, desde sus posiciones de reposo, cuando el medio es atravesado por una onda longitudinal. (394)

ancho de banda Cantidad de información que se puede transmitir y medir en bits por segundo. (533)

arteria Vaso sanguíneo que transporta la sangre que sale del corazón. (109)

autótrofo Organismo que capta energía de la luz del Sol o de sustancias químicas y la usa para producir sus propios alimentos. (43)

auxina Hormona que controla el crecimiento de una planta y su respuesta a la luz. (172)

B

biodiversidad Cantidad y variedad de especies diferentes en un área. (255)

bronquios Conductos que dirigen el aire hacia los pulmones. (112)

C

cadena alimentaria Serie de sucesos en un ecosistema por medio de los cuales los organismos transmiten energía al comer o al ser comidos por otros. (208)

campo eléctrico Región alrededor de un objeto cargado, donde la fuerza eléctrica del objeto se ejerce sobre otros objetos cargados. (456)

campo magnético Área alrededor de un imán donde actúa la fuerza magnética. (467)

capilar Vaso sanguíneo diminuto donde se intercambian sustancias entre la sangre y las células del cuerpo. (109)

carbohidrato Compuesto orgánico rico en energía, como un azúcar o almidón, formado por los elementos carbono, hidrógeno y oxígeno. (96)

célula Unidad básica de estructura y función de todos los seres vivos. (5)

ciclo celular Serie de sucesos en los que una célula crece, se prepara para dividirse y se divide para formar dos células hijas. (34)

cigoto Óvulo fertilizado, producido por la unión de un espermatozoide y un óvulo. (152)

circuito eléctrico Trayecto completo y continuo a través del cual pueden fluir las cargas eléctricas. (505)

circuito en serie Circuito eléctrico en el que todas las partes se conectan una tras otra en una trayectoria. (509)

circuito paralelo Circuito eléctrico en el que las distintas partes del circuito se encuentran en ramas separadas. (510)

citocinesis Última etapa del ciclo celular en la que se divide el citoplasma y se reparten los orgánulos entre las dos células hijas nuevas. (38)

citoplasma Región de fluido espeso de la célula dentro de la membrana celular (en las procariotas) o entre la membrana celular y el núcleo (en las eucariotas). (18)

clorofila Pigmento verde fotosintético de los cloroplastos de las plantas, algas y algunas bacterias. (44)

cloroplasto Orgánulo de las células de las plantas y de otros organismos que absorbe energía de la luz solar y la convierte en una forma de energía que las células pueden usar para producir alimentos. (19)

combustible fósil Sustancia rica en energía que se forma a partir de restos de organismos. (292)

comensalismo Tipo de relación simbiótica entre dos especies en la cual una especie se beneficia y la otra especie ni se beneficia ni sufre daño. (242)

competencia Lucha por la supervivencia entre organismos que intentan utilizar los mismos recursos limitados en el mismo lugar y al mismo tiempo. (239)

comportamiento Manera en la que un organismo reacciona frente a un cambio en sus condiciones internas o en su medio ambiente externo. (161)

comunidad Todas las poblaciones distintas que habitan en un área específica. (197)

cóncavo Se dice de un espejo cuya superficie se curva hacia dentro o de una lente que es más fina en el centro que en los extremos. (438)

condensación Cambio del estado gaseoso al estado líquido. (217)

conductor Material que permite que las cargas eléctricas fluyan. (459)

conos Estructuras reproductoras de las gimnospermas. (155)

conservación Práctica de usar menos recursos para que duren más tiempo. (275, 344)

consumidor Organismo que obtiene energía al alimentarse de otros organismos. (206)

contaminación térmica Tipo de contaminación causada por fábricas y plantas de energía que liberan agua sobrecalentada dentro de masas de agua. (373)

convexo Se dice de un espejo cuya superficie se curva hacia fuera o una lente que es más gruesa en el centro que en los extremos. (437)

corriente eléctrica Flujo continuo de cargas eléctricas a través de un material. (458)

crecimiento exponencial Patrón de crecimiento en el cual los individuos de una población se reproducen a una tasa constante, de modo que mientras más aumenta la población, más rápido crece ésta. (341)

cristalizar Formar una estructura cristalina. (311)

D

decibelio (dB) Unidad usada para comparar el volumen de distintos sonidos. (418)

deforestación Remoción de bosques para usar la tierra con otros fines. (358)

depredación Interacción en la cual un organismo mata a otro para alimentarse u obtener nutrientes de él. (240)

desalinización Proceso que elimina la sal y los minerales del agua salada para hacer agua dulce. (323)

descomponedor Organismo que obtiene energía al descomponer desechos bióticos y organismos muertos, y que devuelve materia prima al suelo y al agua. (207)

desertificación Paso de condiciones desérticas a áreas que eran fértiles; resulta de la agricultura descontrolada, el uso exagerado de los pastos, las sequías y los cambios climáticos. (361)

difracción Desviación de las ondas al desplazarse alrededor de una barrera o atravesar una abertura. (405)

difusión Proceso por el cual las moléculas se mueven de un área de mayor concentración a otra de menor concentración. (27)

digestión Proceso que descompone moléculas complejas de alimentos en moléculas de nutrientes más pequeñas. (95)

E

ecología Estudio de la forma en que los organismos interactúan entre sí y con su medio ambiente. (269)

ecosistema Comunidad de organismos que viven en un área específica y el medio ambiente que los rodea. (197)

efecto Doppler Cambio en la frecuencia de una onda a medida que la fuente se mueve en relación al observador. (420)

electricidad estática Acumulación de cargas eléctricas en un cuerpo. (460)

electroimán Imán creado al enrollar una bobina de alambre, por la cual fluye una corriente eléctrica, alrededor de un núcleo de material que se magnetiza fácilmente. (477)

electromagnetismo Relación entre la electricidad y el magnetismo. (473)

electrón Partícula pequeña de carga negativa que se mueve alrededor del núcleo de un átomo. (455)

encéfalo Parte del sistema nervioso ubicada en el cráneo que controla la mayoría de las funciones del cuerpo. (121)

endocitosis Proceso en el que la membrana celular absorbe partículas al cambiar de forma y envolver las partículas. (30)

enzima Tipo de proteína que acelera las reacciones químicas en el cuerpo. (99)

erosión Proceso por el cual el agua, el hielo, el viento o la gravedad desplazan partículas desgastadas de roca y suelo. (360)

especie clave Especie que tiene un impacto en la supervivencia de muchas otras especies de un ecosistema. (257)

especie pionera La primera especie que puebla un área durante la sucesión. (247)

especies invasivas Especies no nativas que se introducen en un hábitat y a menudo superan a las especies nativas dentro de un ecosistema. (262)

espectro electromagnético Gama completa de ondas electromagnéticas organizadas de menor a mayor frecuencia. (427)

estímulo Cualquier cambio o señal del medio ambiente que puede causar una reacción en un organismo. (85)

estrés Reacción del cuerpo de un individuo a sucesos como posibles amenazas, desafíos o trastornos. (90)

evaporación Proceso mediante el cual las moléculas en la superficie de un líquido absorben suficiente energía para pasar al estado gaseoso. (216)

excreción Proceso por el cual se eliminan los desechos del cuerpo. (114)

exocitosis Proceso en el que la vacuola que envuelve partículas se funde con la membrana celular, expulsando así el contenido al exterior de la célula. (30)

extinción Desaparición de la Tierra de todos los miembros de una especie. (259)

GLOSARIO

F

factor abiótico La parte sin vida del hábitat de un organismo. (196)

factor biótico Parte viva, o que alguna vez tuvo vida, del hábitat de un organismo. (196)

factor limitante Factor ambiental que causa la disminución del tamaño de una población. (200)

fermentación Proceso en el que las células liberan energía al descomponer las moléculas de alimento sin usar oxígeno. (55)

feromona Sustancia química que produce un animal y que afecta el comportamiento de otro animal de la misma especie. (163)

fertilización Proceso de la reproducción sexual en el que un óvulo y un espermatozoide se unen para formar una nueva célula. (142)

fertilización externa Cuando los óvulos se fertilizan fuera del cuerpo de la hembra. (165)

fertilización interna Cuando los óvulos se fertilizan dentro del cuerpo de la hembra. (165)

fisión nuclear División del núcleo de un átomo en dos núcleos, lo que libera una gran cantidad de energía. (297)

fotoperiodicidad Respuesta de una planta a los cambios estacionales en la duración del día y de la noche. (173)

fotosíntesis Proceso en el que las plantas y otros autótrofos capturan y usan energía luminosa para convertir el dióxido de carbono y el agua en alimentos. (42)

frecuencia Cantidad de ondas completas que pasan por un punto dado en cierto tiempo. (396)

fruto Ovario maduro y otras estructuras de una angiosperma que encierran una o más semillas. (156)

fuente dispersa Fuente muy extendida de contaminación que es difícil vincular a un punto de origen específico. (347)

fuente localizada Fuente específica de contaminación que puede identificarse. (347)

fuerza eléctrica Fuerza entre cuerpos cargados eléctricamente. (456)

fuerza magnética Fuerza que se produce cuando hay actividad entre los polos magnéticos. (466)

G

galvanómetro Instrumento que usa un electroimán para detectar la intensidad de una pequeña corriente. (482)

gases contaminantes Contaminantes liberados al aire. (348)

gen Secuencia de ADN que determina un rasgo y que se pasa de los progenitores a los hijos. (142)

generador Instrumento que convierte energía mecánica en energía eléctrica. (487)

germinación Brote del embrión a partir de la semilla; ocurre cuando el embrión reanuda su crecimiento tras el estado latente. (157)

glándula Órgano que produce y libera sustancias químicas por los ductos o al torrente sanguíneo. (86, 124)

H

hábitat Medio que provee lo que un organismo específico necesita para vivir, crecer y reproducirse. (195)

herencia Proceso por el cual un descendiente recibe genes de parte de sus padres. (144)

heterótrofo Organismo que no puede producir sus propios alimentos pero se alimenta consumiendo otros seres vivos. (43)

hormona Sustancia química producida por una glándula endocrina. (86); Sustancia química que afecta el crecimiento y el desarrollo. (172)

I

imán Cualquier material que atrae el hierro y los materiales que contienen hierro. (465)

inducción electromagnética Proceso por el cual se genera una corriente eléctrica a partir del movimiento de un conductor a través de un campo magnético. (484)

instinto Respuesta innata a un estímulo. (161)

intensidad Cantidad de energía por segundo que transporta una onda a través de una unidad de área. (417)

interfase Primera etapa del ciclo celular que ocurre antes de la división celular y durante la cual la célula crece y duplica su ADN. (36)

interferencia Interacción entre dos o más ondas que se encuentran. (406)

L

latencia Período de tiempo durante el cual se detiene el crecimiento o la actividad de un organismo. (173)

ley de conservación de la energía Regla que dice que la energía no se puede crear ni destruir. (215)

ley de conservación de la masa Principio que establece que la cantidad total de materia se mantiene aunque ocurran cambios químicos o físicos. (215)

ley de Ohm Ley que establece que la resistencia en un circuito es equivalente al voltaje dividido por la corriente. (508)

linfa Fluido que viaja por el sistema linfático, formado por agua, glóbulos blancos y materiales disueltos. (111)

lluvia ácida Lluvia u otra forma de precipitación que es más ácida de lo normal, debido a la contaminación del aire con moléculas de dióxido de azufre y óxido de nitrógeno. (350)

longitud de onda Distancia entre dos partes correspondientes de una onda, como por ejemplo la distancia entre dos crestas. (396)

luz visible Radiación electromagnética que se puede ver a simple vista. (428)

M

magnetismo Poder de atracción o repulsión de los materiales magnéticos. (465)

material opaco Material que refleja o absorbe toda la luz que llega a él. (433)

material transparente Material que transmite luz sin dispersarla. (433)

material traslúcido Material que dispersa la luz cuando ésta lo atraviesa. (433)

medio Material a través del cual se propaga una onda. (393)

médula espinal Columna gruesa de tejido nervioso que une el encéfalo a los nervios del cuerpo. (121)

membrana celular Barrera delgada y flexible alrededor de la célula, que controla lo que entra y sale de la célula. (17)

mena Depósito mineral lo suficientemente grande y valioso como para extraerlo del suelo. (309)

metamorfosis Proceso por el cual el cuerpo de un animal cambia de forma radicalmente durante su ciclo de vida. (177)

microondas Ondas electromagnéticas con longitudes de onda más cortas y frecuencias más altas que las ondas de radio. (428)

microscopio Instrumento que permite que los objetos pequeños se vean más grandes. (6)

migración Viaje estacional y regular, de ida y vuelta, que hace un animal. (167)

mitocondria Estructura celular con forma de bastón que transforma la energía de las moléculas de alimentos en energía que la célula puede usar para llevar a cabo sus funciones. (19)

mitosis Segunda etapa del ciclo celular, durante la cual se divide el núcleo de la célula en dos núcleos nuevos y se reparte un conjunto de ADN a cada célula hija. (37)

motor eléctrico Instrumento que convierte la energía eléctrica en energía mecánica. (483)

mutualismo Tipo de relación simbiótica entre dos especies en la cual ambas especies se benefician de su convivencia. (242)

N

nefrona Estructura diminuta de filtración ubicada en los riñones, que elimina los desechos de la sangre y produce la orina. (115)

neurona Célula que transporta información a través del sistema nervioso. (119)

nicho Forma en que un organismo vive e interactúa con los factores bióticos y abióticos de su hábitat. (238)

núcleo Orgánulo ovalado de una célula que contiene el material genético en forma de ADN y controla las distintas funciones celulares. (18)

nutrientes Sustancias de los alimentos que dan el material y la energía que un organismo necesita para sus funciones vitales. (95)

O

onda Perturbación que transfiere energía de un lugar a otro. (393)

onda electromagnética Onda que puede transferir energía eléctrica y magnética a través del vacío del espacio. (423)

onda estacionaria Onda que parece permanecer en un lugar, y que en realidad es la interferencia de dos ondas que se atraviesan. (408)

onda longitudinal Onda que mueve al medio en una dirección paralela a la dirección en la que se propaga la onda. (395)

onda mecánica Onda que necesita un medio por el cual propagarse. (393)

onda transversal Onda que desplaza a un medio perpendicularmente a la dirección en la que viaja la onda. (394)

ondas de radio Ondas electromagnéticas con las longitudes de onda más largas y las frecuencias más bajas. (427)

organismo Ser vivo. (195)

órgano Estructura corporal compuesta de distintos tipos de tejidos que trabajan juntos. (75)

orgánulo Estructura celular diminuta que realiza una función específica dentro de la célula. (15)

ósmosis Difusión de moléculas de agua a través de una membrana permeable selectiva. (28)

óvulo Estructura vegetal de las plantas de semilla que produce el gametofito femenino; contiene una célula reproductora femenina. (155)

ozono Forma de oxígeno que tiene tres átomos de oxígeno en cada molécula, en vez de dos; donde se forma en la superficie terrestre, es tóxico para los organismos. (349)

GLOSARIO

P

parasitismo Tipo de relación simbiótica en la cual un organismo vive con o en un huésped y le hace daño. (244)

pared celular Capa fuerte de apoyo alrededor de las células de las plantas y algunos otros organismos. (16)

peristalsis Contracciones progresivas de músculo liso que mueven el alimento por el esófago hacia el estómago. (98)

permeabilidad selectiva Propiedad de las membranas celulares que permite el paso de algunas sustancias y no de otras. (26)

petróleo Combustible fósil líquido. (294)

pirámide de energía Diagrama que muestra la cantidad de energía que fluye de un nivel de alimentación a otro en una red alimentaria. (210)

pixel Forma pequeña y uniforme que se combina con otras para formar una imagen más grande. (522)

población Todos los miembros de una especie que viven en el mismo lugar. (197)

polinización Transferencia del polen de las estructuras reproductoras masculinas de una planta a las estructuras reproductoras femeninas. (153)

polo magnético Extremo de un cuerpo magnético, donde la fuerza magnética es mayor. (466)

polución Contaminación del suelo, el agua o el aire de la Tierra, causada cuando se liberan sustancias dañinas al ambiente. (343)

precipitación Cualquier forma del agua que cae de las nubes y llega a la superficie de la Tierra como lluvia, nieve, aguanieve o granizo. (217)

productor Organismo que puede generar su propio alimento. (205)

pulso de onda Pulso de energía que viaja a través de un circuito eléctrico cuando está cerrado. (516)

punto de enfoque Punto en el que se encuentran los rayos de luz paralelos al eje óptico después de reflejarse (o refractarse) en un espejo (o lente). (437)

R

radiación electromagnética Energía transferida a través del espacio por ondas electromagnéticas. (393)

rasgo Característica específica que un organismo puede transmitir a sus descendientes a través de los genes. (142)

rayos gamma Ondas electromagnéticas con las longitudes de onda más cortas y las frecuencias más altas. (429)

rayos infrarrojos Ondas electromagnéticas con longitudes de onda más cortas y frecuencias más altas que las microondas. (428)

rayos ultravioleta Ondas electromagnéticas con longitudes de onda más cortas que la luz visible pero más largas que los rayos X. (429)

rayos X Ondas electromagnéticas con longitudes de onda más cortas que los rayos ultravioleta pero más largas que los rayos gamma. (429)

reacción negativa Proceso en el cual un sistema cesa de funcionar debido a la condición que produce. (126)

recurso natural Cualquier elemento generado naturalmente en el medio ambiente y que los humanos usan. (270, 291, 357)

recurso no renovable Recurso natural que no se repone en un período de tiempo adecuado. (291, 357)

recurso renovable Recurso que está siempre disponible o que es restituido de manera natural en un período relativamente corto. (301, 357)

red alimentaria Patrón de las relaciones de alimentación entrecruzadas o de cadenas alimentarias entre los diferentes organismos de un ecosistema. (208)

reflejo Respuesta automática que ocurre rápida e involuntariamente. (123)

reflexión difusa Reflexión que ocurre cuando rayos de luz paralelos tocan una superficie rugosa y se reflejan en diferentes ángulos. (436)

reflexión Rebote de un cuerpo o una onda al golpear una superficie que no puede atravesar. (403)

refracción Cambio de dirección de las ondas al entrar en un nuevo medio con un determinado ángulo, a consecuencia de un cambio de velocidad. (404)

replicación Proceso en el que la célula copia el ADN de su núcleo antes de la división celular. (36)

reproducción asexual Proceso reproductivo que consiste de un solo reproductor y que produce individuos que son genéticamente idénticos al reproductor. (141)

reproducción sexual Proceso de reproducción que involucra a dos reproductores que combinan su material genético para producir un nuevo organismo que es distinto a los dos reproductores. (142)

resistencia Medida de la dificultad de una carga eléctrica para fluir por un cuerpo. (507)

resonancia Aumento en la amplitud de una vibración que ocurre cuando vibraciones externas se corresponden con la frecuencia natural de un objeto. (409)

respiración celular Proceso en el cual el oxígeno y la glucosa pasan por una serie compleja de reacciones químicas dentro de las células y así liberan energía. (51)

respuesta Acción o cambio del comportamiento que ocurre como resultado de un estímulo. (85)

restauración ecológica Práctica de ayudar a un ecosistema degradado o destruido a recuperarse del daño. (275)

ruido Señales aleatorias del medio ambiente que pueden alterar la salida de una señal. (532)

S

saliva Líquido producido en la boca que ayuda en la digestión química y mecánica. (99)

sedimento Trozos pequeños y sólidos de materiales que provienen de las rocas o de los restos de organismos; materiales terrestres depositados por la erosión. (373)

señal analógica Señal que permite un registro continuo de una acción determinada. (518)

señal digital Señal que permite el registro de valores numéricos de una acción en un conjunto de intervalos continuos. (518)

señal electromagnética Información que se transmite en forma de patrones de ondas electromagnéticas, como la luz visible, las ondas infrarrojas, las microondas y las ondas de radio. (517)

señal electrónica Información que se envía como un patrón en un flujo controlado de corriente a través de un circuito. (516)

servicios de los ecosistemas Beneficios que los seres humanos reciben de los ecosistemas. (269)

simbiosis Cualquier relación en la cual dos especies viven muy cerca y al menos una de ellas se beneficia. (242)

sinapsis Confluencia donde una neurona puede transferir un impulso a la siguiente estructura. (120)

sistema circulatorio Sistema de órganos que transporta los materiales que la célula necesita y elimina los desechos. (107)

sistema de apareamiento Patrones de comportamiento relacionados con la manera en que los animales se reproducen. (162)

sistema de órganos Grupo de órganos que trabajan juntos para realizar una función importante. (75)

software Programas que codifican, decodifican e interpretan información. (527)

solenoide Bobina de alambre con una corriente. (476)

sostenibilidad Capacidad de un ecosistema de mantener la biodiversidad y la producción indefinidamente. (275)

sostenible Uso de un recurso de forma que se pueda mantener en una cierta cantidad durante un cierto período de tiempo. (364)

sucesión Serie de cambios predecibles que ocurren en una comunidad a través del tiempo. (247)

superpoblación Condición en la que la cantidad de seres humanos supera lo que los recursos disponibles pueden mantener. (343)

T

tasa de mortalidad Cantidad de muertes por cada 1,000 individuos durante un período de tiempo determinado. (340)

tasa de natalidad Cantidad de nacimientos por cada 1,000 individuos durante un período de tiempo determinado. (340)

tecnología de la información Hardware y software para computadoras y telecomunicaciones que permiten almacenar, transmitir, recibir y manipular información. (527)

tejido Grupo de células semejantes que realizan una función específica. (74)

teoría celular Explicación ampliamente aceptada sobre la relación entre las células y los seres vivos. (8)

territorio Área ocupada y defendida por un animal o grupo de animales. (163)

tono Descripción de un sonido que se percibe como alto o bajo. (419)

transformador Aparato que aumenta o disminuye el voltaje, que suele consistir en dos bobinas separadas de cables con aislante enrollados alrededor de un núcleo de hierro. (488)

tropismo Respuesta de una planta acercándose o apartándose del estímulo. (172)

U

uso sostenible Práctica de dar tiempo a los recursos renovables para que se recuperen y se repongan. (344)

V

vacuola Orgánulo en forma de bolsa que almacena agua, alimentos y otros materiales. (20)

vena Vaso sanguíneo que transporta la sangre al corazón. (109)

voltaje Diferencia en el potencial eléctrico que hay entre dos áreas de un circuito. (506)

volumen Percepción de la energía de un sonido. (417)

ÍNDICE Los números de páginas para los términos clave están en negrita.

A

abejas, 463
abejorros, 463
absorción (ondas), 405, 414
Acuerdo de París, 355
acuicultura, 375
acuíferos, 321
adaptación, 237–241
   a la alteración del ecosistema, 244
   y el parasitismo, 244
   y la competencia y la depredación, 239–241
   y la simbiosis, 242
   y los nichos, 238
administración de la tierra, 357–366
   y bosques, 364–366
   y desarrollo, 358
   y recuperación, 362
   y recursos naturales, 357
   y suelo, 359–361
   y tierras cenagosas, 363
administración del suelo, 359–362
administración forestal, 364–366
ADN (ácido desoxirribonucleico)
   en las células, 18
   replicación de, 36
agresión (animal), 163
agricultura
   y administración de la tierra, 358–360
   y contaminación del agua, 372, 374, 377
agua dulce, 371–373, 379
agua potable
   como factor limitante, 200
   como nutriente, 97
aguas freáticas, 319, 321
aguas residuales, 372
   tratamiento, 368–369, 377, 379
aguas superficiales, 319–320
aislantes, 459
alelos, 144
   dominante y recesivo, 144–146
alelos dominantes, 144–146
alelos múltiples, 146
alelos recesivos, 144–146
alergenos, 351
alimento
   como fuente de energía, 41–43, 51
   y fotosíntesis, 45
   Ver también **sistema digestivo**
alvéolos, 112

ameba, 92–93
amplitud (ondas), 394
   e interferencia de ondas, 406–408
   y energía, 398
   y resonancia, 409
anafase, 37
ancho de banda, 533
anémonas marinas, 242
angiospermas, 153, 156–157
ángulos de incidencia y reflexión, 403
ano, 102
antinodos (ondas), 408
antracita, 293
aparato de Golgi, 19
Aplicación de destrezas. *Ver* ¡Conéctalo!; ¡Diséñalo!; Herramientas de matemáticas; ¡Represéntalo!; ¡Planéalo!; ¡Pregúntalo!; túDemuestras: Lab; tú, Ingeniero
Aprendizaje basado en el proyecto. *Ver* Misión
Aprendizaje digital
   Assessment, 61, 129, 183, 225, 279, 327, 381, 443, 493, 537
   Interactivity, 2, 5, 10–11, 18–19, 21, 25, 30–31, 33, 35–36, 38, 41, 44, 46, 48, 51, 53, 57, 63, 70, 76, 78–81, 83, 85, 89–90, 95, 97, 100, 103–104, 107–109, 112, 114–115, 123, 126–127, 131, 138, 141, 147, 151, 154, 157–159, 161, 168, 171, 173, 175, 177–179, 185, 192, 195–196, 198, 201, 205–206, 211–213, 219–220, 222, 227, 234, 237–238, 242, 244–245, 248, 258, 263, 269, 272–273, 277, 281, 288, 294, 298–299, 301, 303, 305–307, 312, 314–315, 319, 321, 323–324, 329, 336, 340–341, 344, 350, 353–354, 360, 366–367, 373–374, 376–378, 383, 390, 394, 396–397, 399, 407–408, 410–411, 414, 417, 420, 424–425, 429–430, 433–435, 440, 445, 452, 459, 461–462, 466, 470, 475–477, 482, 485, 487, 489, 495, 502, 509–510, 513, 519, 521–523, 527–528, 533–534, 539
   Video, 2, 6, 20, 36, 49, 70, 88, 90, 105, 138, 143–144, 192, 196, 234, 242, 253, 288, 294, 302, 312, 336, 351, 362, 375, 379, 390, 398, 405, 416, 425, 431, 439, 452, 461, 469, 479, 483–484, 502, 508, 518, 529
   Virtual Lab, 210, 271, 322

   Vocabulary App, 4, 14, 24, 32, 40, 50, 72, 82, 94, 106, 118, 140, 150, 160, 170, 194, 204, 214, 236, 246, 254, 268, 290, 300, 308, 318, 338, 346, 356, 370, 392, 402, 412, 422, 432, 454, 464, 472, 480, 504, 514, 526
árboles
   e incendios forestales, 250-251
   y administración forestal, 364–366
   y reproducción, 155
arcoíris, 428–429
arrecifes de coral, 262, 273
arterias, 109
asuntos ecológicos
   administración del suelo, 359–362
   administración forestal, 364–366
   agricultura, minería y desarrollo urbano, 358
   alteración del ciclo del fósforo, 316–317
   alteración y recuperación del hábitat, 249–253, 256, 261–264, 275, 277, 358, 362–366
   biorremediación, 213, 223
   combustibles alternativos, 490–491
   contaminación del agua, 371–379
   contaminación del aire, 347–355
   derrames de petróleo, 213
   manejo de desechos, 362, 368–369, 372
   poblaciones animales en disminución, 202–203, 266–267
   recursos naturales, 342–344, 357
   temperaturas del agua en aumento, 180
   tierras cenagosas, 363
   Ver también **contaminación**
átomos, 216
   y cargas eléctricas, 455
aumento (microscopios), 10–11, 558
aurícula (corazón), 108
auroras, 470
autótrofos, 43
auxina, 172
ave de emparrado, 169
axones, 119–120

B

bacalao del Atlántico, 180
bacterias, 15, 21
   y enfermedades, 92–93

balanzas, 557
balanzas de laboratorio, 557
balanzas de triple brazo, 557
balanzas electrónicas, 557
baterías, 459
   y corriente directa, 486
   y voltaje, 506
Bell, Alexander Graham, 516
bilis, 100
biodiversidad, 254–267
   definición, **255**
   especie clave, 257
   factores que afectan la, 258–260
   impacto humano en la, 261–262, 274
   preservación y recuperación del hábitat, 263–264, 275, 277
   tratados globales, 264
   y clima, 260
   y ecosistemas, 255–260, 273
   y servicios de los ecosistemas, 269–275
   Ver también **ecosistemas**
bioingeniería, 81
biomas, 277
biorremediación, 213
bosque de pinos de hoja larga, 250–251
bronquios, 112
brújula, 469, 479
bytes, 520

C

CA (corriente alterna), 486
cadenas alimentarias, 208
calcio, 97
calorías, 96
cambio estacional
   y crecimiento de las plantas, 173
   y migración, 167
campo magnético de la Tierra, 469–470
campos eléctricos, 456, 463
campos magnéticos, 467–470
   de la Tierra, 469–470
   e inducción electromagnética, 484–487
   simple y combinado, 468
   y corriente eléctrica, 473–475, 481–482
   y corriente inducida, 485
   y generadores, 487
   y solenoides, 476–477
   y transformadores, 488

capa de ozono, 353
capilares, 84, **109**
carbohidratos complejos, 96
carbohidratos simples, 96
carbohidratos, 26, **96**
carbón, 292–293
cargas eléctricas, 455–457, 460
   ley de conservación de las, 460
   métodos de carga, 460
   y energía potencial, 457–459, 461
carnívoros, 206
carroñeros, 206
CD (corriente directa), 486
células animales, 15, 17, 19–21, 36, 38
células especializadas, 21–22
células vegetales
   especializadas, 21
   estructura y función, 15
   importancia de las, 47
   y ciclos celulares, 36, 38
   y orgánulos, 19–20
células, 5
   división, 33–38
   especializadas, 21–22
   movimiento hacia dentro y fuera de las, 25–30, 76, 84
   y tejidos, 22, 74
celulosa, 16
centríolos, 36
ciclo celular, 34–38
   citocinesis, 34–35, 38
   interfase, 34–36
   mitosis, 34–35, 37
ciclo del agua, 216–218
ciclo del carbono, 218–219
ciclo del nitrógeno 220–221
ciclo del oxígeno, 218–219
ciclos de la materia, 214–222
   agua, 216–218
   carbono y oxígeno, 218–219
   nitrógeno, 220–221
ciclos de vida
   animales, 176–177
   plantas, 152–153
Ciencia extraordinaria
   ¡¿Antojo de plástico?!, 223
   Aves artistas, 169
   Los abejorros y las flores eléctricas, 463
   ¡Teletranspórtame!, 535
   Ver las células a través de una "lente térmica", 13
cigotos, 152
circuitos. *Ver* **circuitos eléctricos**
circuito en paralelo, 510

circuitos eléctricos, 458, **505**–508
   en paralelo, 510
   en serie, 509
   y ley de Ohm, 508
   y señales, 515–522
circuitos en serie, 509
citocinesis, 34–35, **38**
citoplasma, 18–20
   división del, 38
clima
   y cambio climático, 262
   y crecimiento de la población, 200
clorofila, 44, 173
clorofluorocarbonos (CFC), 353
cloroplastos, 19, 44
códecs, 524
código morse, 515–516, 520
codominancia (genética), 145
colon, 102
color, 431, 433–434
   y filtros, 435
combustibles fósiles
   carbón, 292–293
   cuestiones del uso, 298, 301
   gas natural, 296
   petróleo, 294–295
   y contaminación, 352, 373, 375
comensalismo, 242–243
competencia, 239
comportamiento, 161
comportamiento de cortejo, 163, 169
comportamientos reproductivos de los animales, 161–169
   comportamiento de cortejo, 163, 169
   comunicación y competencia, 163
   cooperación, 166
   cuidado de las crías, 164, 166
   estrategias de fertilización, 165
   migración, 167
computadoras. *Ver* **tecnología de la información**
comunicación. *Ver* **señales**
comunidades (ecosistemas), 197, 248
   Ver también **ecosistemas**
concentración y difusión, 27, 29
conceptos transversales
   Causa y efecto, 4, 118, 121, 131, 135, 189, 199–201, 227, 281, 296, 311, 322, 329, 333, 356, 359, 383, 418, 457, 475, 499, 510
   Escala, proporción y cantidad, 4, 11, 24, 27, 32, 35, 50, 54, 74, 94,

ÍNDICE
Los números de páginas para los términos clave están en negrita.

98, 106, 110, 170, 178, 204, 211, 268, 271, 300, 304, 346, 352, 356, 361, 370, 375, 392, 398, 412, 418, 476, 488, 504, 508
Estructura y función, 27, 31, 54, 156, 170, 173, 449
Patrones, 172, 203, 267, 274, 297, 313, 352, 468, 520, 525, 529
Sistemas y modelos de sistema, 16, 19, 23, 26, 28, 43, 67, 77–78, 102–103, 117, 123, 135, 142, 157, 162, 167, 196, 204, 206, 209, 216, 231, 240, 245, 293, 297, 302, 313, 321, 333, 353, 404, 415, 438, 456, 464, 468, 475, 499, 504, 506–507, 510, 516, 519, 521, 525, 532–533, 543

condensación, 217
conductores, 459
 e inducción electromagnética, 484–485
 y resistencia, 507

¡Conéctalo!, 4, 14, 24, 32, 40, 50, 72, 82, 94, 106, 118, 140, 150, 160, 170, 194, 204, 214, 236, 238, 246, 254, 290, 300, 308, 318, 338, 346, 356, 370, 392, 402, 422, 432, 454, 464, 472, 480, 504, 514, 526

Conexión con la lectura. Ver **Destreza de lectura y conocimiento**

Conexión con las matemáticas
 Analizar relaciones, 214, 290, 526
 Analizar relaciones cuantitativas, 32, 50, 346
 Analizar relaciones proporcionales, 24, 94, 204, 356, 370
 Comprender conceptos de razones, 480
 Elaborar gráficas, 236
 Graficar relaciones proporcionales, 268
 Hacer inferencias comparativas, 160, 318, 338, 422, 472, 514
 Identificar expresiones equivalentes, 72
 Razonar cuantitativamente, 412
 Representar relaciones cuantitativas, 4, 106, 170, 300
 Representar relaciones, 40, 194
 Resumir distribuciones, 140
 Usar razones, 254
 Usar relaciones proporcionales, 392, 504

conos (reproducción de los árboles), 155
conservación, 263–264, **275,** 344
consumidores (papel de la energía), 43, **206**
 en la transferencia de energía y materia, 208–210
 en los ciclos del carbono y del oxígeno, 218
contaminación de tuberías, 373
contaminación del agua, 371–379
 agua dulce, 371–373, 379
 marina, 374–376
 papel de las tierras cenagosas, 363, 376–379
 y administración de recursos, 371, 376–377
 y reciclaje, 369
contaminación del aire, 347–355
 causas, 347–351
 en lugares abiertos, 348–350
 en lugares cerrados, 351
 reducir, 352–353, 355
contaminación del aire por vehículos, 348–350
contaminación por carros y camiones, 348–350
contaminación por gas metano, 348
contaminación por gases, 351, 373, 375–376
contaminación por monóxido de carbono, 348, 351
contaminación por petróleo, 213, 373, 375–376
contaminación por plástico, 223
contaminación térmica., 373
corazón. Ver **sistema circulatorio**
corriente Ver **corriente eléctrica**
corriente alterna (CA), 486
corriente directa (CD), 486
corriente eléctrica, 458–459
 alterna y directa, 486
 e inducción electromagnética, 484–489
 resistencia, 459, 507–508
 y campos magnéticos, 473–477, 481–482
 y resistencia, 459, 507–508
 y señales electrónicas, 516–517
corriente inducida, 484–485
crecimiento de la población humana, 339–341
crecimiento de las plantas, 172–174
 y cambios estacionales, 172

y condiciones ambientales, 174
y respuesta a estímulos, 172
crecimiento de los animales, 175–178
 ciclos de vida, 176–177
 desarrollo del embrión, 175
 factores externos e internos, 177–178
crecimiento de organismos, 171–180
 animales, 175–178, 180
 factores que afectan el, 171
 plantas, 172–177
crecimiento exponencial, 341
cristalización (minerales), 311
cromátidas, 36–37
cromatina, 18
cromosomas, 36–38, 142
Cuaderno de ciencias
 Comprender el sentido, 22, 409, 545, 549, 553–554
 Escríbelo, 108, 174, 206, 217, 347, 366, 371, 473, 509, 545–551
 Reflexiona, 33, 43, 97, 119, 141, 163, 196, 237, 264, 291, 309, 319, 339, 357, 393, 405, 423, 433, 461, 544, 546, 552

D

decibelio (dB), 418
deforestación, 262
dendritas, 119–120
densidad de la población, 199
densidad de las ondas sonoras, 416
depredación, 240
desalinización, 323
desarrollo de organismos. Ver **crecimiento**
descarga estática, 461
descomponedores, 207, 218
 en la transferencia de energía y materia, 208–210
 y biorremediación, 213, 223
desertificación, 361
Destrezas de escritura. Ver **Cuaderno de ciencias**
Destrezas de indagación. Ver **Prácticas de ciencias e ingeniería**
Destrezas de lectura y conocimiento
 Analizar la estructura del texto, 170, 173, 311
 Citar evidencia, 146, 181, 285,

570

291, 457
Citar evidencia textual, 8, 79, 82, 84, 86, 97, 140, 143, 148, 150, 155, 157, 194, 196–197, 254, 256, 271, 290, 296–297, 346, 349–350, 356, 358, 363, 472–473, 526, 528, 533
Comparar y contrastar, 93, 165, 395, 440, 517, 526, 548
Comunicar, 135, 512, 543, 555
Describir, 14, 362, 461
Determinar conclusiones, 19, 38, 53, 77, 262, 298, 338, 341, 343, 353, 375
Determinar diferencias, 292, 483
Determinar el significado, 84, 126, 177, 197, 301, 308, 310, 312
Determinar las ideas centrales, 4–6, 22, 33, 46, 55, 90, 99, 111, 214, 217–218, 236, 238, 242, 250, 256, 272, 275, 292, 347, 434, 474, 486, 504, 506, 510, 517
Distinguir datos, 215
Distinguir relaciones, 146, 164, 268
Escribir argumentos, 94–95, 103, 246, 248, 253, 268, 274, 350
Escribir textos explicativos, 377
Escribir textos informativos, 27
Evaluar los medios, 432, 435
Explicar, 116, 150, 153, 285, 454, 459
Hacer generalizaciones, 94, 143, 163, 189
Hacer preguntas, 259, 342, 412, 486, 528
Hacer una crítica, 449
Hacer una secuencia, 89, 123, 176
Identificar, 16, 18, 38, 152, 154, 217, 323, 370, 449, 468, 480
Integrar con elementos visuales, 14, 20–21, 24, 28, 45, 118, 126, 204, 207, 210, 244, 351, 363, 412, 420, 454, 458, 485
Integrar información, 52, 166, 248, 392, 395, 402, 405, 459
Interpretar diagramas, 20, 29–30, 34, 46, 55, 76, 101, 218, 484
Interpretar elementos visuales, 120, 122, 125, 427, 516
Interpretar fotos, 116, 165
Interpretar gráficas, 221
Interpretar información, 44, 50, 53–54, 89, 361, 422, 426, 464
Interpretar tablas, 294
Leer y comprender, 115

Obtener evidencia, 106, 111, 113, 300, 305, 362, 366, 370–371, 373, 480, 484
Relacionar el texto con elementos visuales, 147, 238
Respaldar la afirmación del autor, 72–73, 77, 318
Resumir, 241, 302, 321, 409, 415, 420, 425, 477, 491, 507
Resumir el texto, 10, 32, 37, 40, 42–43, 75, 110, 160, 162, 166, 199–200, 211, 219, 221, 253, 259, 274, 314, 455, 488, 514, 518, 520, 522, 528
Sacar conclusiones, 21, 30, 175, 177, 231, 260, 426, 429, 456
Usar analogías, 16, 72
Usar información, 478
Verificar, 464, 470
Destrezas de proceso. Ver **Prácticas de ciencias e ingeniería**
destrezas. Ver **Conexión con las matemáticas; Destrezas de lectura y conocimiento; Prácticas de ciencias e ingeniería**
diabetes, 100
difracción, 405, 425
de las ondas sonoras, 414
difusión celular, 27–29
difusión circulatoria, 110
difusión facilitada, 29
digestión, 95
dióxido de carbono
en la atmósfera, 219
y fermentación, 55
y fotosíntesis, 45
¡Diséñalo!, 196, 275, 323
dispersión de las semillas, 157
diversidad de nichos, 258
diversidad genética, 259
dominancia incompleta (genética), 145

E

ecología, 269
ecosistemas, 197
adaptaciones y supervivencia, 237–238
alteración y restauración, 247, 249–253, 275, 277
ciclos de los, 272
competencia y depredación, 239–241
impacto humano en los, 261–262
organización de los, 197
papeles de energía, 205–207
poblaciones en los, 198–200
preservación del hábitat, 263–264
tierras cenagosas, 363
transferencia de energía, 208–211
valor de los, 256–257
y biodiversidad, 255–260, 273
y relaciones simbióticas, 242–244
y sucesión, 247–249
Ver también **biodiversidad**
efecto Doppler, 420
electricidad estática, 460–461
electroimanes, 477, 479
electromagnetismo, 473
electrones, 455
y corriente, 459
elefantes africanos, 257, 266–267
elementos de la tabla periódica, 560–561
ELF (frecuencia extremadamente baja), 517
emigración (ecosistemas), 199
emisiones, 348, 350
reducir, 352
encéfalo, 119, **121**
endocitosis, 30
energía
eléctrica y mecánica, 483–484, 487
en circuitos eléctricos, 505
ley de conservación de la, 215
potencial, 506
y ondas, 393–395, 398
Ver también **ciclos de la materia**
energía (para los organismos), 41–42
papeles en el ecosistema, 205–211
y alimento, 95–97
y cadenas y redes alimentarias, 208–211
y digestión, 98–103
y respiración celular, 50–56
Ver también **fotosíntesis**
energía eólica, 304
energía geotérmica, 305
energía hidroeléctrica, 303, 307
energía potencial
y corriente eléctrica, 457–459, 506
y electricidad estática, 461
y fuerza magnética, 466
energía solar, 302

571

ÍNDICE
Los números de páginas para los términos clave están en negrita.

enfermedad, 90, 92–93
enzimas, 99
erosión, 360, 363
especie clave, 257, 266
especie en peligro de extinción, 259
especies
  en peligro de extinción, 259
  invasivas, 262
especies invasivas, 262
especies pioneras, 247
espectro electromagnético, 427–429
  Ver también **luz**
espejos, 437–438
espejos cóncavos, 438
espejos convexos, 437
esporas, 152
estímulo y respuesta, 85
  papel en el crecimiento, 171–172
estrés, 90, **90**
estructura celular, 5, 15–20
  aparato de Golgi, mitocondrias y cloroplastos, 19
  citoplasma, 18–20
  membrana, 17, 26–30
  núcleo, 18
  pared, 16
  retículo endoplasmático y ribosomas, 18
estructuras de reproducción de las plantas, 151–159
  ciclos de vida de las plantas, 152–153
  de las angiospermas, 156–157
  de las gimnospermas, 155
  para la reproducción asexual, 154
Estudio de caso
  Agentes infecciosos, 92–93
  Aguas más cálidas, menos peces, 180–181
  El caso de la desaparición del chipe celeste, 202–203
  El elefante confiable, 266–267
  El fiasco del fósforo, 316–317
  El X-57 Maxwell, 490–491
  La poderosa rata topo, 58–59
  Luz y sonido en el estadio de béisbol, 400–401
  Nada se desecha, 368–369
  ¡Súper ultra alta definición!, 524–525
eucariotas, 18
Evaluación
  Evaluación basada en la evidencia, 62–63, 130–131, 184–185, 226–227, 280–281, 328–329, 382–383, 444–445, 494–495, 538–539
  Repaso y evaluación, 60–61, 128–129, 182–183, 224–225, 278–279, 326–327, 380–381, 442–443, 492–493, 536–537
evaporación, 216
excreción, 114
exocitosis, 30
expresión de los genes, 148
extinción, 259
extinción de especies, 259

F

fábricas y contaminación, 347–349, 372–373, 377
factores abióticos, 196, 238
factores bióticos, 196, 238
factores limitantes, 200
fase del esporofito en la reproducción, 152–153
fase del gametofito en la reproducción, 152–153
fermentación, 55–56, 58–59
fermentación alcohólica, 55–56
fermentación láctica, 55–56
feromona, 163
fertilización (reproducción), 142, 152
  externa e interna, **165**
fertilización externa, 165
fertilización interna, 165
fertilizantes, 360
  reciclados, 368
  y contaminación, 374
fibra óptica, 517, 531
fijación de nitrógeno, 220
fisión nuclear, 297
flores, 156
  Ver también **reproducción de las plantas**
formación del suelo, 247–250
fósforo, 316–317
fotones, 425
fotoperiodicidad, 173
fotosíntesis, 41–49, 205
  artificial, 49
  definición, **42**
  proceso de, 44–46
  y respiración celular, 46, 54
fototropismo, 172
fracturación hidráulica, 296
fragmentación (reproducción), 141

frecuencia de muestreo, 519
frecuencia (ondas), 396
  de las ondas electromagnéticas, 426–427
  de las ondas sonoras, 418–420
  y energía, 398
  y resonancia, 409
fricción, 459
fruto, 156–157
  Ver también **reproducción de las plantas**
fuente dispersa de polución, 347
fuente localizada de polución, 347
fuentes de energía. *Ver* **Recursos naturales**
fuerza eléctrica, 456
  corriente y circuitos, 458–459
  intensidad de la, 456
  y campos eléctricos, 456, 463
  y cargas eléctricas, 455–457
  y electricidad estática, 460–461
  y energía potencial, 457–458
  Ver también **corriente eléctrica**
fuerza magnética, 466–470

G

galvanómetros, 482
gas natural, 296
gas nitrógeno, 220
gemación, 141
generadores, 487
genes, 142, 178
genética, 142–148
  alelos, 144–146
  rasgos heredados, 142, 144–148
  variación genética, 142–143
  y medio ambiente, 147–148
germinación, 157
gimnospermas, 155
glándula pituitaria, 124
glándulas, 86, 124–126
  como tejido, 22
  y homeostasis, 126
  y sistema tegumentario, 76
glándulas suprarrenales, 86
Global a local
  Trabajar juntos para reducir la contaminación del aire, 355
glóbulos blancos, 111
glóbulos rojos, 108
glucosa
  y fotosíntesis, 45
  y respiración celular, 46, 51, 53
grasas, 96

grasas no saturadas, 96
grasas saturadas, 96
gravitropismo, 172
Greatbatch, Wilson, 513

H

hábitats, 195
   alteración, preservación y recuperación, 249–253, 256, 261-264, 275, 277, 358, 362–366
   pérdida de, 202–203
   y organismos, 195–196
   Ver también **ecosistemas**
hardware, tecnología de la información, 527–528
herbívoros, 206
herencia poligénica, 146
herencia, 144
Herramientas de matemáticas
   Aplicar la ley de Ohm, 508
   Causas de la degradación de la tierra, 361
   Células que se dividen, 35
   Conservación de la materia en el equilibrio, 54
   Consumo de gas natural en los EE. UU., 296
   Contar las células del cuerpo, 74
   Control de la ingesta de sodio, 98
   Criptografía, 520
   Curvas de supervivencia, 165
   Distribución de los recursos de agua, 320
   El cambio de voltaje en los transformadores, 488
   El ejercicio y el ritmo de flujo sanguíneo, 110
   Energía eólica, 304
   Espacio para recorrer, 260
   Explosión de datos digitales, 529
   Fuentes de la polución con petróleo, 375
   Interacciones depredador-presa, 241
   La desnutrición humana y la altura, 178
   La reproducción sexual, 143
   Las frecuencias y longitudes de onda de la luz, 427
   Las propiedades de las ondas, 398
   Las relaciones en una pirámide de energía, 211
   Los solenoides y los campos magnéticos, 476

Niveles de decibelios, 418
Proyección de las tasas de crecimiento, 341
Respirar sin pulmones, 27
Restaurar el agua, 271
Seguir cambios en la población en una gráfica, 198
Todo está en el equilibrio, 47
Usar el aumento correcto, 11
Uso de la energía, 352
Variables dependientes e independientes, 221
heterótrofos, 43
hierro
   dieta, 97
   y fuerza magnética, 465, 467
hígado, 100
   y sistema excretor, 115
hipotálamo, 124
homeostasis, 88–90
   de la temperatura corporal, 88, 90
   de las células, 26, 29
   y enfermedades, 90, 92–93
   y sistema endocrino, 89, 124, 126
   y sistema excretor, 114–115
   y sistema nervioso, 119
Hooke, Robert, 6
hormonas, 86, **172**
   en plantas, 172
   y crecimiento, 124, 172, 178
   y homeostasis, 89, 126
   y sistema endocrino, 124–126

I

imanes, **465**
impulsos (sistema nervioso), **119**
impulsos nerviosos, **119**
incendios forestales, 250–251
inducción, 459
inducción electromagnética, **484–486**
   y generadores, 487
   y transformadores, 488
influencia ambiental
   sobre el crecimiento de las plantas, 174
   sobre el crecimiento de los animales, 177
   sobre los genes, 147–148
Ingeniería
   Del prototipo al producto, 513
   Diseño sustentable, 49, 159, 213, 277, 307
   Impacto en la sociedad, 81, 379, 411, 479
   Ver también **Prácticas de ciencias e ingeniería; tú, Ingeniero**
ingeniería y proceso de diseño, 552–555
   comunicar soluciones, 555
   definir problemas, 552–553
   desarrollar soluciones, 553
   diseñar, poner a prueba y evaluar soluciones, 554
   identificar criterios y restricciones, 553
   rediseñar y volver a poner a prueba soluciones, 555
   Ver también **Prácticas de ciencias**
injerto, 154
inmigración (ecosistemas), 199
instinto, **161**
instrumentos
   balanzas, 557
   detector de tsunamis, 393
   galvanómetros, 482
   microscopios, 6–7, 9–11, 558–559
   sismógrafos, 518
insulina, 100
intensidad (ondas sonoras), **417**
interfase, **34–36**
interferencia constructiva, 406
interferencia (de ondas), **406–407**
interferencia destructiva, 407
interneuronas, 120–121
intestino delgado, 100
inundación, 363
invertebrados, 76

L

Laboratorios
   túDemuestras
      Cambio y fuera, 540–543
      Cambios en un ecosistema, 282–285
      Cómo hacer olas, 446–449
      Detective planetario, 496–499
      Diseñar y construir un microscopio, 64–67
      Investigación de la reacción, 132–135
      Limpio y verde, 186–189
      Los últimos restos, 228–231
      Perforar o no perforar, 330–333
      Una idea arrasadora, 384–387
   uConnect, xviii, 68, 136, 190, 232, 287, 334, 388, 450, 500

573

ÍNDICE
Los números de páginas para los términos clave están en negrita.

uInvestigate, 8, 17, 29, 34, 44, 52, 75, 86, 115, 121, 147, 156, 166, 172, 207, 217, 240, 250, 257, 274, 292, 304, 309, 321, 342, 348, 358, 376, 396, 406, 415, 428, 436, 466, 474, 483, 508, 512, 520, 532
lagos, 320
latencia, 173
lecho rocoso, 359
Leeuwenhoek, Anton van, 6
lente térmica, 13
lentes, 439–440
   en microscopios, 558
lentes cóncavas, 440
lentes convexas, 439
ley de conservación de carga, 460
ley de conservación de la energía, **215**, 218
ley de conservación de la masa, **215**, 219, 221
ley de Ohm, **508**
lignito, 293
linfa, **111**
lípidos, 26
líquenes, 247
lisosomas, 20
lluvia ácida, **350**
longitud de onda, **396**
luces del norte, 470
luz, 432–440
   absorción, 405
   modelo como onda, 424
   modelo como partícula, 425
   polarizada, 423
   reflexión, 403, 436–438
   refracción, 404
   tipos de ondas, 393–394
   velocidad de la, 397, 404
   visible, 393, 426, 428
   y color, 431, 433–435
luz polarizada, 424–425
luz visible, 393, 426, **428**

M

magnetismo, **465**–466
mantillo (suelo), 359
marcapasos, 513
masa, ley de conservación de la, **215**, 219, 221
materia, ciclos de la. Ver ciclos de la materia
material ferromagnético, 477
material opaco, **433**
material transparente, **433**–434
material traslúcido, **433**–434
materiales
   y ondas electromagnéticas, 423
   y ondas mecánicas, 393, 397, 405
   y resonancia, 409
medio ambiente. Ver ecosistemas; hábitats
medio, 393
   Ver también materiales
medir
   corriente eléctrica, 458, 482
   densidad de población, 199
   energía de las ondas, 398
   energía en el alimento, 96, 210
   frecuencia de las ondas, 396
   rapidez de las ondas, 397
   resistencia, 507–508
   velocidad de Internet, 525
   velocidad, 428
   voltaje, 458, 506
   volumen, 418
   Ver también unidades de medida
médula espinal, 119, **121**
membranas celulares, **17**, 26–30
   endocitosis y exocitosis, 30
   transporte activo y pasivo, 26–29
membranas con permeabilidad selectiva, **26**
membranas permeables, 26
mena, 309
metabolismo, 58–59
metabolismo basado en la fructosa, 53, 58–59
metafase, 37
metamorfosis, 177
micro central hidroeléctrica, 307
microondas, 393, 423, 427, **428**
microscopios, **6**–7, 9–11, 13, 558–559
microscopios compuestos, 558–559
microscopios electrónicos, 9–10
microscopios fototérmicos, 13
microscopios ópticos, 9–10
migración (comportamiento de los animales), **167**
minerales
   distribución, 312–313
   en la dieta, 97
   formación, 310–311
   uso, 314, 316–317
minería, 314, 316–317, 343, 358
Misión: Arranque
   Cells on Display, 2
   Construction Without Design to Stop a Thief, 390
   Destruction, 138
   Light as a Feather?, 452
   Mystery at Pleasant Pond, 192
   Peak Performance Plan, 70
   Predicting Boom or Bust, 288
   Testing, Testing...1, 2, 3, 502
   To Cross or Not to Cross, 234
   Trash Backlash, 336
Misión: Conexión, 4, 14, 24, 32, 40, 50, 72, 82, 94, 106, 118, 140, 150, 160, 170, 194, 204, 214, 236, 246, 254, 268, 290, 300, 308, 318, 338, 346, 356, 370, 392, 402, 412, 422, 432, 454, 464, 472, 480, 504, 514, 526
Misión: Control
   Interactivity, 31, 57, 104, 127, 158, 168, 179, 201, 212, 222, 245, 299, 306, 315, 324, 367, 378, 399, 410, 430, 462, 523, 534
   Lab, 23, 117, 265, 441, 471, 478, 512
Misión: Hallazgos, 63, 131, 185, 227, 281, 329, 383, 445, 495, 539
mitocondria, **19**
   y fotosíntesis, 53
mitosis, 34–35, **37**
modelo de la luz como onda, 424
modelo de la luz como partícula, 425
moléculas, 216
Morse, Samuel, 515
motores eléctricos, **483**
   en comparación con generadores, 487
   para aviones, 490
movimiento
   de cuerpos, 83
   de materiales dentro y fuera de las células, 25–30, 76, 84
musgos, 152, 247
música digital, 519
mutualismo, 220, **242**–243

N

nariz (sistema respiratorio), 112
neblina tóxica, 349
nefronas, **115**
neuronas, **119**–120
   en encéfalos, 121
neuronas motoras, 120
neuronas sensoriales, 120, 123
neutrones, 455
nichos, **238**
nitrógeno libre, 220

Nocera, Daniel, 49
nodos (ondas), 408
nódulos, 220
núcleo, 18
   y mitosis, 37
nucleolo, 18
nutrientes, 95–97, 105
   carbohidratos, proteínas y grasas, 96
   vitaminas, minerales y agua, 97

O

océanos
   olas, 395
   y aumento de las temperaturas, 180
   y papeles de energía, 205
   y polución/contaminación, 323, 374–377
   y recursos naturales, 323
Øersted, Hans Christian, 473
Ohm, Georg, 508
omnívoros, 206
ondas de radio, 393, 427, 517
ondas electromagnéticas, 422, 423–429
   espectro, 427–429
   longitud de onda y frecuencia, 426
   modelos de comportamiento, 424-425
ondas estacionarias, 408
ondas longitudinales, 395
   ondas sonoras, 413
ondas mecánicas, 393–411
   interferencia, 406–409
   propiedades, 396–398
   rapidez, 397, 404, 416
   reflexión, refracción y absorción, 403–405, 414
   tipos de, 393–395
   Ver también **ondas sonoras**
ondas sonoras, 412–420
   absorción, 414
   comportamiento de las, 393, 413
   difracción, 405, 415
   efecto Doppler, 420
   rapidez, 397, 416
   reflexión, 414
   tipos de ondas, 393–395
   tono, 419
   transmisión, 414, 521
   volumen, 417–418
ondas superficiales, 395

ondas transversales, 394
organismos, 5, 195
   estructura de, 22
   multicelulares y unicelulares, 21
   y hábitats, 195–196
organismos huéspedes, 244
organismos multicelulares, 21
organismos unicelulares, 21
organización del cuerpo, 22, 73–79
   células y tejidos, 74
   en los seres humanos, 76–79
   interacciones en la, 83–87
   órganos y sistemas de órganos, 75
   Ver también **sistemas de órganos**
órganos, 22, 75
órganulos, 15, 18–20
ósmosis, 28
óvulos, 155
oxígeno
   y fermentación, 55
   y fotosíntesis, 44
   y respiración celular, 51–55
   Ver también **sistema respiratorio**
ozono, 349

P

páncreas, 100
parasitismo, 244
paredes celulares, 16
Parque Nacional Keoladeo Ghana, 197
pastoreo excesivo, 361
patrimonio genético, 259
peces payaso, 242
peristalsis, 98
petróleo, 294–295
piel, 74, 76
   artificial, 81
   y sistema excretor, 115
pirámides de energía, 210
píxeles, 522
¡Planéalo!, 9, 56, 85, 97, 174, 298, 359, 377, 404
plantas leguminosas, 220
plantas no vasculares, 152
plantas vasculares, 152–153
plantas vasculares sin semilla, 152
plaquetas, 111
plasma, 111
poblaciones, 197–200
   crecimiento de las, 198–200, 339–341
   densidad de, 199
   factores limitantes, 200

   inmigración y emigración, 199
   nacimientos y muertes, 198, 340
   y alteración del ecosistema, 250
   y consumo de recursos, 342–344
   y depredación, 241
polarización (electrones), 459
polinización, 153
   de árboles, 155
   de plantas florales, 156
   Ver también **reproducción de las plantas**
política global
   y biodiversidad, 264
   y combustibles fósiles, 298
política mundial. *Ver* **política global**
polos magnéticos, 466
polución, 343, 347
   del agua, 322, 371–379
   del aire, 347–355
   por fábricas, 347–349, 372–373, 377
   reducir la, 352–353, 355, 362, 368–369, 376–377, 379
   y combustibles fósiles, 292–296, 298, 373, 375–376
   y tratamiento de desechos, 362, 368–369, 372, 374, 377, 379
poros, 16
portaobjetos para montaje en fresco, 559
pozos, 321
Prácticas de ciencias e ingeniería
   Analizar beneficios, 173
   Analizar costos y beneficios, 303
   Analizar costos, 317
   Analizar datos, 181, 285
   Analizar e interpretar datos, 198, 241
   Analizar propiedades, 170, 525
   Analizar relaciones, 47, 214, 221, 290, 296, 526, 529
   Analizar relaciones cuantitativas, 32, 35, 50, 54, 74, 304, 346, 352
   Analizar relaciones proporcionales, 24, 27, 94, 98, 204, 211, 356, 361, 370
   Analizar sistemas, 78, 103, 117, 135, 204, 245, 504
   Aplicar conceptos, 9, 18, 80, 85, 87–88, 90, 97, 100, 113, 145, 158, 185, 197, 212, 222, 249–250, 258, 270, 295, 310, 410, 430, 445, 489, 491, 499, 557
   Aplicar, 10
   Aplicar conceptos matemáticos, 98

575

ÍNDICE

Los números de páginas para los términos clave están en negrita.

Aplicar el razonamiento científico, 40, 47, 67, 155, 181, 236, 257, 285, 312, 318, 338, 387, 432, 462
Aplicar matemáticas, 398
Calcular, 35, 98, 189, 210–211, 294, 296, 317, 320, 369, 491, 525, 551, 557
Causa y efecto, 4, 118, 121, 131, 135, 189, 199–201, 227, 281, 296, 311, 322, 329, 333, 356, 359, 383, 418, 457, 475, 499, 510
Clasificar, 20, 142, 290, 405, 438
Comparar datos, 189, 387
Comprender conceptos de razones, 480, 488
Conexión con la tecnología, 495
Considerar limitaciones, 21
Desarrollar modelos, 16, 19, 23, 28, 43, 77, 123, 142, 162, 196, 206, 209, 216, 231, 240, 302, 353, 404, 415, 438, 475, 506–507, 510, 519, 521, 532–533
Desarrollar preguntas, 38
Desarrollar un argumento, 344
Diseñar experimentos, 59
Diseñar soluciones, 275, 323
Elaborar argumentos, 56, 93, 135, 231, 249, 285, 306, 369, 377, 499
Elaborar explicaciones, 32, 118, 140, 160, 170, 194, 203, 236, 244, 264, 267, 293, 308, 317, 333, 346, 401–402, 480, 511, 514, 525
Elaborar gráficas, 50, 236, 241, 375
Escribir una expresión, 11, 271
Especificar restricciones de diseño, 273
Evaluar, 57, 104, 127, 257, 299, 324, 354, 367, 378, 399, 491, 523, 534
Evaluar datos, 315, 341
Evaluar el cambio, 317
Evaluar evidencia, 116
Evaluar la escala, 11
Evaluar la solución, 67
Evaluar tus pruebas, 449
Explicar fenómenos, 42, 75, 168, 214, 272, 320, 472, 504, 543
Formar una hipótesis, 249
Formar una opinión, 96, 106, 112, 256, 263
Graficar relaciones proporcionales, 268, 271
Hacer inferencias, 40
Hacer inferencias comparativas, 160, 165, 318, 320, 338, 341, 422, 427, 472, 476, 514, 520
Hacer observaciones, 67, 86, 94, 160, 174, 220, 231, 311, 449
Hacer predicciones, 346
Identificar expresiones equivalentes, 72, 74
Identificar limitaciones, 208, 333, 464, 543
Identificar lo desconocido, 124, 254
Identificar patrones, 274
Identificar variables, 48
Implementar soluciones, 56, 148
Inferir, 7, 27, 59, 114, 300, 343, 401, 407, 422
Interpretar datos, 520, 529
Observar, 11
Optimizar el desempeño, 63
Optimizar tu solución, 179
Participar en un debate, 67, 369, 387, 392
Patrones, 172, 203, 267, 297, 313, 352, 468, 520, 525, 529
Perfeccionar tu plan, 387
Planear la investigación, 9, 85, 174
Plantear una hipótesis, 24, 35, 416
Predecir, 59, 82, 84, 203, 214, 246, 260, 267, 397, 412, 507
Proporcionar evidencia, 370
Razonar cuantitativamente, 412, 418, 476, 488
Relacionar con la sociedad, 59, 181, 314, 392, 539
Relacionar la estructura y la función, 27, 31, 54, 156, 449
Representar relaciones, 40, 47, 194, 198
Representar relaciones cuantitativas, 4, 11, 106, 110, 170, 178, 300, 304
Resolver problemas, 93, 203, 268
Respaldar tu explicación, 472
Resumir distribuciones, 140, 143
Sintetizar información, 56, 99, 147, 178, 243, 265
Usar ecuaciones, 508
Usar evidencia, 243, 402, 470
Usar modelos, 26, 67, 102, 157, 167, 293, 297, 313, 321, 333, 456, 464, 468, 475, 499, 516, 525, 543
Usar razones, 254, 260
Usar relaciones proporcionales, 392, 398, 504, 508
Usar tablas, 369, 398
Prácticas de ciencias, 544–552
 analizar y evaluar, 5ß44, 549, 554–555
 clasificar, inferir, observar y predecir, 544
 comunicar, 547, 555
 conocimiento científico, 549
 curiosidad, creatividad y escepticismo, 545, 553
 destrezas de matemáticas y gráficas, 551
 ética y prejuicio, 545, 547, 549
 evidencia empírica, 549
 experimentos e investigaciones, 544, 546–547, 552–554
 explicaciones, teorías y leyes, 548–549
 medidas, 550
 modelos y prototipos, 544, 546, 554–555
 razonamiento objetivo e inductivo, 545
 variables controladas, 547
 Ver también **ingeniería y proceso de diseño**
precipitación, 217
¡Pregúntalo!, 38, 259, 312, 342, 405, 412, 457, 486
prejuicio, 221
presión arterial, 110
problemas ambientales. *Ver* asuntos ecológicos
procariotas, 18
proceso de intercambio de gases, 112–113
proceso de respiración, 112–113
 Ver también **sistema respiratorio**
productores, 43, **205**, 218
 en la transferencia de energía y materia, 208–210
profase, 37
Profesiones
 Biólogo de campo, 253
 Diseñador de iluminación, 431
 Nutricionista, 105
proteínas, 96
 y células, 18, 26, 29
protones, 455
Proyecto Edén, 277
pulmones, 112
 y sistema circulatorio, 108
 y sistema excretor, 115
pulso de onda, 516
punto de enfoque, 437

Notas

Usa este espacio para tomar notas y elaborar ideas.

Notas

Usa este espacio para tomar notas y elaborar ideas.

Notas

Usa este espacio para tomar notas y elaborar ideas.

Notas

Usa este espacio para tomar notas y elaborar ideas.

Notas

Usa este espacio para tomar notas y elaborar ideas.

Notas

Usa este espacio para tomar notas y elaborar ideas.